色光混合

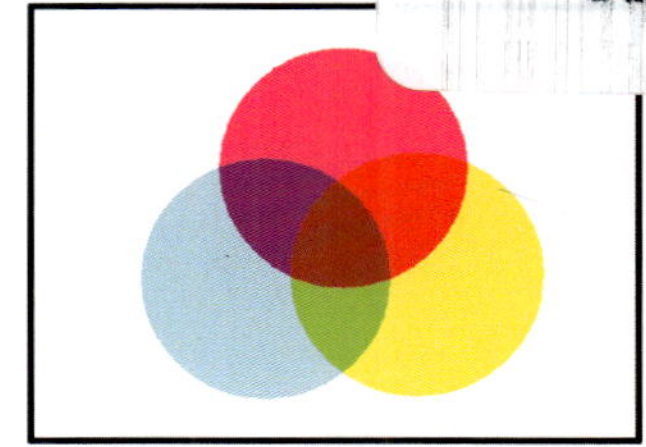

颜料混合

图 3－3　色光混合和颜料混合比较

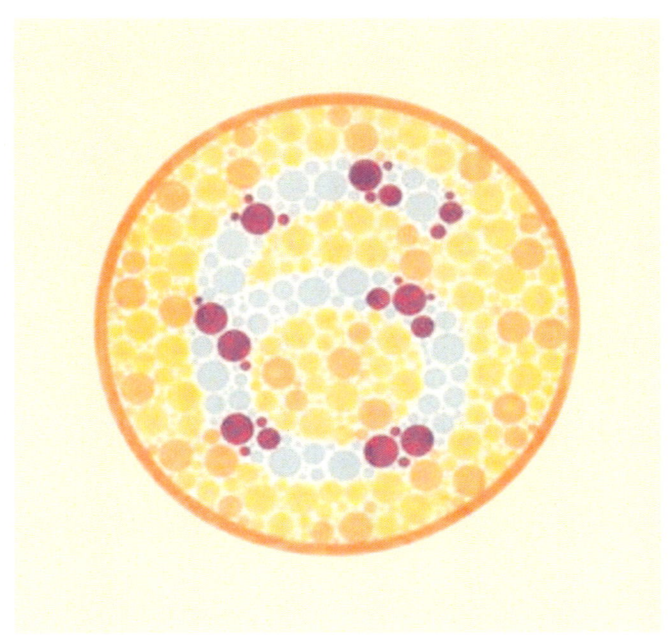

图 3－4　色觉测试

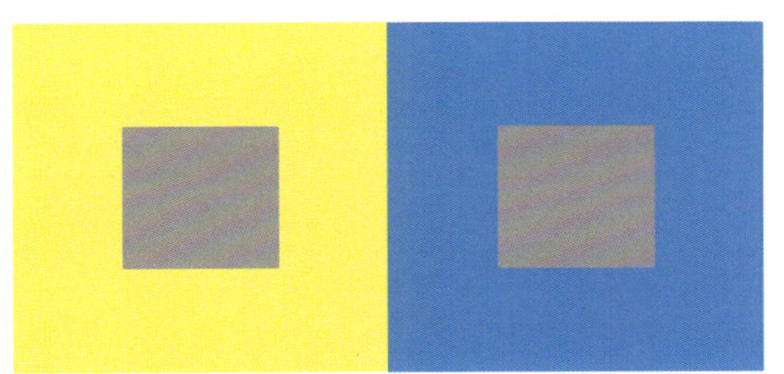

图 3－6　颜色对比

图 3－9　颜色视觉后像

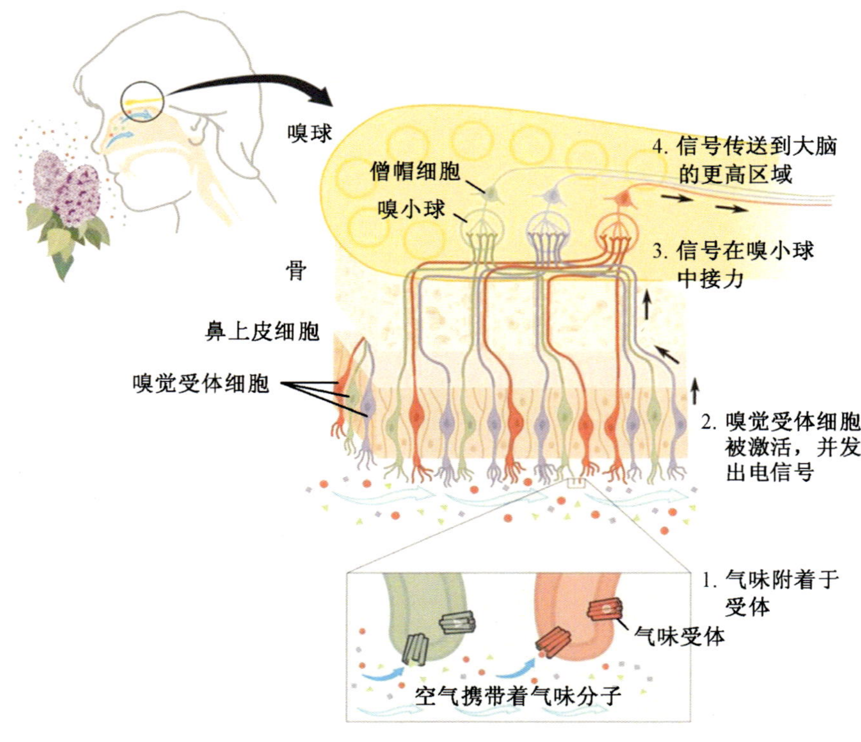

图 3－12　嗅觉的生理机制

图 3－15　少女与小鸟

图 3-25　邻近物体的大小对比

图 3-26　遮挡

图 3-27　线条透视

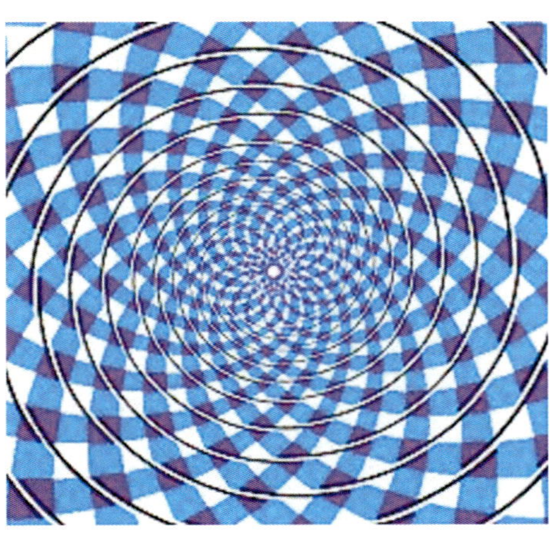

图 3-34　Fraser 螺旋错觉

图 7－2　各种各样的表情

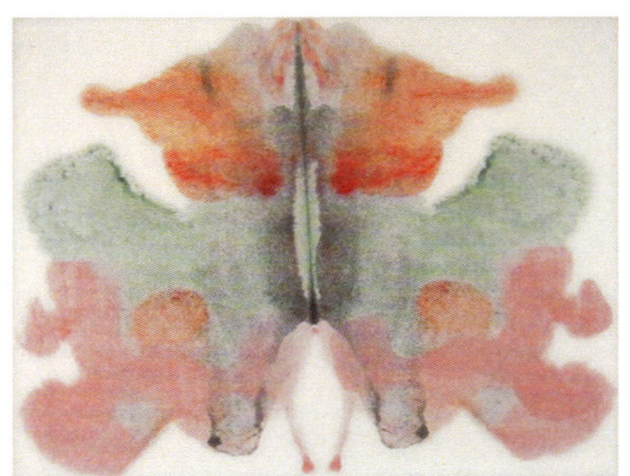

图 9－10　墨迹图片(彩色)

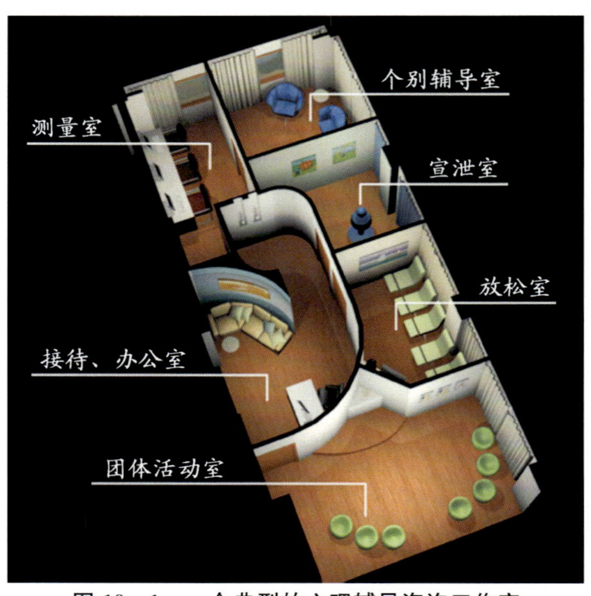

图 10－1　一个典型的心理辅导咨询工作室

浙江省普通高校"十三五"新形态教材

高等院校心理学专业精品教材系列

Exploring the Mysteries of Mind

—PSYCHOLOGY AND ITS APPLICATION

探索心理的奥秘

——心理学及应用

钟建安 / 主编

ZHEJIANG UNIVERSITY PRESS
浙江大学出版社
国家一级出版社
全国百佳图书出版单位

·杭州·

图书在版编目(CIP)数据

探索心理的奥秘：心理学及应用 / 钟建安主编. —
杭州：浙江大学出版社，2020.12(2025.3 重印)
ISBN 978-7-308-19880-6

Ⅰ. ①探… Ⅱ. ①钟… Ⅲ. ①心理学—高等
学校—教材 Ⅳ. ①B84

中国版本图书馆 CIP 数据核字(2020)第 003261 号

探索心理的奥秘——心理学及应用

TANSUO XINLI DE AOMI—XINLIXUE JI YINGYONG

钟建安　主编

策划编辑　阮海潮(1020497465@qq.com)
责任编辑　阮海潮
责任校对　王元新
封面设计　春天书装
出版发行　浙江大学出版社
(杭州市天目山路 148 号　邮政编码 310007)
(网址：http://www.zjupress.com)
排　　版　杭州青翊图文设计有限公司
印　　刷　广东虎彩云印刷有限公司绍兴分公司
开　　本　787mm×1092mm　1/16
印　　张　17.25
插　　页　2
字　　数　401 千
版 印 次　2020 年 12 月第 1 版　2025 年 3 月第 3 次印刷
书　　号　ISBN 978-7-308-19880-6
定　　价　55.00 元

前　言

本书是一本供大学通识教育使用的心理学教科书，在介绍心理基本过程和基本规律的基础上，分别阐述了心理学在各个领域的应用，涉及的内容新，范围广。

近 10 年来，心理学的研究有了许多新进展。在这些新进展和普通心理学的基础上，通过分析各种心理现象，比如感知觉、记忆学习、情绪情感和语言与思维等，探讨人的心理过程和个性心理，深入分析人的心理活动规律，修正一些来自日常生活的并不十分正确的“通俗心理学”知识，学会分析生活中遇见的各种心理现象，初步掌握心理学知识以应对生活、学习及工作中的心理问题，以健康的心理状态投入生活。

本书主编钟建安，副主编张萌、符德江、陈辉、李峙、蔡永春、卢舍那、张琼、聂爱青。在编写过程中，我们参考了中外众多学者的专著和研究成果，在此特向原作者表示衷心感谢。此外，在本书的出版过程中，得到了浙江大学出版社领导及责任编辑阮海潮老师的大力支持和帮助，在此一并表示诚挚的谢意。

因编撰时间仓促，书中如有疏漏之处，恳请各位读者批评指正。

编　者

于浙江大学

目　录

第1章 绪　论

> 古代有则笑话：一位解差押解一位和尚去府城。住店时和尚将他灌醉，并剃光他的头发后逃走。解差醒时发现少了一人，大吃一惊，继而一摸光头转惊为喜："幸好和尚还在。"可随之又困惑不解："我在哪里呢？"这则笑话一定程度上印证了诗人苏东坡的两句诗："不识庐山真面目，只缘身在此山中。"即人们对"自我"这个似乎非常熟悉的概念，往往难以正确认识；从某种意义讲，认识"自我"比认识客观现实更为困难。因此，"人贵有自知之明"。学者将人们难以正确认识"自我"的现象称为"苏东坡效应"。

我们可以把笑话中的"自我"说成是心理现象。生活中的心理现象有很多，关于心理的疑问也有很多，要回答这些问题，我们必须对心理进行探究。事实上，人类渴望揭开广大、幽渺的自身世界的面纱，探索内心奥秘的活动从来就没有间断过，甚至就现在您和我们无言的交流，本身也是与这个话题——心理分不开的。

1.1　作为科学的心理学

1.1.1　基本的心理过程

1.1.1.1　心理与心理学

心理，是对心理现象、心理活动的简称。心理并不是人所独有的，动物亦有心理。人的心理是复杂的。心理学是研究心理现象及其发生、发展规律的科学，它兼有自然科学和社会科学的性质。心理现象是心理学的研究对象。心理学研究心理现象，就是要揭示心理现象发生、发展的客观规律，用以指导人们的实践活动。心理学既研究人的心理，又研究动物的心理，通过对动物心理的研究以及共性的量化分析，将规律性的研究结果放回到人类社会进行检验。而那些经过校验的理论就形成心理学的基本理论。

对心理现象的探讨与研究，自从有人类文明以来就已经开始了。中国古代哲学、医学、教育和文艺理论等许多著作中，有着丰富的心理学思想。而心理学成为一门独立的学科只有100多年的历史，现今已是具有100多个分支学科的庞大学科体系，而且随着人类社会实践活动的发展，心理学的分支学科还会继续增加，心理研究与人们的生产、生活的联系将更紧密。

1.1.1.2　心理的本质

关于心理的本质，科学的解释可以概括为，高度有组织的物质——脑的功能或特性，对客观世界的能动性反映。客观世界的主观映象有不同形式和水平，心理是通过感觉、知觉、表象、记忆、想象、思维、情感、意志和个性等不同的形式和水平表现出来的。

"心理"一词来自希腊文"psychikos"，有灵魂的意思。在古代，由于科学技术不够发达，人们发现当心脏停止跳动时，人的精神活动也随之停止，于是就认为心脏是精神活动的器官，把精神活动称为心理活动。如我国古代思想家孟子说过："心之官则思，思则得之，不思则不得也。"就是把心脏当作思考的器官。随着科学的发展和经验的积累，人们逐渐发现，脑才是精神活动的器官，而非心脏。明代著名医药学家李时珍就提出了"脑为原神之府""泥丸之宫，神灵所聚"的论断；清代名医王清任根据其对尸体的解剖和大脑病理的临床研究，也提出了"灵机、记性不在心而在脑"的著名论断，认为脑是人的高级神经中枢，人的记忆、思维等心理活动是在脑而不是在心脏中进行的。这与现代心理学对该问题的认识是吻合的。

现代心理学认为，心理是脑的功能，脑是心理活动的器官。没有脑的心理，或者说没有脑的思维是不存在的。正常发育的大脑为心理的发展提供了物质基础。心理现象随着神经系统的产生而出现，又随着神经系统的不断发展和不断完善才由初级不断发展到高级。无机物和植物没有心理，没有神经系统的动物也没有心理，只有有了神经系统的动物才有了心理。无脊椎动物的神经系统非常简单，比如环节动物只有一条简单的神经索，它们只具有感觉的心理现象，只能认识事物的个别属性；脊椎动物有了脊髓和大脑，它们有了知觉的心理现象，能够对事物外部的整体加以认识；灵长类动物，像猩猩、猴子，大脑有了相当高度的发展，它们能够认识事物的外部联系，有了思维的萌芽，但是还不能认识到事物的本质和事物之间的内部联系。只有人类，才有了思维，有了意识。人的心理是心理发展的最高阶段，因为人的大脑是最复杂的物质，是神经系统发展的最高产物。因此，从心理现象的产生和发展的过程，也说明了心理是神经系统，特别是大脑活动的结果。神经系统，特别是大脑是从事心理活动的器官。

脑是心理活动的器官，人们获得这一正确的认识经历了几千年。现在，这一论断得到了人们的生活经验、临床事实，以及从心理的发生和发展过程、脑解剖、生理研究所获得的大量资料的证明。

1.1.1.3　心理的基本内容

心理的基本内容主要分为以下四个方面：个体心理、个体心理现象与行为、个体意识与无意识、群体心理。

(1)个体心理

个体心理是指个别主体（即具体的个人）的心理。个体心理，一般分为心理过程和个性两大类。心理过程是心理活动的重要方面，个性心理特征是个体心理活动过程体现出来的特点。心理过程是指人的心理活动发生、发展的过程，即客观事物作用于人（主要是人脑），在一定的时间内大脑反映客观现实的过程，包括认知过程、情绪情感过程、意志过程，三者合在一起简称为“知情意”。认知、情感或意志这三个过程是相互联系、相互促进、统一在一起的。个性心理是显示人们个体差异的一类心理现象。由于各人的先天因素不同，生活条件不同，所受的教育影响不同，所从事的实践活动不同，因此这些心理过程在每一个人身上产生时又总是带有个人特征，这样就形成了每个人的兴趣、能力、气质、性格的不同。譬如，各人的兴趣广泛性、兴趣的中心和广度以及兴趣的稳定性不同；各人的观察力、注意力、记忆力、想象力、思考力不同，有的能力高，有的能力低；各人的情感体验的深浅度、表现的强弱，克服困难的决心和毅力的大小也不同。所有这些都是个性的不同特点。心理现象中的兴趣、能力、气质和性格，称为个性的心理特征。

心理现象的各个方面并不是孤立的，而是彼此互相联系着，不仅在认知、情绪情感、意志过程之间，而且在个性心理特征和心理过程之间也密切联系，没有心理过程，个性心理特征就无由形成。同时，已经形成的个性心理特征又制约着心理过程，在心理过程中表现出来。例如具有不同兴趣和能力的人，对同一首歌、同一幅画、同一出戏的评价和欣赏水平是不同的。

事实上，既没有不带个性特征的心理过程，也没有不表现在心理过程中的个性特征，两者是同一现象的两个不同方面。我们要深入了解人的心理现象，就必须分别对这两个方面加以研究，但在掌握一个人的心理全貌时，是把两方面结合起来进行考察的。

心理学研究的是心理过程及其机制、个性心理特征的形成过程及其机制、心理过程和个性心理特征相互关系的规律性。人们常说的心理学，就是研究上述个体心理发生与发展规律的一门学科。

(2)个体心理现象与行为

行为指有机体的反应系统，它由一系列动作和活动构成，总是在一定的刺激情景下产生。引起行为的内、外因素叫刺激。行为不同于心理，但又与心理有着密切的关系；心理支配行为，又通过行为表现出来。所以，从外部行为推测内部心理过程，成了心理学研究的一条基本法则。从这个意义上讲，心理学有时也叫作研究行为的科学，即通过对行为的客观记录、分析和测量来揭示人的心理现象的规律性。

(3)个体意识与无意识

1-1 我们为什么会做梦呢？

心理学的第三个研究内容即个体的意识问题。人的意识是由人的认知、情绪、情感、欲望等构成的一种丰富而稳定的内在世界，是人们能动地认识世界和改造世界的内部资源，这是人的意识的一大特点。注意是意识对事物和活动的指向和集中，注意指向的活动往往也是人能意识到的活动。注意的基本作用是选择信息。没有注意的作用，人就无法清晰地认识事物，也无法准确迅速地完成某种活动。无意识现象指人们在正常情况下觉察不到，也不能自觉调节和控制的心理现象，如人在梦境中产生的心理现象大多在无意识中进行。

(4)群体心理

前面谈到的认知、情绪、情感、能力和性格等存在于个人身上的心理现象，称为个体心理。但人是社会的实体，总是生活在各种社会团体之中，并与他人结成各种关系。由于社会群体的存在，便产生了群体心理。群体心理或社会心理与个体心理的关系也就成了共性与个性的关系。群体心理是在群体的共同生活条件和环境中产生的，它是该团体内个体心理特征的典型表现，而不是个体心理特征的简单总和。

群体心理分为小群体心理和大众心理。作为社会的人，彼此之间必然要发生一定的关系，进行社会交往，从而产生交往心理。交往心理既存在于个人与他人之间，也存在于群体之间。群体心理包括三大类型，即交往心理、小群体心理、大众心理。

1.1.2 心理学研究的问题

心理学到底研究和探索什么内容呢？由于人所具有的心理现象非常奥妙，非常复杂，因此我们就从心理过程、心理结构、心理的脑机制、心理现象的发生发展以及心理与环境这五个方面来探索、了解人的心理现象。

1.1.2.1 心理过程

心理现象可以表现为一定的过程，我们称之为心理过程，包括认知过程、情绪情感过程、意志过程、技能过程等。这些心理过程有的非常之快，有的则需要一定的时间。比如，视知觉过程就很迅速，例如我们看到一个人，首先是眼睛接受源自该人的光刺激，接受神经系统加工，由光刺激转为神经冲动，即觉察到有人存在，然后将所看到的人与其环境背景区分，从而确认所看到的人是哪位，是认识的人还是陌生人；而技能过程可能就需要一定的时间，例如我们学习游泳，首先要在岸上练习手脚动作，在水中练习并定型手脚动作、协调手脚动作、学会换气，然后在辅助或保护的情况下进行尝试，最后慢慢地体会、协调、练习，才学会游泳技能。所以，根据不同心理过程所需的时间进程来探索和理解心理现象与心理活动是非常有必要的。

那么如何来分析心理现象的时间进程呢？心理学家谢夫里奇（O. Selfridge, 1959）设计了多水平的信息加工认知模型，我们称之为“鬼城模型”（Pandemonium）。这个模型系统形象地说明了人类认知的特征分析规律。鬼城是幻想的一个喧嚣又混乱的城市，里面住着四种小鬼，这些小鬼也分等级，有着不同的任务分配，各司其职：映象鬼、特征鬼、认知鬼和决策鬼（图 1-1）。其中特征鬼起着举足轻重的作用，认知鬼、决策鬼凭着特征鬼的叫喊作出对输入信息的认知和判断。以图形识别的时间进程为例，映象鬼负责记录和编码外界图形的原始形象从而形成映象；特征鬼负责把映象分析成各个特征，每个特征鬼只负责寻找它责任范围内的特征，比如有的特征鬼只分析水平线，有的特征鬼只分析直角；认知鬼根据特征鬼的分析结果找到相对应的模式，就大声叫喊；决策鬼根据叫喊声判断模式，并负责对图形进行决策。按照这样的分工顺序，人们就能顺利知觉到图形并进行识别。“鬼城模型”是目前心理学领域中认知心理学派用来支持人的知觉过程是特征导向的一个典型例子。诸如此类的模型在心理学中还是比较多的，可以比较直观而通俗地理解心理过程。

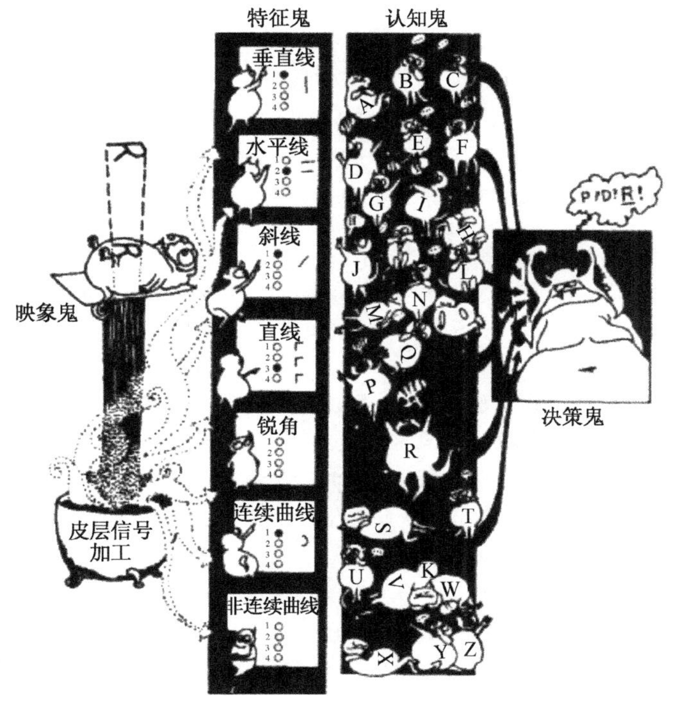

图 1－1　鬼城模型

（引自：王甦，汪安圣.认知心理学[M].北京：北京大学出版社，1992）

1.1.2.2　心理结构

虽说心理现象是复杂的，但也不是杂乱无章、毫无关系的，不同的心理现象之间依旧有一定联系，形成心理结构整体。人脑中的知识有一定的结构与系统，人们接受知识后，经过编码按一定的结构储存在大脑中，需要的时候可以进行提取和再加工。这些知识就好像都被编了号码，很有规律地排列并保存在大脑中，一旦需要，就可以按照编号规律马上被找到，取出来利用与加工。心理学研究心理结构，就是要揭示各种不同的心理现象之间的内在相互关联。以记忆为例，记忆的品质取决于人们对记忆材料的理解程度，如果对材料有了很好的理解，甚至做了联想串联，就容易很好地记住，并且不太会遗忘；如果对材料知识完全不理解，仅仅死记硬背，不但很难记住，即使短时间记住了，也很容易遗忘。

我们小的时候都有背诵课文的经历，如果是比较有故事情节的课文，你是否会觉得比较容易背诵？反之，如果是晦涩难以理解的诗词，是否会觉得即使篇幅短小也难以背诵呢？其中的奥秘就在于，对于故事型的课文，我们了解了故事中的相关人物、事件和情节，因此在理解的基础上进行了记忆，好比对这些信息进行了一定的加工和编码；而对于诗词，如果我们没有很好地理解其字句所包含的意境与韵味，即使短短几十个字，也难以对这些字进行加工和编码，就会感觉毫无规律。

1.1.2.3 心理的脑机制

健康而完整的神经系统，尤其是健全的脑功能，是心理现象的基础。例如视觉和听觉，需要正常的视觉和听觉器官以及相应的神经系统作为基础；如果神经受损，人们就不能清楚看到外界事物，更不能进行辨识了。此外，大脑在其中也起到了非常重要的作用，大脑某些部位受损或异常还会造成不能辨认人脸、看到单词和句子不能识别、对以前的事情都遗忘却记得最近的事情。

不能辨认人脸、不能识别单词都属于失认症的例子。所谓失认症，其实是一类神经心理障碍，患者意识很清晰，但不能够对物体形成正常知觉，主要表现在感觉系统不能识别再认物体。其中的原因就在于这些患者的次级感觉皮层或者联络区皮层有局部的损伤，导致在感官系统、感觉神经系统和初级感觉皮层完全正常的状态下，依旧表现出不同的失认现象。一般的失认症有视觉失认症、听觉失认症和躯体失认症。例如，面部失认症早在1867年就有了记载，有些患者能够分辨熟人但不能分辨陌生人，我们称之为陌生人面部分辨障碍，主要是因为大脑两侧枕叶或右侧顶叶皮层受损；有些患者能够分辨陌生人，但是不能单凭面部确认熟人，不过可能可通过声音、衣着打扮等其他方面分辨熟人，我们称之为熟人面部失认症，主要是大脑双侧或右内侧枕—颞叶皮层间联系受损。

（资料来源：沈政，林庶芝.生理心理学[M].3版.北京：北京大学出版社，2016）

因此，心理学不仅要研究心理过程和结构，还要研究脑机制，说明心理现象与脑的关系，揭示意识之秘，探索心理之源。因此，心理学与现代脑科学研究的关系也是非常密切的。借助于脑科学的知识和相关技术，不仅可以说明心理学中意识的起源，还能够揭示心理学相关脑功能的本质。

脑功能的神奇是我们探索心理活动相关现象的巨大原动力。心理学对于人类思考和解决问题的探索不仅体现在脑机制的相关研究，还扩展到了如何将其计算化，也就是我们常听到的“人工智能”相关领域。人的某些方面的思考步骤、解决过程可以用一定的算法和算子来表示与解释。例如，卡斯帕罗夫与“深蓝”计算机之战，在人与计算机之间挑战赛的历史上可以说是历史性的，IBM的计算机程序“深蓝”在正常时限的比赛中首次击败了等级分排名世界第一的棋手。虽然“深蓝”能够赢的一部分原因在于卡斯帕罗夫擅长的根据实际情况尽心判断和虚张声势对计算机不起作用，但在一定程度上也说明了人类的问题思考是可以计算化的，对人类脑功能的研究是很有意思也是很有意义的。

1.1.2.4 心理现象的发生与发展

心理现象需要神经系统尤其是大脑为基础，而心理现象又是人类特有的，因此我们可以认为心理现象是物种进化到神经系统健全的人类阶段才开始有的，人类脑的发育为心理现象的发生与发展提供了一定的基础。一个人的成长发育，伴随着心理活动的发生发展，我们以儿童发展为例来简单说明。儿童的思维发展就是由低级往高级发展的，3～4岁的儿童以自我为中心思考，很难从别人的角度看待事物，而且经常凭直觉判断，例如他会分清自己的左边和右边，但是却搞不清楚坐在他对面的另外一个小朋友的左边和右边；而在 7～8 岁的时候随着大脑和思维的进一步发育，此时儿童可以进行心理运算，也能在头脑中对事物关系进行逆反、传递等可逆运算，例如量筒里的水注入玻璃皿中后，儿童会认为量筒里的水和玻璃皿中的水一样多，因为是同样多的水，而在这个年龄阶段以前的儿童会以为水是不一样多的，但是一些更为高级的抽象和推理活动还不能进行，需要随着年龄和学习经验更进一步地发展。除此之外，儿童的其他方面，例如社会化、认知水平、言语能力等也是随着年龄的发展和学习经验的积累逐步发生发展到一定的水平。因此，心理学研究会注重人类心理现象的发生和发展及其与脑发育之间的关系。

1.1.2.5　心理与环境

心理现象最初是由接受外界刺激的输入开始的，因此人的心理源于客观外界环境，表现为不同的心理现象，并与外界环境密切相关。这里的外界环境不仅指自然环境，也包括社会环境。人们通过外界的各种光波看到了各种颜色的物体，通过各种物体的振动频率听到了各种声音；人们会通过各种报刊书籍和电影电视在某种程度上影响自己的一些观点和看法；通过各种方式的社会交往与接触影响到自己的人际关系与生活工作。事实上，心理活动与心理现象亦会以个体行为的方式作用于外部环境，例如建造房屋、开展公益活动等多种改造社会、改造环境的活动。由此不难发现，人的心理与外部环境之间存在着相互影响的关系，而心理学当然也将其作为一项重要的研究内容，从而来指导我们的日常生活。

1.2　心理学的发展历史

1.2.1　心理学的两大源头

科学心理学的起源有两个：一个是在哲学内的起源，具体说来就是哲学心理学思想尤其是近代哲学思潮的影响；一个是在科学内的起源，具体说来就是生理学的前进尤其是实验生理学的作用。到了 19 世纪后期，这两个方面的起源在冯特(W. Wundt)那里得到了标志性的结合，便产生了实验心理学，从而心理科学走向了独立。

1.2.1.1　哲学心理学思想的酝酿

心理学的历史源头可以追溯到古希腊时期，甚至更早的古希腊前哲学时期，那时人们通过神话对宇宙进行描述和解释。诗人荷马的神话《伊利亚特》和《奥德赛》中就包含了古希腊前哲学时期的常识心理学，例如武士经常不能控制他们心灵的不同部分，他们的理性也经常受到神的蒙蔽。我们从希腊文字里也能窥测到人类早期对心理学问题的探索，例如“灵魂”(psyche)这个词，指生命的气息，它在一个人死亡时离去，“心理学”这个词就是从这里演变来的。

古希腊为人类留下了大量的有关心理和心灵的常识，但是常识不具有自我表现性和自我改进性，于是就不能为心理学的发展提供动力。公元前 6 世纪，古希腊哲学的产生为心理学的发展提供了真正的动力。公元前 6 世纪至公元前 4 世纪是古希腊在西方文化史上最富创造力的时期，许多西方的知识、智慧结晶于这个时期，几乎所有的近代概念都可以追溯到这个时期。像泰勒斯、德谟克利特、柏拉图、亚里士多德等人的思想一直是近代理智生活的组成部分。

真正触及心理学骨髓的哲学思想是近代哲学。近代哲学是指 17 世纪到 19 世纪欧洲各国的哲学，其中主要指法国 17 世纪的唯理论和英国 17 世纪到 18 世纪的经验论。

唯理论(rationalism)的著名代表是 17 世纪法国著名哲学家、自然科学家笛卡尔(R. Descartes)。笛卡尔提倡有条理的怀疑以及对理性的依赖，认为只有理性才是真理的唯一尺度。在身心关系问题上，他认为灵魂与肉体有密切的关系，指出某些心理现象如感知觉、想象以及一些情绪活动都离不开身体的活动。但是笛卡尔把统一的心理现象分成了两个方面，一个方面依赖于身体，另一方面是独立于身体组织之外的，这样他就陷入了二元论。笛卡尔关于身心关系的思考推动了动物和人体解剖学和生理学的研究，这一点对现代心理学的诞生有直接的影响，他对理性和天赋观念的重视也影响到现代心理学理论的发展。

经验主义(empiricism)起源于英国哲学家霍布斯(T. Hobbs)和洛克(J. Locke)。霍布斯被认为是经验主义的先驱，洛克则被认为是经验主义的奠基人。洛克反对笛卡尔的“天赋观念”说，在他看来，人的心灵最初像一张白纸，没有任何观念，一切知识和观念都是从后天经验中获得的。这就是著名的“白板说”。洛克将经验分为外部经验与内部经验，外部经验叫感觉，内部经验叫反省。洛克的思想也存在明显的矛盾，既有唯物主义的成分，又有唯心主义的影子。洛克注重外部经验，认为客观的物质世界是外部感觉的源泉，这是唯物的；认为反省同外部感觉一样，是观念的独立源泉，这一点又有明显的唯心主义的成分。

18 世纪英国经验主义分裂为两个对立的方向。英国哲学家哈特莱(D. Hartley)和法国哲学家康狄亚克(E. Condillac)发展了洛克思想中的唯物主义的部分，他们强调感觉在认识世界中的作用，并认为其源泉是客观世界。英国哲学家贝克莱(G. Beackley)和休谟(D. Hume)则继承了洛克思想中的唯心主义的部分。贝克莱只承认感知经验的实在性，否认客观世界的存在，他认为“存在即被感知”，在他看来，不仅观念是感觉的复合，就是物体也是感觉的复合，离开了感知经验，离开了感知的主体，物体及其种种属性也就不存在了。

英国的经验主义继续演变到 18 世纪、19 世纪形成了联想主义(associationism)的思潮，代表人物有詹姆士・穆勒(J. Mill)、约翰・穆勒(J. Mill)、培因(A. Bain)等，他们把联想的原则看成全部心理活动的解释原则，认为人的一切复杂观念是由简单观念借助联想而形成的。

哲学上唯理论与经验论的争论一直持续到现代，并且表现在现代心理学各种理论派别的斗争中。

1.2.1.2　实验生理学的影响

如果说近代哲学为现代心理学提供了理论基础，那么现代心理学的某些内容，尤其实验方法，则直接来源于实验生理学。

19 世纪中叶，生理学已经成为一门独立的实验科学。在神经系统生理学和感官生理学的研究上，有了新的发现。例如，1811 年，英国人贝尔(C. Bell)和法国人马戎第(F. Maaendie)首先发现了脊髓运动神经和感觉神经的差别。1840年,德国人雷蒙德(D. Reymond)发现了神经冲动的电现象。1861年,法国医生布洛卡(P. Broca)确定了语言运动区的具体位置。1869年,英国神经学家杰克逊(H. Jackson)提出了大脑皮层的基本功能界限:中央沟前负责运动,中央沟后负责感觉。与此同时,生理学所采用的许多科学方法也相继被运用到对个体行为的研究中。例如,德国学者赫姆霍兹(H. Helmholtz,1850)用青蛙的运动神经测量了神经传导速度,为在生理学和心理学中应用反应时的方法奠定了基础。德国学者费希纳(G. Fechner,1860)通过不断实验研究,建立了心物之间的计量关系以及心理物理方法。德国学者韦伯(E. Weber,1834)通过系统地变化刺激的强度来观察个体的反应,在感觉阈限的测量等方面为心理物理学的建立和发展作出了特殊贡献。这些研究工作和实验手段,对心理学摆脱哲学的附庸地位,最终成为一门独立的学科产生了深远的影响。

1.2.2 心理学的成长(发展)历程

1879年,德国心理学家冯特在莱比锡大学建立了世界上第一个心理学实验室,开始对心理现象进行系统的实验研究,宣告了科学心理学的诞生。心理学界之所以把开始系统的实验研究作为科学心理学诞生的标志,是因为科学特征中所强调的客观性、验证性、系统性三大标准,只有实验法才可能做到。冯特本人被誉为心理学之父,他的著作《生理心理学原理》被生理学和心理学两界推崇为不朽之作。

从1879年到现在,心理学的真正历史只有短暂的140多年,但由于它有着一个长久的过去,因此,人们往往倾向于认为心理学既是一门古老的学科,又是一门年轻的学科。作为一门真正独立的学科,心理学虽然只有短暂的140多年的历史,却获得了惊人的发展。

在140多年的历程中,整个心理学界出现了过去从来没有过的学术探讨的繁荣局面。在冯特建立其心理理论体系以后,又相继出现或继承冯特的理论,或反对冯特的理论,或独树一帜、另辟他径的,各种各样、大大小小的心理学派多达几十个,而且这些学派分布广泛,遍布世界各国,真可谓学派林立、学说各异、百家争鸣、万帆争先。

在140多年的历程中,人类对心理现象探索研究的深度和广度,达到了前所未有的程度。在众多学派中,有从内在的意识去研究的,有从外在的行为去研究的;有从静态去研究的,有从动态去研究的;还有从生物学、数理学、几何学、物理学、拓扑学、民族学、文化学等种种不同角度去研究的。所有的学派,包括相互承继的学派,在它们的心理研究对象、范围、性质、内容以及方法上都既有联系,又各不相同。这140多年心理学发展的速度以及研究成果,可以说远远超过了人类历史上对心理研究成果的所有总和。

心理科学这140多年的历史,主要集中体现在一些在世界范围内曾代表过一个时期的心理学发展历史的倾向、曾对心理学本身产生过极其深远的影响、曾客观地左右过心理学历史发展进程的心理学"大派"的形成发展上。心理科学

140 多年来所取得的成果，也主要反映在这些心理学"大派"的卓有成效的研究成果上。

第一学派——内容心理学派。 内容心理学派产生于19世纪中叶的德国，代表人物是冯特。内容心理学派主张对人的直接经验进行研究。所谓直接经验，就是人在具体的心理过程中可以直接体验的，如感觉、知觉、情感等。不过，冯特这里研究的并不是感觉、知觉等心理活动的本身，而是感觉或知觉到的心理内容，即感觉到了什么，知觉到了什么。冯特认为，人的这种直接经验(心理或意识)是可以进行分析的，他将心理被分析到最后不能再分析的成分称为心理元素。他认为心理元素是心理构成的最小单位，而人的心理，是通过联想或统觉才把这些心理元素综合为人的直接经验的。因此，冯特认为，心理学的任务就是要分析心理的结构和内容，发现心理元素复合成复杂观念的内在原理与规律。为此，冯特的心理学体系被称为内容心理学。

冯特一生治学严谨，论述丰硕。1865 年，冯特出版的《人体生理学教本》一书，曾得到与他同时代的恩格斯的肯定，此后，他接连出版了《对感官知觉理论的贡献》《关于人类灵魂和动物灵魂的讲演录》和《生理心理学原理》等著作。这些成果，初步奠定了他的理论体系，其中《生理心理学原理》被心理学界认为是心理学的独立宣言。冯特的内容心理理论体系是庞大的，据他的女儿后来收集的书目看，冯特一生写了近 500 种著作，一个人每天若以 60 页的速度来阅读他的著作，要用整整两年半的时间。在这一点上，他甚至超过了后来几乎所有学派。

冯特的内容心理理论观点，后来被他的学生铁钦纳(E. Titchener)带到美国，并于19世纪末在美国发展成了一个在主要的心理思想上与冯特观点相似但又有区别的较大学派——构造主义心理学派。由于"内容"与"构造"两个学派的主体思想一致，故后人一般都倾向将它们视为一个整体的学派。

1-2 恐惧形成实验

第二学派——行为主义学派。 行为主义学派产生于20世纪初的美国，代表人物是华生(J. Watson)和斯金纳(B. Skinner)。这是针对冯特内容心理学派理论的不足而在美国进行的一场心理学革命。它一反传统心理学，而主张对人的意识进行研究的观点；主张心理学不应只是研究人脑中的那种无形的像"鬼火"一样不可捉摸的东西——意识，而应去研究那种从人的意识中折射出来的看得见、摸得着的客观东西，即人的行为。他们认为，行为，就是有机体用以适应环境变化的各种身体反应的组合。这些反应不外乎是肌肉的收缩和腺体的分泌，它们有的表现在身体外部，有的隐藏在身体内部，其强度有大有小。他们认为，具体的行为反应取决于具体的刺激强度，因此，他们把"S—R"(刺激—反应)作为解释人的一切行为的公式。行为主义理论认为，心理学的任务就在于发现刺激与反应之间的规律性联系，这样就能根据刺激而推知反应，反过来又可通过反应推知刺激，从而达到预测和控制行为的目的。

行为主义心理学派的主体思想是对19世纪末美国的另一个土生土长的心理学派——詹姆士(W. James)的机能主义学派的心理理论观点的进一步发展。行为主义心理学在20世纪20年代发展到高峰，成为从20年代到50年代整整30年在美国心理学研究中一直处于统治地位的美国心理学史甚至世界心理学史上都绝无仅有的一大学派。

第三学派——格式塔学派。它于20世纪初产生于德国，代表人物有韦特海默(M. Werthimer)、考夫卡(K. Koffka)和苛勒(W. Köhler)。这是在冯特的本国因反对冯特的理论观点而产生的一大学派。“格式塔”(Gestalt)这一古怪的名称，是对形状、完形、整体等意思的德文译音。

格式塔心理学的研究主要集中在感知觉的范围。格式塔心理学既反对冯特把心理现象分析为各个元素，也反对行为主义的刺激与反应的“S—R”公式。他们认为，任何一个心理现象都是一个完整的整体。整体具有特殊内在规律的完整的历程，具有具体的整体原则的结构。整体并不简单地等于各部分的和。他们有一句名言：“整体大于部分之和。”比如，把许多单个的音符放在一起，从它们的组合中会出现新东西(一支乐曲)，而这种新东西并不存在于任何个别的音符中；四根线段组成一个正方形，它就已是具有新的性质的新的形式，它的含义比四根线段本身的含义多得多。

格式塔心理学派强调整体的观点，重视各部分之间的综合。这对心理学的研究是个较大的贡献。但其不足是，它的研究只局限于感知觉的领域；另外，它的一些原则究竟是否能适用于心理学的全面研究，还有待于进一步探讨。这一学派在20世纪30年代达到高峰。

第四学派——精神分析学派。它产生于20世纪20年代，代表人物是奥地利精神病医生弗洛伊德(S. Freud)。精神分析学派是弗洛伊德在毕生的精神医疗实践中，对人的病态心理经过无数次的总结、多年的累积而逐渐形成的。精神分析学派对传统的心理学课题，如意识、感知觉、注意等不感兴趣，它主要着重于精神分析和治疗，并由此提出了关于人的心理和人格的新的独特的解释。精神分析学派认为，人内心的生物方面的冲动、情欲等原始本能的东西，是人的个体复杂生存活动和传宗接代的种族生存的主导驱动力。弗洛伊德认为，外部的一些社会伦理道德的要求在一定程度上约束了人的这种原始冲动的自由表现，所以，弗洛伊德进一步认为，人的心理可以分成两部分，一部分是意识，另一部分是潜意识(无意识)。意识包括个人现在意识到的和现在虽意识不到但却可以记忆的。无意识是不能被本人意识到的，它包括原始的盲目冲动、各种本能以及出生后被压抑的欲望。无意识的东西并不会因压抑而消失，它还存在并伺机改头换面表现出来。

弗洛伊德精神分析学说的最大特点，就是强调人的本能的、情欲的、自然性的一面，它首次阐述了无意识的作用，肯定了非理性因素在行为中的作用，开辟了潜意识研究的新领域；它重视人格的研究，重视心理应用。在精神病治疗方面，不仅提供了一整套治疗理论和方法，而且当为现代医学心理学之先声；另外，精神分析理论还在艺术创造、教育及其他人文科学方面得到了广泛的应用。弗洛伊德学说的消极方面主要表现在它过分夸大了人的自然性而贬低了人的社会性；他的泛性论基本上是非科学的。后来，由弗洛伊德的一些学生又发展形成了新弗洛伊德主义，表现为不再那么强调人的本能作用，而开始重视人和人之间的关系的社会因素。

弗洛伊德的精神分析学派，是心理学140多年发展史中唯一一个经久不衰的心理学派，它的许多观点至今仍在心理学研究中发挥着重要的作用。

第五学派——皮亚杰学派。它产生于20世纪20年代的瑞士，代表人物是皮亚杰(J. Piaget)。该学派主要研究儿童的认知活动、探索智慧的结构和功能及其形成发展的规律。这一学派认为，人类智慧的本质就是适应，而适应主要是因为有机体内的同化和异化两种功能的协调，从而使得有机体与环境取得了平衡的结果。皮亚杰心理学理论的核心是"发生认识论"，这一理论主要从纵向来研究人的各种认知的起源以及不同层次的发展形式的规律。在皮亚杰学派以前的各个学派，都是停留在成人正常的意识或病态的意识以及行为的横断面的研究上，而从未从儿童到老年纵向地、全面地、发展地去考察、研究人类的智慧的发生、发展规律。因此，皮亚杰学说对心理的研究，不能不说是心理学史上的一个创举，它丰富和发展了科学的认识论，拓展了心理学研究的领域，促进了儿童心理学和认知心理学的发展；同时，它对其他一些学科，如认识论、逻辑学、语言学和教育学等的产生有很大的影响。它的不足主要表现在对人的社会性和实践性活动重视不够，对环境，特别是对教育的作用估计偏低，对人类智慧的结构化有些牵强武断。

第六学派——认知心理学派。它产生于20世纪70年代初。一般认为，该学派的奠基者是美国的奈塞尔(U. Neisser)和西蒙(H. Simon)。认知心理学是在行为主义失败，而信息论、控制论、系统论以及计算机科学发展起来的条件下产生的。该学派反对行为主义，认为应承认人的主观东西——意识，人的行为主要取决于认识活动，包括感性认识和理性认识，人的意识支配人的行为，强调人是进行信息加工的生命机体，人对外界的认知实际上就是一种信息的接受、编码、操作、提取和使用的过程。因此，认知心理学就是要研究人类认识的信息加工过程，提供信息加工的模型。

认知心理学强调了意识(理性)在行为上的重要作用，强调了人的主动性，重视了各心理过程的联系、制约。认知心理学的研究成果对计算机科学的发展有较大的贡献。认知心理学已表现出来的缺陷是忽视了人的客观现实生活条件和人的实践活动的意义，而集中于人的主观经验世界。

在现代心理学的几大学派中，几乎每一学派都无不是直接或间接地在前一学派理论的基础上，经过批判、继承、发展而逐渐形成的。从这个意义上看，它们有着一脉相承的内在联系。正是这些在心理学史中曾发挥较大影响的几大心理学派的上下关联、前后衔接，才构成了一部现代心理学的完整的发展史。

综观心理学史，"心理学有一个长期的过去，仅有一个短期的历史"，著名心理学家艾宾浩斯(H. Ebbinghaus)对此所作的概括，确实是恰如其分的。

1.3　心理的生理基础

近几十年来，随着神经科学、认知科学和生物化学等学科的飞速发展，以及各种科学技术仪器的发明应用，人们对于脑和神经系统有了愈来愈多深刻的认识，从而对相关的一些心理现象也有了一定新的理解。在这一节中，我们将简单介绍与人类心理现象相关的神经系统和一些生理现象。

1.3.1 神经系统

神经系统是由神经元组成的。神经元(neuron)就是神经细胞,它是神经系统结构和功能的基本单位,主要起到接受和传递信息的作用。神经元由胞体、树突和轴突组成。在神经元之间还存在着大量的胶质细胞,它们起到沟通神经元的作用。神经元可以通过接受和传递神经细胞内的电传导或者神经细胞间的化学传导进行联络。

神经系统可以分为中枢神经系统和周围神经系统。中枢神经系统包括脊髓与脑;周围神经系统则包括脊神经、脑神经和自主神经。其中,最为重要的、研究最为普遍的就是脑。

首先来看大脑的相关结构和功能。人类的大脑是各种心理活动的中枢。大脑可以分成左、右两半球,大脑半球表面由大量的神经元和神经纤维形成灰色的大脑皮层(又称灰质),同时又有深浅不同的沟与裂,沟裂间突起的部分称为脑回。其中有三条比较大的沟裂,分别是中央沟、外侧裂和顶枕裂,这些沟裂将半球分为额叶、顶叶、枕叶和颞叶等区域。在每个叶内,还有一些细小的沟裂将表面相应地分成若干个回,例如额叶中有额上回、额中回、额下回、中央前回,颞叶中有颞上回、颞中回和颞下回等。大脑内面则是大量神经纤维髓质,我们称之为白质,主要起到联系的作用,尤其是一种横向的联络纤维——胼胝体,协调两个半球之间的活动。

从19世纪开始,欧洲的一些颅相学家提出了脑的不同部位负责不同心理官能的说法,生理学家和医学家们也随即陆续进行了研究,以布鲁德曼(K. Brodmann,1909)的皮层分区图为例,我们来了解一下大脑皮层的几个功能区域。

初级感觉区和初级运动区:初级感觉区包含了视觉区、听觉区和机体感觉区,分别接受并加工来自外界的各种刺激。视觉区位于顶枕裂后面的枕叶内,接受眼睛的光刺激,产生初级的视觉形式,也是视觉的基础;听觉区位于颞叶的颞横回,接受耳朵的声音刺激,产生听觉的初级形式,视觉区和听觉区如果受损,即使眼睛和耳朵的功能正常,也看不到和听不到了。机体感觉区位于中央沟后面的狭长区域,接受皮肤、肌肉和内脏输入的感觉刺激,产生温度觉、触压觉、痛觉和内脏感觉等等。初级运动区即躯体运动区,位于中央前回和旁中央小叶的前部,主要负责发起、支配并调节身体的姿势和运动。

> 躯干、四肢在机体感觉区、运动区的投射关系是左右相反、上下倒置的。中央后回的最上部负责下肢和躯干部位的感觉,由上往下还有一些区域负责上肢的感觉。头部在感觉区的投射是正向的,也就是鼻子和脸部投射在上面,嘴巴投射在下面;而身体中的各个部位的投射面积大小取决于它们的功能的重要程度,而不是它们的实际大小。

言语区:位于大脑左半球,比较宽广,其中左半球额叶的后下方靠近外侧裂处的言语运动区叫布洛卡区(Broca's area),它负责说话时舌头和腭部的运动;而颞叶上方靠近枕叶处的言语听觉中枢区叫威尔尼克区(Wernicke's area),主要与口头言语理解相关。这两个区域如果受到损伤,都会引起不同程度的失语症。例如,布

洛卡区受损会导致人说话漏词，也就是说有些单词在言语中怎么都不会说；威尔尼克区受损会导致人不能理解口语，不能重复刚听到的话。

随着脑成像技术的发展，在心理学领域也获得了很大的应用。有研究通过脑成像技术发现，人类在进行不同语言作业的时候所引起的大脑区域的激活是不同的。看到单词引起的是大脑左半球枕叶的激活，生成动词引起的是左半球额下回和颞中回的激活，听到单词引起的是威尔尼克区的激活，而说出单词引起的是前额叶的激活。这说明大脑不同的区域负责不同的语言相关功能。

（资料来源：彭聃龄. 普通心理学[M]. 5 版. 北京：北京师范大学出版社，2018）

联合区：即范围最大、起到整合功能的脑区，可以分为感觉联合区、运动联合区和前额联合区。这些联合区虽然不直接接受外界的刺激，但是对于感知觉、运动和其他功能的正常实现是有非常重要的作用的。例如，运动联合区损伤的小提琴家能够正确移动每个手指，完成演奏需要的各个动作，但是不能有韵律地、连续地演奏出一段乐曲。

虽然乍一看，大脑的两个半球非常相似，但事实上两半球在结构和功能上都有明显的差异。人的大脑右半球要略大于、略重于左半球，但是左半球的灰质要多一些；左右两半球的颞叶、丘脑有明显的不对称性，各种神经递质的分布也不一样。而且，随着 20 世 60 年代关于割裂脑的研究，发现大脑两半球具有不同的功能：左半球主要负责语言功能，例如言语、阅读、数学运算和逻辑推理；右半球则着重于知觉物体的空间关系、情绪、音乐和艺术等。因为大脑左半球对应的是右手，右半球对应的是左手，大部分人习惯用右手，而不同的半球有不同的功能，所以在儿童的成长学习中，为了开发大脑右半球相关的空间关系、音乐艺术潜能，应该让他们多用左手，或者两手作业，例如双手弹钢琴、多用左手抓握物品等。

大脑两半球是协同活动的，并且两侧的信息可以通过胼胝体相互传递，作出一致的反应。从 20 世纪 60 年代开始，关于割裂脑的研究发现，在切断胼胝体也就是断绝左右两半球大脑联系的情况下，两半球分别执行不同的功能。有一名 24 岁的男患者因为治疗癫痫要切除胼胝体。研究者就在切除前后，让患者进行了触摸物体命名、两侧视野图片认知的任务，结果发现手术前两侧没什么差异（即不管哪边视野出现图片，都能够辨别），但是手术后差异明显，左半球对应的右侧感受野的成绩明显高于右半球对应的左侧感受野。这说明左半球在言语功能和抽象思维功能方面优于右半球，大脑两半球功能具有不对称性。

除了大脑之外，脑干、间脑、小脑和边缘系统都是与心理现象密切相关的中枢系统的组成部分。脊髓与反射活动关系密切。脑干由延脑、脑桥和中脑组成，该区域里的网状系统控制着机体的意识状态，对于保持大脑皮层的兴奋和维持注意状态有重要作用。间脑由丘脑和下丘脑两部分组成，丘脑负责接收视、听神经传入的信息，下丘脑对于维持体内平衡、情绪稳定都有一定的影响作用。小脑主要起到协助大脑维持身体平衡和协调性的作用，并与感觉分辨也有联系。边缘系统包括扣带回、海马回、海马沟、附近的一些相关大脑皮层等，对于记忆和情绪都有重要的作用。

1.3.2 条件与非条件反射

神经系统是以什么样的方式保持机体的完整统一，又是如何实现有机体与环境的平衡的呢？要想回答这个问题就需要研究神经系统的活动方式——反射。

当我们看完电影从电影院出来碰到很强的阳光时，眼睛就会不由自主地闭起来；当我们在走廊上听到上课铃声时，就会加快脚步走向教室。这其实就是非条件反射和条件反射的现象。反射是中枢神经系统的基本活动形式，非条件反射与条件反射就是它的两种类型。

著名的俄国生理学家巴甫洛夫(I. Pavlov，1870—1932)在 1900 年前后曾经对狗进行了研究，发现当给狗吃食物时狗会分泌很多唾液，此后只要它看到食物就开始分泌唾液了，再后来只要它听到送食者的脚步声，就似乎觉得有食物吃，就开始增加分泌唾液了(图 1－2)。巴甫洛夫对这些现象进行了系统研究，提出了条件反射与非条件反射的相关概念，我们称之为“经典条件反射”。非条件反射是指先天的、不需要学习就会有的反应，诸如吃到食物引起唾液分泌、婴儿的吸吮反射、膝跳反射等；条件反射是指后天的、在非条件反射基础上，中性刺激与非条件刺激联结变成条件刺激从而引起的反应。中性刺激就是诸如脚步声这种与唾液分泌没直接联系的刺激，但由于它经常与食物这种条件刺激同时出现，因此就会引起狗的反应了(图 1－3)。

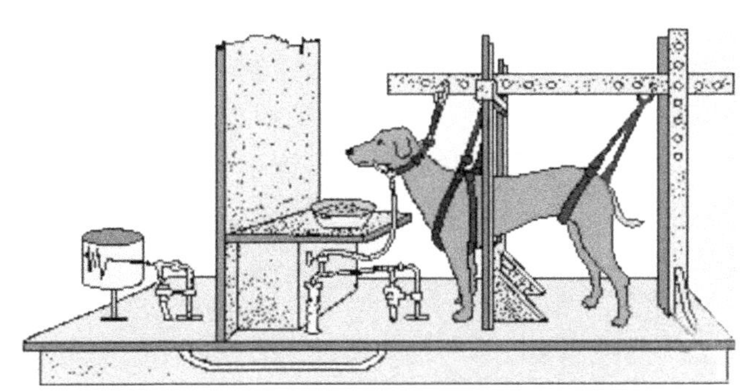

图 1－2　巴甫洛夫经典条件反射实验图

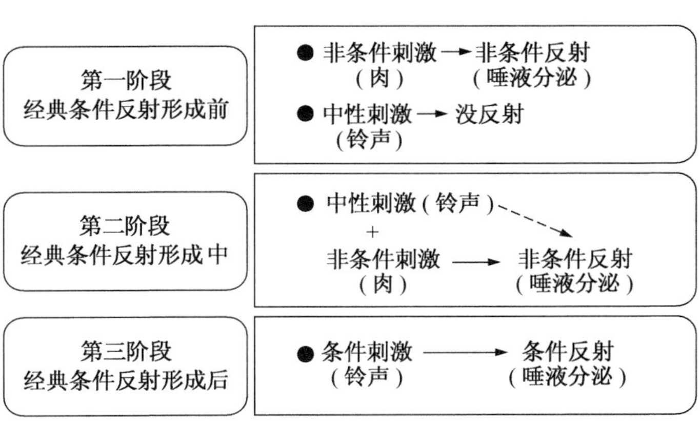

第一阶段 经典条件反射形成前	● 非条件刺激（肉）→ 非条件反射（唾液分泌） ● 中性刺激（铃声）→ 没反射
第二阶段 经典条件反射形成中	● 中性刺激（铃声）+ 非条件刺激（肉）→ 非条件反射（唾液分泌）
第三阶段 经典条件反射形成后	● 条件刺激（铃声）→ 条件反射（唾液分泌）

图 1－3　经典条件反射形成的过程

经典条件反射中有几个特殊的现象：习得、消退、泛化和分化。如果将条件刺激(CS)与非条件刺激(UCS)联结，那么这个过程就是习得，若条件刺激先出现0.5秒就更容易形成条件反射了；如果条件反射形成以后得不到强化，条件反应会逐渐减弱，甚至消失，这就是条件反射的消退；如果条件反射形成后的初期，类似刺激引起了条件反射就叫泛化，反之，条件反射稳固建立以后，就只对条件刺激产生反应，而对相似的刺激也没有反应则称为分化。条件反射现象不仅可以帮助我们理解人类的许多复杂行为，还能够促进机体对外界复杂环境的预见性、灵活性和适应性。

1.4 心理学研究的方法

1.4.1 心理学研究的类型

心理学研究所涉及的研究类型主要有因果研究、相关研究和个案研究三种。

1.4.1.1 因果研究

世界上的事物并不是独立存在的，各种现象也不是无缘无故出现的，许多现象之间存在着一定的联系。如长期暴露在噪声环境与听力受影响这样的因果关系就是其中一种。因果关系是指某个因素的存在一定会导致某个特定结果的产生。因果研究(cause and effect study)主要探究心理现象的因果关系。心理现象与外界刺激之间，心理现象与脑活动之间存在着一定的因果关系，例如音频决定音调高低、光波长决定颜色。因此，心理学家经常通过控制一些变量观察、分析、研究变量之间的因果关系，从中能够发现某些与心理活动相关的因果规律，并同时找到一些有效控制心理和行为的方法。检验因果关系的一个比较好的途径就是通过典型的心理学实验方法，即通过不同的实验设计，创造进行因果分析的各种条件，操纵或者控制原因变量(我们称之为自变量)，观察或测量结果变量(我们称之为因变量)的变化，并且恒定或者控制某些情景条件与变量(我们称之为控制变量)，从而确定自变量与因变量之间的关系。

以不同信息通道的信息输入对操作的影响研究为例来具体介绍一下因果研究。人们接受外界信息输入有多种方式，例如视觉、听觉、嗅觉，并表现出一定的反应。通过生活经验和观察，我们有一定的体验：同时进行两种视觉上的任务时，例如看书和看电视，反应会比较慢，而同时进行视觉上和听觉上的任务时，例如看书和听音乐，反应会比较快。由此我们可以推测出不同信息通道的信息输入对于操作具有一定的影响作用。为了检验这一假设，可以设计一个复合的实验任务：一种是看屏幕上的字母、听读音，然后判断屏幕上的字母是否和听到的读音一致；另一种是看屏幕左、右边的字母(左边是大写字母的话，右边就是小写字母)，判断这两个字母是否一致，如果一致就按键盘上的“F”键，如果不一致就按键盘上的“H”键。记录被试在这两种情形下的反应时。如果结果发现，视觉和听觉的组合的反应时快于视觉和视觉的组合，就可以说明不同信息通道的信息输入对于操作有影响力。

1.4.1.2 相关研究

之前我们讨论了因果研究，其实在现实生活中，许多事物或者现象之间虽然有所联系，但未必有达到前因后果的必然联系，此时我们就应该从“它们是否有关”着手，进行相关研究。相关关系不同于因果关系，主要指某个因素的变化会导致另外一个因素的变化，但是这个因素的变化是不是另外一个因素变化的原因并不能确定。所谓相关研究（correlation study），就是探究心理现象之间的相关关系。正因为我们对于许多现象之间的相互关系非常关注，但又不想束缚于因果研究的限制，所以经常会再进行相关研究。比如外向性格和言语表达，一般人们都会认为性格外向的人就比较开朗、健谈，因此在言语表达上比较占优势，可以滔滔不绝地说话，但是性格开朗的人并不都是善于言辞，开朗也并不是善于言辞的唯一原因。又比如吸烟和肺癌，虽然我们知道吸烟人群中患肺癌的比例很高，认为吸烟与患肺癌有关，但是并不能依据个人吸烟的多少来预测他是否会得肺癌。

心理学的许多研究是围绕相关关系展开的，如验证某种人格特质与某种行为之间的关系、家庭情况与学业成就之间的联系等。不过要注意的一点是，正如之前所提到的一样，相关关系并不说明因果关系，也不能找出谁是因，谁是果，换言之，A 与 B 相关可能就表示 A 可能是引起 B 的原因，也可能 B 是引起 A 的原因，又可能以其他方式而产生关联。相关关系分正相关、负相关和零相关三种。在相关研究中，衡量相关关系的一个重要指标就是相关系数，它是两列变量之间相关程度的数字表现形式，一般用 r 表示，$-1.00 \leqslant r \leqslant 1.00$。

随着当今社会越来越强调个人价值和自我实现，许多研究者也开始关注“自恋”这种人格特质。自恋的重要特征为浮夸的自我和人际关系中的特权感。以往的研究发现，自恋的人更容易进行冒险的决策或者歪曲他人的能力，因此自恋会被认为是一种不好的人格特征。有研究者则开始关注自恋与亲社会行为之间的关系，认为自恋的人会表现出更多的亲社会行为，以维护或者提升积极的自我形象。亲社会行为指一切自愿使他人获益的行为，包括助人、分享、谦让、合作、安慰、捐赠、自我牺牲等一切积极的、有社会责任感的行为。研究者对高中学生进行了问卷调查，问卷采用的是适合于中国非临床人口的自恋人格量表和亲社会倾向量表（研究选取了公开和匿名两个分量表）。结果发现，与预期相同，自恋与公开的亲社会倾向之间存在显著的正相关，相关系数为 0.27（$P<0.01$）。进一步分析还发现，这种相关存在性别差异，男性青少年的自恋得分与公开的亲社会倾向之间存在显著正相关（$r=0.37, P<0.01$），但与匿名的亲社会倾向之间不存在相关（$r=0.07, P>0.05$）；而女性青少年自恋得分与公开的亲社会倾向和匿名的亲社会倾向均不存在显著相关（r 分别为 0.12 和 $-0.04, P>0.05$）。

（资料来源：丁如一，周晖，张豹，等. 自恋与青少年亲社会行为之间的关系[J]. 心理学报，2016，48(8)：981－988）

1.4.1.3 个案研究

个案研究(case study)就是通过个别案例研究特殊的心理现象的研究方法,它是心理学中历史最为悠久的一种研究形式。早在19世纪末,弗洛伊德就利用临床个案进行观察和心理分析。个案研究在心理咨询、儿童发展中运用比较广泛,例如对学习困难的学生进行辅导。同时,在许多与管理相关的研究中也可以起到辅助作用,例如对工作环境的改造。个案研究不仅可以结合自然观察的优势得到可观而真实的现象和数据,还可以对这些数据进行定性、定量的分析。

个案研究最典型的例子就是语言中枢——布洛卡区的发现。语言是人类的骄傲,大脑语言中枢的发现却只是160多年前的事。1861年,法国外科医生、神经解剖学家布洛卡在巴黎召开的人类学会议上,公布了他一直治疗、观察、研究的一个病例:患者能听懂别人的话,能用面部表情和手势同别人交流思想,可是说话非常困难,只能说一个"Tan"字。因此,布洛卡叫他"Tan"。通过各项检查后发现,患者与说话相关的肌肉和发音器官完全正常。后来,布洛卡在"Tan"死后进行解剖检查发现,他的大脑左半球额下回后部有所病变,而这个病变部位正好位于大脑皮层控制口咽肌运动的区域之前,恰好与发音、说话动作有关,于是布洛卡设想,这个区域就是大脑语言中枢的所在地。随后,布洛卡又陆续发现了类似病例,并发表了研究论文。该区域就被称为"布洛卡区"。

(资料来源:雅虎知识堂网)

1.4.2 心理学研究的方法

心理学作为科学,就有其科学的研究方法。我们介绍几种心理学研究中常用的方法,通过一些例子让大家了解它们如何应用,有何优点和局限。

1.4.2.1 观察法

观察法是指在自然条件下,对心理现象的外显活动进行系统而有计划的观察,从而发现心理现象发生、发展规律的方法。比如通过观察学生在某个团体活动中的表现,了解学生的人格特征、人际交往特征、团队合作能力特征等。又比如观察抑郁症患者的日常生活表现,可以了解其情绪变化和行为表现等。

如果所研究的对象无法控制,或者说在控制的条件下会影响该研究对象的行为,或者会受到社会道德的限制,就需要借助于观察法。在使用观察法的时候,首先要考虑的是明确观察对象、制订观察计划、设计观察评定量表,然后就可以有目的地进行观察和记录,最后根据记录进行转录、分析等,从而最大限度地了解真实情况,获得研究结果或者为其他研究提供依据。

在许多心理学实验室和心理咨询室中,会装有一种特殊的镜子——单面镜(它通常装在两个房间的中间),从房间的一面看,它就像一面镜子一样,但是从它的另一面看,却能清楚看清另一个房间里的情况。这样,在镜子的一边,可以进行各种实验,而镜子另一边的房间里,研究者可以对房间里的被试进行观察和记录。比如,我们要进行教学观摩的时候,就可以在镜子另一面的房间中观察,不仅不会影响上课的同学们,而且还能发现他们上课时的一些自然的行为表现，从而进行分析探讨。此外，在许多心理咨询室中也会装有单面镜，这样遇到棘手案例的时候，其他咨询师可以通过玻璃一起观察和记录，如果室内患者有过激行为也可以及时被发现与制止。有时，这样的实验室里，还会装有摄像和录音装置，在被试自愿的情况下，进行拍摄和录音，这样的客观记录更利于事后的查证与分析。

由此看，观察法可以取得被试不愿意或者没能够报告的行为数据，也能够比较客观、及时、准确而全面地获得观察数据，这就是它的优点。但是，观察法需要花费大量的时间和精力，观察结果的质量依赖于观察者自身的能力、兴趣和知识等，而且所观察的事件很难重复出现，还会有很多未知的干扰。

1.4.2.2 心理测验法

心理测验法是指用一套预先经过标准化的量表来测量某种心理品质的方法，在心理学领域中运用比较广泛的主要有智力测验、人格测验、态度测验、成就测验等。心理测验最主要的两个指标就是信度和效度。信度指测验的可靠程度，也就是说，我们几次做这个测验，结果应该是差不多的。效度指测验是否有效。所需要的心理品质，一般通过对行为的预测来体现，也就是说，这个测验是否能有效反映某种心理品质，得分高是否能体现高品质，得分低是否对应低品质。

早在2500年前，孔子就根据自己的观察评定自己学生的个体差别，把人分成中人、中人以上和中人以下三类，这就相当于心理测量中的称名量表和顺序量表。和目前西方测验中的填字和类比类似的，我国唐代的科举考试中就有了贴经和对偶。现代社会中测试选拔的方法，早在我国隋代就有了。不过，现代心理学中的心理测试传入中国是在清朝末年。1920年，北京高等师范学校和南京高等师范学校建立了中国最早的两个心理学实验室。南京高等师范学校还开设了测验课，并用心理测验测试应考的学生，这是我国正式开展的第一个科学的心理测试，也带动了之后心理测验在我国的发展。

心理测验法是当代心理学各个领域理论研究和实际工作中都会运用的重要手段，它不仅可以较为客观地从人们对测验项目的反应来推断他的心理特质，而且可以运用在实际生活和工作中的许多场景中。但是测验结果并不是严格意义上的可靠和准确，只是对一般水平的最佳估计。因此，我们要科学而有效地使用心理测验法及其结果。关于心理测验的应用，尤其是在能力方面的使用，我们会在第八章中详细介绍。

1.4.2.3 实验法

实验法指在人为控制的条件下，对某种心理现象进行观察的方法。在实验中，研究者要积极干预被试的活动，创造一定条件使某种心理现象可以重复出现，从而采集数据，分析、得出一定的规律和结论。实验法是目前心理学中应用最为广泛的方法，与其他方法相比更科学、更严谨。

1-3 实验中的期望效应

实验法根据实行的场所不同可以分为实验室实验和现场实验两种。实验室实验是在实验室里借助专门的实验仪器，设计实验，创造实验情景，并严格控制实验条件进行研究的方法。例如,我们知道不同照明亮度情况下,人眼辨认事物的能力会有差别,于是就设计以下实验:在实验室中安排三种不同的照明条件(弱、中、强),请被试分别在这三种条件下进行试验,实验时要求被试坐在电脑前对着电脑,当电脑中出现信号时就做按键反应,并由程序记录其反应时(reaction time)。除此之外,还要进行一些控制:排除室内其他干扰因素(比如噪声、物体),保持一些因素在一定水平的恒定(比如,被试在三种条件下的身体状况,尤其是疲劳水平基本不变)。在这样的设计与操作条件下,我们可以获得被试在三种照明条件下的实验数据——反应时,然后经过统计分析,看是否存在差异。之前所提到的因果研究很多都是运用实验室实验法,确定因变量和自变量,根据变量间的关系进行实验设计,然后在控制的情况下施行实验的。可见,实验室实验注重实验前的分析与设计,而实际操作又很严密仔细,实验结果也采用科学的方法处理,因此在当前心理学主流研究中有着很高的地位。但是,实验室实验法不能避免的一个缺陷就是主试控制实验情景的情况下,难免会影响试验结果的客观性,从而使研究结果很难推广到普遍的实际情况中。

现场实验则是在自然的情景中进行的、适当控制实验条件的研究方法,因此结果应该更接近真实情况,但是由于实际环境的难以预测性和复杂性,实验结果往往也不太精确,而且花费也比较大。例如,我们想要了解不同教学方法的成效,就可以选择两个水平相似的班级,让老师用传统的和创新的两种方法进行教学,其他方面尽可能保持一致,然后经过一个月后,再通过测验,由成绩检验教学方法的效果。如果测验成绩有了一定的差别,那么说明两种方法的效果有差异,可以为教师今后采用何种方法教学提供具体参考依据。因此,不难发现,现场实验法更为自然,更贴近实际,但是条件控制不及实验室情况下那么精密。

1.5 心理学的主要研究领域

我们说事物的发展有其必然性与可能性,心理学的发展也不外乎此。140多年来,心理学得到了迅速的发展,总结起来有以下三方面的原因:第一,人类知识的积累为心理学的出现和发展提供了必然性。千百年来人类知识的积累与交互作用,使得心理学的源头学科与邻近学科(如哲学、生理学、生物学、逻辑学、社会学、教育学和技术科学等)得到飞速发展,这些知识的储备使得心理学的飞速发展成为可能。第二,心理学对社会与个人的支持使心理学的发展具备了必要性。具体说来,心理学在实际生活中扮演了、扮演着并将继续扮演极其重要的角色,在现代化的生产、商业、交通、企业管理工作中,人的心理因素的重要作用越来越被人们所重视;由对心理的探究而衍生出来的一些主题,比如智力开发、人才培养等引起了人们广泛的关注;而对心理健康的追求与对心理问题的规避成了个人与社会的共同目标。这一切使发展心理学成为一种迫切的需要,对内在世界的关注为心理学的发展提供了必要性。第三,科技的发展尤其是现代科技的发展为心理学的发展与腾飞提供了可能性。心理学由思辨经系统加工到整合理论,再由整合理论到实验证实证伪，从而实现理论与实践的不断进步，这一过程需要大量先进的技术工具的介入，而科技的发展为心理学的发展提供了可能。正因为这些原因，心理学的研究领域正日渐扩大，与心理学相关的分支学科、交叉学科也相继出现，心理学正在成长为一棵枝繁叶茂的参天大树。下面简要介绍一下心理学的主要研究领域。

1.5.1 普通心理学

这是心理学中处于基础地位的学科。普通心理学(general psychology)研究心理现象产生和发展的最一般规律，如感觉、知觉、记忆、思维以及意志的一般规律，人的需要、动机以及各种心理特性最一般的规律。此外，普通心理学还研究心理学的基础理论，如心理与客观现实的关系，心理与脑的关系，各种心理现象间的相互联系及其在人的整个心理结构中的地位与作用等。

从20世纪50年代以来，心理学受到信息论、控制论和系统论的重要影响，出现了一股研究认知过程的潮流并持续快速发展。认知心理学把人比作计算机，看作是信息加工者，一种具有丰富内在资源、并能利用这些资源与环境发生相互作用的、积极的有机体。现代认知心理学为心理学提供了一种新的研究范式，随着认知心理学的兴起与发展，普通心理学的研究渐渐趋向于认知方向。

1.5.2 生理心理学和心理生理学

生理心理学(physiological psychology)和心理生理学(psychophysiology)研究的主要内容锁定在心理与生理之间的关系上，研究心理现象的生理机制，主要涉及各种感官的机制、神经系统特别是脑机制、内分泌腺体对行为的调节作用以及遗传在行为中的作用等。

1.5.3 发展心理学

发展心理学(developmental psychology)研究心理的种系和人心理的个体发展。研究心理的种系发展的心理学叫比较心理学。比较心理学将动物心理与人的心理进行比较，从比较中获得它们之间的联系与差别。此外，比较心理学还研究动物心理，比如蚂蚁的嗅觉、狗的听觉与嗅觉、蝙蝠的听觉以及蜜蜂的视觉等。这些研究为后来仿生学的产生和发展奠定了坚实的基础。

在发展心理学中有一重要分支称为毕生发展心理学，它主要研究人类个体心理的发展。毕生发展心理学按照人生的阶段将心理学分成婴幼儿心理学、儿童心理学、少年心理学、青年心理学、成年心理学、中年心理学以及老年心理学。毕生发展心理学探讨各个年龄阶段的心理特征，并揭示个体心理从一个年龄阶段到另一个年龄阶段的发展规律。

1.5.4 教育心理学

教育心理学(educational psychology)是心理学的又一重要分支。它主要研究教育过程中的各种心理现象，揭示教育与心理发展之间关系的规律，对教材的编写、课程的设置、教学方法的选择、学习积极性的激发以及学习效率的提高具有直接的指导作用。教育心理学的研究直接关系到教育的改革、人才的培养及选拔，因而受到各国政府的高度关注。

1.5.5 医学心理学

医学心理学(medical psychology)研究心理因素在疾病的发生、诊断、治疗及预防中的作用，是心理学与医学相结合的产物。医学心理学强调建立医生与患者之间和谐、互相尊重、互相信任的关系，主张运用心理学知识研究维护人的心理健康的各种手段，达到预防疾病的目的。

1.5.6 临床和咨询心理学

临床和咨询心理学(clinical and counseling psychology)严格说来可以分为临床心理学(clinical psychology)与咨询心理学(counseling psychology)，因为两者研究领域的高度交叉与相互渗透，所以本书将这两个领域看作一个来进行探讨。临床和咨询心理学是应用心理学中的一门新的分支学科，主要研究和处理与人类现实生活密切相关的事宜，以心理的适应问题为中心，并以实施心理学的临床援助活动为主要特征。在具体的操作中体现为一种关系，一方为心理医生或者是心理咨询师，另一方为心理疾病患者或者是来访者，心理医生或者心理咨询师运用心理学的原理和方法解决心理疾病患者或者来访者的心理疾病与心理问题，以此来达到心理健康的目的。

1.5.7 工程心理学

工程心理学(engineering psychology)，也称工效学(ergonomics)，主要研究人与机器之间的配置和功能协调，实现人、机器、环境系统的最佳配置，使人能在安全、有效的条件下从事工作，并创造最佳效益。工程心理学是心理学与现代科学技术相结合的产物。开展这一领域的研究有利于改善员工的劳动条件，保障生产的安全，发挥人在生产过程中的积极作用，提高劳动效率。

1.5.8 管理心理学

管理心理学(management psychology)研究管理中的人的心理问题，以提高管理的效能.它主要以人际关系为研究对象，如群体、组织人事中的心理学问题。管理心理学的研究对于改善组织管理工作具有重要的意义。工程心理学与管理心理学相结合统称为工业心理学。

1.5.9 社会心理学

社会心理学(social psychology)以人的社会心理及社会行为作为研究对象，包括社会认知、社会态度、人际交往、人的社会化、流行、流言等。具体说来，社会心理学研究大团体中的社会心理现象，如社会情绪、阶级和民族心理、宗教心理、社会交往与人际关系；小团体中的社会心理现象，如团体内的人际关系、心理相容、团体氛围、领导与被领导、团体的团结与价值定向等。社会心理学还研究人格的社会心理学问题。社会心理学的研究对科学的管理以及社会风气的形成发展具有积极的意义。

本章小结

心理学是一门研究人类心理现象的学科，不仅研究个体心理，还涉及团体和社会心理范畴。心理是脑的功能，脑是心理活动的器官。没有脑的心理，或者说没有脑的思维是不存在的。心理的基本内容主要分为以下四个方面：个体心理、个体心理现象与行为、个体意识与无意识、群体心理。心理过程、心理结构、心理的脑机制、心理现象的发生发展以及心理与环境这五个方面是心理学研究的主要问题。心理学由哲学和生理学两大基石起源逐渐发展出六大主要学派。心理学所涉及的研究主要有因果研究、相关研究和个案研究三种，其研究方法主要有观察法、实验法、心理测验法等。心理学研究领域主要有普通心理学、生理心理学和心理生理学、发展心理学、教育心理学等。

练习题

一、选择题

1. 认知心理学的理论根源之一企图找到“意识体验的基本元素”，持这一观点的流派是（　　）

A. 行为主义　　B. 构造主义

C. 格式塔学派　　D. 精神分析

2. 心理过程是指人的心理活动发生、发展的过程。下面哪个过程不属于心理过程？（　　）

A. 认知　　B. 情绪和情感

C. 个性　　D. 意志

3. 以下哪种类型的研究能探明因果关系？（　　）

A. 个案研究　　B. 实验

C. 相关研究　　D. 自然观察

4. 如果你是一位教育工作者，想要了解学生的纵向发展过程，那么以下谁的观点会对你有所帮助？（　　）

A. 韦特海默　　B. 斯金纳

C. 铁钦纳　　D. 皮亚杰

5. 为了研究儿童时期所受到的虐待对成年后自我认同感的影响，我们可以进行（　　）

A. 相关研究　　B. 实验研究

C. 双盲研究　　　　　　　　　　D. 进化研究

二、判断题

1. 现代医学认为，心理是脑的功能，脑是心理活动的器官。　（　　）

2. 因素 A 与因素 B 之间的相关性为 0.90，说明因素 A 有 90%的可能性是由因素 B 导致的。　（　　）

3. 科学心理学诞生的标志是德国心理学家冯特在莱比锡大学建立了世界上第一个心理学实验室，开始对心理现象进行系统的实验研究。　（　　）

4. 行为主义和认知主义的支持者都认为意识是不能够被研究的，心理学应该更加关注有机体的行为。　（　　）

5. 身体的各个部位在感觉区和运动区的投射面积大小决定了它们的功能的重要程度。　（　　）

三、论述题

1. 请简述信度与效度的概念，并举例说明其在心理学研究中的应用。

2. 请论述神经元的基本结构，并概述其在神经冲动传导中的作用。

1-4 练习题参考答案

第 2 章　动机与需要

新闻记者斯蒂芬斯在她 1994 年出版的《站在世界之巅》一书中描述了她攀登珠穆朗玛峰的经过。她在该书的开头部分提纲挈领地阐明了她要征服珠穆朗玛峰的愿望：

我深深迷恋着的是珠穆朗玛峰那神奇的浪漫传说。当我们登上珠穆朗玛峰的时候，已经有二三百人登上去了，他们肤色不同，信仰不同，而且来自不同的国家，但是每个人都怀有不达峰顶决不罢休的强烈意愿。珠穆朗玛峰的峰顶是地球上的最高点，它以某种难以名状的原因强烈地吸引着人，就像地球上的南极和北极以及最深的海洋那样深深地吸引着人们。

在该书的后面部分，这种"浪漫传奇"随着登山过程中的劳累和危险的出现而被严峻的现实所替代。即便如此，斯蒂芬斯在手指受伤后才开始对此有了充分的认识：

第二天早晨我休克了。我的小指现在成了一根难看的肥香肠，像一个气球，从第二指关节到指尖涨满了液体，感觉绷得紧紧的。"这就是我做的蠢事"，猛地抓住一个登山同伴造成的。我怎么会如此的大意？如此的愚蠢？我的手指成了二级冻伤……

我慢慢走回了我的帐篷，独自一人生闷气。我努力安慰自己。"没关系"，医生曾经这样对我说过。但我忍不住想到，即使我的手指痊愈了，也很可能会再次受伤。这一次是发生在离地 2 万英尺(1 英尺＝0.3048 米)的地方，如果在 29000 英尺的地方又会是怎样呢？为了登上珠峰顶冻伤一根手指是否代价太大了？我沉思了片刻后冷静地得出了结论：不，我不应该想这些事，冻伤手指并不是高昂的代价。令我自己都吃惊的是就在一个月前我也从没考虑过这种情况。没有小指我也能应付一切！

如果你是斯蒂芬斯，你能想象你可以如此执着地追求这样一个目标吗？也就是说，你能断定没有小指也能"应付"一切吗？在你的生活中是否曾放弃过什么目标？在斯蒂芬斯攀登珠穆朗玛峰期间，至少有 3 人死在了冰雪皑皑的山上。为什么人们愿意冒这个险？是什么因素促使人们去征服珠穆朗玛峰？是胜利还是别的什么目标？是什么使你坚持不懈地努力去实现某些目标，不管付出多大的努力、痛苦和金钱？又为什么在追求其他一些目标前会犹豫不决，甚至会放弃或退出呢？

当我们把理想、目标和动机这些因素相结合的时候，也许很容易就回忆起许多现实生活中的种种情景。比如，你也许经常在最后期限来临之前，急急忙忙赶作业或者复习课业，而在此之前你总是觉得还有大把的时间而无法提起精神来投入其中；你也许对某门课程、某项体育活动特别感兴趣，会花费相对较多的时间去研究和关注；你也许会在观看影视剧的过程中，对剧情的发展有自己的推理和判断，思考剧中主人公的意图和目的；或者，你无法理解身边某些同学明明体重标准，仍然热衷于减肥……

以上各种各样的生活事例，究竟是什么样的机制引发的？心理学研究者们通过大量实验和调查，掌握动机如何影响人们的饥饿、口渴与性行为等生理需求，以及个人成就感的追求等心理需求，并探究动机的本质和心理机制。在本章中，我们将从动机的概念、来源、理论、分类，需要的概念、分类、理论，以及动机与需要的关系等角度，逐一展开。此外，我们还将深入探讨几种生活中常见的动机。

2.1 动 机

2.1.1 动机概述

如何理解动机？

大学校园里不乏在实验室里反复实验、自习室里苦读书本的身影，是因为他们有继续深造的学习动机；一个企业的管理人员不断探寻激励员工激情工作的方式，是因为他有管理的个人成就动机；很多居民将个人收入的一部分用来购买财产保险、医疗保险、失业保险、养老保险，是因为他们有保障生活的动机…… 以上可以看出，人们从事任何活动都要受动机的支配与调节。总之，动机是促使人产生行为的原因，它能引起与维持人的行为，并使行为朝向一定目标。但动机往往是复杂的，动机可能是潜意识的或矛盾的。正如一些同学在面对专业方向的选择时，既想学习自己感兴趣的专业，又希望所选专业具备一定的就业前景或者深造空间。动机的这种矛盾和冲突，又反映着动机与需要之间的关系。

2.1.1.1 动机的含义

正如很多心理学概念一样，动机是抽象的，对动机没有一个明确的定义。一般来说，我们可以将动机（motivation）理解为激发、维持、调节人们从事某种活动，并引导活动朝向某一目标进行的内部心理过程或者内在动力。动机是行为过程中的一个中介变量，它常常以隐蔽、内在的方式支配人们的行为方向和强度。动机作为一个解释性的概念，用来说明个体为什么有这样或那样的行为。动机可以是有意识的，也可以是潜意识的。具体来说，动机由以下三个因素组成：

方向：个体试图要做的事情（目标）；

努力：个体为实现目标所付出的努力有多大；

坚持性：个体的努力使得行为维持一定的时间，并能调节个体行为的强度、时间和方向。

2-1 到底为什么砍树

在一项关于企业出纳员的研究中，研究者对每一个出纳员的工作进行拍摄，记录他们一整天的工作，然后据此评估他们在工作中的“努力”程度，并计算了他或她完成工作任务的时间比率。研究者还通过调查问卷，对出纳员每天从事的 20 种不同行为的频率进行分析，以此评估出纳员行为的“方向”。结果发现，被调查者的总体努力和他们行为的方向都预测了他们工作的质量。这表明行为的方向、努力确实对目标的完成非常重要。

2.1.1.2　动机的来源

引起动机必须有内在条件和外在条件。动机与需要、诱因、驱力、意志等有着密切的联系。

引起动机的内在条件是需要(need)，动机是在需要的基础上产生的。如果说人的各种需要是个体行为积极性的源泉和实质，那么人的各种动机就是这种源泉和实质的具体表现。如学生的学习动机就是他们学习需要的具体表现。动机和需要密切地联系在一起，离开需要的动机是不存在的。当需要在强度上达到一定水平，并且有满足需要的对象存在时，就引起动机。

驱使有机体产生一定行为的外部条件称为诱因(incentive)，它是引起动机的另一个重要因素。诱因可以分为正诱因和负诱因。凡是个体因趋向或接受它而得到满足时，这种诱因称为正诱因；凡是个体因逃离或躲避它而得到满足时，这种诱因称为负诱因。例如，对饥饿的人来说，食物是正诱因，电击是负诱因。诱因可以是物质的，也可以是精神的。例如，教师对学生的表扬，就是一种激发学生学习的精神诱因。个体在某一时刻有最强烈的需要，并在有诱因的条件下，能产生最强烈的动机。例如，一些学生有出国深造的需要时，才能引起奋发考 GRE、托福的动机。

可见，需要和诱因是形成动机的必要条件。但是，在动机的内在条件和外在条件各自所起的作用上，心理学家所强调的侧面是有所不同的，即所谓“拉”和“推”的理论。“拉”的理论强调动机中环境的作用，“推”的理论强调动机中个体的内部力量。一般认为，有些动机形成时需要的作用强些，有些动机形成时诱因的作用强些。例如，人在某些时候并不饿，但在看到美味的食物时，也会有进食的动机和行为。

此外，驱力(drive)和意志(will)也是动机的来源之一。驱力是由于个体需要而产生的一种紧张状态，激发或驱动个体的行为以满足需要，消除紧张，从而恢复机体的平衡状态。意志是指个体对认为有价值的目标全力以赴地去实现的心理过程。意志具有引发和促进行为动机的作用，它比一般动机更具有选择性和坚持性，所以往往被看成是人类特有的高层次的动机。意志通常在个体遭遇困难的过程中体现出来。

2.1.1.3　动机的功能

动机是导致人的行为活动的直接原因，它在人类行为中起着十分重要的作用，是刺激与反应之间的重要内部环节。具体来说，可以归纳为以下四种行为功能。

(1)引发功能

动机能激发有机体产生某种行为，推动人去从事有目的的活动。动机是活动的原动力，对活动起着激活和始动作用。当有机体发现与动机密切相关的刺激时反应会十分敏感，从而激活有机体出现某种反应或发生某种行为。例如，我国航空航天科研专家们为了实现探月工程，在这一成就动机激发下，所有工作人员废寝忘食、夜以继日地探索，攻克了轨道设计、温度控制和信号传输三大难题，最终取得了绕月卫星设计的胜利。同样，一个大学生在学习动机的引发下，为了理解和掌握科学定理和研究方法，会在学业中努力钻研，广泛涉猎相关的专业知识。诚然，动机与其引发的行为间的关系相当复杂。同一行为能由多种动机所引发；不同行为也可能由同一动机所引发。此外，人具有的大量动机中，某些属主导性动机，某些则是从属性动机。由于主导动机的性质不同，它与从属动机的关系不同，便形成了不同的动机体系。确切地说，人的任何行为并非由单一动机所引发，而由动机体系所推动。

(2)指向功能

动机与需要的根本不同在于，需要是有机体因缺乏而产生的主观状态，这种主观状态的呈现无明确目标状态。而动机是针对一定目标而产生的，动机引发的行为总要指向特定的事物，以了解、认识、把握事物的性质、状态、本质或规律。由于动机有指向功能，动机不同，人的行为方向及其所追求的目标也各不相同，这是促使人的行为高度分化的内在动因，也是形成人类认识对象无限多样化、层次化的原因所在。动机像指南针一样指引着活动的方向，使活动始终朝着预定的目标前进。

(3)调控功能

一项已经展开的活动，是持续进行还是中途停止，也会受到动机的调控。如进行之中的活动指向原本追求的目标，相应的动机便得到维持或强化，在动机的调控下，现有的活动才能沿着预定目标持续发展；反之，如进行之中的活动偏离了原本追求的目标，原有动机得不到维持与强化，此时在弱化的动机的调控下，便降低了人继续进行活动的积极性，甚至使活动中途停止。

(4)激励功能

动机是人的积极性的重要方面，它对行为具有激励功能，并调节着活动的强度和时间的持续。如果达到了目标，动机就会促使有机体终止这种活动；如果没有达到目标，动机将驱使有机体维持或加强这种活动，以达到目标。动机的性质不同，对行为的激励作用也不尽相同。高尚动机的激励作用远大于一般动机，长远动机的激励作用远大于短时动机。高尚与长远动机能持续地起激励作用，并很少因偶发事件而发生变化；相反，一般动机与短时动机只具暂时或阶段性激励作用，并容易受活动中所遇情景的影响，致使行为多变。此外，不同的动机强度对活动的激励力度各不相同，使活动效率呈现明显差别。

2.1.2 动机的理论

早期的动机理论，实质上都是人性论的引申。在西方哲学史上，长期以来把自由意志看作动机。笛卡尔虽然用机械观揭示动物的行为，但对人的动机解释仍然继承了意志自由的主张。当前，主要动机理论的发展趋势是从强调生理性需要转向强调社会性需要，从注重内在决定转向外在决定，并且重视动机的认知方面的影响因素。下面介绍几个比较重要的动机理论。

2.1.2.1 享乐主义理论

这种理论认为，人类的行为动机是求得最大限度的快乐和最低限度的痛苦。人是理性的人，他们根据可能得到的快乐或痛苦的结果来决定自己的行动。英国哲学家边沁(J. Bentham)从功利主义立场出发，批判了禁欲主义，认为痛苦和快乐决定人类行为的动机，人无不以快乐作为生活的目的。他认为快乐和痛苦没有质的区别，只有量的不同，他编制了一个“快乐和痛苦的等级表”来测定人的苦乐。边沁指出，人们应该追求最持久、最确实、最迫切，而且又是最广泛和最纯粹的快乐。幸福就是趋乐避苦求得最大快乐。边沁的动机理论过于简单，因为人类的动机不一定都是为了快乐。

2.1.2.2 本能理论

本能理论的特点是认为人的活动是先天内在安排好的。我国古代儒家的“良知”“良能”和孟子所称道的仁、义、礼、智四端(端即起点)与一般本能相似，是与生俱来的，也属于动机。

英国心理学家麦独孤(W. McDougall)认为，本能是天生的倾向性，对某些客体特别敏感，并伴随着特定的情绪体验。我们的思想和行动是由本能引起的，本能是激发行为的根源。弗洛伊德提出了生的本能和死的本能，他认为对人的行为主要可以用性和攻击两种动机来解释，这些本能虽然是潜意识的，但是是强大的动机力量。

2.1.2.3 唤醒(激活)理论

人类的活动常常不是为了减少驱力，而是要增加驱力，如努力探究新的环境，参加惊险的竞技比赛等。针对人类的这种行为，赫布(D. Hebb)和柏林(D. Berlyne)等人在1960年提出了唤醒理论(arousal theory)。这一理论认为，人们总是被唤醒，并维持着生理激活的一种最佳水平，不是太高，也不是太低。对唤醒水平的偏好是决定个体行为的一个因素。一般来讲，个体偏好中等强度的刺激水平，因为它能引起最佳的唤醒水平(optimal level)，而对于过低或过高的刺激，个体是不喜欢的。

感觉剥夺研究表明，当人们进入感觉剥夺的状态，如蒙上眼睛等，他们会变得烦躁和渴望刺激。研究还表明，在强烈光线或噪声的作用下，人们会尽量使自己降低到一种低的唤醒水平。在日常生活中，人们在安静的办公室里工作了一天后，回到家里总喜欢放点爵士乐兴奋一下；而负责管理300多个孩子的老师在兴奋了一天之后，回到家常常愿意安静一点。

唤醒理论提出了三个原理。第一个原理是人们偏好最佳的唤醒水平。研究发现，每一个个体都有自己的最佳唤醒水平，高于这个水平时就需要减少刺激，低于这个水平时就需要增加刺激。刺激水平和偏好之间的关系是一条倒“U”形曲线。

第二个原理是简化原理，即重复进行刺激能使唤醒水平降低。例如，一首新的流行歌曲，大家很爱听，人人都唱它，此时它的唤醒水平是最佳的。但是，经过多次重复之后，人们就会厌烦它，因为它引起的激活水平降低了。过了几年，人们又唱了起来，又变得很好听，这首歌曲的唤醒水平又恢复到了最佳状态。

第三个原理是个人经验对偏好的影响。研究表明，富有经验的个体偏好复杂的刺激。如有经验的音乐爱好者喜欢欣赏复杂的音乐。经验能够帮助个体更好地组织刺激。例如,初学国际象棋的人,在考虑一个战术时,需要 32 步,而有经验的人则将 32 步并为一步。

2.1.2.4 驱力和诱因理论

20 世纪 20 年代,心理学家倾向于用驱力解释动机,把个体内部状况(如饥、渴等)所产生的驱力或需要看作行为的动力。他们认为,生理需要引起紧张或造成驱力状态,有机体必须从事某种活动以满足需要,才能降低驱力。这种"需要—驱力—行为"的关系是受有机体的平衡作用所控制的。20 世纪 50 年代,许多心理学家认为,不能仅仅用驱力降低的动机理论来解释所有的行为,诱因在唤起行为时也起到重要的作用,他们认为,应该用刺激与有机体特定的生理状态之间的相互作用来解释动机。这种理论强调了外部刺激在引起动机方面的重要作用,诱因具有唤起有机体行动和指导行动方向两种功能。对动机现象的解释,把重点从驱力转移到诱因上来。强调诱因论的少数学者试图从动机中完全排除驱力的作用,而多数学者认为,动机是机体诱因和外界诱因相互作用的产物。

2.1.2.5 动机的认知理论

动机的认知理论用人类对环境的认知来解释动机的产生和变化。美国心理学家费斯汀格(L. Festinger,1957)首先提出了"认知失调论"。他认为,认知元素不和谐就会产生紧张状态,从而产生推动人去解决这种不和谐状态的倾向。例如,一个自认为优等的人,考试不及格,这样就产生了两种认知元素:①对自己的高评价;②不相称的成绩。这两种元素不和谐,会出现紧张状态,因此就产生了解决这种紧张状态的动机。

小资料——动机能由上述理论单独解释吗?

每一种动机理论都能解释动机的一些现象,但都不能全面地解释人类行为的原因。例如,"一名建筑工人——吉尔伯特,从初中就开始抽烟。有一段时间,他每天抽一包半香烟,要停止抽烟对他而言简直太困难了。他身边的几个亲密朋友也有相同的情况。但是,身体状况检查报告显示,他的肺部 X 线片上有一个斑点,这可能是患癌症的症状。吉尔伯特被报告吓得魂飞魄散,从医生办公室出来之后,他立刻扔掉了香烟,并从那一刻开始,他从未再抽烟。"

从上述案例我们可以看出,单纯某一个动机理论是无法全面解释上述行为的。一方面,我们可以从驱力和诱因理论来看,对吉尔伯特而言,香烟是一种刺激物,能够提供一种能量的短暂释放……另一方面,吉尔吉特在得知自己的健康状况出现危机,并且可能是癌症的情况下,关于香烟对身体有害的认知推动他果断地戒烟。也就是说,动机的认知理论在此期间发生了作用。

(资料来源:[美]T. L. 克瑞尔著. 心理调适实用途径[M]. 张清芳,等译. 北京:北京大学出版社,2004)

2.1.3 动机的分类

人类动机十分复杂,可以从各个不同角度,根据不同标准进行分类。根据动机的起源，可以把动机分为生理性动机和社会性动机。根据动机的影响范围和持续时间、动机的性质和社会价值、动机对活动作用的大小、动机的意识性等，我们又可以对动机进行其他分类。

2.1.3.1 生理性动机

生理性动机又称原发性动机、生物性动机，起源于生理性需要，它是以有机体的生理需要为基础的，如饥饿、干渴、睡眠、母性等动机。人类的生理性动机受到社会生活条件所制约，并且打上社会的烙印。在生理性动机中研究得最多的是饥饿动机和干渴动机。

(1)饥饿动机

饥饿驱使个体从事求食的活动。有机体缺乏食物感到饥饿，但缺乏食物如何引起饥饿感觉呢？这是一个复杂的问题。长期以来，人们一般认为胃部收缩是引起饥饿的主要原因。坎农(W. Cannon，1934)曾做过一个著名的实验，他把一个气球放进被试的空胃中，然后充气使之与胃壁紧贴。当气球充气引起胃壁收缩时，被试产生饥饿感觉。但也有一些实验并不支持胃部收缩就是饥饿的唯一原因的论点。另有研究者发现，胃全部切除的人仍有饥饿感觉。坦普尔顿(R. Templeton，1928)等将饿狗身上的血输入饱狗身上，发现饱狗的胃部发生收缩，将饱狗身上的血输入饿狗身上，发现饿狗的胃部停止收缩，这说明血液中的某些化学成分是引起饥饿的原因。血液中化学物质含量的变化，主要是血糖和激素含量的变化。饥饿的原因可能是血糖量降低、内分泌变化和胃部收缩三者的综合作用。

现代生理学研究表明，饥饿与下丘脑的功能有关，下丘脑对摄食行为进行调节。下丘脑有两个中枢对摄食行为进行调节，即摄食中枢和饱食中枢。摄食中枢位于下丘脑的外侧区，它发动摄食活动；饱食中枢位于下丘脑的腹内侧核，它停止摄食活动。电生理学实验表明，刺激一个中枢会抑制另一个中枢的活动。静脉注射葡萄糖，腹内侧核放电频率较高，外侧区放电频率较低。在机体饥饿情况下，可以看到下丘脑外侧区放电频率较高，腹内侧核放电频率较低。但是，中枢神经系统的许多部位参与控制饥饿动机的行为，不能把下丘脑看作控制饥饿动机的唯一部位。大脑的基底神经节也参与饮食行为，大脑皮层本身，特别是额叶也参与控制饮食行为。

(2)干渴动机

干渴动机驱使个体从事饮水活动。渴比饥饿对个体行为具有更大的驱动力，人可以几天不吃食物，但不能几天不饮水，体内如果严重缺水会导致有机体的死亡。坎农曾提出口干而喝水的假设，但这个假设并没有得到证实。生来没有唾液腺的动物，也没有减少有机体对水的需要。阿道夫(E. Adolph，1939)的实验表明，一只狗在某一个特定时间内的缺水量与它得到水后所喝的量是相等的。这说明，狗似乎有一种正确估计自己缺水多少的能力，即个体喝水受体内需要程度的支配，而不受口干程度的支配。下丘脑中某些化学成分的变化是产生渴的重要原因。将盐水注射到山羊下丘脑的某些部位内，会引起山羊大量饮水，但注射纯水时，则不会引起大量的饮水。现代生理学研究表明，下丘脑对机体的水平衡起调节作用。对下丘脑调节摄水中枢的研究表明，下丘脑的中部与前部损伤能使动物停止饮水，直至严重脱水而死亡。这些研究说明，下丘脑中可能有调节饮水的中枢，但不同的动物可能不是完全相同的，而且部位也比较分散。渴也不仅仅由下丘脑调节控制，中枢神经系统的许多部位也参与调节。阿纳德(B. Anand)等在 20 世纪 70 年代的一项研究发现，边缘系统的隔区与饮水有关。切除隔区的主要部分或后区，动物变得极渴，并且大量饮水。满足渴的需要的方式和饮料的品种等都与人类社会文化生活条件有关，如有人爱喝茶，有人喜欢喝碳酸饮料，而有的人只喝白开水。

(3)睡眠动机

由于机体疲劳产生睡眠需要而引起的动机叫睡眠动机或睡眠驱力。睡眠动机是一种按生物钟规律出现的动机，对于消除疲劳、恢复体力具有十分重要的作用。睡眠不足或睡眠缺失，会对人的心理健康产生负面影响。当个体感觉到需要睡眠时，中枢神经系统会促使个体产生睡意，睡眠驱力迫使个体停止活动而趋于休止。睡眠与机体的疲劳程度有关。但体内的什么变化引起睡眠，至今仍不是很清楚。有人曾认为，血液内化学成分的变化是引起睡眠的重要原因。但研究表明，将一只正在打瞌睡的狗的血液抽出，注射到另一只清醒的狗身上，这只清醒狗并不因此而有睡眠倾向。对连体双生子的研究也表明，尽管他们血液相通，但当一个孩子睡眠时，另一个孩子可以是清醒的。因此，除了血液中化学成分的变化可能有作用外，人的神经系统状态对睡眠的产生可能有更大的作用。

(4)性动机

性动机是人和动物共有的一种强烈动机，也是人类与生理内驱力直接相关的另一个基本动机。性对人的生存不起关键作用，但它是人类的一种十分重要的生理性需要。科学研究表明，性的生理基础是脑垂体。雌性动物的垂体激素刺激卵巢分泌雌激素和孕激素，雄性动物的垂体激素刺激睾丸细胞生成雄激素，最主要的是睾酮，产生性需要和性行为。青春期发育阶段，这些激素的显著增加使青春期第一性征和第二性征出现变化。随着个体生理条件的逐渐成熟，性的需要也随之产生，形成性驱力，即性动机。因此，性驱力建立在成熟的生理条件基础之上。但是性动机本身处于社会化过程之中，具有一定的社会性。正是因为社会性的约束作用，性动机并不都直接引发性行为。

2.1.3.2　社会性动机

社会性动机又称心理性动机、继发性动机或习得性动机。社会性动机起源于社会性需要，以社会文化需要为基础，与人的社会性需要相联系。因此，人们的社会性动机是多样化的，且具有持久性特征，可以后天习得。例如，成就、交往、威信、归属和赞誉等动机。张春兴教授在其《心理学》(1994)一书中提到，心理性动机包括两个层次，一个层次包括较为原始的三种驱力，即好奇、探索与操弄，另一个层次包括人类所特有的成就动机和亲合动机。

(1)兴趣

兴趣是个体力求认识某种事物或从事某项活动的心理倾向，它表现为个体对某种事物或从事某项活动的选择性态度和积极的情绪反应。例如，对数学感兴趣的人总是首先注意有关数学的著作和报道，他的认识活动优先指向与数学有关的事物，并且表现出积极的情绪反应。

一般认为，遗传因素和环境因素都对兴趣产生影响。环境对兴趣的影响是不言而喻的。斯卡尔(S. Scarr，1992，1993)等人研究表明，儿童与其亲生父母的兴趣问卷分数方面有许多显著相关，但100多名领养的儿童与其养父母之间的分数只有较小的相关。血缘关系相近的儿童之间兴趣相似性更大。人们倾向于对自己能够干好的事情感兴趣以及遗传在决定能力和气质方面有重要作用，这两项事实表明，遗传通过能力和气质影响兴趣。人的兴趣是在需要的基础上，在活动中发生、发展起来的。需要的对象也就是兴趣的对象。正是由于人们对于某些事物产生了需要，才会对这些事物发生兴趣。在生理性需要基础上所产生的兴趣是暂时的兴趣。例如，一个人在口渴情况下需要饮料，对饮料产生兴趣，但一旦需要得到满足，口不渴了，这种兴趣也就减退了。稳定的兴趣是建立在社会性需要基础上的，社会性需要的满足常常会引起更浓厚的兴趣。如翁森终身读书，读书的兴趣越来越浓厚，不论春夏秋冬对读书始终“乐陶陶”。许多心理学家指出了需要和兴趣的密切联系。例如，皮亚杰指出：“兴趣，实际上就是需要的延伸，它表现出对象与需要之间的关系，因为我们之所以对一个对象发生兴趣，是由于它能满足我们的需要。”

2-2 德西效应

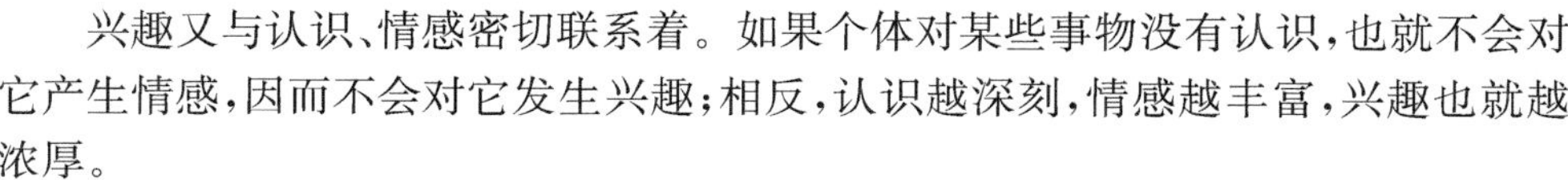

兴趣又与认识、情感密切联系着。如果个体对某些事物没有认识，也就不会对它产生情感，因而不会对它发生兴趣；相反，认识越深刻，情感越丰富，兴趣也就越浓厚。

(2)个人成就动机

成就动机指个体在完成某种任务时力图取得成功的动机。成就动机对个人的发展和社会的进步都具有重要作用，它好像一架强大的“发动机”那样，激励人们努力向上，在前进道路上取得一个又一个的成就。

20世纪30年代，默里(H. Murray)把成就需要列为人类20种心理需要之一，并称之为“克服障碍，施展才能，力求尽好尽快地解决难题”。麦克莱兰(D. McClelland)和阿特金森(J. Atkinson)等人对成就动机进行了系统的实验研究。20世纪70年代后，人们对成就动机的研究进入了一个新的阶段，主要从认知理论出发，开始探讨个人成就的归因过程，以及对成就动机的测量。研究表明，成就动机和一个人的抱负水平密切联系着。抱负水平指一个人从事活动前，估计自己所能达到的目标的高低。个人的成功和失败的经验通常影响抱负水平的高低，成功的经验会提高个人的抱负水平，失败的经验会降低个人的抱负水平。如果一位学生估计自己能考90分，但考试成绩低于90分，那么他下次定的抱负水平可能会低于90分，反之，则会高于90分。美国心理学家罗特(J. Rotter)认为，制约个人抱负水平的两个因素是：个人的成就动机和个人根据以往的成败经验对自我能力的实际估计。

影响成就动机的因素主要有：①成就动机的高低与童年所接受的家庭教育关系密切。父母的价值观、父母的成就动机、父母对子女的要求和教育方式都影响儿童的成就动机。一般地说，父母要求子女独立自主而又能以身作则，容易培养儿童的成就动机；相反，父母对子女过分保护，就会限制儿童的独立性，较难培养子女的成就动机。严格而温和式的教育方式对孩子的成长更为有利。②教师的言行影响学生成就动机的强弱。教师是学生学习的榜样，成就动机较强的教师的言行有助于激发学生的成就动机。教师对学生的评语是激发学生成就动机的有效方法。一般地说，教师除了给学生评定等级外，还要根据学生的特点，给予适当的矫正或相称的好评。③经常参加竞争和竞赛活动的人比一般人的成就动机强。④学生的学习成绩与其成就动机呈正相关。学习成绩优秀的学生通常成就动机强，学习成绩差的学生通常成就动机弱。⑤个人对工作难度的看法影响成就动机。个人如果认为工作过难或过易，都不易激发成就动机；认为工作难度适中，成功和失败的可能性各占一半时，成就动机最强烈。⑥个性因素影响成就动机。个人的理想、信念和世界观对成就动机有深刻的影响。⑦群体的成就动机的强烈与自然环境和社会文化条件有关。当国家经济繁荣兴旺时，人们的成就动机就会提高，相反，就会降低。竞争激烈的地区，人们的成就动机相对强些。

我国心理学工作者对成就动机也进行了很多研究。2001 年，沃建中、黄华珍和林崇德教授采用自编的"中学生成就动机量表"对 665 名中学生的成就动机进行研究，结果表明中学生的成就动机随着年龄上升基本保持平稳的发展趋势。1992 年，叶仁敏等人的研究显示，我国青少年学生总体上的成就动机是较高的，他们对追求成功具有高期望，对失败的种种顾虑和担忧较少。大学生追求成功的动机高于高中生，避免失败的动机却低于高中生。2001 年，张春妹等对 238 名大学生和研究生的成就动机水平进行调查后发现，他们追求成功的动机都显著高于避免失败的动机。

主要的成就动机理论有以下这些：

● 情绪激发理论。麦克莱兰的成就动机理论又被称为情绪激发理论，它带有享乐主义的色彩。麦克莱兰认为，成就动机是一个人人格中非常稳定的特质。个体记忆中存在着与成就相联系的愉快经验，当情景能引起这些愉快的体验时，就能激发起个体的成就动机。他指出，成就动机强的人对学习和工作都非常积极，能够控制自己不受环境影响，并且能善于利用时间。成就动机得分高的人比得分低的人，更会取得优良的成绩。麦克莱兰把成就动机看作决定个体行为的根本原因，并且将一个民族的成就动机看作社会经济的决定力量。洛威尔(E. Lowell，1953)等人的试验都表明，高成就动机组成绩比低成就动机组要好。洛威尔等人用大学生做被试，高成就动机组 19 人，低成就动机组 21 人，要求他们把一些打乱了的字母组成普通的词(如把 w、t、s、e 组成 west)。测验时间为 20 分钟，平均 4 分钟，分为 5 个时期。开始时，两组差别并不大，但随着时间的推移，学习的进展，高成就动机组的成绩明显好于低成就动机组的成绩。7 天后，洛威尔等人要求同一些被试做加法问题，平均 2 分钟，也分为 5 个时期，结果高成就动机组的成绩也明显好于低成就动机组。

麦克莱兰等人对人类的成就动机做了长期的试验研究，他和阿特金森等人在 1953 年出版了《成就动机》一书，受到心理学家的关注，确立了成就动机在人类动机体系中的地位，他们采用投射法等来研究人类的成就动机，激起了后人研究成就动机的热潮。但是，他们把成就动机作为决定个体行为的根本原因，忽视了个体行为的复杂性，忽视了其他因素对个体行为的影响。在社会发展方面，忽视了政治、经济、自然条件的影响，把一个民族的成就动机看作经济发展的唯一决定因素。这种单一决定论，显然是片面的，并且过于简单化了。

● 期望价值理论。阿特金森的成就动机理论被认为是一种期望价值理论，因为这一理论认为动机水平依赖于一个人对目的的评价以及达到目的可能性的估计。他重视冲突的作用，尤其是期望成功与害怕失败之间的冲突。期望成功，推动我们去寻求成就；害怕失败，推动我们去避开失败情景。前者使人们产生想要成功的倾向，后者使人们产生回避失败的倾向。

在阿特金森理论体系中，个人追求成就的倾向（Ts）是一个多重变量函数，可以用下列公式表示：Ts＝Ms×Ps×Is，公式中的 Ms 代表追求成功的动机，Ps 代表对成功可能性的估计（Ps＝1，表示确信会取得成功；Ps＝0.5，表示估计成功的可能性是 50％；Ps＝0，表示确信必然失败），Is 代表成功的激励值。

阿特金森认为，人在竞争时会产生两种心理倾向：追求成功的动机和回避失败的动机。每一个人的这两种心理倾向的相对强度是不同的，一种人力求成功，另一种人力求避免失败。研究表明，成就动机强的人倾向于选择做中等难度的工作，这是因为中等难度的工作，既存在着成功的可能性，也存在着足够的挑战性，能够满足个人的成就动机。回避失败动机强的人则倾向于避免做可能与他人比较的中等难度的工作，他倾向于挑选成功可能性极小的困难任务，因为与其他人一样不能完成任务，并非真正失败；但也可能挑选容易的任务，因为在这些任务中成功的可能性很高，可以减少个体失败的恐惧心理。后来，许多学者扩展了阿特金森的成就动机理论。雷路（J. Raynor，1982）认为，过去的成就动机理论强调当前的目标，其实长远的目标对现在的行为有很大影响，应该把即时的目标与长远的目标结合起来，真正的成就动机是由两者结合而产生的。

● 韦纳的成就动机归因分析。美国心理学家韦纳（B. Weiner）等人对成就动机进行了归因分析，从认知心理学角度研究了成就动机，提出了成就动机的归因模式。他认为，分析一个人成功和失败的原因是理解成就行为的关键。个体对行为成败原因的知觉影响个体成就行为的坚持性、强度和选择。动机的归因理论是奥地利社会心理学家海德（F. Heider）首创的，他在 20 世纪 50 年代就指出，一个人的成功，可以归因于自己的努力或能力，一个人的失败，可以归因于环境或他人的过错。归因可以是内源的或外源的。内外源的归因中，还可以分为稳定的和不稳定的。如果把成功归因于能力，这是稳定的；如把成功归因于努力，这是不稳定的。

韦纳把失败的原因分为 3 个维度：①内归因和外归因。努力、能力、个性等原因都是内源的；任务的难度、运气、家庭条件等原因都是外源的。②稳定的归因和非稳定的归因。任务的难度、能力、家庭条件等原因都是稳定的；努力、运气、心境等原因都是不稳定的。③可控制归因和不可控制归因。努力等原因都是受个人意志控制的；运气等原因都是不受个人意志控制的。韦纳又把活动成功和失败的原因（行为责任）归结为 4 个因素：努力、能力、运气和任务难度。如将 3 个维度和 4 个因素结合起来，就组成“三维度模式”（表 2－1）。

韦纳从认知心理学的角度把成功和失败的原因分为 3 个维度，发展了海德的思想，并且有助于人们对成就行为的原因进行分析。他认为，我们对成功和失败的归因,会对以后的行为产生重大影响。如果一个人把考试失败归因于缺乏能力,那么以后考试还会预期失败,这是因为能力是一个稳定性因素;如果把考试失败归因于运气不佳,那么以后考试不大可能预期失败,这是因为运气是一个不稳定性因素。但是,在实际生活中,个人对成功和失败的归因并不一定是成功和失败的真正原因。此外,韦纳认为,一个人的成就行为由对失败原因的知觉决定,个性特点仅起中介作用。许多研究表明,个性心理特征是影响成就动机的因素。

表 2-1 归因的三维度模式

三维度	内部的		外部的	
	稳定的	不稳定的	稳定的	不稳定的
	不可控的	可控的	不可控的	可控的
四因素	能力高低	努力程度	任务难易	运气好坏

● 自我效能感理论。自我效能感理论是美国心理学家班杜拉(A. Bandura, 1977)提出来的。所谓自我效能感,是指人对自己能否有效地进行某一行为的判断,它将影响行为的结果因素转化为先行因素(预料因素)对行为发生作用。

班杜拉认为,人们在有了相应的知识、技能和目标(诱因、强化)时,自我效能感就成为行为的决定因素。如学生虽然认识到取得好成绩的重要性,但如果感到这种期望的成绩不能力所能及时就会望而却步。在班杜拉看来,人的行为受两个因素的影响:一是行为的结果因素,即强化,二是行为的先行因素,即期待。自我效能感理论与传统行为主义观点的最大差异是,一方面承认强化的作用,认同强化是激发和维持行为动机的主要因素;同时他指出,没有强化也可以形成新的行为模式,这就是人在认知之后产生期待,通过期待,形成新的行为模式。

班杜拉通过研究发现,期待分为两种:一种是结果期待,指人对自己行为结果的预测。如果个体预测某一积极行为会导致某一特定的良好结果,那么他就会选择此行为。例如,学生认识到只要刻苦学习,就能考上研究生,那他就会刻苦学习。另一种是效能期待,指人对自己能否完成某种成就行为的能力预测。当确信有这种能力时,他就会产生高度的自我效能感,去实施此项行为。例如,学生认为自己只要下功夫,有能力考上硕士研究生,他就会十分认真地去复习。班杜拉认为,人们不会仅因为懂得行为可能会带来良好的后果就立即从事某种活动,他必须判断自己是否具有这种能力。效能期待和结果期待共同对行为发生影响。

研究表明,影响自我效能感的因素有以下几个:①个体成败经验。个体成败经验有两类,一类是个体成败的亲身体验,即直接体验。这是影响自我效能感的最重要因素。学习者的成功经验会提高自我效能感;相反,失败的经验会降低自我效能感。另一类是个体成败的替代性经验。这是学习者看到与自己相当的示范者成功时,会增强自我效能感;相反,会降低自我效能感。②个体的归因特点。个体的归因方式也直接影响自我效能感的形成。把成功归因于外因、把失败归因于内因的人自我效能感会降低;相反,成功归因于内因、失败归因于外因的人自我效能感会加强。③言语说服。通过说服、建议、劝告、解释和自我指导,来改变人们的自我效能感。④保持良好情绪和生理状态。积极的情绪及生理状态会提高自我效能感；相反，消极情绪及不良的生理状态会降低自我效能感。教师要学会积极培养和激发学生的自我效能感，特别是对一些学习成绩较差的学生，通过对他们的期待，促进学生的自我效能感，提高学生的学习成绩。

(3)其他社会性动机

● 交往动机，又称亲合动机或亲和动机。交往动机指个体愿意与他人接近、合作、互惠并发展友谊的动机。人类的交往动机反映了社会生活和劳动的要求。人要参加社会生活，要劳动，就必须与他人接近、合作、保持友谊关系。人际交往也是个体心理正常发展的必要条件，只有在社会生活中通过人际交往，个体心理才能得到正常的发展。

人类的交往活动与恐惧有关。沙赫特(S. Schachter，1959)用 64 名女大学生作被试，分成试验组和控制组。让试验组的被试看一个身穿白色实验服装的实验者，并且在房间里布满了各种电器设备。告诉试验组被试实验室有关电击的问题，电击会伤害人，使人痛苦。控制组则尽量使被试感到轻松，并且告诉控制组被试，电击不会感到不舒服，只会有一些发痒或震颤的感觉。在恐惧激发和测量后，要求被试在实验室里等候，让她们自己决定，是否要同学做伴，还要她们说明选择的强度。结果表明，高恐惧的人比低恐惧的人更愿意合群，越是恐惧，合群倾向越强烈。

人类的交往活动也与忧虑有关。有研究者在 1961 年进行了一项研究，他们把被试分成 4 组，即高度恐惧组、低度恐惧组、高度忧虑组和低度忧虑组，进行合群倾向测验。在试验时，试验者使两个忧虑组都没有任何恐惧的感觉。结果表明，恐惧与忧虑对合群显示出相反的效应。高度忧虑组的人较低度忧虑组的人倾向不合群，他们和别人在一起时会使忧虑增加，因此回避他人。由此可见，恐惧使合群倾向增加，忧虑使合群倾向减少。

许多研究表明，影响交往动机的因素是复杂的，是综合在一起的，但其中每种因素所起的作用是不同的。

● 学习动机。心理学家索里(J. Sawrey)和特尔福德(C. Telford)在 1971 年把社会性动机分为交往性动机和威信性动机两大类，这两类动机对学生的学习有着极其重要的意义。

学习动机是直接推动学生进行学习的内部动力。学习动机并不是某种单一的结构，而是由多种动力因素组成的整体系统，其中包括学习需要、学习自觉性、学习态度、学习兴趣等。

一般认为，学习动机在学习活动中具有：①引起学习的作用；②维持学习的作用；③强化学习的作用；④调整学习的作用。另一些心理学家认为，学习动机的作用是：①强化学习；②集中注意；③快速反应，即学习动机强的学生，用于学习准备的时间较少。

学习动机与学习效果的关系并不是直接的，它们之间往往以学习行为为中介，而学习行为又不单纯只受学习动机的影响，它还受一系列主客观因素的制约，如学习基础、教师指导、学习方法、学习习惯、智力水平、个性特点、健康状况等。

2.1.3.3 动机的其他分类

(1)长远的、概括的动机和暂时的、具体的动机

根据影响范围和持续时间,动机可分为长远的、概括的动机和暂时的、具体的动机。前者来自对活动意义的深刻认识,持续作用的时间长,比较稳定,影响的范围也广;后者常由活动本身的兴趣所引起,持续的时间短,常常受个人的情绪影响,不够稳定。例如,一位大学生立志要成为一位经济学家,这种动机是长远的、概括的;而仅仅为了一次考试得高分,这种动机是暂时的、具体的。人既要有远大的目标,也要有近期目标,并将这两种动机结合起来,并且使长远的、概括的动机成为主导动机。

(2)高尚动机和低级动机

根据动机的性质和社会价值,动机可分为高尚动机和低级动机。高尚动机能持久地调动人的积极性,促使他为社会发展做出重大贡献。低级动机违背社会发展规律与人民利益,不利于社会发展。

(3)主导动机和辅助动机

根据动机对活动作用的大小,动机可分为主导动机和辅助动机。主导动机通常对活动具有决定作用;辅助动机则起加强主导动机,坚持主导动机所指引的方向的作用。个体的活动为这两种动机所激励,由动机的总和支配。

(4)意识动机和潜意识动机

根据动机的意识性,动机可分为意识动机和潜意识动机。有一些动机人们并没有意识到,但能影响人的活动。定势就是这样一种潜意识动机。在人类动机体系中,意识动机起着主导作用。

(5)外在动机和内在动机

根据动机的起因不同,可以把动机分为外在动机和内在动机。由外在诱因所诱发的动机称为外在动机。例如,学生为获得父母的奖励而努力学习。由内在条件(如兴趣、好奇)诱发的动机称为内在动机,它往往成为一个人成功的重要因素。如学生因为喜欢数学而坚持不懈地努力学习数学。

(6)物质性动机和精神性动机

根据动机对象的性质,可以把动机分为物质性动机和精神性动机。物质性动机是以物质性需要为基础的动机,如需要吃、穿、用等;精神性动机是以精神性需要为基础的动机,强调对精神产品的获取,如成就动机和交往动机可属此类。

小资料——中国网络游戏玩家的7种主要动机

一项关于我国网络游戏玩家的动机调查,总结了以下7个主要动机以及受这些动机驱动玩家所呈现的一些显著特征。

● 成就动机。成就动机是指争取成功,希望做得最好的动机。受成就动机驱使的人,希望通过个人努力,完成一项富有挑战性的工作,比别人完成得更好后个人获得的一种喜悦感受。

● 亲和动机。亲和动机是指渴望与他人建立友好亲密的人际关系获得社会归属感的动机。能够随时与人进行无障碍的沟通并能获得理解,在孤单的时候有人陪伴,在不顺心的时候有人关心,有真正的友谊,

在工作和生活中能得到别人的认可、支持与合作，这些都可以成为亲和动机。

● 领导动机。领导动机是指渴望实现影响或控制他人而使他们情愿地、热情地为实现组织或群体的目标而努力的动机。领导的实质是获得权力，权力是领导影响力的来源。如果某个人能够提供别人想要却无法从其他途径获得之物，此人就拥有高于别人的权力。

● 攻击与贬低动机。攻击与贬低动机是指渴望通过杀戮、嘲弄、激怒、欺骗、漫骂、利用等手段达到对其他玩家造成伤害，以损害别人为乐的动机。攻击的来源是现实中的挫折。网络游戏提供了一个可以不用顾忌到后果而对他人直接发泄的场所。

● 探索动机。探索动机是指渴望能通过体验各种角色、做各种与现实不同的事以满足新鲜、好奇需求的动机。人们的好奇心经常为责任感压制，人们大多数时间在扮演着别人期待的角色，做着别人期待的事情。游戏通过提供可以任意自我改变角色、可以任意驰骋的空间满足了人们的好奇心。

● 性的动机。渴望通过对快感区的刺激实现性兴奋以满足性需求的动机。网络游戏中多数是通过对视觉、听觉等感观的刺激以及通过语言的力量，给人们带来前期快感。

● 赚钱动机。希望在游戏中获得物质报酬和收益的动机也驱动了很多玩家玩游戏。对于许多学生或职业玩家来说，如果玩游戏只是无休止地投入，对他们的确是一种负担，他们有获得回报的需求。

（资料来源：博客网）

2.2 需　要

2.2.1 需要的含义

需要是人脑对生理需求和社会需求的反映。人为了求得生存与发展，必须有一定的事物，如食物、衣服、睡眠、劳动、交往等。这些需求反映在个体头脑中，就形成了他的需要。需要被认为是个体的一种内部状态，或者说是一种倾向，它反映了个体对内在环境和外部生活条件的较为稳定的要求。

2.2.2 需要的分类

人类的各种需要并不是孤立的，而是相互联系并且重叠交叉的。人类的需要是一个整体结构，各种分类仅仅具有相对的意义。通常是根据需要的起源，把人的需要分为生理性需要和社会性需要；根据需要的对象，把人的需要分为物质需要和精神需要。

2.2.2.1 生理性需要和社会性需要

生理性需要是个体维持生命和延续后代而产生的需要，如进食、饮水、睡眠、运动、排泄和性等。生理性需要具有重要的生物学意义，它是保护和维持有机体生存和延续种族所必需的。如果个体在相当长的时间里,正常的生理性需要得不到满足,个体就无法生存,或不能延续后代。生理性需要往往带有明显的周期性。

生理性需要是人类最原始、最基本的需要,是人和动物所共有的。但是,人的生理性需要和动物的生理性需要是有区别的。人的生理性需要受社会生活条件所制约,具有社会性,带有社会历史的烙印。人和动物的生理需要的对象和满足方式都有根本的区别。动物只能等待大自然的恩赐,只依靠周围环境中的自然物体作为满足需要的对象。而人类不仅以周围环境的自然物作为满足需要的对象,而且主要通过社会生产劳动生产出自己所需要的对象,并且随着生产的发展,不断提高自己的生理性需要。人的进食不仅受机体的饥饿状态所支配,而且还要考虑各种社会行为规范,讲究礼仪。

社会性需要是人类在社会生活中形成的,为维护社会的存在和发展而产生的需要,如对劳动、交往、友谊、求知、美和道德等的需要。社会性需要是在生理性需要的基础上,在社会实践和教育影响下发展起来的,它是社会存在和发展的必要条件,如劳动是人类赖以生存的第一个基本条件。人类如果不劳动,就无法生存,人类社会就无法存在和发展。

社会性需要是人类特有的,它受社会条件所制约,具有社会历史性。不同的历史时期、不同的阶级、不同的民族和不同的风俗习惯,人们的社会性需要也会有所不同。在中国古代,男子的衣着讲究长袍马褂,今天人们就不会再有这种需要了。当人的社会性需要得不到满足时,虽然不会威胁到机体的生存,但会因此感到难受,产生不舒服的感觉和不愉快的情绪。

2.2.2.2 物质需要和精神需要

物质需要是指人们对与衣、食、住、行有关的物品的需要,如对劳动工具、文化用品、科研仪器等的需要。在物质需要中既包括生理性需要,又包括社会性需要。

精神需要是指认知需要、审美需要、交往需要、道德需要和创造需要等,它是人类所特有的需要。在劳动过程中所形成的交往需要是人类最早形成的精神需要。所谓交往需要,是指一个人愿意与他人接近、合作、互惠,并发展友谊的需要。研究表明:交往需要在人类历史发展过程中起着十分重要的作用,也是个体心理正常发展的条件。长期缺乏交往需要会导致个性变态。

2.2.3 需要的理论

2.2.3.1 勒温的需要理论

德国心理学家勒温(K. Lewin,1938)假定个人与环境之间有一定的平衡状态,如果这种平稳状态遭到破坏,就会引起一种紧张(需要或动机),这种紧张状态就会导致力图恢复平衡的行动。勒温把需要看成是由生理条件引起的动机状态,它表现为对某一外界事物的欲望。需要能量复合的均衡遭到破坏时就伴随着紧张情绪状态的产生。该种需要未能得到满足,这一紧张还要继续一段时期,并促使机体为满足需要而继续努力。勒温把个性动力看成需要能量复合的均衡遭到破坏时所造成的心理紧张和行动状态。需要是由机体不平衡状态所致，机体行为的最终目的是恢复平衡。需要是人类一切行为的动力，需要引起人的活动，以使其需要得到满足。需要的压力可以引起心理系统的紧张，需要满足后，紧张的心理系统就会得到解除。反之，如果需要得不到满足或动机受到阻碍，这种紧张的心理系统就会保持一定的时间，并使人具有努力满足需要或重新实现目标的意图。

在需要分类方面，勒温把需要分为两种：需要和准需要。需要是指客观的生理需要；准需要是指在心理环境中对心理事件起实际影响的需要，例如毕业时要写论文、写好的信要投入信箱等。勒温所阐述的需要一般是指准需要。他认为，需要的强度在不同人身上是不同的。

2.2.3.2 默里的需要理论

美国心理学家默里把需要看作个性的中心概念，并用来说明个性的动力结构规律。默里把需要定义为：用以代表脑区力量的构造物，这种力量引起一系列行为的反应，使原有的紧张情绪解除，具有定向目的性。他指出，需要这种力量渗透到活动的各个方面，并调节控制着其他的心理活动。他认为，需要是个体行为动力性的源泉，是个体行为所必需的。由于需要和个体的不平衡状态相联系，在一般情况下个体总是处在一种不平衡状态，因此需要经常推动着个体活动的进行。

默里认为，人类的各种需要相互作用，人类的全部需要是一个系统。他还把人类的需要系统和环境系统联系起来，并把它们纳入一个动态的系统之中。人类的主体和环境压力之间是相互作用的。他认为，人类动机是个人的需要（人的特征）和压力（环境特征）共同作用的结果，其中需要是倾向性的因素，压力是促进性的因素。个人需要和环境影响相结合，决定一个人的行为。

默里对人类的需要提出了多种分类，他指出，最方便的是把需要划分为两类。

（1）基本需要，又称身体能量需要，它涉及生理的满足，如对空气、水、食物、性等的需要。

（2）次级需要，又称心理能力需要，它涉及精神或情绪的满足，如对成就、交往等的需要。

默里等人列举出20种有代表性的需要：贬抑、成就、亲合、攻击、自主、对抗、防御、恭敬、支配、表现、躲避伤害、躲避羞辱、培育、秩序、游戏、抵制、感觉、性、求援和了解。他认为，这些需要在每个人身上都是存在的，但在程度上有所不同。

默里认为，各种需要之间有融合、互补和冲突的现象。明显的需要可以通过观察一个人行为的经常性、持久性与强烈性直接测量出来；隐蔽的需要必须用间接方法加以测量。他还认为，每一个人都有一个需要层次，各种需要在重要性上是有区别的。与人类生存有关的基本需要最重要。

2.2.3.3 马斯洛的需要理论

美国心理学家马斯洛（A. Maslow，1943）的动机理论是以他对人类的需要的理解为依据的。马斯洛认为，需要的性质决定动机的性质，需要的强度决定动机的强度，但动机与需要之间并非简单的对应关系，人的需要是多种多样的，但只有一种或几种成为行动的主要动机。他把人类的需要分为两大类：一类是基本需要。这类需要和人的本能相联系，与一个人的健康状况有关，缺少它会引起疾病，包括生理需要、安全需要、归属和爱的需要以及尊重需要。另一类是成长性需要。这类需要不受本能所支配，不受人的直接欲望所左右，以发挥自我潜能为动力，这类需要的满足会使人产生最大程度的快乐，包括认知需要、审美需要和自我实现的需要。这两类需要根据对人生存意义及生活意义的大小，呈金字塔形排列（图 2－1）。

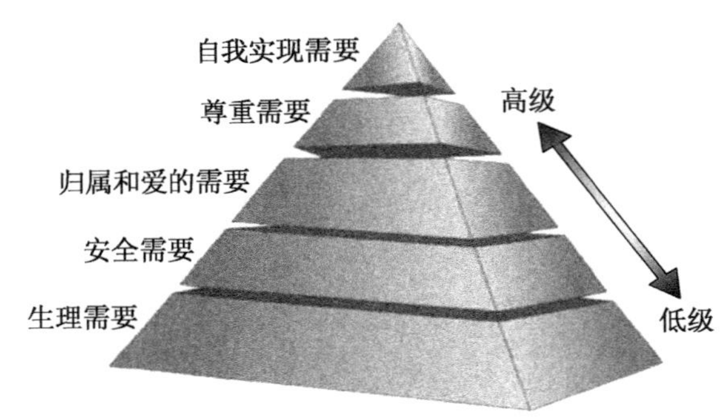

图 2－1　马斯洛需要层次理论

马斯洛认为，人类的需要具有层次性，人类的各种需要基本是相互联系、相互依赖和彼此重叠的，是一个按层次组织起来的系统。他认为，只有低级需要基本满足后才会出现高一级的需要。他还认为，每一时刻最占优势的需要支配着一个人的意识，成为组织行为的核心力量，已经满足了的需要就不再是行为的积极推动力量。自我实现的需要，表现为个人特有潜能的极度发挥，做一些自己认为有意义和有价值的事。自我实现者大多是中年人或年长的人，或者心理发展比较成熟的人。一个人的童年经验，2 岁以内的爱的教育特别重要。如果童年失去了安全、爱与尊重，那么这个人是很难成为自我实现的人的。马斯洛认为，对于大多数人来说，自我实现需要的满足，仅仅是个人的奋斗目标。只有人类中的少数人，才能达到真正的自我实现境界，成为自我实现者。

后来马斯洛又把人类的需要概括为 3 个层次：基本需要、心理需要和自我实现的需要，还认为在自我实现需要之上，还有一个超级需要。马斯洛认为，个人需要的发展过程更多地像波浪似的演进，各种不同的优势需要由一级演进到另一级。例如，婴儿时期主要是生理需要，后来才产生安全需要、归属和爱的需要，青少年时才产生尊重需要，等等。

马斯洛把人类的需要分成由低级到高级的不同层次，并把它们纳入一个连续的统一体中，即把人的基本需要看作一个按层次组织起来的系统。这种理论受到了人们的重视，并在实际工作中得到了应用。一些研究也证明，人类的各种需要之间确实存在着层次关系。但是，马斯洛离开了人的社会历史条件，离开了人的社会实践，抽象地谈人的需要和人的自我实现，则是不可取的。他认为，人的基本需要从低级到高级发展都是天生的，这样就混淆了生理性需要和社会性需要之间的界限，忽视或否定了人类基本需要的社会性。马斯洛的需要层次理论在许多方面尚带有假设性质，缺乏实验依据和客观指标。

2.2.3.4 阿尔德夫的需要理论

阿尔德夫(C. Alderfer,1969)认为,一个人的基本需要不是5种,而是3种。他提出的3种基本需要是:①生存需要,这是最基本的需要,是对一个人基本物质生活条件的满足。②关系需要,即维持人与人之间关系的需要。③成长需要,即人要求发展的内在愿望。阿尔德夫的生存需要大体上相当于马斯洛的生理需要和物质方面的安全需要;关系需要大体上相当于马斯洛的人际关系方面的安全需要和归属与爱的需要;成长需要大体上相当于马斯洛的尊重需要和自我实现的需要。

阿尔德夫认为,人类的三种需要并不是完全生来就有的,有的需要是通过后天的学习产生的。这三种需要之间并没有明显的界限,它们是一个连续体,并不是层级的。他指出,各种需要获得满足越少,则满足这种需要的愿望就越强烈。例如,缺乏食物的人,渴望获得更多的食物。他还认为,低级需要的满足会增强对高级需要的追求;高级需要的缺乏会加强对低级需要的追求。例如,个体在生存需要满足后,对关系需要的追求就强烈;个体关系需要得不到满足时,就会更多地追求生存需要。人类的需要不一定按严格顺序由低级向高级发展,可以越级,在遇到挫折时,也可能倒退等等。

有些心理学家认为,阿尔德夫的需要理论,修正了马斯洛的需要理论的某些不足之处,似乎更切合实际。

2.2.3.5 麦克莱兰的需要理论

美国心理学家麦克莱兰(C. D. McClelland)认为,当人在生理需要满足后的基本需要有成就需要、权力需要和合群需要。这3种基本需要的排列层次和重要性是因人而异的。例如,资历高的经理成就需要强烈,对合群的需要相对降低。他认为,高成就需要可以通过教育来培养。

2.2.4 动机与需要

需要是个体行为和心理活动的内部动力,它在人的活动、心理过程和个性中起重要作用。

需要是个体行为积极性的源泉。人的各种需要推动人们在各个方面的积极活动。个体活动的积极性,根源在于它的需要。需要和人的活动紧密相连,需要越强烈,由此引起的活动也就越有力,它是个体活动的动力。没有需要,也就没有人的一切活动,而且需要永远具有动力性,它不会因暂时的满足而终止。研究表明:有一些需要明显地带有周期性的特征,如对饮食和睡眠等的需要;而有一些需要满足后,又会产生新的需要,新的需要又推动人们去从事新的活动。在活动中需要不断地得到满足,又不断地产生新的需要,使活动不断地向前发展。例如,学习科学文化的需要,欣赏艺术的需要,通常是每一次需要的满足都会产生新的、更高的需要。

需要也是个体认识过程的内部动力。人们为了满足需要必须对有关事物进行观察和思考。需要调节和控制着个体认识过程的倾向。需要对情感和情绪影响很大。人对客观事物产生情感和情绪,是以客观事物能否满足人的需要为中介的。

凡是能够满足人需要的事物，则产生肯定的情感和情绪，否则产生否定的情感和情绪。情感和情绪就是人对客观事物与人的需要之间关系的反映。需要推动意志的发展。个体为了满足需要，从事一定的活动，要用一定的意志努力去克服困难。人在克服困难的过程中，锻炼了意志。

需要在个性中起重要作用，是个性倾向性的基础。个性倾向性的其他方面如动机、理想、信念等都是需要的表现形式。而个性心理特征是受个性倾向性调节的。

本章小结

本章从对斯蒂芬斯在珠穆朗玛峰艰辛攀登的思考开始，阐述了动机是在目标或对象的引导下，激发和维持个体活动的内在心理过程或内部动力。引起动机的内在条件是需要（内驱力），外在条件是诱因，它们是形成动机的必要条件。动机是构成人行为活动的直接原因，主要有引发、指向、调控和激励四种行为功能。关于动机的理论，影响较大的有本能论和唤醒论。本能论认为人类行为是在进化过程中形成、由遗传固定下来、不学而会的、固定的行为模式。唤醒论认为人们总是要求达到一种生理激活的最佳水平。动机主要有生理性动机（如饥饿、渴、睡眠和性）和社会性动机（如个人成就动机）两大类。需要是人脑对生理需求和社会需求的反映。根据需要的起源分为生理性需要和社会性需要；根据需要的对象分为物质需要和精神需要。很多研究者如勒温、默里、马斯洛、阿尔德夫、麦克莱兰等提出过相应的需要理论，其中以马斯洛的需要层次理论影响最为广泛。

2-3 孩子在为谁而玩

2-4 爱迪生的故事

练习题

一、选择题

1. 根据动机的起源，动机可分为 （　　）

A. 高尚动机和低级动机　　B. 物质性动机和精神性动机

C. 主导动机和辅助动机　　D. 生理性动机和社会性动机

2. 引起动机的内在条件是 （　　）

A. 需要　　B. 诱因　　C. 驱力　　D. 意志

3. 导致人的行为活动的直接原因是 （　　）

A. 需要　　B. 诱因　　C. 动机　　D. 驱力

4. 首先提出“认知失调论”的是 （ ）

A. 边沁　　B. 费斯汀格

C. 赫布　　D. 麦独孤

5. 某动机理论认为人们总是要求达到一种生理激活的最佳水平，该理论是 （ ）

A. 唤醒理论　　B. 享乐主义理论

C. 本能理论　　D. 驱力和诱因理论

二、判断题

1. 动机由方向、努力和坚持性三个因素组成。 （ ）

2. 动机的来源不包括驱力和意志。 （ ）

3. 20 世纪 30 年代，美国心理学家罗特把成就需要列为人类 20 种心理需要之一，并称之为“克服障碍，施展才能，力求尽好尽快地解决难题”。 （ ）

4. 饥饿可能是血糖量的降低、内分泌的变化和胃部收缩三者综合作用的结果。 （ ）

5. 成就动机是个体力求认识某种事物或从事某项活动的心理倾向，它表现为个体对某种事物或从事某项活动的选择性态度和积极的情绪反应。 （ ）

三、论述题

1. 请论述马斯洛的需要层次理论。

2. 请论述韦纳的归因理论。

2-5 练习题参考答案

第3章 感知觉

道尔顿是18世纪英国著名的化学家兼物理学家,他在圣诞节前夕买了一双"棕灰色"的袜子送给母亲。母亲看到袜子后,觉得袜子的颜色过于鲜艳,就对道尔顿说:"你买的这双樱桃红色的袜子,让我怎么穿呢?"道尔顿感到非常奇怪,袜子明明是棕灰色的,母亲为什么说是樱桃红色的呢?疑惑不解的道尔顿又去问周围的人,除了弟弟与自己的看法相同以外,其他人都说袜子是樱桃红色的。道尔顿经过认真的分析比较,发现自己和弟弟对颜色的知觉与普通人不同,对一些颜色无法正确地识别,他把这种现象称为"色盲"。道尔顿因此成为世界上第一个发现色盲症的人,同时也是第一个被发现的色盲症患者。后来,人们为了纪念他,把色盲症称为道尔顿症。

人类对世界的认识是从最基本的感觉开始的。道尔顿发现色盲症的故事是否让你对人的感觉能力产生思考?我们是如何对身边各种各样的刺激产生感觉的呢?这是一个古老的心理学问题,通过阅读本章,你会对这个问题有初步的了解。

3.1 感　觉

3.1.1 感觉的概念

每时每刻外部世界的刺激都在不断地冲击着我们的感官。这些刺激大都是复杂的,集合了多种物理属性。人类对外部世界的认识是从事物的一些简单的、个别的属性开始的。客观事物的颜色、声音、味道、气味、温度和软硬等个别属性,直接作用于人体的各个感觉器官,如眼、耳、舌、鼻和皮肤等,大脑接收并加工了这些属性,产生了相应的感觉。因此,感觉(sensation)是客观事物直接作用于人的感觉器官时,人脑对其个别属性的反映。感觉除反映外界事物的个别属性外,还能反映机体内部的各种状况。例如,通过感觉我们可以反映有关自身的位置、运动、姿势以及内部器官的活动状态等信息。

感觉是脑的功能,是人脑对客观事物的个别属性的认识。感觉在人的头脑中形成、表现和存在,是人脑对客观事物的一种反映。客观事物是感觉产生的源泉,客观事物直接作用于感觉器官时感觉才会发生。刺激一旦停止作用,感觉就不再产生了。因此,感觉是对当前事物的直接反映。

感觉可分为外部感觉和内部感觉。外部感觉是接受外部刺激所产生的,包括视觉、听觉、嗅觉、味觉、肤觉(触觉、痛觉和温度觉)等;内部感觉接受人们机体内部的刺激,是关于机体自身的运动与状态的认识,包括运动觉、平衡觉和机体觉等。

感觉是人们认识世界的基础,在人类的生活中有其重要作用。

首先,感觉提供了内外环境的信息。对外界刺激相对准确的感觉才使人类得以生存,躲避自然界的各种危险,并改造这个世界。通过内部感觉人们还能认识到自己机体的各种状态,如饥饿、寒冷、疼痛,从而采取一定的手段来进行自我调节。

其次,感觉是机体与环境信息平衡的保证。人类为了适应环境,必须与环境保持一种信息平衡。信息过载以及信息不足,都会对机体带来不良影响。例如,城市中的过量噪声会使人们心情烦躁。而如果通过"感觉剥夺"(sensation deprivation),使人完全不受外界刺激的影响,信息严重不足也会使人无法忍受,由此产生不安和痛苦,甚至损害人的心理功能。

再次,感觉奠定了较高级心理活动的基础。感觉是比较简单的心理过程,但是它却给较高级的、复杂的心理过程提供了必要信息。知觉、记忆、想象、思维等高级心理过程都建立在感觉的基础上。

小资料——感觉剥夺

第一个以人为被试的感觉剥夺实验是由贝克斯顿(W. Bexton)等人于1954年在加拿大的一所大学的实验室里进行的。被试是自愿报名的大学生,每天的报酬是20美元(当时大学生打工一般每小时可以挣50美分),所以大学生都极其愿意参加实验。

为了营造出极端的感觉剥夺状态,实验者将被试关在有隔音装置的小房间里,让他们带上半透明的保护镜以尽量减少视觉刺激。接着,又让他们戴上木棉手套,并在其袖口处套了一个长长的圆筒。为了限制各种触觉刺激,又在其头部垫了一个气泡胶枕,同时用空调的单调嗡嗡声来限制他们的听觉。除进餐和排泄以外的其他时间,实验者都要求被试躺在床上。可以说,这就等于是一个所有感觉都被剥夺的状态。

结果,尽管报酬很高,却几乎没有人能在这项感觉剥夺实验中忍耐三天以上。最初的8个小时好歹还能撑住,之后,被试有的吹起了口哨,有的自言自语,显得有点烦躁不安。从感觉剥夺实验中,实验者还发现一个意想不到的结果,那就是接受感觉剥夺实验的被试中有50%报告有幻觉,其中大多数是视幻觉,也有被试报告有听幻觉或触幻觉。视幻觉大多在感觉剥夺的第三天出现,幻觉经验大多是简单的,如光的闪烁,没有形状,常常出现于视野的边缘。听幻觉包括狗的狂吠声、警钟声、打字声、警笛声、滴水声等。触幻觉的例子有,感到冰冷的钢块压在前额和面颊,感到有人从身体下面把床垫抽走。被试参与完实验后,实验者再继续进行追踪调查,发现被试在实验结束后,需要3天以上的时间才能恢复到原来的正常状态。通过这个实验,我们得到这样一个结论:人的身心要想保持在正常的状态下进行工作,就需要不断从外界获得新的刺激。丰富的、多变的环境刺激是有机体生存与发展的必要条件。

在日常生活中,人的感官系统随时随地都接受着丰富多样的外界刺激。而一些特殊工作者需要身处与外界相对隔绝的环境当中,或者要高度集中精神以减少外界刺激的干扰，此时，感觉剥夺现象就较容易发生。例如，雷达测量员和长途司机常处于轻微的感觉剥夺状态，有时就会看见实际上不存在的东西，从而引发事故。研究感觉剥夺现象对于特殊环境下（如航天、航海、潜水等）的工作人员有重要的实际意义，因此越来越受到人们的重视。加拿大、美国、英国、法国、日本等国家都建立了专门的研究机构，进行有关感觉剥夺的研究。

（资料来源：感觉世界网）

3.1.2 感觉的基本特性

3.1.2.1 适宜刺激

动物有一些看似神奇的本领，如蝙蝠可以通过声呐来搜索猎物和在黑暗中活动，鸟类利用磁性指南针来辨别方向，狗能通过气味来分辨物体。动物与人类对外界刺激的感知能力存在差异。在进化过程中，生物根据各自生存的需要形成了独特的生理结构，使得它们的感觉系统能够觉察对它们而言重要的环境刺激，使机体获得必要的信息，而排除无用信息的影响。

人的各种感觉器官是在漫长的进化过程中逐渐发展而成的，不是所有刺激作用于任何感觉器官都能引起感觉，如气味作用于耳朵，就不能引起听觉，只有声波作用于耳朵才能引起听觉。大多数的感官都只对一种刺激特别敏感而产生兴奋，且它们同刺激的关系基本上是固定的，例如眼接受光刺激，耳处理声音刺激等，表 3－1 总结了人的各种感觉的刺激和相对应的感觉器官。

人的感官不能识别所有的外界刺激，只能对一定强度范围内的某些刺激做出反应，并引起一定强度的感觉。这种能够使某个感觉器官特别敏感并产生兴奋的刺激叫适宜刺激。不同的感觉有各自的适宜刺激，视觉的适宜刺激是物体发出的或反射的光波，为波长在 380～780 纳米的可见光，波长在此范围以外的紫外线和红外线是人眼感受不到的。听觉的适宜刺激是 16～20000 赫兹的可听域的声波。

表 3－1 人类感觉系统的基本特征

感觉	刺激	感觉器官	感受器	感觉
视觉	光波	眼	视网膜的视锥细胞和视杆细胞	颜色、模式、结构、运动、空间深度
听觉	声波	耳	基底膜上的毛细胞	声音
皮肤感觉	外界接触	皮肤	皮肤神经末梢	触、痛、温、冷等
嗅觉	可挥发物质	鼻	嗅上皮毛细胞	气味
味觉	可溶解物质	舌	舌头上的味蕾	味道（甜、酸、咸、苦、辣等）
前庭觉	机械和重力	内耳	半规管的毛细胞和前庭	空间运动、重力牵引
运动觉	身体运动	肌肉、肌腱和关节	肌肉、肌腱和关节的神经纤维	身体各部分的运动和位置

（资料来源：[美]理查德·格里格，菲利普·津巴多著．心理学与生活：第 16 版[M]．王垒，王甦，等译．北京：人民邮电出版社，2003）

3.1.2.2 感受性与感觉阈限

(1)绝对感觉阈限

人们对某些刺激的觉察十分敏感,例如在安静的环境下,人能够觉察到一根针掉落到地上的声音。但是空气中细小的灰尘人们不仅看不到,甚至掉落在皮肤表面也不能察觉,可见人对不同刺激的感受能力是不同的,且刺激只有达到一定强度才能够引起人们的感觉。心理学将刚能引起某种感觉的最小刺激量称为绝对感觉阈限(absolute sensory threshold),将刚刚能觉察出最小刺激量的能力称为绝对感受性。表 3-2 总结了不同感觉通道对几种普通刺激的近似绝对感觉阈限。

表 3-2 不同感觉通道的近似绝对感觉阈限

感觉通道	近似绝对感觉阈限
视 觉	晴朗黑夜中 48 千米处看到的一根燃烧的蜡烛
听 觉	安静条件下 9 米外手表的滴答声
味 觉	一茶匙糖溶于 9 升水中
嗅 觉	一滴香水扩散到三室一厅的整个空间
触 觉	一只蜜蜂翅膀从 1 厘米高处落在你的面颊上

(资料来源:[美]理查德·格里格,菲利普·津巴多著.心理学与生活:第 16 版[M].王垒,王甦,等译.北京:人民邮电出版社,2003)

绝对感觉阈限与绝对感受性成反比关系,绝对感觉阈限越高,即能引起感觉的最小物理刺激越大,绝对感受性就越低;反之,绝对感觉阈限越低,即能觉察的最小物理刺激越小,绝对感受性就越高。

小资料——感受性的发展

人的感受性不是稳定不变的,随着个体年龄的增长,感受性也会逐渐发生变化,例如我们常常说老年人"耳背",实际上就是老年人的听觉感受性下降,绝对听力阈限上升造成的。感受性的发展还与人的生活实践活动和个人习惯息息相关。例如,人如果有不良的用眼习惯,或者用眼过度就容易造成"近视"。

人的各种感受性都有极大的发展潜力,可以通过后天的训练而得到很大发展。一些特殊职业需要长期使用某个感觉器官,这些从业者相应的感觉就会比一般人敏锐。例如,熟练磨工能觉察到 0.0005 毫米的空隙,而一般人只能觉察到 0.1 毫米;有经验的飞行员能区分发动机每分钟 1300 转与每分钟 1340 转的差别,而普通人只能区分每分钟 1300 转与每分钟 1400 转的差别;音乐家的听觉较常人敏锐;调味师的味觉、嗅觉都比常人更灵敏。

(资料来源:搜狐博客网)

(2)差别阈限与差别感受性

在我们的日常生活中,不仅需要察觉到各种各样刺激的存在,还要分辨刺激间的细小差别,如小提琴手在调音时需要听出不同音调间的高低,厨师需要品尝出不同菜肴的咸淡。同类的物理刺激，它们的强度只有达到一定差异时，人们才能够觉察它们的差异，引起差别感觉。心理学把刚刚能够识别出的两个同类刺激物之间的最小差异量称为差别阈限(difference threshold)，又叫最小可觉差(just noticeable difference, JND)，相应的感知能力称为差别感受性(difference sensitivity)。

差别感受性与差别阈限的关系与绝对感受性和绝对感觉阈限的关系相同，在数值上成反比。差别阈限越小，即刚刚能引起差别感觉的刺激物之间的最小物理差异量越小，人们对该类刺激的差异越敏感，差别感受性就越高。

差别阈限并不是固定的值。在实际生活中，我们可以体会到这一点。几百人的大合唱，其中两三个人偷懒不唱，观众是听不出差别的，但是如果是十来个人的合唱，两三个人不唱就很容易被观众发现。差别阈限是会随着原始刺激量的增加而增加的。心理学家韦伯的实验发现，对刺激物的差别感受，不取决于一个刺激增加的绝对数量，而取决于刺激的增量与原刺激量的比值。例如，对于一个长10毫米的小棒，差别阈限为1毫米，增加长度的比例为1/10=0.1；而对于20毫米的小棒，差别阈限已经不是1毫米了，被试并不能区分20毫米和21毫米的小棒，需要增加20×0.1=2毫米，被试才能觉察差别；对于40毫米的小棒，则增加4毫米才能感受到差别。差别阈限是原始刺激量的恒定比例，而不是恒定的数量值。因此，韦伯提出了著名的韦伯定律(Weber's law)：刺激之间的最小可觉差与原刺激强度的比值是恒定的，可用公式表示：

$$K=\Delta I/I$$

其中，I表示标准刺激强度，ΔI为最小可觉差(JND)，K是韦伯常数(Weber's constant)。对于不同的物理刺激，比值是不同的，即K的数值不同。表3-3列出了几种常见刺激的韦伯常数值，韦伯常数越小，说明能察觉到的差异越小，对该种刺激的差别感觉就越敏锐。

表3-3　某些刺激的韦伯常数值

刺　激	韦伯常数(K)
声音频率	0.003
光　强	0.01
气味浓度	0.07
压　强	0.14
声　强	0.15
味道浓度	0.20

(资料来源：[美]理查德·格里格，菲利普·津巴多著.心理学与生活：第16版[M].王垒，王甦，等译.北京：人民邮电出版社，2003)

韦伯定律是实验所得的结果，韦伯常数只是一个大致的近似值，且只适用于中等强度的刺激，人们生活中的刺激大多在这个范围之内。

3.1.2.3　感觉适应

感觉适应(sensory adaption)是指感觉器官在刺激物的持续作用下，感受性发生变化的现象。感觉适应可以是感受性提高，也可以是感受性降低。各种感觉的适应现象的表现程度和速度是不同的。

适应现象在各种感觉中普遍存在，其中视觉最明显。我们在生活中有这样的体验：从阳光下进入已经灭灯的电影院，刚开始眼前一片漆黑，什么也看不清，隔了一会儿，就能大致分辨出物体的轮廓了，这种现象叫暗适应。而当从黑暗的电影院走到阳光下时，会感到特别耀眼，只要稍过一会儿，就能看清周围事物了，这种现象叫明适应。暗适应是由亮处进入暗处时视觉感受性提高的过程，在开始的7～10分钟时，感受性提高得很快，持续30～40分钟后，感受性就不再继续提高了。明适应是与暗适应相反的过程，是由暗处进入亮处时，人眼感受性下降的时间过程。明适应进行得很快，大约5分钟就能全部完成。

听觉适应的现象也较为常见。当你去参加一个摇滚音乐会，刚刚到达现场时你可能会觉得音乐很响，过了一会儿，就会觉得没有刚来的时候那么响了。听觉适应具有选择性，在某个频率的声音作用下，人耳对该频率和邻近频率声音的感受性会降低，但对其他频率声音的感受性不会受到影响。但是人的听觉适应能力是有限的，当有过强的连续声音，例如工厂高音调的机器声，持续作用于人耳，就会导致听觉受损，甚至会导致听觉感受性的丧失。

感觉适应能力是人类在长期的进化过程中逐渐形成的，它对于我们感知外部世界、调节自身的状态和行为具有积极意义。在实际生活中，感觉适应有其积极作用，它可以使个体对暂时不需要的刺激的感受性降低，从而更好地适应外界环境，减少心理负荷，如个体在喧闹的场所可以排除噪声干扰，专心于自己的事情。感觉适应也有其消极作用，由于对有害刺激的感受性降低，可能导致人失去警惕，造成不必要的伤害。

3.1.3 视觉

3.1.3.1 视觉的物理刺激

视觉(vision)在人的日常生活中占主导地位。一个视觉正常的人每天从外部接收的信息中有80%～90%是通过视觉获得的，并且人的绝大多数活动是在视觉控制下进行的。在人类长期进化的过程中，视觉得到了高度发展，可以说是人最复杂的感觉。正是由于视觉的重要性与复杂性，使它成了被研究最多的感觉通道。

视觉是光作用于人眼而产生的。人肉眼可见的光其实只是电磁光谱上一个狭窄的区域，即波长为380～780纳米的可见光。不同波长的光能引起不同的色调感觉，单色光的波长及相对应的主观颜色见表3-4。

表3-4 单色光波长及对应的主观颜色

主观颜色	红	橙	黄	绿	蓝	紫
单色光波长(纳米)	700	620	580	510	470	420

人们日常生活中所看到的光大多不是单色光，而是混合了各种不同波长的混

合光，如太阳光就是一种混合光。

3.1.3.2 视觉的生理机制

人眼是我们的视觉器官，其构造见图 3-1 所示，按功能可将眼睛分为折光系统和感光系统两部分。折光系统由角膜、房水、晶状体和玻璃体构成。光线通过角膜进入眼睛，角膜有保护眼睛和屈光的作用。晶状体起调节作用，通过改变自身的曲率半径，晶状体把摄入的光线聚焦到视网膜上，形成一个清晰的像。

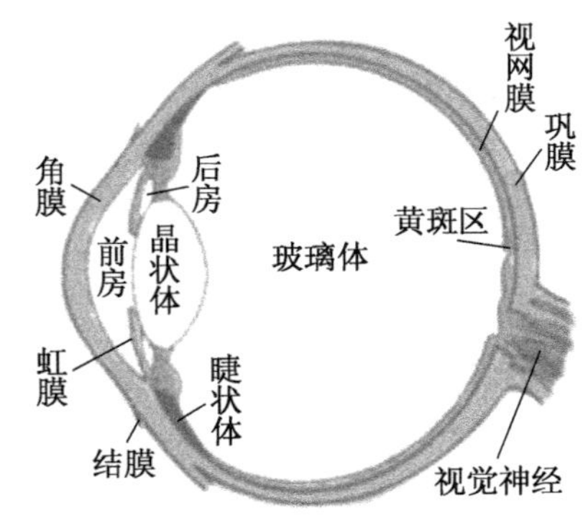

图 3-1 眼的结构

视网膜是眼睛的感光系统。视网膜上有两种感光细胞，即视杆细胞和视锥细胞。视杆细胞约有 1.2 亿个，分布在视网膜的周围部分，主要感受物体的明暗，对光的感受性高，能在弱光下起作用，但是不能感受物体的细节和颜色，是夜视器官。视锥细胞约有 600 万个，主要分布在视网膜的中央凹部分，对物体的细节和颜色敏感，但是对光的感受性低，只能在中等和强光下起作用，是昼视器官。

3.1.3.3 视觉的基本现象

(1)颜色的基本特性

颜色是色光作用于人眼引起的视觉感受。色光具有波长、光强和纯杂程度三个物理属性。相应地，颜色可以从色调、明度和饱和度三个维度来描述。

色调(hue)就是指我们常说的红、橙、黄、绿、青、蓝、紫等颜色。对光源来说，色调取决于占优势的色光的波长。对物体表面而言，色调取决于物体表面对不同波长色光的反射情况。如果反射光中长波占主导，物体就呈现为红色或橙色；如果反射光中短波占主导，物体就呈现蓝色或绿色。

明度(brightness)是对物体表面明暗程度的视觉体验，例如淡绿色和墨绿色都是绿色，但前者显得较亮，后者显得较暗。色调相同的颜色明度可能不同。明度取决于物体表面的照度和反射系数。光线越强，物体表面反射系数越大，明度越大，颜色也就越亮。人对光强的感受范围是 10^{-6} 坎德拉/米^2 到 10^7 坎德拉/米^2。

饱和度(saturation)是指颜色的纯度。饱和度以光谱色为标准，越接近光谱色，饱和度越高，色彩越艳丽。纯色是高度饱和的，如鲜红色，但如果掺杂了别的颜色，或者加了黑或白，就会降低它的饱和度，粉红就是不饱和的红色。黑色、白色和灰色是完全不饱和的颜色。饱和度和明度不能混为一谈，明度高的颜色，饱和度不一定高。例如浅黄色的明度较高，但其饱和度比纯黄低。

小资料——奇妙的颜色感应

颜色感应(color reaction)是指人在感知颜色时在心理上附带产生的感觉或情感的反应。人对于不同的颜色刺激，不仅识别其物理特征而辨认其为红还是绿，而且还会产生其他方面的感觉或情感反应。例如，红、橙、黄等类似于太阳和烈火的颜色，给人以温暖的感觉，因而被称为暖色；蓝、青、绿等颜色，能引起人寒冷的感觉，因而被称为冷色。色调的浓淡能引起人远近、轻重的感觉。深色调使人感到近些，沉重些；淡色调使人感到远些，轻松些。绘画上的“近树浓抹，远山轻描”就是利用了这种心理效应。

生活和工作中恰当地使用色彩，可收到良好的效果。如在工业生产上，余热较多的车间，墙壁应涂冷色，给人以凉爽的感觉；红光穿透力强，又使人兴奋，所以是各种信号灯、指示灯、报警灯选择的最佳颜色；人的视觉对黄色敏感，看上去最亮，所以在矿井下或高速公路上，有关信号、运输、检修等零散工作人员的服装应选用黄色或黄绿色。医院的病房如能根据不同病情，采用不同颜色，对患者也有很大好处。如蓝色对高烧患者有好处，黄色和橙色有助于刺激胃口，紫色可以稳定孕妇的情绪等。

（资料来源：科学之友网）

(2)颜色混合

生活中的光源大多是像太阳那样发出各种不同波长的光，因此在我们的日常生活中很少见到单一波长的光线，看见的几乎都是不同波长的光混合在一起的混合光。不同波长光的混合叫作色光混合。从牛顿时代起，人们就发现某种颜色不仅可以由某一波长的光引起，还可以由两种或多种其他波长的光混合而成。例如，将光谱上的七色光用透镜聚集起来可以得到白光；而用红、绿、蓝三种色光作适当混合，可以得到光谱上所有的颜色，红、绿、蓝因而被称为三原色。

色光混合是不同波长的光同时作用于人的视觉器官，是一种加法过程。色环上经过中心相对的两种颜色称为互补色，互补色混合后能产生白色。图 3-2为光的互补色示意图，可见黄色与蓝色，红色和青色分别为一对互补色。两种非补色的色光混合会产生介于它们之间的中间色，如红色与蓝色混合能产生紫色，红色与黄色混合能产生橙色。

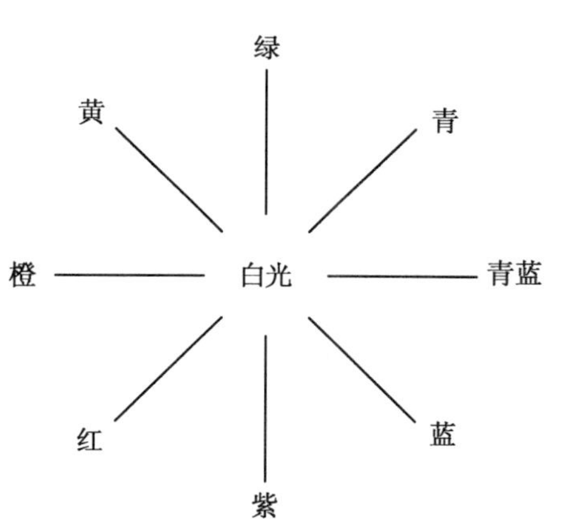

图 3-2　光的互补色示意图

你是否曾经将不同颜色的颜料在调色板上混合来调配颜色？你可能有将蓝色颜料和黄色颜料混合得到绿色的经验。颜料混合与色光混合不同，是一种减法过程。我们所看到的颜色是没有被表面吸收的光波，如蓝色颜料吸收了红、橙、黄的光波，反射了大部分蓝光和少量绿光，而黄色颜料吸收了红、橙、蓝的光波，反射了大部分黄光和少量绿光。当蓝色和黄色颜料混合时，黄色反射的黄光被蓝色颜料吸收，同时蓝色反射的蓝光被黄色颜料吸收，只剩下绿光被反射，因此混合后的颜色为绿色。彩图 3-3(见插页，下同)比较了色光混合与颜料混合这两个不同的颜色混合过程。

(3)色觉缺陷

色觉缺陷分为色盲(color blindness)和色弱(color weakness)两种。色盲是颜色辨认能力的丧失，色弱是颜色辨认能力的降低。色盲又分先天性色盲和后天性色盲。先天性色盲为X染色体上基因的伴性遗传缺陷，因此色盲患者男性多于女性。我国男性色盲率约为4.71%，女性色盲率约为0.67%。后天性色盲大多是由于一些眼睛疾病引起的。患色弱的人虽然能辨别颜色，但是色觉辨认能力降低，对红、绿、蓝三种波长光的感受性均低于常人。在光刺激较弱时，色弱患者几乎分辨不出任何颜色。色弱在男性中的发生率约为6%，是一种常见的色觉缺陷。临床上常用色觉测试图(彩图3-4)来评定色觉缺陷，你能看到图中的数字吗?

(4)视觉对比

视觉对比(visual contrast)是光刺激在空间上的不同分布引起的，分为明暗对比和颜色对比两种。明暗对比是光强的空间分布不同而引起的，例如图3-5中，当灰色小方块放在白色背景上时，小方块看起来显得暗些；当灰色小方块放在黑色背景上时，小方块就显得明亮些。

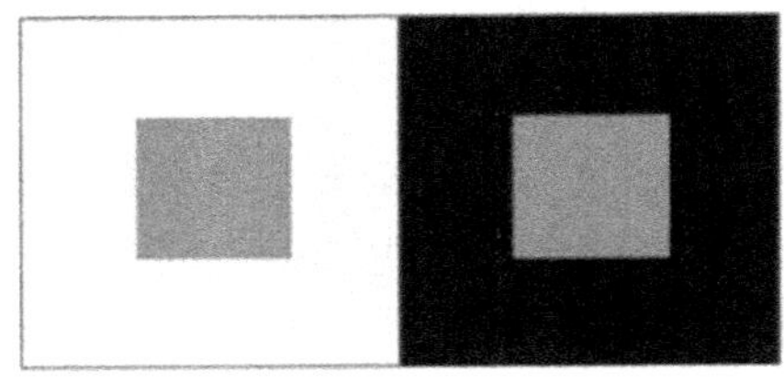

图3-5　明暗对比

颜色对比是指物体颜色在背景色的影响下，向背景色的补色方向发展的现象。例如彩图3-6中，当灰色小方块放在黄色背景上时，小方块向黄色的补色——蓝色发展而略带蓝色。当灰色小方块放在蓝色背景上时，小方块略显黄色。

(5)视敏度

视敏度(visual acuity)是指人眼分辨最小物体和细节的能力，医学上称之为视力。视敏度用视角大小来表示，视角大小取决于物体大小及物体离眼睛的距离(图3-7)。当人能够看清楚一个物体时，所对应的视角越大，视敏度越差；视角越小，视敏度越好。医院检查视力时常使用E型视标。

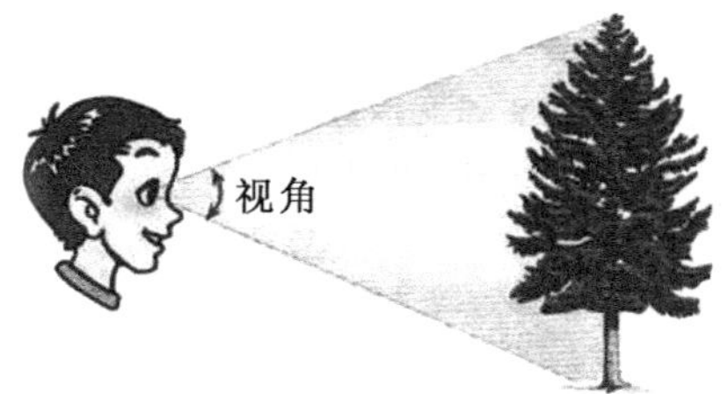

图3-7　眼睛视角大小

人的视敏度受到许多因素的影响。首先起决定因素的是视网膜受刺激的部位，当光刺激落在视网膜中央窝附近时，由于这一部位视锥细胞密集，视敏度最大；刺激偏离中央窝越远，视敏度越小。此外，背景照明，物体与背景之间的对比度，眼睛的适应状态，甚至人的情绪状态都对视敏度有一定的影响。

小资料——情绪不好有损视力

人的情绪不良，对健康的危害极大，对视力亦可造成严重影响。研究表明，精神乐观者在55岁仍可保持良好的远、近视力，而精神忧郁者40岁时就可发生老花眼。有不少人在精神受到恶性刺激时，脾气暴躁，此时可发生眼底动脉痉挛，导致视力突然丧失；也有人在生气时，眼内房水流出不畅，突发青光眼而致失明。许多妇女在月经期由于情绪烦躁，出现视力异常，主要表现为视野缩小、视力疲劳、眼球胀痛等。此外，神经衰弱者也可出现视力异常，患者自觉视力疲劳，不能持久阅读，视物成双，甚至出现视野缺损。

（资料来源：大众医药网）

(6)视觉后像

我们先来做一个小小的实验，注视图3-8中的灯泡至少30秒，然后盯着一张白纸或任何白色区域，你将能看到一个发光的灯泡。这种凝视黑灯后看白色屏幕时会看到明灯的现象被称作黑白视觉后像。视觉后像(visual afterimage)就是指刺激物停止作用后，视觉现象仍暂留一段时间的现象。视觉后像按后像与原感觉的性质差异可分为两种：正后像和负后像。正后像和原感觉的性质相同，负后像与原感觉的性质相反，刚刚实验中的黑白视觉后像就是负后像。

图3-8　黑白视觉后像

颜色视觉也有后像，且一般为负后像。当人眼较长时间地注视一种颜色后，再看其他物体，就会发现其他物体都带有这种颜色的补色。例如，注视彩图3-9中的绿花约一分钟，然后将目光转向白色区域，你将看到一朵红花。

3.1.4　听觉

3.1.4.1　听觉的物理刺激

听觉(hearing)的适宜刺激是频率为16～20000赫兹的声波。声波作用于人体的听分析器而产生听觉。听觉是人重要的感觉通道，人每天从外界接收的信息中有10%以上是由听觉获得的。

听觉是人脑对声波物理特征的反映。声波的物理特征包括频率、振幅和波形，分别对应的心理量是音调、响度和音色。不同人发出的嗓音具有各自不同的频率，我们常说的女性的嗓音比较尖是因为女子发出的嗓音的频率一般高于成年男子。振幅是指发声物体振动的幅度大小，振幅越大，声音就越强，人听起来就越响。懂音乐的人在听交响乐时能区分各种乐器发出的声音，不同的乐器有自己独特的音色。音色的不同是由于各种发声物体振动所发出的声波都有自己的特殊波形。即使声音的频率和响度相同，人们还是能够通过音色来区分它们。

你是否曾经思考过这样一个问题：同样是声音，为什么乐器发出的乐音受到人们的欣赏，而所谓的城市噪声却招人厌恶？这是由于乐音是周期性的声波振动，而噪声是不规则、无周期性的声波振动。乐音有益于人的身心健康，能使人精神振奋、心情愉快，甚至能够辅助治疗某些疾病。相反，长时间受噪声影响会使人注意力难以集中，从而降低工作效率。

3.1.4.2 听觉的生理机制

耳朵是人类的听觉器官，由外耳、中耳、内耳三部分组成（图 3－10）。外耳包括耳廓和外耳道，主要负责收集声音刺激。中耳主要由鼓膜、鼓室和听小骨组成，主要作用是传导声音。内耳由前庭器官和耳蜗组成。听觉感受器就位于耳蜗内的基底膜上。

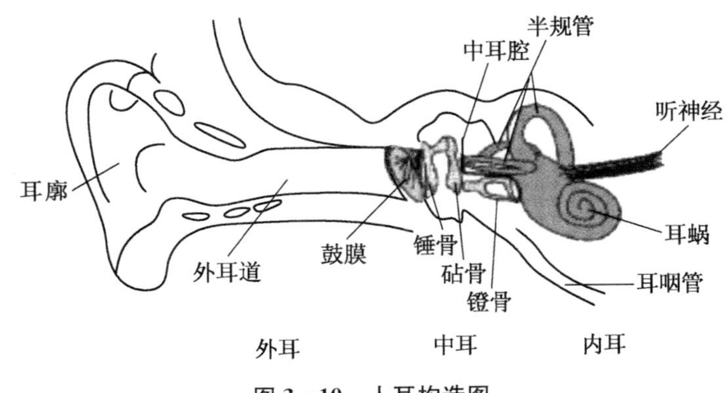

图 3－10 人耳构造图

声波先从外耳道传至鼓膜，引起鼓膜的机械振动，带动听小骨运动而将声波传到内耳，耳蜗内的毛细胞受到刺激而产生兴奋，神经冲动沿着听神经传到大脑皮层的听觉中枢，形成听觉。

3.1.4.3 听觉的基本现象

（1）音调

音调、音响和音色是声音的三个主观属性。音调是指声音的高低，我们常说的女高音、男低音就是指声音音调的高低。音调主要是由声波的频率决定的。人能听到的声音频率为 16～20000 赫兹，低于 16 赫兹的叫作次声波，高于 20000 赫兹的叫作超声波，都不能被人耳察觉到。人耳对 1000～4000 赫兹的声波最敏感。随着年龄的增长，对声音频率感受性会逐渐降低。一般人说话的音调范围是 300～5000 赫兹。各种乐器有自己的发音频率范围，例如钢琴上的 88 个键能代表 30～4000 赫兹的频率范围。

音调是人的主观心理量，而频率是客观的物理量。音调的单位是美（mel），频率的单位是赫兹（Hz），它们之间并不成线性关系，随着频率的增加，差别阈限也相应提高。

（2）音响

音响是由声波的振幅引起的心理量。声波振动的幅度大，声音听起来就响，振幅小，声音听起来就轻。音响的单位是分贝（dB），图 3－11 列出了一些常见声音的音响。音响的感受范围是 0～120 分贝，120 分贝以上的声音会引起压痛觉。除声波的振幅影响音响外，频率对音响也有影响。

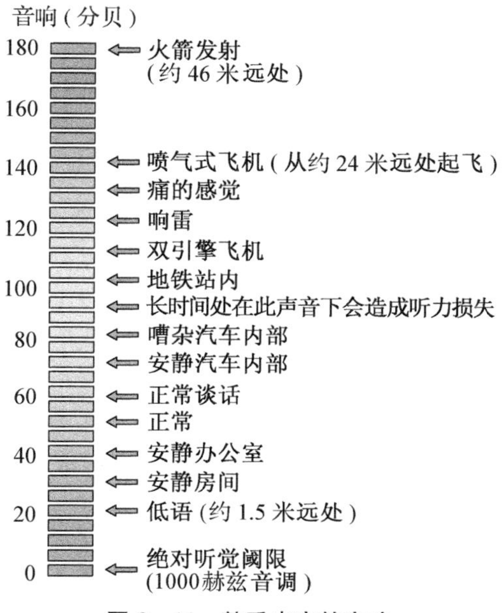

图3－11　熟悉声音的音响

（资料来源：[美]理查德·格里格，菲利普·津巴多著．心理学与生活：第16版[M]．王垒，王甦，等译．北京：人民邮电出版社，2003）

（3）听觉疲劳

在声音刺激的长时间持续作用下，听觉感受性显著降低的现象，称听觉疲劳。听觉疲劳表现为听觉阈限的暂时性上升。听觉疲劳的程度与声音刺激强度、持续时间有关。声音刺激愈强或持续时间愈长时，引起的听觉疲劳程度愈高。听觉疲劳还与声音刺激停止后间隔的时间有关，一般把声音刺激停止后2分钟测得的听觉阈限作为听觉疲劳的指标。听觉疲劳是一种病理前状态，初期尚可恢复正常，属生理范畴的改变。如不注意采取预防措施，长期的听觉疲劳就可能由于累加作用而得不到听觉恢复，进而发展为器质性病理变化，出现永久性听力损伤，最终导致永久性听阈位移或永久性听力丧失。

（4）声音掩蔽

在实际生活中，人们通常受到多个声音刺激的同时作用。同时作用的声音刺激会互相产生干扰。一个声音因为同时作用的其他声音的干扰而使听觉感受性下降的现象叫作声音掩蔽。当强音与弱音同时作用时，弱音不易被听到，如在安静的环境下，人能够清楚地听到闹钟的滴答声，而在吵闹的环境下，那样细小的声音就因为被掩蔽而很难听到了。掩蔽的效果取决于掩蔽声的强度及掩蔽声与被掩蔽声的频率，两个声音频率越接近，掩蔽作用就越大，掩蔽音的强度越大，掩蔽作用也越大。

在临床听力测试中，为了准确地评定听力阈限，避免噪声的掩蔽效应，测试应在安静环境中进行。此外，在耳鸣的治疗中可以利用声音的掩蔽现象，通过耳鸣掩蔽器发出掩蔽声来掩蔽令人心烦的耳鸣声，来达到治疗的目的。

3.1.5 其他感觉

3.1.5.1 嗅觉

嗅觉(sense of smell)是一种远感,能通过长距离感受化学刺激。嗅觉的适宜刺激是物质挥发在空气中的、能溶解的、有气味的气体分子。气体分子作用于鼻腔上部两侧黏膜中的嗅细胞而产生嗅觉。嗅觉产生的生理过程见彩图 3-12。人的嗅细胞约有 1000 万~2000 万个;而嗅觉灵敏的侦查犬则达到 2 亿个。

嗅觉阈限通常用能够引起嗅觉的有气味物质的最小浓度来测量。人的嗅觉阈限受许多因素的影响。首先,对不同性质的刺激物阈限不同。例如,人造麝香的嗅觉阈限为 0.00004 毫克/升空气,而乙醚的嗅觉阈限是 5.8333 毫克/升空气。其次,环境中的温度、湿度、气压等也会影响嗅觉感受性。不同人对同一种气味物质的嗅觉感受性也存在差异。对于同一个体,嗅觉感受性还受到机体状态的影响,人患有感冒、鼻炎等疾病时,嗅觉阈限就会上升。

人们很早就认识到了嗅觉的适应性。古语“入芝兰之室,久而不闻其香;入鲍鱼之肆,久而不闻其臭”就是由于刺激的持续作用而使得嗅觉感受性下降。嗅觉的适应速度依赖于刺激的性质。普通的气味经过 1~2 分钟就可以适应,而较强烈的气味要经过 10 多分钟才能适应。当气味特别强烈,令人厌恶时,人可能完全不能适应。嗅觉适应具有选择性,对一种气味的适应不影响对其他气味的感受性。

与其他感觉不同,人们很难对嗅到的气味进行分类,要准确地描述某一种物质的气味有时也是很困难的。因此,人们常常用产生气味的物体来命名,例如玫瑰花香、肉香等。也有研究者提出了 6 种基本气味:香料气味、花的香味、腐臭味、水果香味、树脂香味和焦气味,认为所有气味都可以从现象学上分解为这 6 种中的若干种。

当两种嗅觉刺激同时作用时,可能产生以下几种现象:两种气味混合,产生一种新的气味;两种气味同时或相继被感受到;一种气味完全掩蔽了另一种气味;两种气味中和,不引起嗅觉。

人们敏锐的嗅觉,可以帮助人们及时发现危险,避免有害气体进入体内。各种气味还有一些奇妙的作用,如一些蜡烛释放的芳香物质能让人振奋精神、减轻疲劳、舒缓压力;一些精心调配的香水能起到调节心情的作用。另外,由于每个人的身体散发的气味都是独特的,在破案工作中,警察常常利用警犬灵敏的嗅觉,通过气味来追踪罪犯。

3.1.5.2 味觉

3-1 为什么“辣”的食物会产生痛觉

味觉(sense of taste)的适宜刺激是能溶于水或唾液的化学物质。因此味觉与嗅觉一样,也是一种化学感觉。味觉感受器是位于舌面、口腔黏膜上的味蕾。人的味蕾大约有 200 多个,而随着年龄的增长,味蕾的数量逐渐减少,味觉感受性也逐渐降低。因此成年人与儿童相比,更喜欢口味较重的食物。

人有四种基本味觉:苦、酸、咸、甜。其他大多数味觉是这四种基本味觉的混合。虽然舌面对这四种味觉都有感受性,但舌尖对甜味最敏感,舌根对苦味最敏感,舌两侧对酸味最敏感,舌中对咸味最敏感。不同地区的人对味觉有不同的偏爱，例如，四川、湖南人以爱吃辣出名，在我国有“南甜北咸东辣西酸”的谚语，但未闻有偏爱苦的人群。

味觉感受性受温度影响明显，在20～30℃最高。此外，味觉的感受性还与机体的需求状态有关。处于饥饿的人对甜、咸的感受性提高，对酸、苦的感受性降低。味觉对维持有机体内环境的动态平衡起重要的作用。

味觉和嗅觉常常紧密联系在一起，在人们吃饭的时候，两者通常是共同起作用的。嗅觉可以增强我们的味觉，食物的香气能够让人更有食欲。而人患感冒时，鼻子阻塞，嗅觉感受性下降时，味觉感受性也受到影响而下降。这就是为什么感冒的人食欲不佳，不愿意吃饭的原因。

3.1.5.3 肤觉

皮肤接受外界刺激所引起的感觉叫作肤觉（skin sense）。肤觉可分为触觉、冷觉、温觉和痛觉四种，其中，冷觉和温觉又合称温度觉。皮肤是人类最大的感觉系统，皮肤表面积共约2平方米。触觉、冷觉、温觉和痛觉感受器在皮肤上呈点状分布，分别称为触点、冷点、温点和痛点。各种点在身体不同部位的分布数量见表3-5。

表3-5 身体不同部位肤觉感受器的分布数量 单位：个/平方厘米

	触	冷	温	痛
额	50	8	0.6	184
鼻尖	100	13	1.0	44
胸	29	9	0.3	196
前臂掌面	15	6	0.1	203
手背	14	7	0.5	188
拇指球	120			60

（资料来源：彭聃龄.普通心理学[M].5版.北京：北京师范大学出版社，2018）

肤觉是一种近距离接触引起的感觉，刺激物必须直接接触皮肤才能产生肤觉。肤觉对于人适应环境有重要作用，试想如果人失去肤觉，当被热水烫到时就不能及时做出反应，回避危险。对可能出现的有害刺激发出信号是肤觉的重要功能。

（1）触压觉

不均匀的压力作用于人的皮肤上引起的感觉叫作触压觉。触压觉分为触觉和压觉两种。物体接触皮肤表面，使皮肤轻微变形，引起浅层感受器兴奋而产生的感觉称为触觉。当物体接触皮肤使皮肤明显变形，并且使深层组织变形时产生的感觉叫作压觉。身体不同部位的皮肤的触觉感受性有很大差异，面部、舌、嘴唇、双手等活动频繁的部位特别敏感，使得人们可以有效地说话、饮食和抓握物体，而背腹部的感受性较低，指尖对刺激位置感觉的准确度是背部皮肤的10倍。人们可以通过触摸来交流感情，表示安慰、支持或疼爱，因此触觉在人际关系中扮演着重要角色。

（2）温度觉

温度刺激作用于皮肤表面，引起皮肤表面温度的变化而产生温度觉。皮肤表面的温度称为生理零度。冷觉和温觉是由不同感受器接受刺激而形成的。一种温度刺激会引起什么样的感觉，是由刺激温度与生理零度之间的关系来确定的：高于生理零度的刺激引起温觉；低于生理零度的刺激引起冷觉；当刺激温度与生理零度相同时，不能引起冷觉感受器或温觉感受器的兴奋，因而不会产生温度觉。身体不同部位的温度觉感受性存在差异，面部皮肤较为敏感，而下肢的感受性较低。

温度觉的适应也很明显。我们在洗热水澡的时候，刚开始觉得水很热，但经过三四分钟后，就适应了水温，觉得很舒服了。但是对于特别冷或特别热的刺激，人是很难或完全不能适应的。当刺激温度过高时，我们不仅感受到温热，还会有痛觉产生，人们常说的"烫"就是温觉和痛觉同时作用的一种复合感觉。

温度觉的感受性与刺激的作用面积有关。一定温度的刺激作用于皮肤表面时，作用的面积越大，则温度感觉越强烈，这就是感觉空间积累的结果。所谓感觉的空间积累，是指感受器不同的部位同时受到刺激所产生的感觉整合在一起而改变了感受性的现象。

(3)痛觉

痛觉是一种比较特殊的感觉，它不同于其他感觉，没有特定的适宜刺激。无论是机械的、物理的、化学的、温度的还是电刺激，只要达到一定强度并可能对机体造成损伤或破坏时都能引起痛觉。可以说，痛觉是一种辨别刺激对机体是否有害的感觉。痛觉感受性因身体部位不同而异，以背部和面颊最敏感，脚掌和手掌最不敏感。影响痛觉阈限的因素有很多，对伤害性刺激的认识、心理暗示、情绪状态等都会对痛觉阈限产生影响。

与其他感觉不同，人对痛觉很难产生适应，正是由于痛觉的这种特性，才使得痛觉成为伤害性刺激的信号，能够引起机体警觉，使人能设法避开有害刺激而达到保护机体的目的。痛觉是有机体内部的警报系统，对有机体的生存有重要意义。

3.1.5.4　内部感觉

内部感觉(internal sense)包括运动觉、平衡觉、机体觉等。

(1)运动觉

运动觉也叫动觉，是反映身体各部分的相对位置、运动，以及肌肉紧张程度的感觉。运动觉的感受器分布在肌肉、肌腱、韧带和关节中。肌肉运动、关节角度的变化等都是运动觉的适宜刺激。运动觉为我们提供人体运动过程中身体各部分位置的相互关系等状态的反馈信息，是一种重要的内部感觉。

动觉在人的认识和活动中具有重要意义。在随意运动中，动觉向大脑提供肌肉运动的速度、强度和紧张度等反馈信息，大脑分析这些信息后，随时对肌肉运动进行调节，这才使随意运动成为可能。如果没有这些精确的动觉反馈信息，人就不能随意运动，难以协调动作，无法完成行走等最普通的活动。

人类在长期进化过程中，大脑将手部的皮肤感觉和动觉紧密结合，产生了一种特殊感觉——触摸觉，它是动觉和皮肤感觉的复合感觉。在排除视觉的条件下，通过手的触摸运动可以正确地知觉物体的大小、形状等信号，还能感受到物体的软硬、光滑度和弹性等属性。正是由于触摸觉的存在，才使盲人能够通过触摸来认识这个世界。

(2)平衡觉

我们在乘电梯时能够感觉到电梯的升降,坐车时也能感受到车的运动状态,这是因为我们具有平衡觉。平衡觉也叫静觉,是反映整个身体(特别是头部)的运动状态的感觉。身体的加速或减速的直线运动或旋转运动是平衡觉的适宜刺激。平衡觉的感受器是内耳的前庭器官。

平衡觉和视觉、机体觉有密切的联系。你是否体验过在移动的汽车上看书会感到恶心?这是因为视觉提供的静止信息与平衡觉提供的移动信息相冲突,而产生了运动性疾病。当前庭器官受到刺激产生兴奋时,易使人产生晕眩,同时还会引起内脏活动的剧烈变化,使人恶心和呕吐。所谓的“晕车”现象就是前庭器官兴奋而导致的。因此,对从事航空、航海、宇航、舞蹈等职业的人要进行平衡觉的检查。平衡觉的检查可采用以下方法:让被试坐在特制的旋转椅上旋转,旋转停止后测定被试者步行路线的偏移程度。稳定的被试在旋转后仍能沿直线步行。

(3)机体觉

机体觉也叫内脏感觉,是反映内脏各器官活动状况的感觉。机体觉的感受器分布于各内脏(如食道、胃、肠、膀胱、肺、血管等)的脏器壁上,可以把内脏的活动及变化的信息,通过传入神经传向中枢,从而产生饥、渴、饱、胀、便意、恶心、疼痛等感觉。

内脏感觉的特点是定位不精确,分辨力差。当正常工作时,许多内脏的感受器根本不能引起主观感觉,而在内脏感觉十分强烈时,才能被人们意识到。一些脏器发生病变时,会产生痛觉。内脏感觉在调节内脏活动中起很重要的作用。

3.2 知 觉

我们生活在一个丰富多彩的世界,每时每刻都有各种刺激作用于我们的感觉器官,产生视觉、听觉、嗅觉等各种感觉,但是我们对世界的认识并不止于这些简单的感觉。例如,当在公园里游玩时,我们不仅看到五彩缤纷的颜色,听到各种音调的声音,闻到令人陶醉的香气,还会看到花草树木、人群等鲜活的形象。在实际生活中,感觉是心理活动的开端,但我们所需要的不是客观事物的一堆杂乱无章、互相孤立的个别属性,而是由这些个别属性构成的有机整体。例如,当我们看一个苹果的时候,感觉到了它的形状、大小和颜色等个别属性,但是如果我们把这些属性孤立起来,那么就不能认识到这是一个苹果,只有把这些感觉信息整合起来,人才能识别这是一个苹果,而不是梨子或番茄。

当刺激物直接作用于人的感官时,人脑不仅能够反映物体的个别属性,而且能通过各个感觉器官的协同活动,把物体的各种属性按其相互关系整合成一个整体,形成对该物体整体的反映,这个信息整合过程就是人的知觉过程。

3.2.1 知觉概述

知觉(perception)是人脑对直接作用于感官的客观刺激物的整体的反映。人通过感觉来了解外部世界和自身的信息,这些信息经过人脑的选择、组织与解释,从而产生知觉。知觉是人脑在感觉基础上形成的对事物整体的认识。

知觉和感觉一样，是人脑对当前直接作用于感官的客观事物的反映，属于对事物感性认识的范畴。如果没有刺激物对感觉器官的直接作用，既不会产生感觉，也不会产生知觉。知觉与感觉的不同之处在于感觉是对事物个别属性的反映，而知觉是对事物整体的认识。通过知觉对事物的各种属性、各个部分，以及事物的结构和关系的反映，人才能对事物有一个完整的认识，才能了解它的意义。

感觉是知觉的基础，各种形式的感觉的协同活动才能产生知觉。知觉是高于感觉的心理认知活动，它不是个别感觉信息的简单相加，而是人脑根据过去的知识经验来对当前感觉到的信息进行解释与综合而产生的。感觉与知觉之间是连续的，在实际生活中很少有孤立的感觉存在，感觉与知觉通常是融为一体的，因此也常合称为感知觉。

3.2.1.1 自下而上加工与自上而下加工

人的知识经验对知觉的产生具有重要作用，根据知觉的信息加工过程始于知识经验还是当前刺激，可以把加工过程分为自下而上加工（bottom-up processing）和自上而下加工（top-down processing）两种形式。

自下而上加工是指从当前外部刺激开始的加工，通常从较小的知觉单元开始进行分析，逐步转向较大的知觉单元，然后将事物的整体与过去的知识经验进行匹配，最终完成对事物的知觉。例如，我们在看英语单词时，先从构成字母的垂直线、水平线和斜线开始加工，然后把这些特征结合起来，识别出是什么字母，再将各个字母结合起来，与记忆中的英文单词进行比较，最终识别出该单词。自下而上加工就是这样从低水平加工到高水平加工的过程。自下而上加工始于外部刺激信息，因此也叫数据驱动加工（data-driven processing）。

在大多数情况下，人们可以利用过去的知识经验来帮助我们识别物体。自上而下的加工又叫作概念驱动加工（concept-driven processing），它始于人的知识经验中与知觉对象有关的概念，由此形成对知觉对象的某种期望或假设，这个期望或假设会影响信息加工的各个阶段和水平，以及对信息的整合与解释。例如，我们常常会忽视错别字，虽然它与记忆中存储的信息不相符合，但是由于我们在阅读文章时存在自上而下的加工，对这个字存在着一定的期望，这种期望影响了信息的解释，知觉系统自动把它识别为原来正确的字，使得我们没有注意到错别字的存在。

3.2.1.2 知觉的种类

人的知觉可以按照不同的标准进行分类。

根据知觉时起主导作用的感觉器官，可以将知觉分为视知觉、听知觉、触知觉、嗅知觉和味知觉等。除了起主导作用的感觉器官外，各种知觉中常常还有其他通道的感觉器官的参与，例如运动觉和触觉常常参与视知觉。

根据知觉所反映事物的特性，可以把知觉分为空间知觉、时间知觉和运动知觉。空间知觉反映事物的空间特性，处理物体的形状、大小、距离和方位等信息。时间知觉反映客观事物的顺序性和延续性。运动知觉反映事物的运动特性，处理物体在空间上的位移以及运动的速度和方向等方面的信息。

根据知觉反映客观事物的正确程度，可以把知觉分为正确的知觉和错误的知觉,即错觉。错觉是与客观事物的实际情况不相符合的知觉。

3.2.2 知觉的特性

知觉是对感觉信息的综合与解释,是比感觉更复杂的认知活动,而人能够对客观事物迅速获得清晰的感知,这与知觉所具有的基本特性是分不开的。知觉具有选择性、理解性、整体性和恒常性这四个基本特性。

3.2.2.1 知觉的选择性

人不可能同时清晰地知觉到所有的外界刺激,而只能根据某种需要或目的,有选择性地把一些事物(或事物的某一部分)当作知觉的对象,同时把周围其余的事物当成知觉的背景。人对外界信息的选择性加工就是知觉的选择性。知觉过程是从背景中分离出对象,进行优先加工的过程。

知觉的选择性与注意有关,当注意有意识地指向某个物体时,该物体就成为知觉的对象而被人清晰地感知到,它周围的其他事物就成为知觉的背景,只留下模糊的印象。例如,当你和朋友在聚会上聊天时,朋友的声音就是你知觉的对象,能被你清晰地听到并理解,而周围人的说话声作为知觉的背景,对你来说只是一片嘈杂声。

知觉的对象和背景是可以互相转化的,当注意发生转移而指向视野中的其他物体时,该物体就会变成知觉的对象,原来的知觉对象就成了背景。当你注意图 3-13 的中心时,你看到的是一个白色的花瓶,周围的黑色部分就成了背景;当你把注意转向黑色的部分,你将会看到两张人的侧脸,此时白色的花瓶成了背景。同样在图 3-14 中,当你注意黑色的色块时看到的是一个个魔鬼,而注意白色色块时看到的是一个个天使。这种当注意力在图像的不同区域间转换时会知觉到不同物体的图像称作两歧图形。

图 3-13 花瓶/人脸两歧图形

图 3-14 天使/魔鬼两歧图形

在一些两歧图形中,注意力集中在不同的轮廓线上时,也会产生知觉的变化。在彩图 3-15 中,你看到了什么?是一个年轻的少女还是三只飞翔的小鸟?实际上她们都存在,当你把图中少女的脸部轮廓知觉为老妇人的鼻梁的轮廓时,脸的其他部分也随之发生改变,当你掌握了这一点后就能在这两种图形轮廓之间来回转换。再看图 3-16,你能发现其中的奥秘吗?

图 3-16 人脸与因纽特人

两歧图的知觉有时还受到先前出现的物体的影响。如在图 3-17 中,当你从左到右看第一排图形时，你是不是看到最后一个图形是一个男人的脸呢？而当你从右到左看第二排的图形时，你是不是看到最后一个图形是一个侧坐的女人呢？而比较两张图形，它们实际上是一样的。这是因为先前的知觉让人处于准备状态，对后继的知觉产生了影响，这种现象叫作知觉定势(perceptual set)。

图 3-17 知觉定势

3.2.2.2 知觉的整体性

知觉的对象是由不同的部分、不同的属性组成的，但是人并不把对象的不同属性、不同部分看作孤立的，而是把它们结合成一个统一的有机整体，这就是知觉的整体性。例如，学生听老师讲课时，并不是把老师所说的每一个字的各个音节都毫无遗漏地分辨出来，而是听懂老师讲的完整句子和完整的意思。

知觉的整体性是知觉的积极主动性的一个重要方面，知觉之所以具有整体性，是由于人在知觉客观事物时有过去经验的参与，大脑在信息加工时，就会利用已有经验对缺失部分加以整合或补充，从而将事物知觉为一个整体。如图 3-18 中，虽然狮子的一部分被树挡住了，但是人们利用已有的经验将缺失的部分补全，仍然知觉到了一只狮子。

知觉的整体性依赖于刺激物的结构和特性，观察图 3-19，你是否能看到两个白色的正方体？这种在客观上并不存在而由主观认识产生的轮廓称为主观轮廓。

图 3-18 知觉的整体性

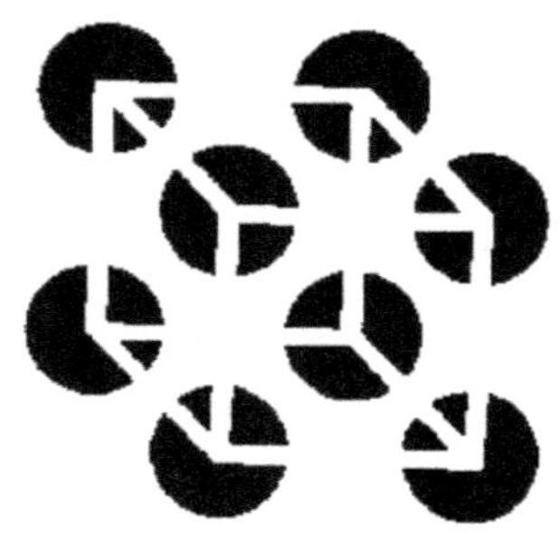

图 3-19 主观轮廓

3.2.2.3 知觉的理解性

在知觉过程中，人总是以过去的知识经验来对知觉对象做出某种解释，使其具有某种意义，知觉的这种特性就是知觉的理解性。例如，图 3－20 是一个由黑白斑点组成的隐匿图形，你看到了什么呢？是不是能看到雪地里有一条狗呢？正是由于知觉具有理解性，在知觉过程中有知识经验的参与，才使我们在看似杂乱的黑白斑点中提取信息，把对象知觉为一个有意义的整体。

图 3－20　隐匿图形

对知觉对象的理解与个人的知识经验直接有关。从事不同职业的人，在知觉上是有差异的。例如，对同一张 X 光片，不懂医学知识的人无法从中得到有意义的信息，而放射科医师就能从 X 光片中检查出身体的病变情况；在检查机器的运作情况时，工程师能比一般人看到、听到更多的细节。

知觉的理解性与知觉的选择性、整体性有密切的关系。理解帮助人们把对象从背景中分离出来。理解也有助于把刺激物知觉为一个有意义的整体，对于自己理解和熟悉的事物，人们容易把它当成一个整体来感知。

在知觉信息不足或复杂情况下，知觉的理解性需要语言的提示或思维的帮助。例如，在一些旅游风景区，有许多象形的石头，也许开始您看不出来，但经过导游的指点，就会越看越像。

3.2.2.4　知觉的恒常性

当知觉对象的客观条件在一定范围内发生变化时，知觉的映象仍然保持相对不变，知觉的这种特性称为知觉的恒常性。例如，对于我们过去认识的人，决不会因为他的发型或服装发生改变而完全认不出来；对于一首熟悉的歌曲，不会因它高八度或低八度就认为是别的歌曲。

知觉的恒常性在视知觉方面表现得尤为明显，常见的恒常性有形状恒常性、大小恒常性、明度恒常性和颜色恒常性。

(1)形状恒常性

图 3－21 是一扇从关闭到完全敞开的门，尽管门敞开的程度不同时，它在我们视网膜上的投影的形状也不相同，但我们总把门看成是矩形的，这就是形状恒常性，即对物体形状的知觉不因它在视网膜上投影的变化而变化。

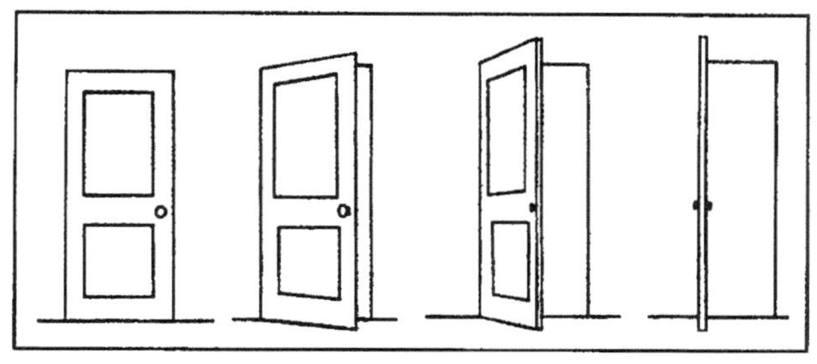

图 3－21　形状恒常性示意图

(2)大小恒常性

大小恒常性是指人对物体的知觉大小不完全随视像大小而变化，而是趋向于保持物体的实际大小的知觉特性。按照物理学中的光学原理,同一物体,距离观察者越近,它在视网膜上的视像就越大;反之,其视像越小。例如,同一个人站在距离我们3米、5米、15米的不同距离处,他在视网膜上的投影大小随距离增加而不断变小,但是我们总是把他知觉为一个同样大小的人,也就是说,视网膜上投影的大小发生变化时,人的知觉保持相对稳定。

(3)明度恒常性

当外部照明条件发生改变时,物体的相对明度保持稳定不变的知觉特性叫作明度恒常性。例如,无论在日光照射下还是微弱的灯光下,煤块看上去都是黑色的。从物体反射的光线强度上来说,煤块在日光照射下反射的光量远远大于在弱光照射下反射的光量,可见我们看到的物体的明度或视亮度并不取决于照片条件,而是取决于物体表面的反射系数。

(4)颜色恒常性

在色光照明下,一个有颜色的物体的表面颜色并不会受色光照明的很大影响,而是保持相对不变,知觉的这种特性叫作颜色恒常性。例如,当红光照射到白色的墙壁上时,我们看到的不是红色的墙壁,而是在红光照射下的白色墙壁。颜色恒常性与知识经验有关,例如在绿光照射下,我们仍然将香蕉看成黄色,但是如果在色光照明下让我们分辨不同颜色的纸片的颜色,就会变得十分困难。

图3-22　距离引起的错觉

视觉线索对人的知觉恒常性有重要作用。在图3-22中,你看到了什么?是不是一个大个子正在追赶一个小个子?请你用尺子来量一下两人的高度,你发现了什么?其实,这两个人是一样大小的,只是图中采用了一些视觉线索,形成了一条狭窄的通道,人们在知觉时不自觉地将距离考虑进去,认为"近大远小",所以才将大小相同的人看成大小不同。这就是距离线索所造成的视错觉。

知觉恒常性是人们认识客观世界的一个重要特性,对日常生活和工作有重要意义。如果人的知觉不具有恒常性,而是随着客观条件的变化而时刻发生改变,人就需要不断地学习,否则,就难以获得确定的知识,难以认识和适应外部世界。

3.2.2.5　知觉的适应性

当视觉输入发生变化时,人的知觉系统能够适应这种变化,使之恢复到正常状态,这种现象叫知觉适应。例如,根据光学原理,物体在视网膜上所成的像是倒立的。但人的视觉系统看到的物体却是正立的,这是知觉适应的作用结果。新生儿的知觉经验少,所以刚出生不久的婴儿是倒视的。

小资料——知觉适应

19世纪末,心理学家开始研究知觉适应现象。斯特拉顿(G. Stratton,1896)给自己戴上一副自行设计的眼镜,这副眼镜使物体在视网膜上的投影反转和变位。也就是说,视野上方的物体投影在视网膜的上方,视野下方的物体投影在视网膜的下方等。戴镜后的头三天，由于网像颠倒，空间定向有很大困难，当他伸手取物时，手的方向往往和物体的实际方向相反；三天以后，他开始可以看到自己的手在写字；第四天，能在两手间进行正确的知觉选择；第五天，能在房内从容地散步；第七天，他开始能欣赏散步途中的景色。这说明，经过学习和适应，视觉和触觉、前庭觉之间建立了新的联系，空间定向能力得以恢复；到第八天，他摘下了反转镜，这时看到的每件东西都上下、左右颠倒了。几个钟头后，空间定向才重新恢复正常。

（资料来源：彭聃龄. 普通心理学[M]. 5版. 北京：北京师范大学出版社，2018）

3.2.3 空间知觉

空间知觉是对客体的空间关系的知觉，我们对物体的大小、形状、深度和方位的知觉都属于空间知觉。空间知觉是后天通过学习获得的。

3.2.3.1 形状知觉

形状知觉(shape perception)是对客体形状的知觉，是个体对物体各部分的组合的反映，如对表情、文字、图形等的知觉。形状知觉是靠视觉、触觉和动觉的协同活动而形成的。通过视觉，我们得到了外界物体在视网膜上的投影形状。而人眼观察物体时，眼部肌肉沿物体轮廓运动所产生的动觉和颈部肌肉运动所产生的动觉，都是知觉物体形状的信号。用手沿着物体边界运动所产生的触摸觉，也为形状知觉提供线索。

(1)轮廓与图形

图形就是视野中的一块面积，它通过轮廓而从背景中分离出来。当我们观察和辨认某一图形时，能感觉到的图形的边界线，就称为轮廓。实际上，我们所感觉的“线”在现实中是不一定存在的。轮廓是视野中临近的成分出现明度或颜色变化时出现的。在图 3-23 中，黑色与白底形成了鲜明的明度对比，使得黑色的部分突显出来，形成了各种动物的图形。

图 3-23 黑色轮廓图

小资料——成为图的条件

我们之所以感知到物体，是由于物体与背景的分离，背景被忽略了。画面中的图，具有前进和引人注目的特征，它与背景发生分离而被识别，有相对集中的安定性，具有轮廓和物像特征，给人以深刻印象。而背景就显得后退、分散和空间位置不够明确，由于背景的形状和模糊性而使人难以感到它的存在。

能成为图的条件有：

- 封闭的形状容易被看作图形，而封闭包围这个形的形则容易被看作“底”。

- 在相同条件下，面积较小的形容易成为图形。
- 统一整齐的形比零散的形容易成为图形。
- 凸起的形较凹陷的形容易成为图形。
- 动的形容易成为图形。
- 形的内部质地密度相对大的形容易成为图形。
- 根据视觉经验常常引发联想的形容易成为图形。
- 明暗或色彩对比度强的形容易成为图形。

(2)图形的组合

当我们从背景中区分出图形时，我们还要将图形组合成一个有意义的形状。为了使感觉信息排列有序，我们的大脑按照某种规则来组合这些刺激。格式塔心理学家发现了以下图形组合的原则：

①接近性：距离相近的物体容易被知觉组合在一起，如图 3-24(a)所示。

②相似性：凡形状或颜色相近的物体容易被组合在一起，如图 3-24(b)中，我们看到的是一列叉和一列圆圈。

③连续性：凡能够组成一个连续体的刺激容易被看成一个整体，如图 3-24(c)中，人们看到的是直线与曲线相交，而不是两条曲线。

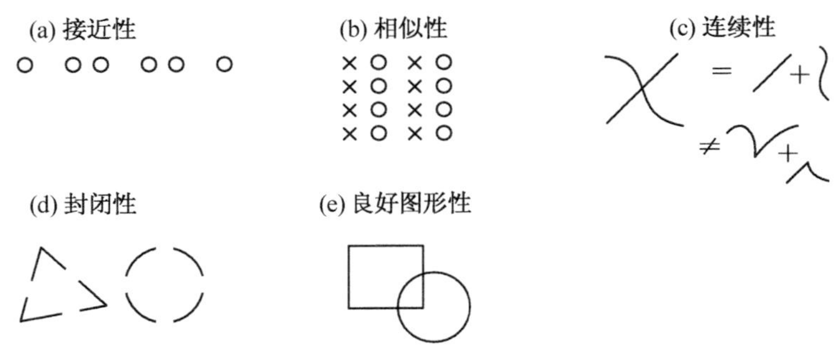

图 3-24　图形的组合原则

④封闭性：人们倾向于补全缺损的轮廓，知觉为一个完整的封闭图形，即人的知觉具有"完形"的能力，如图 3-24(d)中，我们看到的是三角形和圆，而不是无意义的线段和曲线。

⑤良好图形性：良好图形是指同一刺激所显示的各种可能性中，最单纯、最有意义的图形，如图 3-24(e)被看成正方形和圆的组合，而不是两个不规则图形的组合。

3.2.3.2　大小知觉

(1)大小—距离不变假设

根据几何投影规律，同一物体，距离观察者越远时它在视网膜上的投影越小，可以用公式表示为：

$$a=A/D$$

式中：a 表示视网膜上投影的大小，A 指物体的大小，D 是物体与眼睛的距离，即视网膜上投影的大小与物体的大小成正比，而与距离成反比。人们的大小知觉

(size perception)不仅仅考虑网像的大小，还会考虑距离的因素，即物体大小＝网像大小×距离，这就是大小—距离不变假设，即人们在大小知觉时同时考虑视网膜投影的大小和知觉距离这两方面因素。大小—距离不变假设解释了大小恒常性。

(2)邻近物体的大小对比

对物体大小的知觉受到邻近物体大小的影响。如彩图 3 - 25 中，左右两个被包围的圆形实际大小是相等的，而我们知觉到的大小却是不相同的。被大的物体包围下的物体显得小，而被小的物体包围下的物体显得大。两个圆形在视网膜上的投影大小相同，观察的距离也一样，它们在大小知觉上的差别，是由于视网膜上两个或两个以上的投影比例造成的。

3.2.3.3　深度知觉

人不仅能感知平面的二维物体，而且还能产生具有深度的三维空间的知觉。深度知觉(depth perception)又称距离知觉或立体知觉，是个体对同一物体的凹凸或对不同物体的远近的反映。深度知觉使人们能够把二维的视网膜像解释为三维的世界，认识到事物的真实面貌。深度知觉是由一定线索引起的，线索来自外部环境和机体内部两个方面，即刺激物的特性和视觉系统本身的特性。

视觉刺激中最常使用的深度线索有以下几种：

(1)大小

实际大小相近的两个物体，网像较大的就被知觉解释为较近。

(2)视野中的高度

在视野中越远的物体相对位置越高。

(3)遮挡

视野中远物是被近物遮挡的，即被遮挡的物体总是距离较远，如彩图 3 - 26 中，酒瓶被酒杯部分遮挡，因此我们认为酒瓶离我们较酒杯远。

(4)线性透视

两条向远方延伸的平行线看起来越趋向接近，就表示距离越远。如彩图 3 - 27 中，公路越向远处延伸，边界就越接近。

(5)纹理变化

视野中的物体在视网膜上的投影大小和密度发生有层次的变化，为距离知觉提供了很好的视觉线索。如图 3 - 28 中，远处的纹理密度较近处大。

图 3 - 28　纹理梯度

来自视觉系统本身的深度线索有以下几种：

(1)调节与辐合

眼睛注视物体时，为了使进入眼的光线聚焦在视网膜上，需要调节晶状体的曲度，看近处物体时，曲度变大，看远处物体时，曲度变小。调节作用只在几米的范围内有效，且不太精确。双眼注视一个物体时，为了使视网膜成像同时落在双眼视网膜的中央，两条视线必须向被注视物体集中。辐合指眼睛随距离改变而将视轴会聚到物体上。调节与辐合是自动进行的，它们引起的各种神经活动是深度知觉的重要线索。

(2)双眼视差

由于两只眼睛位置不同，它们之间相隔约 65 毫米。同一物体投射到两眼视网膜的图像是有差异的，且距离越远，差异越小。大脑把两个不同的信息结合起来而产生具有深度的立体。立体图像和立体电影就是利用双眼视差，将两种稍有差异的图像同时呈现给两只眼睛，从而造成了立体的视觉效果。

3.2.3.4　方位知觉

方位知觉(orientation perception)即方向定位，是指对物体的空间关系、位置和对机体自身所在空间位置的知觉，例如对东南西北、前后左右、上下等的知觉。方向定位是人借助于视觉、听觉、触摸觉、动觉和平衡觉等来进行的。我们用眼睛观察事物，用耳朵辨别声音方向，用触觉、动觉、前庭觉去感知自己与客体之间的空间关系。人综合各种感觉信息而形成方向知觉，各种感觉信息中视觉和听觉是最主要的，其他感觉起辅助作用。通过多种分析器的协同配合和相互补充，提高了人空间定向的能力。

(1)视觉方位定向

当人用眼睛观察事物时，物体就在视网膜上形成投影，我们可以根据物体在视网膜上投影的位置来判断它的方位，如风扇吊在天花板下、台灯放在桌子上等。物体在空间上的方位是相对的，人的方位知觉也只能是相对的，因此视觉定向必须借助于各种参照物，否则就无法定向。人在定向时常常以环境中一些熟悉的物体为参考，例如，东西以太阳出没的位置为参照系，南北以地球磁场为参照系，上下以天地为参照系，而前后左右则是以观察者自身为参照系。在完全失去参照系的情况下，人是无法辨别方向的，例如在太空飞行的宇宙飞船中，由于失去了地球上地面与天空这一参照系，人就无法判断上下。视觉定向不是与生俱来的，而是后天学习得到的。

(2)听觉方位定向

人靠听觉来辨别声源的方向和远近。耳朵不仅接受声音，而且还能辨别声音的方位和距离。听觉线索主要由单耳线索和双耳线索所构成。

单耳线索：由单耳所获得的声音线索，虽不能有效判断声源的方向，但却能有效地估计声音的距离。人们是通过声音强弱来判断声源远近的，声音强时觉得近，声音弱时觉得远。特别是对一些熟悉的声音，如火车的轰鸣声等，按照声音强弱就可以判断其距离的远近。

双耳线索：双耳对于人准确地判断声源的方向起着重要作用。人的双耳分别处于头部的左右两侧，声音到达两耳的距离不同，这就造成了两耳声波刺激的强度差和时间差，是声音定向的主要线索。

强度差指同一声源传到两耳时，两耳接收到的声音强度上的差别。声源同侧的声音较强，对侧的声音较弱，所以可以根据感受声音的强弱，判断出声源方向。

时间差指声波到达两耳的时间差别，靠近声源一侧的耳朵先听到声音，对侧的耳朵后听到声音。时间差使人能分辨出声源所在，定位于先听到声音的一侧。人耳对500～700赫兹的声音的时间差辨别能力最强，能分辨时间差为0.00001秒的两个声音。

盲人具有高于常人的声音定向能力，能精确分辨声源的方位，还可根据自己发出的声响的回音来躲避障碍，这种听觉定向能力的高度发展是对他们视觉丧失的一种代偿。

3.2.4 时间知觉

时间和空间一样，也是一种客观存在。人总是在一定的时间和空间下活动。时间知觉(time perception)是人对客观事物和事件的延续性或顺序性的知觉。客观事物是延续的，“逝者如斯夫”就是对时间延续性的知觉；客观事物同时又是有先后顺序的，诗人雪莱说“冬天到了，春天还会远吗?”就体现了对时间顺序性的知觉。

时间知觉不同于空间知觉，它并不是由固定的刺激引起的，也没有提供具体时间线索的感觉器官，并且由于时间具有不可逆性质，人只能知觉过去发生过的事件，而不能知觉已经逝去的时间。

时间知觉包括对事件先后顺序的分辨、对具体时间点的确认、对未来时间的预测和对持续时间的估计四种形式。

3.2.4.1 时间知觉的参考系

时间是无限延续的，既没有开始也没有结束，因此人对时间的知觉总是要以某种客观现象作为参考系，这些客观现象可以是自然界或社会中的一些周期现象，也可以是人的生理状态。

(1)自然界中的周期现象

自古以来，人们就利用自然界中的周期现象作为时间的参考系，例如，以太阳的东升西落来代表一天，以月亮的一次盈亏变化来代表一个月，以四季的一次循环来代表一年。自然界的周期现象为我们感知、判断时间和调节活动提供了客观依据。

(2)计时工具

人类发明了钟表和日历这些计时工具后，不仅可以准确地估计较长的时间，如年、月、日，还可以精确地估计像小时、分、秒这样短暂的时间。随着科学技术的发展，计时工具越来越精密，已经可以精确地测量毫秒甚至微秒这样极短的时间。

(3)机体的生理节律

人的许多生理活动都具有周期性和节律性。例如，人从进食到饥饿大约经过

4～6 小时；从觉醒到睡眠的周期为 24 小时。人的体温、血压、血糖、内分泌乃至人的智力、体力和情绪等都带有节律性的变化规律。人们可以依据身体的节律性活动来估计时间。例如，根据饥饿程度来估计开饭的时间；根据自己的困倦程度来判断深夜。人的机体内存在着所谓的生物钟，与自然界一样，人的生物钟也以 24 小时为周期运转着。当人被剥夺所有外在的时间信息来源时，生物钟仍能够为人提供有关时间的信息。

3.2.4.2 影响时间知觉的因素

(1)所估计时间的长短

人们对持续较长时间的估计往往不足，又往往高估持续短暂的时间。人对 1 秒钟左右的时间估计最为准确，所估计的时间越长，估计的误差越大。

(2)感觉通道的性质

听觉对判断时间的精确性最好，而视觉的时间判断精确性较差。例如，当两个声音相隔 1/100 秒时，人耳就能区分，而视觉需要 1/20～1/10 秒。

(3)一定时间内事件的数量和性质

在特定时间内，事件发生的数量多且性质复杂时，人倾向于将时间估计得比较短；反之，事件数量少且性质单调时，人倾向于将时间估计得比较长。例如，一个讲座如果内容丰富，听众就会觉得时间过得很快。

(4)人的兴趣、态度和情绪

人的兴趣对时间知觉的影响很大，当人们做自己感兴趣的事情时，会觉得时间飞逝；相反，做自己不感兴趣甚至讨厌的事情时会觉得时间过得特别慢。情绪和态度也影响着对时间的估计，当我们期待某件事情发生时，总觉得时间过得很慢，例如迎接期盼已久的亲人时总觉得姗姗来迟。人快乐的时候，会觉得时间过得快，时间被估计得短些；而在烦闷、厌倦或痛苦时，会觉得时间过得很慢。

在回忆的时候，时间知觉的情况与上述情况相反。有趣、快乐的事件回忆起来显得比较长，单调乏味的事件回忆起来就觉得很短。

3.2.5 运动知觉

物体的运动特性(空间上的位移以及位移的方向和速度)在人头脑中的反映，就是运动知觉(motion perception)。运动知觉在我们日常生活中有重要意义。设想一下如果你没有运动知觉，那么你在过马路时就不能估计汽车的速度，那会是多么危险的事情啊。运动知觉存在个体差异，棒球运动员能快速准确地估计球运动的速度，运动知觉能力比一般人强。

人没有专门感知运动的器官，运动知觉是通过视觉、动觉、平衡觉等多个感觉器官共同提供信息来实现的。运动知觉的产生主要来源于以下三方面的信息：

(1)网像运动系统

人在观察运动的物体时，如果眼睛和头部保持不动，物体的连续位移将刺激视网膜上的一系列感受器，视像在视网膜上产生位移，从而提供了物体运动的信息。但是人的眼睛、头部以及身体也经常在运动，因此网像运动系统不是运动知觉的唯一信息来源。

(2)头—眼运动系统

当我们用眼睛追踪运动物体时，物体在视网膜上的视像虽保持不动，但是动觉器官感受到了眼睛和头部的运动信息，从而提供了物体运动的信息。当观察静止物体时，若转动眼睛或摇动头部，此时，来自网像运动系统的信息与来自头—眼运动系统的信息相抵消，知觉到的物体就是静止的。

(3)运动物体其他特性的影响

当物体向你逼近时，物体在视网膜上的投影会逐渐变大，增大的速度提供了物体接近速度的信息。电影电视常常利用这一原理来制造出不同的运动效果。听觉对运动知觉也有重要作用，例如人们常常根据火车轰鸣声的强弱来判断火车的远近。

3.2.5.1　真动知觉

运动知觉可分为真动知觉(real movement perception)和似动知觉(apparent movement perception)。真动知觉是对物体在空间上的连续位移和位移速度的知觉，是对物体真正运动的知觉。

外界事物是在不断运动变化的，但不是所有的运动都能被人所觉察，例如，人眼不能觉察出钟表上的时针运动这样缓慢的运动。而当运动速度太快时(如日光灯的闪烁)，人们也觉察不出运动。运动知觉依赖于物体的运动速度，速度太快或太慢，人都知觉不到运动。人眼刚刚可以辨认出的最慢的运动速度，称为运动知觉下阈；刚刚还能看到闪烁时的最快速度称为运动知觉上阈。运动知觉受许多因素的影响，目标物体的照明与持续时间、参考体系、观察者的距离和自身运动状态都会影响运动知觉阈限。例如，降低物体的照明会导致运动知觉阈限上升，知觉不敏锐，正是因为如此，夜晚比白天更容易发生交通事故。

任何事物都处在不断的运动之中，所以物体的运动和静止，运动速度的快慢，都是相对而言的。人在判断某一物体是运动还是静止的时候，需要与其他物体作比较，这个被比较的物体，就是运动知觉的参考系。在大多数情况下，我们都是以地球为参考系的。

3.2.5.2　似动

似动(apparent movement)是指在一定条件下，人们把实际静止的物体或实际上不连续的位移看成是连续运动的现象。似动主要有以下几种形式：

(1)动景运动(stroboscopic movement)

当我们在看动画电影时，我们知觉到的物体连续运动客观上并不存在。动画电影是以每秒钟连续闪现 24 张静止的图片而制作成的。人的视觉系统会把这一系列快速呈现的变化的图片知觉为连续运动。这种静止刺激按照一定的时间间隔相继呈现时使人产生运动知觉的现象叫动景运动，又叫 Φ 现象。

(2)诱导运动(induced movement)

文学作品中常常描述说“月亮在云中穿梭”，而事实上夜空中的月亮是相对静止的，而月亮周围的云层在飘动。为什么人会觉得是月亮在动呢？因为人的视觉系统趋向于将较大的、包围的物体作为背景，即参照系。因此，相对于云层来说较小的月亮就容易被看作是运动的。这种一个物体运动而使相邻的静止物体产生似动的现象,叫诱导运动。

(3)自主运动(automatic movement)

在暗室里,注视一个光点(如一支点燃的蜡烛)几分钟,你会发现这个光点似乎在动,这种现象在心理学上叫作自主运动。造成自主运动的原因至今尚未明确,有两种观点对自主运动现象做出了较为合理的解释:一种观点认为,长时间注视一个物体时,人的眼球会有微弱的颤动,眼动信息输入大脑,使人误以为光点在动;另一种观点认为,自主运动是由于视野中缺乏参照物引起的,一旦有了参照物,自主运动现象就不会发生。

注视图 3-29,慢慢移动你的眼睛,中间的圆形部分是不是好像在不同的深度连续地移动?这就是 Ouchi 错觉,是一种自主运动错觉。

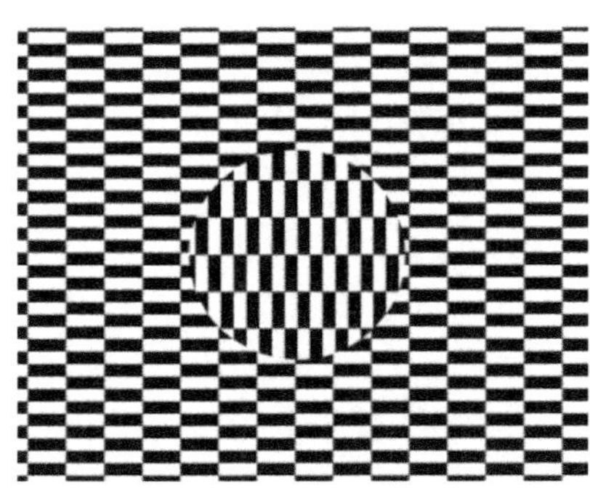

图 3-29 Ouchi 错觉

(4)运动后效(movement aftereffect)

在较长时间地注视一个沿一定方向运动的物体后,将目光转向静止的物体,会觉得静止的物体似乎在朝相反的方向运动,这一似动现象叫作运动后效。例如,当你注视瀑布一段时间后,再看周围的其他物体,会觉得物体在向上运动,这叫作瀑布效应(waterfall effect)。

3.2.6 错觉

由于许多主观和客观的原因,我们的知觉有时不能完全正确地表达外部事物,会出现各种歪曲,这种对客观事物不正确的知觉,就是错觉(illusion)。错觉与幻觉不同,它是知觉的一种特殊形态,是在外界刺激实际作用下产生的歪曲的知觉,而幻觉是在没有外界刺激作用时产生的,是虚幻的。

3-2 Visual illusions

产生错觉的原因十分复杂,可能由物理、生理以及心理等多种因素引起。其中同时并存的其他刺激的干扰是产生错觉的主要原因,人的主观因素,如经验、情绪、年龄等也有重要影响。

研究错觉可以帮助人们了解正常知觉的规律,具有重要理论意义。同时,错觉研究还有其重要的实践意义,在军事、服装设计和室内设计等领域都有广泛应用。在日常生活中,我们也可以利用错觉。例如,因为白色有扩散作用,黑色有收缩作用,所以瘦小的人穿白衣服会显得略为丰满,而肥胖者穿黑衣服会显得苗条些。

错觉是十分普遍的,各个感觉通道都存在错觉现象,其中视觉通道的错觉表现得最为明显。典型的错觉现象有以下这些：

(1)大小错觉

大小错觉是人们对几何图形的大小或线段的长短知觉错误而产生的，以下列出了一些典型的大小错觉现象。

● 线段长短错觉：图3－30中为两种常见的线段长短错觉现象。左图中的垂直线与水平线实际上是等长的，但看上去垂直线要比水平线长一些，这叫作垂直—水平错觉(horizontal-vertical illusion)。右图中的两条线段实际上也是等长的，但是由于两端的箭头的方向不同，上面的线段看上去要短一些，这叫作箭形错觉，也叫缪勒—莱耶错觉(Müller-Lyer illusion)。

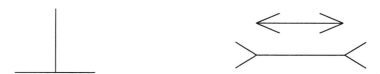

图3－30 线段长短错觉

● 面积大小错觉：图3－31中左图为多尔波也夫错觉(Dolboef illusion)，两个相同大小的圆，一个放在比它略大的圆里面，一个放在比它大很多的圆里面，相比之下，前者比后者显得大一些。图3－31中的右图为艾宾浩斯错觉(Ebbinghaus illusion)，与左图类似，两个相同大小的扇形，放在较小的扇形中时比放在较大的扇形中显得较大。面积大小错觉是由视觉对比引起的。

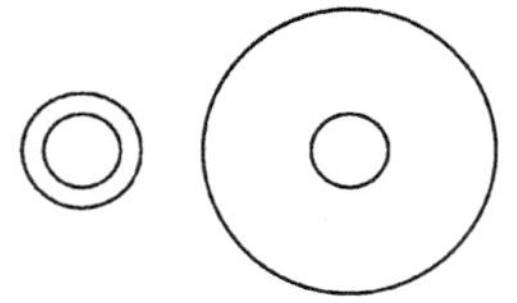

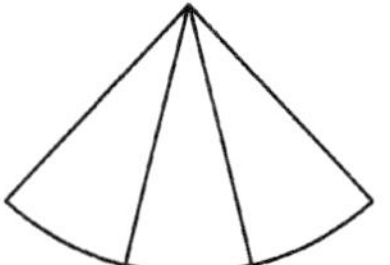

图3－31 面积大小错觉

(2)形状和方向错觉

● 线条弯曲错觉：图3－32中的左图，两条平行线由于周围附加线段的影响，中间变得狭窄了，使得直线看上去好像是弯曲的。右图中的菱形由于周围同心圆的影响，四条边似乎也变得弯曲了。线条弯曲错觉大多是同时作用的周围刺激的干扰引起的。

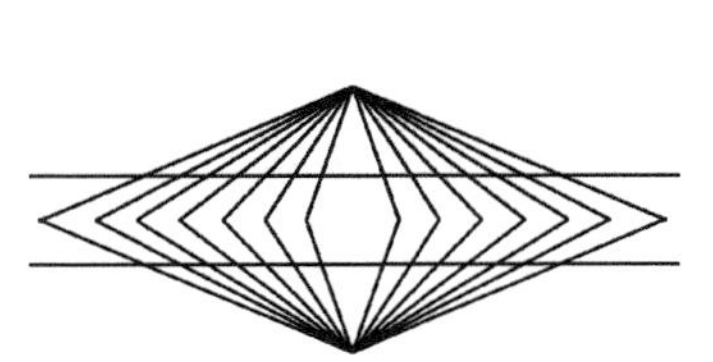

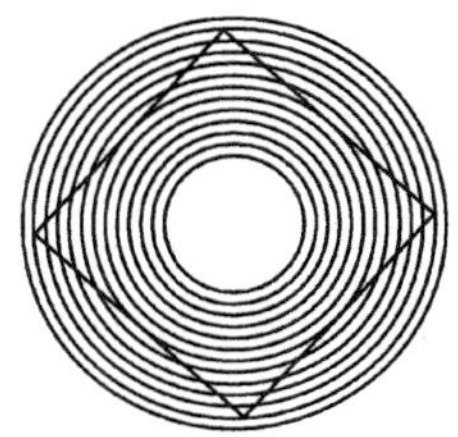

图3－32 线条弯曲错觉

● 平行线错觉：图3－33表示了平行线的方向错觉。在左图中，由于周围黑色小方块的影响，平行线的方向发生了变化，看起来并不平行了。右图是有名的左氏错觉(Zollner illusion)，在平行线的旁边加上一些不同方向的线段，使得平行线看上去不平行了。

图 3－33　平行线错觉

● 螺旋错觉：你是否可以在彩图 3－34 中看到一个螺旋？黑色的弧看似一个螺旋，实际上它们是由一组同心圆构成的。这一错觉现象叫作 Fraser 螺旋错觉，它是由于复杂的背景而形成的，背景上带有方向性的小单元格使之产生了螺旋上升的知觉。

(3)明暗错觉

图 3－35 为赫尔曼(Hermann)栅格，你看到了交叉处的灰点了吗？再仔细看看，灰点实际上并不存在。图 3－36 是 Grid 火花错觉，用眼睛环视它，你有没有看到交叉点放出火花，Grid 火花错觉与赫尔曼栅格错觉相似，但错觉效果更强。

3-3 运用心理学知识学习心理学

图 3－35　赫尔曼栅格

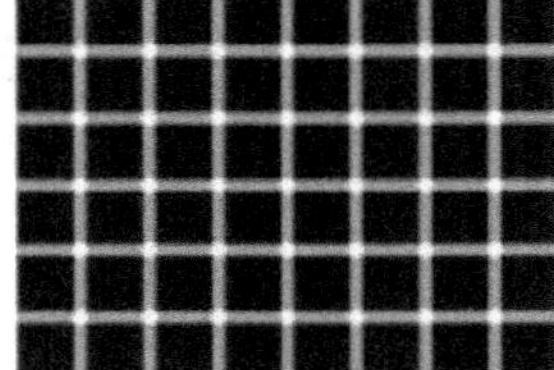

图 3－36　Grid 火花错觉

本章小结

感知觉是人类认识客观世界的开端，它提供了内外环境的信息，使个体与环境保持平衡，是人类知识经验的源泉。感知觉也是人类一切心理活动的基础。感知觉不仅为记忆、思维、想象等复杂的认识过程提供了材料，也是动机、情绪、个性特征等一切心理活动的基础。感觉是人脑对客观事物的个别属性的认识，可分为外部感觉和内部感觉。外部感觉包括视觉、听觉、嗅觉、味觉、肤觉(触觉、痛觉和温度觉)等；内部感觉包括运动觉、平衡觉和机体觉等。其中视觉是人类最重要的一种感觉。知觉是高于感觉的心理认知活动，是人脑根据过去的知识经验来对当前感觉信息进行解释与综合而产生的，是对事物整体属性的认识。知觉具有选择性、整体性、理解性、恒常性和适应性，可分为空间知觉、时间知觉和运动知觉。而错觉是知觉的一种特殊形态，并且是普遍存在的。

练习题

一、选择题

1. 假设你正在看地球仪，虽然________是一个球体，但你知道________应该是一个圆。（ ）

A. 远距刺激；绝对　　B. 远距刺激；近距刺激

C. 阈限；远距刺激　　D. 近距刺激；远距刺激

2. 当你刚进入房间时，会觉得某个人身上的香水味扑鼻而来，过段时间，香味淡了下来。这是一个________的例子。（ ）

A. 心理测量函数　　B. 感觉适应

C. 错觉　　D. 换能

3. 你正在做一个实验，想要知道人们对不同糖浓度的软饮料的差别阈限。你想要找到人们能在________%的次数中觉察出刺激有差异的那个点。（ ）

A. 50　　B. 25　　C. 100　　D. 75

4. 从一种物理能量形式到另一种形式的转换称为________。（ ）

A. 感觉适应　　B. 感觉接受

C. 换能　　D. 光感受

5. 如果你进入一个光线很暗的房间，你的________将比________对视觉的贡献更大。（ ）

A. 视杆细胞；无长突细胞　　B. 水平细胞；视杆细胞

C. 视锥细胞；视杆细胞　　D. 视杆细胞；视锥细胞

二、判断题

1. 拮抗加工理论中不包含红与绿的颜色。（ ）

2. 空气中的声波在听觉信息到达鼓膜时变为海浪波。（ ）

3. 苦是基本味觉。（ ）

4. 门控理论的目的在于解释生理疼痛和心理体验之间的部分关系。（ ）

5. 一般而言，在吃辛辣食物的时候，味蕾越多的人体验的疼痛越多。（ ）

三、论述题

1. 刺激是如何变成感觉的？

2. 感觉和知觉之间有什么关系？

3-4 练习题参考答案

第4章　意识和注意

N. N. 是一名加拿大年轻人，由于一次交通意外致使脑部受伤。此次受伤使他丧失了本章所要讲的意识的能力。虽然他"知道过去的一些事情，例如，他知道他们家什么时候搬到现在居住的地方，他上学时学校的名字，还有他十几岁时在哪里过的暑假，但都是片段，他不能回忆起任何一个完整的事件"。N. N. 在理解时间概念上没有困难。他知道时间的单位及其关系，并且能够正确地用图画来表示时间，他具有关于时间的抽象的知识，但对于主观时间的意识却受到严重的损坏。如果问他昨日干什么了，他会回答说不知道，如果问他离开实验室要去哪里，或者明天他要做什么，他也回答说不知道。他说这样的不知道明天要干什么的心理空白"就像睡着了"或者"大片的空白"，做个类比，他说："就像在一个什么都没有的空屋子里，有人告诉你要去找把椅子，可那儿什么都没有。"

我们大脑中储藏了很多的信息，我们可以有选择地将某些信息提取到心理层面，进入意识中来，但是 N. N. 则悲惨地丧失了这种能力。

4.1　意识的一般问题

在心理学发展的早期，意识(consciousness)曾经是心理学研究的中心问题之一，到了 20 世纪初，行为主义的兴起强调心理学研究的客观性，注重研究外部可以观察到的行为，而将意识完全排除到心理学研究的范围之外。直到 20 世纪中叶，认知心理学的兴起，意识才得到人们的再次重视，而且随着神经科学的发展以及脑成像技术的发展，为意识的研究提供了新的视角。

4.1.1　意识的概念

一直以来，意识的概念都是比较模糊的。在心理水平上，意识表示一般的心理状态，例如说"我是有意识的"或者说"我是清醒的"，或者意识可以表示心理状态的特殊的内容，例如对幸福的体验、对往事的回忆等。在行为水平上，意识是指受意愿支配的活动，例如，在做作业时，如何回答一道数学题就是一个受意识支配的过程。在更高的哲学层面上，意识是一种与物质相对立的精神实体，由思想、幻想、梦等构成。

4.1.2 无意识

与意识对应的是无意识的概念，无意识是个体不曾觉察到的心理活动和过程。精神分析学派的弗洛伊德发展了最初关于无意识的理论，他认为无意识包含了大量的观念和愿望，这些观念和愿望因不容于社会道德观念而被压抑，只有在睡觉等不受道德观念约束的时候这些观念和意愿才能以其他形式——梦的方式出现。弗洛伊德的冰山理论(图4-1)认为，如果将人的心理比作一座冰山的话，那么人的意识就是露出水面的冰山顶端，它只占人的心理的一小部分，多数是无意识的心理活动。常见的无意识现象有：

图4-1 弗洛伊德的冰山理论

(1)无意识行为

有时候人的行为是不受意识控制的，是一种自动化的行为。例如，有的妇女可以边织毛衣边看电视，这时候织毛衣就是无意识的动作，并不需要意识的参与。在日常生活中，人们的许多小动作，例如挠头皮等，都是无意识的行为。如果把日常生活的活动用录像记录下来，再播给自己看，常常会令自己都感到惊讶。

(2)对刺激的无意识

人们在活动的时候，有时并不能意识到对他们的行为产生了影响的事件。例如，当一个人专注于某件事的时候，即使窗外是刺耳的噪声，也会“两耳不闻窗外事”。

(3)盲视

盲视是由于脑损伤造成的。曾经有这样一个案例：一个大脑受损的患者，其视野绝大多数部分变成了一个黑色的盲点，虽然患者不能察觉到也报告不出呈现在这个大黑点中的刺激为何，但是可以对呈现在大黑点中的不同刺激进行区分，正确率高于随机水平。这说明虽然该患者“看”不到刺激，但是却可以对盲点中的刺激进行一定程度的信息加工。

小资料——西格蒙德·弗洛伊德

西格蒙德·弗洛伊德(Sigmund Freud，1856—1939)是奥地利精神科、神经科医生，心理学家，精神分析学派的创始人。1856 年 5 月 6 日出生于摩拉维亚一犹太商人之家，是其父母八个子女中的长子。他 4 岁时随家人迁居维也纳。17 岁考入维也纳大学医学院，1881 年获医学博士学位。后开业行医，担任临床神经专科医生，终生从事精神病的临床治疗工作。在探寻精神病病源方面，弗洛伊德抛弃了当时占主流的生理病因说，逐步走向了心理病因说，创立了心理分析学说(Psychoanalysis，又译精神分析)，认为精

弗洛伊德

神病起源于心理内部动机的冲突。他思考敏锐、分析精细、推断循回递进、构思步步趋入，探讨问题中，往往引述文学、历史、医学、哲学、宗教等材料，揭示出人们心灵的底层。主要著作有：《梦的解析》(1900)、《性学三论》(1905)、《心理分析导论》(1910)、《文明及其缺陷》(1929)。

作为一个治疗精神疾病的医生，弗洛伊德创立了一个涉及人类心理结构和功能的学说。他的观点不仅在精神病学，也在艺术创造、教育及政治活动等方面得到了广泛的运用。弗洛伊德学说的主要论点已被后人所修正、发展。人们认识到，人类的行为不仅是由性欲所支配，社会一经济因素对人格的形成，以及教养对本性也都起着作用。虽然弗洛伊德学说一再受到抨击，但他卓绝的学说、治疗技术以及对人类心理隐藏的那一部分的深刻理解，开创了一个全新的心理学研究领域。由他所创立的学说，从根本上改变了对人类本性的看法。

4.1.3 意识的局限

意识经验不是外界事物的镜像，意识是有一定局限性的。很多刺激作用于人的感官，但人并没有意识到。例如，人们对于超过一定范围的波长就看不见，超过一定频率的声音就听不见。另外，同一时间进入人的意识的信息量是有限的，意识难以在同一时间内容纳过多的东西。例如，在日常生活中，当人们集中做事时，对身边的事物视而不见。

有人认为意识的局限是由于认知加工过程造成的。人们能够同时意识到哪些事物和多少事物是与认知过程的性质及认知技能的熟练程度相关的。例如，人们可以边看书边听音乐，这种视觉通道和听觉通道的认知并不冲突，但是同时听两种音乐就比较困难。另外，通过训练后，人们可以提高在同一时间意识到更多事物的能力。

4.1.4 生物节律的周期性与意识状态

人体的基本生理活动、过程和心理状态是呈周期性自然变化的，例如，通常人的各种生物节律都是1天或一个星期为一个变化周期的。但是有些例外，如睡眠时，梦的周期大约为90分钟。有些生理活动的周期比较长，例如，女性的月经周期通常为28天。人的意识状态的变化与这种人的身体功能的周期性变化密切相关，大多数人都能意识到他们的精神状态、精力和心情的波动与变化。一般来说，当个体的体温及其他生理指标达到一天中的最高时，个体的工作效率就最高。

小资料——为什么夜间比白天疲劳?

位于海马的视交叉上核对人体的生理功能和心理状态的周期性起关键作用。视交叉上核的活动影响松果腺分泌褪黑激素，褪黑激素有镇静剂的作用，可以减少机体的活动，增加疲劳感。白天光线激活视交叉上核，抑制松果腺分泌褪黑激素，所以不会感到那么疲劳。

4.1.5 意识的功能

意识对人类生存和社会功能有非常重要的作用。

4.1.5.1　意识功能的生物学观点

从生物学观点来看，意识帮助个体有效了解环境信息并在实际行动中使用这些信息，人类才得以演化，意识的重要作用是帮助人类的生存。当个体身处某一环境中时，他面临着信息负荷过重的情况，大量的信息连番轰炸感受器，意识通过3种方式来减轻信息轰炸，帮助个体适应环境。

首先，意识能对个体所察觉到的和所注意的范围进行限制，从而减少刺激的输入。意识的这种限制功能滤掉了很多与个体即时目标无关的信息，从而使个体更好地完成任务。例如，当你专注于做某件事情的时候，周围环境中的其他无关刺激（如小鸟的叫声等）就不大能意识到。

其次，意识有选择储存的功能。在所有的感觉输入被知觉加工为少量可识别的模式和范畴时，意识使个体选择性地储存那些个体想要分析、解释并对未来起作用的刺激。

最后，意识使个体基于过去的知识和对不同后果的想象来终止或者考虑不同的方案。这种计划或者执行控制的功能使个体能压抑那些与道德、伦理和实践冲突的强烈的愿望。没有这样的意识，也许你在饥饿的时候，看到面包就要将面包偷抢过来。同时，由于个体可以唤起意识中的经验成分和对将来的期望来影响决策，所以意识给个体以极大的潜能，使他能够面对多变的环境作出灵活的反应。

4.1.5.2　意识是个体或者文化群体对环境的建构

不会有两个人以绝对相同的方式解释同一个环境。个体会基于自身的知识、经验、需要、价值、信念和目标等对当前的情景进行独特的解释，他们会更注意刺激环境中的某些特征，形成独特的个人建构。当一个人对现实的解释保持相对稳定的时候，他的自我感就具有了连续性。

当人们在不同的文化中成长，或者在同一文化中而生活在不同的环境下，或者在面临不同的生存任务的时候，个体的个人建构就会有较大的个体差异；相反，生活在同一文化中同一环境下的人们分享着很多相同的经验，他们对环境通常会有相似的认识。文化建构是由特定的一组人群的多数成员所分享的思考世界的方式。当一个社会成员发展了一种与文化建构相适应的个人建构时，个体就会被社会群体所接受。

4.2　几种不同的意识状态

4.2.1　睡眠

4.2.1.1　睡眠与睡眠周期

睡眠是人类生命活动的重要组成部分，人的一生大概有1/3的时间在睡眠。人们通过睡眠，可以消除身心疲劳，恢复精力和体力，保证神经系统的正常功能，保证身体健康，所以人们总是十分重视和珍惜睡眠。人在睡眠期间，还常常伴有做梦的现象。那么睡眠和梦到底是怎么一回事呢？

在古代，人们认为睡眠是灵魂暂时离开躯体，人们可以在睡觉的时候见到已故的亲人，去前所未到的地方，睡眠类似于死亡。现在，心理学的发展使我们对睡眠的理解更加深入，我们知道了睡眠和死亡是不同的。睡眠是一个主动的过程，在睡眠的时候大脑和其他生理心理过程仍然处于工作状态，在睡眠过程中，觉醒和睡眠是交替进行的，以维持机体的正常运转。通过对复杂变化的大脑电活动的测量并且绘成相应的脑电图，就可以很好地揭示睡眠的本质。

现在让我们来看看整夜的脑电波（图 4－2）。当人处于清醒和警觉状态的时候，脑电波主要以每秒 14～30 个周期的 β 波为主。β 波的频率较高，波幅比较小。当处于安静和休息状态时，β 波就被每秒 8～13 个周期、波幅稍大的 α 波取代。当人睡着时，进入睡眠周期，又分为慢波睡眠（slow wave sleep，SWS）和快速眼动睡眠（rapid eye movement sleep，REM sleep）。

慢波睡眠分为 4 个睡眠阶段，每个阶段的脑电波又有不同。1 期为睡眠开始阶段，脑电图呈现低振幅脑电波，频率快慢混合，以 4～7 次/ 秒的 θ 波为主。2 期主要为浅睡过程，脑电图呈现较低振幅的脑电波，中间常出现较短串的 12～14 次/秒的睡眠棱形波和一些复合波。3 期和 4 期是放松睡眠时期，脑电波慢到 1～2 次/秒。3 期和 4 期没有质的差别，只是 4 期较 3 期有更多的 1～2 次/秒的脑电波。4 期通常被称为深度睡眠，人的肌肉放松，呼吸和心率降低，梦游、梦呓、尿床等也大多数发生在这个阶段。几乎所有的人都会经历这四个阶段，如果没有遵循这个模式，通常预示着身体或者心理功能的失调。

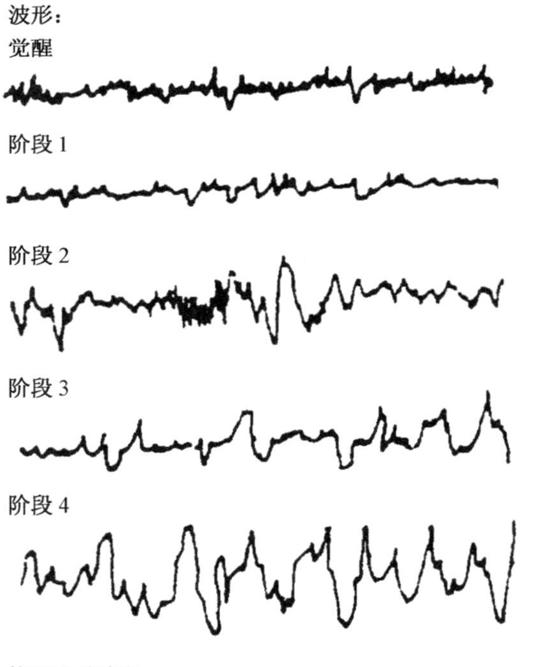

脑电波类型及典型意识状态：

β 波为主。正常清醒的状态，思考，灵敏地解决问题。

阶段 1 为过渡期，个体感到困倦、意识进入朦胧状态，通常持续 1~7 分钟，呼吸和心跳变慢，肌肉变松弛，体温下降。

阶段 2 为轻睡期，大约持续 10~25 分钟，这时出现频率更慢的 θ 波。

第 3、4 阶段为沉睡期，以频率慢、振幅极大的 δ 波为主。

“快速眼动睡眠”阶段，睡眠者的眼球有快速跳动现象，呼吸和心跳变得不规则，肌肉完全瘫痪，并且很难唤醒。

图 4－2　睡眠各个阶段的脑电波

这四个阶段的睡眠大概要持续1个小时到90分钟，之后个体通常会有翻身的动作，并且很容易惊醒，之后进入快速眼动睡眠阶段。这个阶段一般持续10～30分钟，而且脑电迅速改变，脑电活动和个体在清醒状态下的脑电活动非常相似。个体的眼球开始快速地上下左右转动，而且常常伴有梦境，此时睡眠者醒来会报告他正在做梦，似乎球的转动和做梦有一定的关系。

在人的整个睡眠过程中，慢波睡眠和快速眼动睡眠这两种睡眠阶段反复交替约4～6次，且临近黎明，慢波睡眠的3期和4期就逐渐消失了，快速眼动睡眠的时间增长。就整个睡眠时间来讲，慢波睡眠约占四分之三，快速眼动睡眠约占四分之一。当一个人非常疲劳时，第一个快速眼动睡眠的时间非常短，甚至可不发生，与此相反，当一个人已经充分休息后，快速眼动睡眠的时程就会增加，做梦现象会更多。

并非所有的个体都有相同的睡眠时间，人们可以主动控制睡眠的长度。在人的一生中睡眠模式也有变化，初生婴儿每天睡眠16个小时，将近一半是快速眼动睡眠，到50岁的时候，睡眠时间为6个小时，其中进行快速眼动睡眠的时间大概为睡眠时间的五分之一，年轻人的典型睡眠时间为7～8个小时，其中进行快速眼动睡眠的时间大概占整个睡眠时间的四分之一。

4.2.1.2 睡眠的功能

有人认为，如果个体能在较长时间内保持每晚7～8个小时的睡眠，那么他的各项功能就会运转完好。对睡眠的功能存在着不同的解释，一种解释是睡眠可以使工作了一天的大脑和身体得到休息和恢复，这个比较符合我们的常识，一般我们睡一觉起来总是感觉神清气爽、精力充沛。但是这个观点没有得到直接证据的支持。对睡眠功能的另一个解释是睡眠与生物进化有关。该观点认为，睡眠可以使动物在不需要寻找食物或者工作时保持能量，它才得以演化，成为生理功能周期变化的一个环节。

4.2.1.3 失眠

许多人都有入睡困难、睡眠不好的经历，这种现象通常称为失眠(insomnia)。约有40%的成年人报告自己有过失眠的经历。失眠随着年龄的增长而有增加的趋势，且通常在女性中更为普遍。失眠是由多种心理学的、环境的和生物学因素导致的复杂的障碍，如刚到一个新环境、高考之前等，生活中的压力是暂时性失眠的最常见原因，一般来讲，压力消失后，睡眠也就会恢复正常。

4-1 睡眠缺乏与大脑健康

有些人的入睡困难问题显得很有规律，并且影响到了一个人的正常生活，这时失眠就成为一种病症，称为失眠症。一般来说，失眠症患者具有不能很快入睡、经常醒来或者早醒等特点。失眠还会伴随其他方面的问题，最常见的是精神失调，例如焦虑、抑郁，还会导致记忆力下降等。如果患者担心失眠，往往会加重失眠的程度。

4.2.2 梦

梦一般出现在快速眼动睡眠阶段，梦是怎样形成的，现在还不是很清楚，对梦的功能的解释，还存在着很多分歧。

4.2.2.1 弗洛伊德关于梦的分析

弗洛伊德认为，梦是潜意识的表现，是通向潜意识的最直接的通路。梦是被压抑的潜意识或者欲望通过改头换面的形式出现在意识中。这些潜意识的冲动和愿望主要是人类的性本能和攻击本能的反映。在人清醒的时候，潜意识里的冲动和愿望因为不符合道德规范而受到压抑和抑制，无法出现在意识中，但是在睡眠时，这种抑制就有所减弱，潜意识的冲动和愿望就可以通过改头换面出现在意识中，于是就形成了梦。弗洛伊德认为，通过解释患者的梦，就可以得到一些重要的线索，从而可以帮助患者解决一些心理疾病。弗洛伊德对梦的解释虽然没有得到科学证据的支持，但是他对梦在心理学中重要性的强调，为当代梦内容的研究指明了一条道路。

4.2.2.2 心理学的观点

此观点认为，梦的本质是我们对脑的随机神经活动的主观体验。一定量的刺激对维持脑细胞和神经系统的正常功能是非常有必要的。个体在睡眠时，由于所接收的刺激减少，神经系统就会产生一些随机活动，来维持大脑和神经系统的正常运转，而梦就是我们对这些随机活动进行解释并且赋予一定的意义。

4.2.2.3 认知观点

此观点认为，梦承担着一定的认知功能。在睡眠过程中，认知系统仍然会对储存的知识进行检索、排序、巩固、整合，而有一部分会进入意识，成为梦境。

现在，通过记录睡眠者的脑电变化和眼动情况，结合睡眠者的主观报告，对梦有了更加深入的了解。

在梦的研究中，奇异梦境是很多研究者感兴趣的领域。奇异梦境的一些主要特征，有不协调性（人物、物体、行为、时间、地点等的错误搭配）、不连续性（人物、物体、行为、时间、地点等会发生突然变化，而且没有规律性）和认知的不确定性（认知模糊，例如，无法看清梦境中人物的容貌）等。其中，不连续性是梦的最主要特征。

4.2.3 意识的其他状态

4.2.3.1 催眠

“催眠”（hypnosis）这个词是从希腊神话的睡眠之神许普诺斯的名字衍生而来的。催眠和睡眠并不是一回事。奥瑞恩（M. Orne，1980）对催眠的一个广义的定义是：以一些人对暗示有特殊的反应能力为基础，并在知觉、记忆、动机和自我控制等方面发生变化为特征的一种觉知状态。在催眠状态的人好像是睡着了，但此时的脑电记录和人清醒时是一样的。在催眠的状态下，个体的思维、言语和活动等是在催眠师的指示或者指引下进行的，没有了独立思考和行动的能力。

并不是每个个体都容易被催眠，可催眠性（hypnotizability）是指个体对标准化的暗示做出反应并且体验催眠反应的程度。每个人的受暗示性不同，对催眠的反应也就不同，有些人容易被催眠，有些人则很难。可催眠性是一个稳定的特质。大约有10%到20%的人很容易被催眠，约10%的人根本不可能被催眠。容易被催眠的人有以下一些特征：

（1）经常做情节生动丰富的白日梦；

（2）想象力丰富；

(3)容易沉迷于眼前的或者想象中的情景；

(4)依赖性强，喜欢得到他人的指点；

(5)对催眠的作用深信不疑；

(6)有经验分离的经历，就是说自我的部分和其余部分分离的经验。

个体在上述六个方面的倾向越强，就越容易被催眠。

催眠一般采取如下的步骤：

首先，让被催眠者放松，同时将环境干扰减至最小；然后催眠师要求被催眠者将注意力集中在某些特定的事物上，例如想象的风景、表的滴滴答答的声音等，催眠师用平和的语言引导被催眠者的感受和体验，比如“放松”“你现在感觉非常舒适”等，这样催眠者在完全进入放松的状态后，他会顺从和接受催眠师的指示去做一些动作和事情，并且相信催眠师的一些描述和指示是真的。

催眠现在被广泛地使用于心理治疗、医学、犯罪侦破和运动等方面。在心理治疗领域，催眠适用于酗酒、梦游症、自杀倾向、过量饮食以及吸烟等。但是，除非患者的动机非常强，不然催眠一般不会马上就有很好的效果，所以，催眠一般配合使用其他心理治疗技术效果会更好。

4.2.3.2　幻想

每个人都有注意力不集中的经历。例如，上课开小差，根本听不到老师在说什么，满脑子都是昨天晚上看的连续剧中的情节；再有，在工作的时候，忽然走神，想象某些事情，这种现象称为白日梦，当程度比较严重的时候，就称为幻想(fantasy)。

多数人的白日梦或者幻想的内容包括：成功或者失败、攻击或者敌意、性幻想或者浪漫奇遇、内疚等。研究表明，在很大程度上，白日梦或幻想是基于记忆或者想象自发产生的，过去的经历对白日梦或幻想有非常重要的影响。

4.3　注意概述

4.3.1　注意的基本概念

注意(attention)是与意识紧密相关的一个概念，但是又不同于意识，注意是心理活动或者意识对一定对象的指向和集中。注意并不是一种独立的心理过程，是伴随着感知觉、记忆、思维、想象等心理过程的一种共同的心理特征，人在注意着什么的时候，总是在感知着、记忆着、思考着、想象着或体验着什么。人在同一时间内不能感知很多对象，只能感知环境中的少数对象，而要获得对事物的清晰、深刻和完整的反映，就需要使心理活动有选择地指向有关的对象。例如，你专心地在教室中看书，有一只小鸟落在窗上你也没有觉察到，这时，你的心理活动集中在书本上，无暇顾及其他。同时，注意的对象又是在变化的，而且在绝大多数时间里，人们可以有意识地控制注意对象的变化。

注意有指向性和集中性的特点。

指向性表现为对出现在同一时间的许多刺激的选择。例如，一个人在剧院里看戏，他的心理活动或者意识选择了舞台上的演员的台词、动作、服饰等，而忽略了剧院里其他的观众。对演员和剧情他会记得清楚，但对于后者，他只能留下模糊的印象，甚至看完了戏他也不知道邻座的观众是谁。因此，注意的指向性是指心理活动或者意识在什么方向上进行活动，注意的指向的不同，人们从外界接收的信息也就不同。

集中性是指当心理活动或者意识指向某个对象的时候，它们就在这个对象上集中起来，并且会抑制对干扰刺激的接收。它的产生及其范围和持续时间取决于外部刺激的特点和人的主观因素。刺激越重要，人的心理活动或者意识的强度越大，紧张度越高，注意就越集中。如果说，注意的指向性是指心理活动或者意识朝向哪个方向，那么集中性就是指在这个方向上的心理活动或者意识活动的强度和紧张度。

小资料——心理学家难住心算家

阿伯特·卡米洛先生是一位著名的心算家，不管你给他出多么复杂的难题，他都能立即给出正确的答案。在他的心算历史上，还从来没有被人难倒过。

这天，一位年轻的心理学家从远方慕名而来，他要亲自考一考这位著名的心算家。许多人知道了都前来观看。年轻的心理学家微笑着和心算家打过招呼后，心算家很客气地请他随便出题。

“一辆载着 285 名旅客的火车驶进车站，这时下车 35 人，又上来 85 人，”心理学家不紧不慢地开始出题了。心算家听后微微一笑。“在下一站上来 101 人，下去 69 人；再下一站下去 17 人，上来 15 人；再下一站下去 40 人，只上来 8 人；再下一站又下去 99 人，上来 54 人。”这时主考人已说得喘不过气来。“还有吗?”心算家非常同情地问主考人。“还有，”主考人透了口气说，“请您接着算。”他又加快速度说：“火车继续往前开，到了下一站……再下一站……再下一站……”，这时他突然叫道：“完了，卡米洛先生！”

心算家轻蔑地笑着说：“您马上要知道结果吗?”

“那当然，”心理学家点点头，同样微笑着说，“不过，我现在并不想知道车上还有多少乘客，我想知道的是这趟车究竟停靠了多少站?”

这位著名的心算家一下子呆住了。

心算家为什么答不出主考人的问题呢？这位心理学家又是怎样把心算家难住的呢？原来心理学家巧妙地利用了注意的规律和特点，钻了心算家的空子。注意是有指向性和集中性的。人们注意某项活动时，心理活动就指向、集中于这一活动，并抑制与这一活动无关的事物。当心理学家出题时，心算家的注意指向和集中于计算乘客的增减。当最后心理学家要求其算出火车一共过了多少站时，他没有把注意集中于这个，当然就无法回答了。

4.3.2 注意的功能

注意的基本特性决定了注意对人的心理和行为具有的一些主要功能，具体表现在以下三个方面：选择功能、保持功能、调节和监督功能。

4.3.2.1　选择功能

注意可使人的心理活动在种种刺激中有选择地指向那些有意义的、符合自身需要的，并且与当前活动有关的刺激。由于注意的作用，外界刺激进入感知、动作和记忆的范围便大大缩小了，其中一些强的、重要的或新的刺激占着优势，另一些弱的、无关的或非常熟悉的刺激则受到抑制。注意的选择功能使人有可能将有关信息检索出来，从而积极主动地完成当前活动。

4.3.2.2　保持功能

注意的保持功能表现在心理活动在时间上的延续。注意的保持功能使人从外界获取的感知信息或从记忆中提取的信息能在一定时间内保持在意识中，从而实现对这些信息的深加工，使有用的信息进入长时记忆，为人利用有用信息完成当前活动提供保障。没有注意的保持功能，所有信息在意识中转瞬即失，人的智力操作都没有办法完成。

4.3.2.3　调节和监督功能

注意的调节和监督功能对于提高人的活动效率至关重要，只有在注意的状态下，人才能对自己的行为和活动进行监督。在注意状态下，人可以发现和纠正活动中的错误，提高活动的准确性和速度。同时，当活动的条件或人的需要发生变化时，可以适时分配注意和转移注意，使人能适应变化多端的环境。注意使人实现对活动全程的监督，适时调节，从而顺利地完成活动。

4.3.3　注意的外部表现

人处于注意状态时，会产生一系列生理反应，如心脏、血管、呼吸、内分泌腺分泌量、皮肤电反应、瞳孔大小以及脑电的变化等。这些反应可以作为注意的生理指标。不仅如此，从行为上还可以观察到机体的各种定向反应。人在集中注意时，行为上的变化主要包括以下几方面：

（1）适应性的动作

人在注意状态时，常伴有一些适应性的行为。如人在注意听一个声音时，耳朵就会转向声源的方向，所谓“侧耳倾听”；人在注意看一个物体时，就会把视线集中在该物体上，所谓“举目凝视”；当沉浸于思考或想象时，就会出现眼睛朝着某一方向“呆视”着，好像看着远方一样，周围的一切变得模糊起来。

（2）无关动作的停止

当注意力集中时，人会自动地停止与注意无关的动作。如教学过程中，学生高度注意时，他们往往会不由自主地停止做小动作或交头接耳，身体处于紧张状态，教室会呈现出一片寂静。

（3）呼吸运动的变化

当人处于注意状态时，呼吸运动会发生适应性变化。人在注意时，呼吸变得轻微而缓慢，呼与吸的时间比例也改变了，一般吸得更短促，呼的时间愈加延长了。在紧张注意时，甚至会出现呼吸暂时停止的情况，即所谓“屏息”现象。

（4）多余动作的产生

当人处于高度注意状态时，由于机体紧张，有时会出现一些多余动作，如握紧拳头、咬紧牙关、手足无措等。

注意的外部表现，有时与内部状态不相一致，如貌似注意一件事而实际上心理活动却指向和集中于另一件事上。在课堂教学中，有时学生貌似在注意听讲，实则已陷入白日梦或注意其他事物。但通过认真的观察，还是能观察出学生的真实状态，如学生的外部表现不是随教学的进展或教学方法的改变而做出相应的调整，或者与教学进度的变化不合拍，或者面无表情地坐着。

4.3.4 注意的种类

根据注意产生和保持时有无预定目的和意志努力程度的不同，可以把注意分为不随意注意、随意注意和随意后注意三种。

4.3.4.1 不随意注意

不随意注意，是指事先没有预定目的，也不需要做意志努力的注意。不随意注意一般是在外部刺激物的直接刺激作用下，个体不由自主地给予关注。例如，正在上课的时候，有人推门而入，大家不自觉地向门口注视；一个人沿着街道走的时候，突然听到救护车尖锐的笛声，他就会不由自主地注意这一情况。不随意注意是人和动物都具有的注意的初级形式。

引起不随意注意的原因可以分为两类：第一类是客观刺激物本身的特点；第二类是人的主观状态。同时，两者也是相互联系的，前者是产生不随意注意的主要原因。

(1)客观刺激物的特点

不随意注意主要是由周围环境的变化引起的。当周围环境中出现了某种新异的刺激物时，人就自然地把注意指向这种刺激物，并试图认识它。那些能引起我们不随意注意的刺激物的特点主要表现在三个方面：刺激物的强度、刺激物的新异性、刺激物的运动和变化。

①刺激物的强度。刺激物的强度对于引起不随意注意具有重大作用。强烈的刺激物，如强烈的光线、巨大的声响、浓郁的气味都容易引起不随意注意。按照条件反射的强度规律，刺激物在一定限度内的强度越大，它所引起的兴奋就越强，对这种刺激物也就越容易进行分化和形成条件联系。

刺激物的强度分为两种，即绝对强度和相对强度。实际上，相对强度对引起我们的不随意注意，具有更为重要的意义。一个强烈的刺激物如果在其他强烈刺激物构成的背景下出现，就可能引不起注意；相反，一个不甚强烈的刺激物，如果在没有其他刺激物的背景下出现，也可能引起注意。例如在喧嚣的工地，甚至很大的声音也不会引起人的注意，而在寂静的环境里，即使很小的声音，也会引起人的注意。

刺激物之间的对比关系在引起不随意注意上具有重要作用。除了以上的刺激物在强度上的对比关系以外，客观刺激物之间的任何一种显著的差别——形状、大小、颜色或持续时间等方面的差别，都会引起不随意注意，如“鹤立鸡群”“万绿丛中一点红”。在一些小物体中间，很容易把一个大物体区分出来；在一片黑白背景中，很容易把一个彩色的物体区分出来；在夜里街上的霓虹灯会特别引人注意。

②刺激物的新异性。当周围环境发生某种变化，在环境中出现了某种新异刺

激物的时候,人很容易以各种方式去探寻这种刺激物。一般而言,越是新奇独特的刺激物,越容易引起人的不随意注意;越是刻板的、多次重复的、千篇一律的刺激物越不容易引起人的不随意注意。

刺激物的新异性是因人而异的。所谓新异事物是对于一个人的经验从未有过或曾经历但还不熟悉的刺激物。我们可以把刺激物的新异性分为两种:绝对新异性(该刺激物在经验中从未有过)和相对新异性(该刺激物在我们的经验中有些熟悉但又感到新奇)。一般而言,绝对新异的刺激物往往更能引起人的不随意注意,但如果人对其毫不理解,往往难以维持长久的注意。而对于相对新异的刺激物,由于人对其有一些了解,为求进一步的认知,往往更能使人维持长久的注意。

③刺激物的运动和变化。在相对静止的背景下,事物的运动和变化很容易引起人的不随意注意。如在熟悉的人或事物的外貌上突然有了显著的变化,光线、声音的加强或减弱,以及物体的运动等,都会发生这样的作用。

(2)人的主观状态

不随意注意主要是由事物的特点引起的,但也跟人当时的主观状态有密切的关系。同样的一个刺激物可能引起这个人的不随意注意,而不会引起另一个人的不随意注意。引起不随意注意产生的主观状态主要有以下几个方面:

①需要和兴趣。一切事物,如果它们跟满足需要(不论是机体的、物质的需要还是精神、文化的需要)有关,如果它们跟人的兴趣相符合,如果人对它们抱有积极的、特别是富有感情的态度,那么,它们就很容易成为不随意注意的对象。兴趣是不随意注意的重要源泉。有兴趣的事情吸引着一个人的注意。越是与人的生活活动、与当前的任务、与从事的工作密切联系着的刺激物,越容易使人感兴趣,也就越能引起人的不随意注意。如一个饥饿的人,对餐馆、食物就很容易引起不随意注意,而一个饱食的人可能对同样的事物并不会关注;一个足球迷,对著名球赛、足球新闻很容易引起不随意注意,而一个对足球不感兴趣的人则可能视而不见,充耳不闻。

②情绪和知识经验。人的情绪状态对不随意注意也起着很大的作用,它在很大程度上决定着什么事物容易引起注意。当人处于愉悦心境中时,更容易对周围事物产生不随意注意,注意也更容易持久。

过去经验也影响着不随意注意的指向,如人们在看报时所选择的内容的差异,往往与人们过去的经验有很大关系。

4.3.4.2 随意注意

随意注意,也叫有意注意,是指服从于预定目的、需要作意志努力的注意。

随意注意有两个明显的特征,即目的性和意志成分的参与较多。当人在记忆英文单词的时候,由于认识到单词记忆对英语学习的重要性,人就会自觉、主动地将心理过程指向这些英文单词,并积极地在经验中去搜寻相关知识对新单词进行组织。当学习过程中遇到困难或出现干扰时,由于学习的目的性,人常常会需要作出意志努力,克服困难,使注意始终保持在学习目标上。

随意注意是注意中的一种积极、主动的形式,在人的心理成熟过程中,随意注意出现相对较晚。随意注意是人所独有的，是一种高级的注意形式。

随意注意是一种需要作出意志努力的注意形式，要保持随意注意需要依赖于一定的条件：

（1）对活动目的、任务的了解

由于随意注意是一种有预定目的的注意，所以活动主体明确活动的目的和任务就显得尤为重要。对活动任务的意义理解得越清楚、越深刻，完成任务实现目的的愿望就会更强烈，随意注意也越容易维持。

（2）掌握相关知识技能

相关知识技能是活动顺利进行的重要条件。在活动中，如果主体对完成活动任务的相关技能和知识有更多的掌握，在活动中就能更好地完成各项具体任务，逐渐靠近活动的目的，则随意注意更容易得到保持。

（3）激发兴趣

兴趣是引起和保持随意注意的重要条件。兴趣是人的认识需要的心理表现，它使人对某些事物优先予以注意，并带有积极的情绪色彩。根据兴趣的起因不同，可以把兴趣分为直接兴趣和间接兴趣。而在保持随意注意中，最初起作用的更多的是间接兴趣，即不是对活动本身感兴趣，而是对活动的意义感兴趣。随着活动的进行和主体对活动意义的了解的深入，间接兴趣有可能转化成直接兴趣。如考试对于应试者来说可能没有兴趣，但对于考试结果应试者非常感兴趣，从而在考试的过程中，应试者始终能较好地保持其随意注意。

（4）运用自我提醒和自我命令

在活动中经常进行自我提醒和命令是使随意注意得以保持的重要条件，特别是在活动中遭遇困难阻碍的时候，自我提醒和命令可以起到重要作用。

（5）排除干扰，创设良好的活动条件

人在进行活动时，容易受到来自外界其他因素以及主体自身的某些主观状态的干扰，使随意注意不能很好地维持，甚至出现注意的分散等现象。为了更好地保持随意注意，应设法采取相应措施，尽量排除与当前活动任务无关的干扰因素，创设适合活动的环境和条件。

不随意注意和随意注意是两种最基本的注意形式，虽然两者存在区别，发生的原因也不同，但在人从事活动的时候，往往不能把两者截然分开。如果只凭不随意注意来进行活动，那么活动就会显得缺乏计划和目的，很难顺利地完成任务，而且不随意注意也极易分散。但如只凭随意注意来进行活动，虽然是围绕预定目的进行活动，但由于随意注意需要人更多的意志成分的参与，因而很容易使人疲劳，而不利于注意的维持及活动的完成。所以，在一项活动中，往往需要两者的参与。

同时，随意注意和不随意注意在一定条件下可以相互转化。如有时刚刚从事一项不感兴趣的工作时，往往需要一定的努力才能将自己的注意力保持在这项工作上，经过一段时间后，当他对这项工作发生兴趣或熟练后，不需要意志努力就可以保持注意了，这个现象也称为随意后注意。随意后注意是有预定目的的，但不需要付出意志努力的一种注意形式，是注意的一种特殊形式，它兼具随意注意和不随意注意两种注意的特点。由于随意后注意在有目的活动中无需付出艰苦的意志努力，所以对人顺利完成活动具有非常重要的意义。

4.3.4.3 随意后注意

随意后注意是指向一个对象后期所出现的一种特殊的注意形式。它同时具有不随意注意和随意注意的某些特征。它和自觉的目的、任务联系在一起，在这方面，它类似于随意注意；但它不需要意志的努力，在这方面，它又类似于不随意注意。比如说，小孩子在家长的强迫下学习钢琴，刚开始不感兴趣，但迫于压力，不得不付出很大的努力，这个时候他的注意是随意注意；渐渐地，随着水平的提高，他体验到了音乐的美感和演奏的成就感，不需要付出努力就可以自然而然地维持练习弹琴，这时候的注意就是随意后注意。随意后注意既服从当前的任务要求，又可以节省意志的努力，因此有利于完成长期的、持续性的任务。在日常生活中，我们应该注意对随意后注意的利用，比如在团队学习活动和工作任务时，多增加一些对这些活动的了解，试着让自己真心喜爱上这些活动，从中发掘出成就感，这样才能保持我们对建设性任务的长期而稳定的注意。

4.4 注意的品质

4.4.1 注意的范围

注意的范围也叫作注意的广度，是指人在同一时间内所能清楚地觉察到对象数量多少的特性。注意广度是心理学中最早进行实验研究的问题之一。最早进行注意范围实验的是哈密尔顿(W. Hamilton，1859)。他采用的办法是在地上撒一把石弹子，然后要求被试马上报告所看清的石弹子的数量。结果发现被试很难立刻看清6个以上的石弹子。同时，如果把石弹子放成小堆，如2个或3个一堆，那么被试所能看清的堆数大致也和上述所能看清的单个的数量差不多。其后，有人对视觉的注意范围用速视器加以确定。在不超过十分之一秒的时间内，在速视器上呈现一些印有数字、图形或字母的卡片，由于呈现时间很短，眼睛来不及移动，被试对刺激物的知觉几乎是同时进行的。在此时间内，被试所能知觉的数量就表示了他的注意范围。实验结果证明，在十分之一秒的时间内，成人一般能够注意到8～9个黑色圆点或4～6个彼此不相联系的外文字母。

影响注意范围的因素如下：

(1)知觉对象的特点

注意范围的大小是随着被知觉对象的特点而改变的。例如，对同样颜色的字母所能注意的范围，一般比对颜色不同的字母的注意范围要大一些；对排列成一行的字母，比对分散在各个角落里的字母的注意数目要多一些；对大小相同的字母所能感知的数量，要比对大小不同的字母所能感知的数量大得多。由此可知，被注意的对象越集中，排列得越有规律，越能成为相互联系的整体，注意的范围就越大。

(2)知觉者的活动任务与目的

知觉对象相同，人的活动任务不同，这时注意的范围大小也会发生变化。例如，呈现一定数量的掺杂大小写的字母，要求被试指出字母的大小写，这时，他能知觉到的字母的数量，比单纯要求他说出有些什么字母时的数量少得多。在这种情况下，注意范围的缩小是因为指出大小写的任务比辨认字母的任务更难。同时，在活动中，主体的任务目的越明确，注意的范围就会越大；反之，注意的范围就会越小。

（3）知觉者的知识经验

知觉主体所特有的知识经验会使注意的范围发生变化。知觉对象与主体经验越相关，知觉主体的注意范围就会越大。同时，知识经验越丰富，越善于把知觉对象组成一个整体来感知，注意的范围就会越大。如根据个人的知识经验去感知一些有意义的字或词句，要比知觉一些彼此不相联系的孤立的字母或单字的范围大得多。

4.4.2　注意的稳定性

注意的稳定性是指注意保持在某一对象或某一活动上的时间的持久特性。

从某种角度，注意的稳定性有广义和狭义之分。狭义的注意的稳定性，是指注意持久地保持在一个对象上。但这种对同一对象的注意的保持是非常困难的。人的感受性不能长时间地保持固定的状态，而是在间歇地加强和减弱。注意的这种周期性变化是注意的一种基本规律，也叫作注意的起伏现象。在听觉方面，如持一只怀表，离开被试耳朵一定距离，使他刚能隐约地听到表的滴答声音，被试会一时听到表的声音，一时又听不到，或者感到表的声音一时强，一时弱。在视觉方面，注意的起伏可以用图4－3进行演示，当我们注视这个棱台的框架时，我们时而觉得小方框平面位于前方，大方框平面位于后方，时而又觉得小方框平面位于后方，而大方框平面位于前方。这种反复的变化就是由注意的起伏造成的。

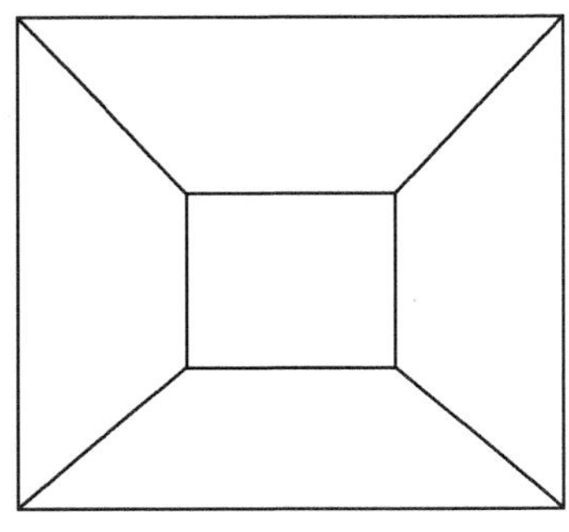

图4－3　注意的起伏

对于注意的起伏现象的解释，存在两种理论假设。一种观点认为，注意的起伏现象是外围感受器官和中枢的适应过程造成的。在发生适应现象以后，感受性减弱，于是感觉器官产生微弱运动，刺激物作用于新的感受细胞上面，或者感受器官经过一个恢复过程，而使感受性再度提高。另一种观点认为，注意的起伏与机体功能的节律性变化有关，如呼吸、血压等的变化。

广义的注意的稳定性是指注意长久地保持在同一活动上。这时，注意的稳定并不意味着它总是指向于同一对象，而是说行动所接触的对象和行动本身可以变化，但是活动的总方向始终不变。如学生在学习英语单词的过程中，需要对英语单词进行拼读、拼写，还可能要进行造句和其他练习，虽然注意会指向不同的对象，但始终是保持在学习英语单词这一项活动上。从广义的角度，他的注意是保持稳定的。

与广义的注意稳定相反的状态是注意的分散，也叫分心。注意的分散是指注意不自觉地离开当前应该完成的任务而被无关刺激所吸引的现象。注意的分散与无关刺激的干扰、单调刺激长时间作用或主体自身的状态有关。

影响注意稳定性的因素有很多，主要有下面这些：

（1）注意对象的特征

①刺激物的强度和持续时间。在一定程度上，刺激物的强度越大，越有利于注意的稳定。同时，刺激信号的作用时间的长短也会影响主体注意的稳定。刺激信号作用时间越长，则觉察信号的可能性就越高，越有助于注意稳定的保持；反之，则越容易出现注意的分散。

②刺激物在时间和空间上的不确定性。信号刺激本身的稳定性对注意的稳定性有重要的影响。在某一特定时间和空间内，信号刺激出现的数量越大、频率越高，被试对刺激出现的不确定性影响就会越小，从而有利于保持注意的稳定性；反之，被试对刺激出现的不确定性影响就会越大，注意的稳定就很难维持。

③刺激物的变化。丰富、新异和富于变化的刺激物更易于保持人的注意，从而维持注意的稳定；反之，刻板、单调和枯燥的刺激物则常易使人注意分散，不利于对注意的稳定性的保持。

（2）主体对活动结果的了解

在活动过程中，明确规定所要解决的总任务是什么，布置每一步骤所要解决的局部任务，并且积极地尝试去解决它们，是保持稳定的注意的最重要条件之一。同时，活动主体能及时获得反馈信息对维持注意的稳定具有重要的意义。可以利用反馈作用引起和保持主体的觉醒状态，从而达到主体的心理活动始终处于注意的积极状态。

（3）主体自身的状态

主体自身所处的状态对维持注意的稳定也是至关重要的。例如在失眠、疲劳或生病的时候，注意就不易稳定。在身体健康、精力充沛、对注意的对象感兴趣，而且采取积极态度的时候，就容易保持稳定的注意。同时，也跟一个人的意志品质和对活动的态度有密切的关系。

4.4.3 注意的分配

注意的分配是指在同一时间内把注意指向两种或两种以上的对象或活动。学生在听报告时一边听讲，一边记笔记；表演的时候，一边跳舞，一边唱歌等，都是注意的分配现象。在进行复杂活动的时候常常需要进行注意的分配。

在不同种类的刺激物严格地同时发生作用，因而需要用两个分析器去感受的时候，要适当分配注意是相当困难的。在这种情况下，通常是首先只能感知到一个刺激物，经过一个短的时间以后，才能感知到第二个刺激物。在复合器的实验中（图4－4），仪器上有一个指针在刻有一百刻度的盘上迅速地转动着，指针经过某一度数的时候，就会响起铃声。被试的任务是在铃响的时候，说出指针所指的度数。实验表明，被试通常

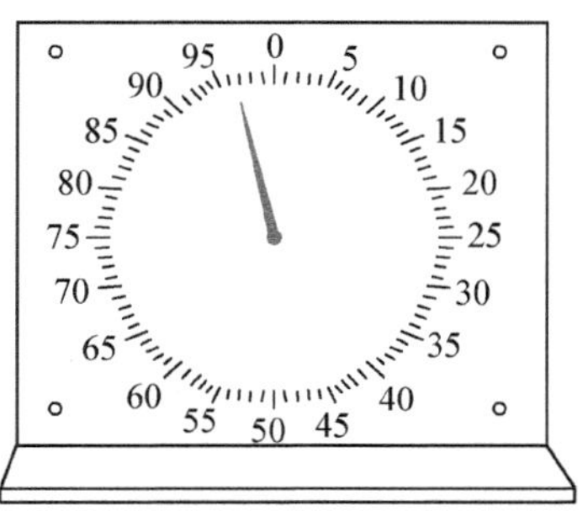

图4－4　复合器

不能说出铃响时的准确度数，而所说出的却是铃响之前或之后的度数。这就表明他的注意先是指向于一个刺激物(铃声或指针的位置)，而在稍迟一些时间，才指向另一刺激物。另外的研究还证明，严格地同时给予两耳以不同的信号，感受它们也是有困难的。当被试预先有意识地选择听取一耳的信号，或者将某一耳的信号增强，才能感知这一耳的信号。

所以，注意的分配是需要条件的，这些条件主要包括：

(1)主体对进行的几项活动的熟悉程度

人们在同时进行几项活动时，往往需要进行注意的分配，但并不是在任何情况下都可以实现分配。当活动主体对同时进行的几项活动都较为熟悉，甚至有些已经达到自动化的程度时，注意的分配就较为容易实现；反之，如果主体对活动比较陌生，则难于进行注意分配。如在学习新技能的时候，注意分配往往较难。但有时在进行几项活动时，其中有一项较为陌生，但其他几项都很熟悉的情况下，也可以实现注意的分配。

(2)同时进行的几项活动的性质及其关系

一般说来，在几种动作技能上实现注意的分配较为容易，如边歌边舞；而在几种智力活动上分配注意则较为困难，如边演讲边进行复杂的心算。

为了能够很好地分配注意，必须在同时进行的几种活动之间建立一定的联系。这需要通过练习把复杂的活动形成一定的联系系统，使其达到“自动化”的程度，在需要的时候就很容易把整个活动系统实现出来。例如汽车司机驾驶汽车的复杂动作，通过训练以后，能够形成一定的动作系统，他不需要特别的努力，就可以很好地完成驾驶动作，并且他的注意还可以分配到其他与驾驶无关的事情上。

4.4.4 注意的转移

注意的转移是指人有意识地把注意从一个对象转移到另一个对象上，或从一种活动转移到另一种活动上。如在活动中，从一个任务转向进行新的任务，往往就会需要进行注意的转移。

影响注意转移的因素有：

(1)原有注意的强度

注意转移的快慢与难易往往与原有注意的紧张度有密切的关系。原有注意的强度越大，紧张度越高，就越难进行注意的转移；反之，则较为容易。

(2)新的注意对象的特点

新的注意对象在特征上与注意主体的兴趣和需要越符合，就越容易实现注意的转移；反之，则较为困难。

(3)注意主体的神经过程的特点

主体的神经活动的灵活性往往会直接影响注意转移的难易。神经过程灵活性较强的人，注意的转移也容易发生；神经过程缺乏灵活性的人，注意转移则较为困难。

4.5 注意的认知理论和生理机制

4.5.1 注意的认知理论

4.5.1.1 注意的选择功能

自从20世纪60年代以来，心理学家对注意的选择功能进行了大量的研究，并且提出了大量的理论模型，这些理论模型解释了注意的选择作用的本质，及人脑对信息的选择到底发生在信息加工的哪个阶段上。

(1)过滤器模型

切里(E. Cherry，1953)在双耳分听实验中发现，被试追随耳的信息受到注意，因而能得到进一步加工，非追随耳的信息未被注意而不能得到加工。英国心理学家布鲁德本特(D. Broadbent，1958)在实验基础上进一步提出了注意的过滤器理论。该理论认为，人的大脑皮层的加工能力非常有限，当信息通过各种感觉通道进入神经系统时，要经过一个瓶颈式的过滤器，通过过滤器的信息受到进一步的加工而被识别和储存，其余信息则被阻止在高级中枢之外。这种过滤器按照"全或无"的原则进行工作，当一个通道通过信息时就关闭其他通道。因此，该理论也被称为单通道理论，该理论认为过滤器位于知觉之前，所以信息选择发生于信息加工的早期阶段，故称早期选择模型。

(2)衰减器模型

有证据表明，一些特别强烈的刺激或对于信息接收者特别有意义的信息，即使不是从追随耳进入加工系统也能被识别，于是美国心理学家特瑞斯曼(A. Treisman，1964)提出衰减器模型。衰减器模型认为，信息通道中的过滤装置是按照衰减方式工作的，但特别有意义项目(如自己的名字)的激活阈限较低，因此能被激活和识别，这一过滤装置被称为中枢过滤器。看来，选择注意不仅取决于感觉信息的特征，而且取决于中枢过滤器的作用，所以衰减器模型又被称为中期选择模型。

小资料——双耳分听实验

在一项实验中，切里给被试的两耳同时呈现两种材料，让被试大声追随从一个耳朵听到的材料，并检查被试从另一耳所获得的信息。前者称为追随耳，后者称为非追随耳。结果发现，被试从非追随耳得到的信息很少。当原来使用的英文材料改为法文或德文呈现时，或者将课文颠倒时，被试也很少能够发现。这个实验说明，从追随耳进入的信息，由于受到注意，因而得到进一步的加工、处理，而从非追随耳进入的信息，由于没有受到注意，因此，没有被人们所接受。

1960年，格雷(J. Gray)等人在一项实验中，通过耳机给被试两耳依次分别呈现一些字母音节和数字，左耳：ob－2－tive，右耳：6－jec－9，要求被试追随一个耳朵听到的声音，并在刺激呈现之后作出报告。结果发现，被试的报告既不是ob－2－tive和6－jec－9，也不是ob－6，2－jec，tive－9，而是

objective。格雷的实验证明,来自非追随耳的信息仍然受到了加工。

(3)晚期选择模型

晚期选择模型认为,选择性注意发生在信息加工的晚期,过滤装置位于知觉加工和工作记忆之间。该模型假定,所有输入信息都到达了长时记忆,并激活其中的相关项目,然后竞争工作记忆的加工,知觉强度高的或意义较重大的信息获得进一步的系列加工,然后做出反应(图 4-5)。这个模型能很好地解释注意分配现象,因为输入的所有信息都得到了加工;也能解释特别有意义的信息容易引起人的注意,因为储存在长时记忆中的这些项目激活阈限是很低的。但是,这个模型假设所有输入信息都被中枢加工,所以这个模型并不经济。

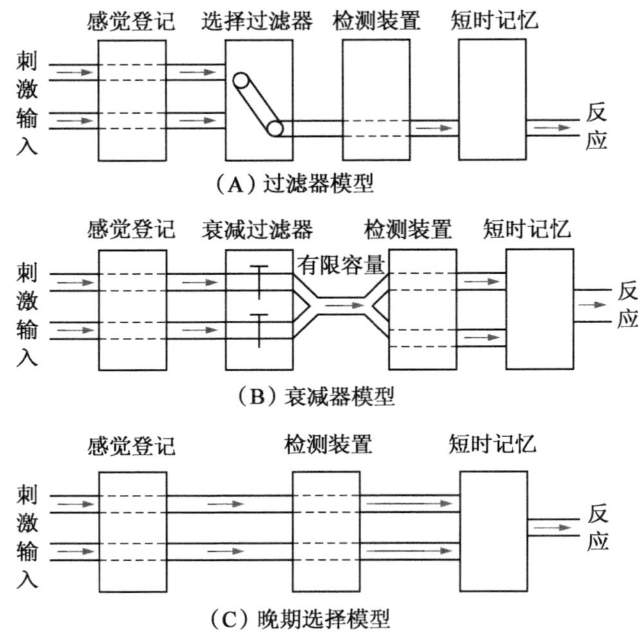

图 4-5　三种模型的比较示意图

(资料来源:彭聃龄.普通心理学[M].5 版.北京:北京师范大学出版社,2018)

(4)多阶段选择理论

上述三种理论都假定注意选择发生在信息加工的某个特定阶段上,这意味着信息加工系统是非常刻板的。这种刻板的描述不能说明注意选择复杂灵活的事实。于是,约翰斯顿(W. Johnston,1978)等人提出了一个较灵活的模型,认为选择在不同的加工阶段上都可以发生,这就是多阶段选择理论。这种理论主张,选择发生的阶段依赖于当前任务的要求,而且在选择之前加工的阶段越多,所需要的认知加工阶段也越多。打一个形象的比喻:一个富豪的儿子结婚时向亲朋发出了请帖,只有持有请帖的人才能进入豪宅(早期选择),但进入豪宅之后,由于主人的精力有限,所以只能比较周到地照顾到非常重要的客人(晚期选择),对于一般的客人,只能保证吃好喝好,别的就顾不上了。多阶段选择理论更加有弹性,强调任务要求对选择阶段的影响,避免了过于绝对化的假设所带来的问题。

4.5.1.2 注意与认知资源分配

(1)认知资源理论

1973 年,卡尼曼(D. Kahneman)在其著作《注意和努力》一书中提出,注意是人能用于执行任务的数量有限的能量或资源。为了完整地识别一个刺激,就需要资源。如果刺激较复杂,需要的资源就多。如果同时呈现几种复杂的刺激,资源可能会很快耗尽。如果给资源已耗尽的人再呈现另外的刺激,这些新异刺激将不被加工。这种理论称为认知资源理论(cognitive capacity theory)或能量分配模型。卡尼曼提出了一个资源分配的模型(图 4-6)。他认为人可得到的资源与唤醒(arousal)相联系,其数量也可因情绪、药物等因素的作用而发生变化。决定注意的关键是所谓的资源分配方案,它本身又受到几个因素的制约:唤醒因素的可能的能量、当时的意愿和对完成任务所需能量的评价。当然,个人的长期倾向也起作用。在这几个因素的作用下,分配方案体现出注意选择。

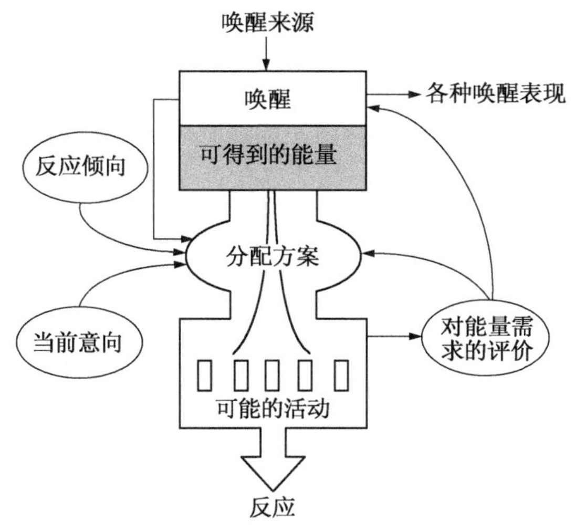

图 4-6 资源分配模型

卡尼曼假定,新异刺激并不能用完所有资源,相反,认知系统描绘了一个阶段,资源在这里被分配来对新异刺激进行加工。认知资源的分配是灵活的,并且人可以对其进行控制。人不是新异刺激的奴隶,他们能把有限的资源转移到重要刺激上。个人的长期倾向反映了不随意注意的作用,即将能量分配给新异刺激、突然动起来的东西和自己的名字等"异常事件"。当时的意愿体现任务的要求和目的等。对完成任务所需要的能量评价是一个重要因素,它不仅影响可得到的能量,使其增多或减少,而且极大地影响分配方案。卡尼曼的理论是一种一般任务资源理论(task-general resources theory)。这种理论认为,人的认知资源或能量是一般的而不是特殊的。该理论预言:①由竞争的刺激源产生的干扰不是特殊的。人同时做两件事会感到困难并非由任务干扰引起,而是任务需要的资源超过了人的资源总量。只要活动所需要的资源不超过人的资源总量,人就能够同时做两件事。②如果加工需要的资源超过人本身拥有的资源总和,而人又试图同时做第二项任务,那么第一项任务的成绩将会下降。③人的注意资源分配很灵活,它可以改变以适应新异刺激的需要。在日常生活中,人可以一边骑自行车,一边听音乐。但是,大多数人却难以一边看电视一边看书。这是支持一般资源理论的有力证据,说明性质相似的两种任务难以同时完成,而对性质完全不同的两种任务,则能比较容易地分配注意。

与一般任务资源理论相对应的是特定任务资源理论(task-specific resources theory)。这个理论主张,人的认知加工的资源或能量不是一般的,而是特殊的。这种理论预言:不同性质的任务可以同时并存,人们可以轻而易举地同时完成两种性质不同的任务,一旦任务之间的性质有相交或产生叠加,干扰就会产生。

注意资源理论仍有许多难以解释的现象,因而产生许多争议。最困难的问题是:什么是认知资源(cognitive resources)或能量?卡尼曼将心理资源比喻为可供消耗的内心努力(the expenditure of mental effort)。他认为,心理任务需要与物理任务相似的努力。但是另一些学者则持不同观点,认为心理资源更像是"心理工具"而非能量供给。特定任务资源理论认为必须通过详尽的任务分析才能对资源或能量的特征进行描述,也就是说,必须先分析单一任务。但是,什么是单一任务?假如将任务一步步地分析下去,就会发现所谓单一任务并非独立的,而是许多子任务的总和。另外,如何界定任务是否同一性质也同样困难:到底是按注意的接受渠道(如听觉和视觉)来分,还是按注意加工的材料(如看图和看单词)来分?也缺乏一致意见。

(2)双加工理论

在认知资源理论基础上,谢夫林等人(R. Shiffrin & W. Schneider,1977)进一步提出了双加工理论。他们认为,人类的认知加工有两类:自动加工(automatic processing)和控制加工(controlled processing)。自动加工是自动地进行的,不需要注意,因而不受认知资源的限制。这些过程由适当的刺激引发,发生得比较快,在习得之后其加工过程较难改变。控制加工受意识控制,需要注意,因而受认知资源的限制,但可随环境变化而不断进行调整。意识加工经过大量练习后,有可能转化为控制加工。这种理论可解释许多注意分配的现象。在同时进行的几种活动中,其中一种或多种已经自动化,不需要个体再消耗较多的认知资源,因而个体可以将注意集中在其他认知过程上。如同学们可以一边听课一边记笔记,记笔记的活动是熟练的、自动的。但小学生要做到这一点就很难,因为对小学生而言,听课和写字都不熟练,此时分配注意就很难。

4.5.2 注意的生理机制

注意是由神经系统不同层次、不同脑区的协同活动来完成的。

4.5.2.1 朝向反射

注意就其发生来说是有机体的朝向反射。朝向反射(orientating reflex)是由情景的新异性所引起的一种复杂的反射。当新异性刺激出现时,有机体便会产生一种相应的运动,将感受器朝向新异刺激的方向,以便能更好地感受这一刺激。刺激物一旦失去新异性,或者个体对该刺激已产生习惯化,朝向反射就不会发生了。朝向反射会引起有机体的一系列变化,如将感官朝向刺激物,正在进行的活动受到抑制,四肢血管收缩,头部血管舒张,心律变缓,出现缓慢的深呼吸,瞳孔扩张,脑电出现失同步现象等。

在朝向发射出现时，身体会出现一系列的变化，这有助于提高动物感官的感受性，并能动员全身的能量资源以应付个体面临的活动任务，如趋向活动的目标，逃离威胁个体生存的情景等。

4.5.2.2 脑干的网状结构

脑干的网状结构在注意中有着十分重要的作用。来自身体各部位的感觉信号，一部分沿感觉传导通路（特异通路）到达相应的皮层感觉区产生各种感觉，另一部分则进入网状结构，由网状结构释放一种冲击性脉冲，投射到大脑皮层的相应区域，使大脑产生一般性的兴奋水平和觉醒水平，保证大脑能有效地加工特定的信号。网状结构的激活作用，为注意提供必要的基础和前提。

4.5.2.3 边缘系统和大脑皮层

网状结构的激活不能充分地解释注意现象，特别是不能解释注意的选择性。注意的选择性是由脑的更高级的部分——边缘系统和大脑皮层的高级功能实现的。

研究表明，在边缘系统中存在着大量的神经元，它们不对特殊通道的刺激做出反应，而是对刺激的每一个变化做出反应。因此，当环境中出现新异刺激的时候，这些细胞就会活动起来，而对已被习惯了的刺激则没有反应，这些神经元叫"注意神经元"，是对信息进行选择的重要器官。

产生注意的最高级器官是大脑皮层，其中大脑额叶起着十分重要的作用。研究发现，额叶受损伤的患者不能将注意集中在所接受的言语指令上，也不能抑制对附加刺激物的反应。在没有干扰时，这种患者还能做某些事，但只要环境中出现任何新的刺激或存在干扰，如有外人走进病房或病房内有人说话，他们就会停止正在进行的工作，把视线转向外来者或说话人的方向。由于注意容易分散，所以这种患者很难完成有目的的行为。额叶能直接参与由言语指示引起的激活状态，并通过与边缘系统和网状结构的下行联系维持网状结构的紧张度，而且能对外周感受器产生抑制性的影响。额叶受损的患者表现出对新异刺激和环境干扰的过分敏感，可能与额叶丧失了对皮下组织和外周感受器的抑制作用有关。

近年来，利用事件相关电位（ERP）、脑磁图（MEG）、正电子发射断层扫描（PET）和功能磁共振（FMRI）等技术的研究表明，当注意指向一定的认知活动时，可改变相应的大脑功能区或神经功能单元环路的激活水平，从而对当前的认知活动产生影响。注意的这种作用可以通过两种方式来实现：①提高与认知活动相对应的神经功能单元的激活水平；②抑制起干扰作用的神经元的活动。

基于已有的研究成果，拉贝奇（D. LaBerge，1997）提出，对某一对象的注意需要三个脑区的协同活动，这三个脑区分别是：①认知对象或活动的大脑功能区；②能提高脑激活水平的丘脑神经元；③可以选择某些脑区，提高其激活水平，使激活维持一定的程度和时间的大脑前额叶的控制区。这三个脑区通过三角环路的形式结合起来，是产生注意现象的生理基础。

4.6 注意规律在教学中的运用

4.6.1 不随意注意规律在教学中的运用

不随意注意是一种较为轻松的注意形式，如果在教学中能很好地利用不随意注意，将使教学收到意想不到的效果。但是，由于有诸多因素可能引起人的不随意注意，如果被与教学无关的干扰因素所吸引，则会对教学活动产生阻碍。引起不随意注意的因素主要来自刺激的特点以及人自身的状态。针对这些因素，应扬长避短，在教学中充分地利用它。

(1)创设优良教学的环境

为了避免无关因素引起人的不随意注意对教学活动造成干扰，应积极地采取相应措施，如校舍的选择、教室的布置以及教师的形象。校舍的选择应远离喧嚣的场所，适当进行绿化，各项设施布局合理；教室布置应光线充足、空气清新，活动中心应在空间上处在所有学生注意的最佳位置；教师形象大方，举止得体。

(2)合理安排教学过程

在教学过程中，要充分利用能引起学生注意的各个因素，如在教学内容的选择和处理上应丰富多彩，具有一定新异性；在教学目标上应适当在学生原有水平上有所提高；在教学手段的选择上应符合学生身心发展的特点，同时形式上要富于变化，从而不断引起和保持学生的不随意注意。

4.6.2 随意注意规律在教学中的运用

不随意注意由于其自身特点，容易出现注意的分散。所以，在进行一项有目的的复杂活动时，常需要两种注意的参与。而引起和维持人的随意注意需要一定的条件，所以在教学中应采取积极措施引起和保持学生的随意注意。

(1)明确目的任务，激发学习动机

在教学中，使学生设立一个明确且适当的学习目标对于学生随意注意的维持是非常有必要的。当在教学中所确立的目标清楚、具体且难度适宜时，学生就会知道如何做，而且力所能及，容易受到强化，从而使学生不断受到激励，激发其学习动机，这样才能使学生的随意注意得到保持。

(2)使学生掌握与学习活动有关的知识技能

在教学中，学生掌握与学习有关的技能，以及与当前教学活动相关的知识经验，可以更顺利地完成任务，逐渐接近目标，获得良好的反馈，从而使随意注意可以得到更好的维持。

(3)合理组织教学过程，积极培养学生的学习兴趣

前已述及，兴趣是维持随意注意的重要条件。在教学中，要善于利用多种方式去激发和培养学生对学习的兴趣，如利用启发诱导式教学、表扬等积极反馈以及活动形式多样化等。同时，教学过程应严密、紧凑，提供丰富的刺激，使学生的注意能有效地保持。

(4)确立合理的教学常规，培养学生坚强的意志

确立合理的教学常规，使学生在学习活动和社会活动中学会合理安排自己的时间，通过纪律约束，养成良好的学习习惯。同时，在习惯的养成过程中，锻炼自身意志，因为随意注意需要较多意志成分的参与，一个人意志品质越优秀，越有利于自觉地维持随意注意，从而很好地完成活动任务。

4.6.3 两种注意交替的规律在教学中的运用

不随意注意和随意注意两者各自具有的特点，决定了在一项复杂活动中，过分强调其中任何一方都不利于活动的完成。在教学活动中，只强调不随意注意，则会使教学活动容易陷入无序，缺乏计划性与目的性，学生的注意也容易被无关干扰因素所吸引，从而不利于教学活动的进行。若只强调随意注意的作用，则易使学生陷入疲劳，同样不利于教学活动的顺利实施。所以在教学中，常常需要两者交替进行。如在活动之初，通过组织活动，引起学生的随意注意，使师生顺利完成角色定位；在教学活动中，合理组织各个教学要素，尽可能多地引起学生的不随意注意；在处理重点难点时，则有必要提醒学生的随意注意。这样两种注意交替进行，张弛有度，使学生的注意始终能保持在教学活动上，使活动达到最好的效果。

4.6.4 课堂上学生的分心与控制

课堂上学生出现分心会直接影响教学活动取得良好的效果。所谓分心，是指一个人的心理活动在必要的时间内不能充分地指向和集中，或者完全离开当前指向和集中的事物而转移到无关的事物上去的心理状态，也就是我们通常所说的“开小差”“走神”等。

在教学过程中，学生分心的表现主要有以下几种：①注意的警觉水平降低，对事物和活动不能做出清晰的反应；②经常改变注意对象，不能长久地将注意力指向和集中于必须注意的事和活动上，心理活动处于频繁动摇状态；③注意凝滞，缺乏反应的灵活性；④注意发生转移，心理活动从当前应指向和集中的对象转移到其他无关的对象上。

引起分心的原因有很多，主要有：①从主观方面来说，主要表现在学生对学习不感兴趣，缺乏自觉性和信心；注意分配能力弱，稳定性差，身体不适，情绪烦乱等。②从客观方面来说，主要有无关诱惑性刺激物的干扰，长时间从事一种单调的活动，学习内容过难，教学方法不当，师生关系紧张，学习环境杂乱不卫生等。③其他一些不可预期的因素，如课堂里的偶发事件等。

当学生即将分心或已在课堂上出现分心现象时就需要采取一些必要的措施，重新唤起学生对教学活动的注意。一般来说，常用的措施有：①超前控制。预先分析可能产生分心的学生，针对不同特点，分别对他们进行必要的教育，减少和消除分心的可能性。②信号控制。在教学中，教师可用举目凝视，变化的表情，变化的语调、语气，做出特定的手势或暂时停止言语等暗示性的信号，向开始出现注意分散的学生进行提示。③提问控制。当发现有导致分心的诱惑性刺激物时，教师可结合教学内容，机智地提出一个问题，引起学生的觉醒，以达到控制学生分心的目

的。④邻近控制。教师可以在空间上缩小与出现注意分散的学生的距离，如走到其身边等，以起到提示的作用。⑤表扬（批评）控制。适当表扬对维持学生的注意，提示和控制学生的分心能收到良好的效果。必要时，也可以对注意分散的学生进行适当的批评。⑥偶发事件的处理。当课堂里出现不可预期的偶发事件时，教师应合理运用教育机智，使教学活动顺利进行，防止学生分心。

本章小结

意识是一个复杂的概念，与其相对的是无意识。生物学的观点认为，意识的重要作用是帮助人类生存；也有观点认为意识是个体或者文化群体对环境的构建。意识的常见状态有睡眠、梦，意识的特殊状态有催眠、幻想。注意与意识密不可分，是心理活动或意识对一定对象的指向与集中，具有选择、保持、调节和监督功能。注意可分为不随意注意、随意注意、随意后注意。注意的品质体现在注意的范围、稳定性、分配、转移这四个方面。注意的认知理论分为两类，一类集中在注意的选择功能，如过滤器模型、衰减器模型、后期选择模型、多阶段选择理论；另一类集中在注意与认知资源分配，如认知资源理论、双加工理论。注意的生理机制包括朝向反射、脑干网状结构和大脑皮层的协同活动。此外，在教学过程中应该善于利用注意的规律。

练习题

一、选择题

1. ________提出冰山理论用来解释意识和无意识。（　　）

A. 冯特　　B. 詹姆士

C. 弗洛伊德　　D. 华生

2. 以下哪个不是意识的功能？（　　）

A. 限制所注意和所觉察的刺激的范围

B. 选择性地存储信息

C. 自动化地指挥行为

D. 计划、选择、执行某些行为

3. 纺锤波主要出现在睡眠的第几阶段？（　　）

A. 第一阶段　　B. 第二阶段

C. 第三阶段　　D. 第四阶段

4. 哪个睡眠阶段会出现肌肉瘫痪？（　　）

A. 第一、二阶段　　B. 第三、四阶段

C. 快速眼动睡眠阶段　　D. 以上都不对

5. 关于梦，以下哪种说法不对？（　　）

A. 梦出现在快速眼动睡眠阶段　　B. 梦就是无意识的欲望与冲动

C. 梦有助于记忆的巩固　　D. 做梦时很多脑区处于兴奋状态

二、判断题

1. 催眠是人们对暗示的一种反应。（　　）

2. 存储信息是注意的功能。（　　）

3. 你正在专心听课，突然外面的闪电把你的目光吸引到窗外，这属于不随意注意。（　　）

4. 当人们心情愉悦的时候，注意范围会放大。（　　）

5. 你因为偷瞟旁边的漂亮异性而迎面撞上电线杆，这是因为你对电线杆缺少知觉。（　　）

三、论述题

1. 如何利用梦的认知理论解释“日有所思，夜有所梦”的现象？

2. 意识与注意这两个概念有什么联系与区别？

4-2 练习题参考答案

第5章 记 忆

有一位41岁的女行政助理AJ，从11岁起生命中的每一天她几乎全都记得。另一位名叫EP的男子85岁，是一名退休的实验室技术员，他只能记住自己最近所发生的事情。AJ可能拥有全世界最好的记忆，而EP的记忆很可能是最差的。

AJ说："我的记忆就像放电影——从不停止，无法控制。"她记得1986年8月3日是个星期天，那天中午12点34分，她暗恋的一个青年给她打过电话。她记得1988年12月12日的电视剧《风云女郎》讲的是什么事。她还记得1992年3月28日，她和父亲在贝弗利山饭店吃午餐。

AJ所表现出的无穷无尽的自传性细节记忆是那样史无前例、难以索解，以至于以她为研究对象的三位神经科学家不得不新造一个医学术语来描述她的情况：超常记忆综合征。

EP就像一位平凡的慈祥老爷爷。但15年前，单纯疱疹病毒像在苹果上钻洞那样啃进了他的大脑。治愈后，他的大脑颞叶内侧已丢掉了两团胡桃大小的脑组织，他的绝大部分记忆也随之消失。人的大脑两侧各有一片颞叶，颞叶内侧包含着一个名叫"海马"的弯曲结构和几个邻近区域，它们共同行使着魔术般的功能，把人的知觉转换成长期记忆。EP的海马被破坏了，没有了它，他就像一部没有磁头的录像机，能取景，却不能记录。

EP患有两种类型的遗忘症：一种是顺行性遗忘，意味着他不能形成新记忆；另一种是逆行性遗忘，就是说他也留不住老记忆，至少1960年以后的事情他都不记得了。他的童年、他"二战"期间在商船队服役——这些记忆都生动如昔。但就他所知，汽油的价格仍是每升约25美分，而人类也从未登上过月球。

AJ和EP体现着人类记忆能力的两极。他俩的案例比任何大脑扫描图都更能说明，记忆在何等程度上造就了我们。尽管绝大多数人处在什么都记得和什么都记不住这两个极端之间，但每个人都多少体验过AJ那样的强记忆滋味，惧怕EP那样的厄运。安放在我们脊柱顶端那团重约1.3公斤、满是褶皱的血肉，可以终生保留童年经历中最琐碎的细节，却常常连最重要的电话号码都记不住两分钟。记忆就是这么奇怪。

（资料来源：《华夏地理》2007年11月号）

5.1 记忆概述

记忆（memory），作为名词是指存储和提取信息的容量；作为动词则是指人脑对过去经验的储存和提取，是通过识记、保持、再现等方式在人们的头脑中积累和保存个体经验的心理过程。从现代信息论和控制论的观点来看，记忆就是人们把在生活和学习中获得的大量信息进行编码加工，输入并储存于大脑里面，在必要的时候再把有关的储存信息提取出来，应用于实践活动的过程。

记忆与感知觉一样也是一种基本的心理过程，它将外部信息储存起来，并在必要的时候为其他的心理活动提供信息。我们在知觉外部世界的时候就要随时提取记忆中所存储的知识经验，帮助我们分辨和确认周围的事物；在学习活动中，记忆更加是不可或缺的重要角色，它是我们所有知识的储备库，是能够增强认识能力的基础；在获得运动技能的过程中也是一样，对动作经验的保存是极其关键的环节；我们人格的形成、语言和思维能力的发展等心理活动都要以记忆活动为前提。

5.1.1 记忆的种类

记忆按照不同的分类方式可以划分为不同的类型。

5.1.1.1 根据记忆的内容

根据记忆的内容可将记忆分为形象记忆、语词逻辑记忆、情绪记忆和运动记忆。

形象记忆是以感知过的事物的具体形象为内容的记忆。它保存事物的感性特征，具有直观性的特点。从各种感官输入的信息都可以形成形象记忆，但是，人脑对视觉、听觉和运动觉的形象记忆发展得最好，储存在脑中的这几种记忆映象的数量最多。从嗅觉、味觉、肤觉等通道输入的信息所形成的形象记忆，主要是与职业活动相联系着的。

在人的实践活动中，不同类型的记忆都是相互联系着的，只是每个人都有自己主导的记忆类型。研究发现，有 2%的人属于视觉表象记忆类型，1%的人属于听觉表象记忆类型，3%的人属于运动觉表象记忆类型，16%的人属于视-听觉表象记忆类型，33%的人属于视-动觉表象记忆类型，9%的人属于动-听觉表象记忆类型，还有 36%的人属于无差别的综合记忆类型。

语词逻辑记忆是用词的形式，在人们的头脑中以思想、概念或命题为内容的记忆，它具有概括性、逻辑性等特点。诸如概念、公式、定理、思想、规律等都是关于事物的意义、关系、性质方面的内容，是通过思维活动形成的，具有高度的抽象性和概括性，它们只有借助于语词，通过理解才能更好地识记、保持、再认或重视。

语词逻辑记忆是在其他记忆类型的基础上形成的，是人类所独有的。

情绪记忆是以个体体验过的某种情绪或情感为内容的记忆。情绪记忆比其他类型的记忆保持的时间要长久得多。

情绪记忆是人的道德、美感和理智发展的基础，它也可以作为联想有关事物的起点。

运动记忆是以做过的运动或动作为内容的记忆，如书写、劳动操作和骑车、游泳等动作的记忆。

5.1.1.2 根据记忆的意识性

根据记忆的意识性可以把记忆分为有意记忆和无意记忆。

无意记忆是指没有预定目的，不用意志努力，不采用专门的记忆方法，自然而然发生的记忆，如人们对有趣的故事、电影或者有深刻印象的事件，都可能自然而然的记住。

有意记忆是指有明确的记忆目的，采取了相应的记忆方法，有意志努力参与的记忆，例如，我们记忆英文单词。

无意记忆和有意记忆是相辅相成的，并在一定的条件下可以相互转化。

5.1.1.3　根据记忆的过程

根据记忆的过程可将记忆分为陈述性记忆和程序性记忆。

陈述性记忆(declarative memory)是指对有关事实和事件的记忆，即事实类信息记忆，包括字词、定义、人名、时间、事件、概念和观念。记忆内容需要用言语表达。这类记忆要有意识的参与。

程序性记忆(procedural memory)又称技能记忆、记忆的程序性知识，是指我们对如何做事情或如何掌握技能的记忆，它通常包括一系列复杂的动作过程，如骑车、用计算机画图、游泳和打网球等。这类记忆的一个显著特点就是它们在利用的过程中往往不需要意识的参与。

陈述性记忆在记忆过程中可以通过言语传授而一次性获得，而程序性知识则往往需要通过多次尝试练习才能掌握。

5.1.1.4　根据记忆的保持时间

根据记忆保持的时间可将记忆分为感觉记忆、短时记忆和长时记忆。

感觉记忆(sensory memory)，又称为瞬时记忆，是对外界输入的感知觉信息的短暂存储。感觉记忆使得短暂呈现的外界信息能够被正确再认。一切输入记忆系统的信息，首先必须通过感觉器官的活动产生感觉知觉。当引起感觉知觉的刺激物不再继续呈现时，其作用仍能继续保持一个极短的时间，这种短暂的保持就是感觉记忆。由于它就像登记一样把输入的信息记录下来，故又称感觉登记。感觉记忆的保存时间一般在 0.25～2 分钟。

短时记忆(short-term memory)，有时也被称为初级记忆、工作记忆或操作记忆。短时记忆是指一分钟以内的记忆，它是感觉记忆和长时记忆的中间阶段。例如，你从朋友那里听来一个电话号码，马上根据记忆来拨号，过后就记不住了。另外，听课时边听边记笔记，也是依靠短时记忆。一般认为短时记忆的容量大约在 7±2个单位，它可以被视为保存头脑中处于活动状态的、可被高度利用的少量信息容器。

长时记忆(long-term memory)是指信息的保持时间在 1 分钟以上，直到许多年甚至终身的记忆。它的信息主要来自对短时记忆的内容的复述，也有一些是印象深刻内容的一次性印入，特别是那些引起强烈情绪体验的事件，比如罗纳尔多在世界杯上进球的精彩瞬间，在多年后仍为广大球迷所津津乐道、回味无穷。长时记忆的容量非常大，现在的研究一般认为其是没有限度的。

5.1.1.5　根据记忆的方法

根据记忆时采用的方法可以将记忆分为机械记忆和意义记忆。

机械记忆，指对识记材料没有理解的情况下，依靠事物的外部联系、先后顺序机械重复地进行识记。

意义记忆，指在理解材料的基础上，根据其内在联系运用有关经验进行的识记。一般来说，意义记忆的效果优于机械记忆。

5.1.1.6 根据记忆的抽象性

根据记忆的抽象性特征又可将陈述性记忆进一步区分为情景记忆和语义记忆。

情景记忆(episodic memory)是指对个人亲身经历过的，在一定时间和地点发生的事件或情景的记忆。例如，对春节期间到剧场观看演出的记忆，就是情景记忆。我们每天都经历各种事件，有些具体场景我们能够清晰地回忆起来，而大多数的事件都如过眼云烟，没有什么印象了。

语义记忆(semantic memory)是对字词、概念、规律和公式等各种概括化知识的记忆，它与一般的特定事件没有什么联系。例如，“空气污染对生态环境有影响吗?”对这个问题的回答不需要以前任何关于空气污染和生态环境相联系的具体场景，它涉及的是意义。对信息的这种意义特征的记忆不依赖于接受信息时的具体时间和地点，而是以语义为参照。作为一个一般原则，人们在表达情景记忆时会说:“我记得在什么时候……”而在表达语义记忆时则会说:“我知道某事……”情景记忆和语义之间并没有一条鲜明、严格的界限。

我们日常所从事的大多数活动中这两种记忆都要参加。在一场篮球比赛中，知道比赛的规则或在什么情况下罚球 3 次，涉及的是语义记忆；记得你在比赛的最后 3 秒钟投中两分就是情景记忆。

5.1.1.7 内隐记忆和外显记忆

内隐记忆(implicit memory)，指在没有意识参与的情况下，过去的经验对当前的任务操作的无意识影响。内隐记忆是与实际操作、亲身实践有关的记忆，大多不能在意识水平上进行描述。内隐记忆的内容无法用传统的方法直接测量，只能采用间接的方法。在日常生活中，人们的内隐记忆更多地反映在程序性记忆的应用中，它使人们能够骑车或者游泳而并没有刻意地去回忆这些活动的程序。

外显记忆(explicit memory)，指在意识参与的情况下，过去的经验对当前的任务操作的有意识影响。外显记忆是与特定时间和地点有关的事实、情景与资料的记忆，是在意识水平上进行的，包括情景记忆和语义记忆。外显记忆的例子可以是你今天带着这本书走入课堂，或者是回忆上个月去 KTV 唱的那首歌。记住一堂具体的游泳课是典型的外显记忆，而通过游泳课来提高你的游泳技巧就是内隐记忆的参与了。

5.1.2 记忆的加工过程

我们的日常生活离不开记忆，可我们到底是如何记忆的呢?

假设在翻阅杂志的时候，你看到了一幅新款手机的广告，通过图片，你了解了手机的外观，通过文案，你了解了手机所具有的功能，这些都是你对外在信息进行编码的过程，虽然你不用特别努力地去记住这款手机是什么样，可是信息已被储存在记忆里，语言标识已经将它编码为对你有意义的内容，一个月以后，你在商场看到这款手机的时候就能立刻辨认出它是你曾经在杂志上浏览过的那款，这是你检索记忆中储存的记忆内容的结果，虽然这个过程可能完全没有被你自己觉察到。

这个简单的日常生活中的例子足以说明我们的记忆过程，当我们想要在随后的日子里能够使用某种知识，必须经过三个记忆过程：编码、储存和提取（图 5-1）。

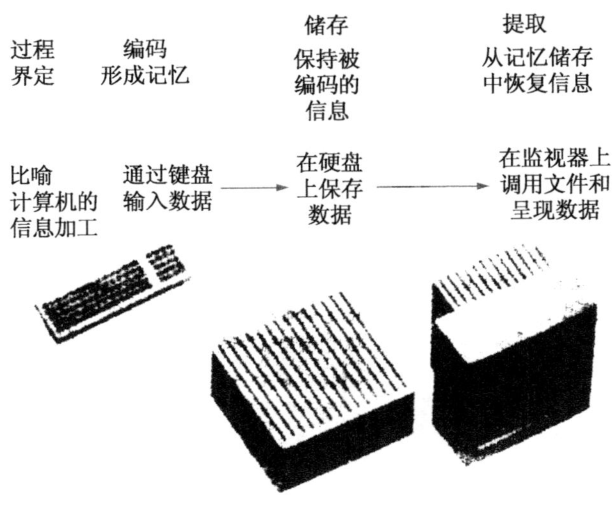

图 5-1　记忆的加工过程

5.1.2.1　编码

外部信息首先通过感觉器官被感知，经过感知觉的筛选，接受进一步的加工，然后记忆并储存，保留该信息的过程叫编码（encoding）。编码有不同的层次，如回忆一下你昨天穿的是什么衣服，早饭吃的是什么，对这些情景你可能并没有进行过刻意的编码记忆，这就是自动编码。而在复习考试时，需要对书本知识进行反复识记，选取一些关键点，或是将信息同你已知的材料联系起来，这就属于精细编码。

5.1.2.2　储存

将编码过的信息，以一定的形式保存在头脑中叫储存（storage）。这种信息的储存是编码和提取的中间过程，同时也是一个动态的过程，信息在保存的过程中会发生量和质的变化，量的变化表现在记忆内容随时间迁移的减少或者无法提取，质的变化表现在内容变得简略、完整而有意义，并且还会被具体化，或者变得更为夸张和突出。

5.1.2.3　提取

将储存好的信息找到并应用的过程叫提取（retrieval）。这也是记忆最终的实现，是对先前的努力的回报。

事实上，编码、储存和提取在某一个具体记忆过程中并不是孤立地按顺序存在的步骤，我们在对新信息进行编码的时候同时需要对储存的旧信息进行提取，可能还会同时对过去识记的知识进行重新订正编码，再次储存，这是个循环往复的复杂操作（图 5-2）。

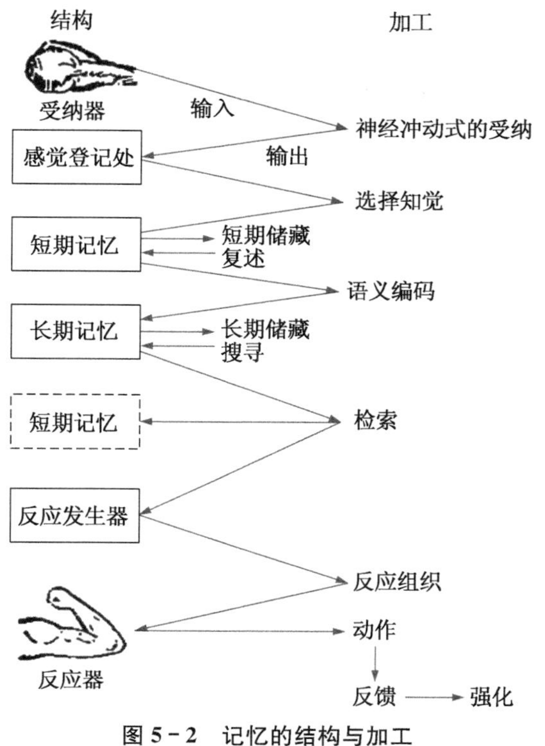

图 5－2　记忆的结构与加工

5.2　记忆的生物学基础

5.2.1　记忆的脑神经研究

5.2.1.1　神经解剖学方面的研究

1950 年以前的研究大多注意人体的解剖基础。这些研究几乎完全是依靠观察人和各种实验动物脑损伤之后的行为缺陷。1950 年以后，人们看到有机体的一般记忆能力分散地和完全地位于脑的任何特殊部分。这个时期的研究以拉什利(K. Lashley，1929)的见解为中心。他的研究结论认为，决定学习、记忆缺陷的性质和严重性的是皮层损伤的大小，而不是部位，因此，拉什利提出皮层功能的"等势说"(equipotential theory)，即大脑的所有部位都是"等势的"。

但是，我们又知道，脑并不像拉什利认为的那样完全缺乏组织。临床观察和动物实验都证明海马和颞叶以及有关部位都与短时记忆有关。研究证明，体壁感觉"联合区"也可能在记忆的形成、储存和提取中起重要作用。然而，又有研究表明，形成简单学习、记忆的能力并不局限于脑的任何特别部分，而确实是一切神经组织的性质。

5-1　患者 H. M. 的故事

长期以来，人们通过各种实验对记忆在脑中的定位进行了大量的研究。生理学家潘菲尔德(W. Penfield，1954)用电刺激患者的右颞叶引起患者对往事的记忆，于是认为颞叶下部与记忆的形成和唤起有关系。实验研究表明，切除中央颞叶的人表现出严重的记忆力丧失，不能重新学习，只能靠以往的经验生活，但对长时记忆影响不大。丘脑损伤可产生逆行性遗忘，故它可能与长时记忆的提取有关。对不同脑区毁损引起的学习、记忆干扰表明：短时记忆与海马区和边缘系统的扁桃体有关，而皮层的联想区则与长时记忆有关。大多数实验研究表明，与记忆最有密切关系的皮层结构是颞叶深部的海马回，识记时海马出现明显的脑电变化。切除双侧海马的人对手术前储存在脑中的信息保持着正常的记忆，仍能回忆起童年时的往事，但对刚看过的事物记不起来，他的短时记忆保持很短，至多只能保持 5 秒钟，而且短时记忆转变为长时记忆的能力降低，产生顺行性遗忘。

诺贝尔奖获得者斯佩里（R. Sperry，1964）通过对人类横切胼胝体的实验揭示一个有趣的现象，即一侧大脑半球学习的东西可完全不为另一侧大脑半球所知，这显示大脑两半球是高度专门化的。但是，被固定在一侧大脑半球中的学习记忆痕迹可通过胼胝体传到另一侧并固定在那里。这一现象表明，大脑是按整体性原则进行生理和心理活动的，一方面大脑各部分功能的分工可能有所不同，而另一方面，其他区域也分散有类似的功能，学习、记忆功能可能产生于脑的完整的复杂结构，并非产生于某一局部或部分细胞。

关于记忆在大脑上的定位问题尽管有不少实验显示了这些现象，但目前尚无确定的结论，因为也有不少实验表明，大脑中任何特殊部位不一定与特殊的记忆有关，这方面还存在很多争论。

5.2.1.2 神经生化方面的研究

20 世纪 60 年代初期开始记忆分子的基础研究，用脑内蛋白质的变化说明记忆主要涉及核糖核酸（RNA）、记忆分子和脱氧核糖核酸（DNA）的可能作用。一般认为脑内的核糖核酸参与长时记忆的形成，是学习过程中必要的化学物质。运用现代微量分析技术，瑞典神经生理学家海登（H. Hydén，1959）从脑中分离出单个神经细胞，分析其核糖核酸的含量，发现经过长期训练的大鼠在一根铁丝上掌握平衡技巧或走迷宫，学会了这些技巧的大鼠的脑细胞，其核糖核酸的含量比通常生活下的大鼠要高 12%。

长期以来，人们一直企图证明记忆在大脑内有“记忆分子”合成，所谓记忆分子就是蛋白质或多肽。海登发现动物脑细胞内还有一种特殊的酸性蛋白 S100，动物在经过训练学习后，这种 S100 酸性蛋白含量就增多。心理学家的迷宫试验说明，短时记忆不牵涉蛋白合成，长时记忆则需要蛋白合成。根据许多研究资料推测，其机制可能是：短时记忆是快速的单一的反应，仅是突触部位已有的化学物质微略地改变；而长时记忆则关系到新分子的合成和旧分子的分解，可能还需要基因活动，这些均需足够时间去完成，故不可能是短时记忆的基础。

还有对遗传的物质基础脱氧核糖核酸的研究。有人提出脱氧核糖核酸有双重记忆的功能，即储存遗传信息和神经性记忆。前者是通过由核苷酸三联体组成遗传密码来实现的；而后者则是通过改变脱氧核糖核酸分子的模板活性，作为一种模板活动或不活动的“开关式”信息被记录下来。根据这种观点，记忆的机制可能是神经元中不同基因分别被选择性抑制或活化的结果，外界因素作用于脱氧核糖核酸分子，改变其模板活性，造成一种分子性痕迹，在脱氧核糖核酸模板的活性状态中记忆下来，进行转录 mRNA 和转译蛋白质的结果。这就是近几年来开始从亚分子水平对记忆机制的初步探索，尽管这种工作才刚刚开始，但前途是难以估量的。

5.2.2 记忆的原理

5.2.2.1 记忆的痕迹理论

这是 20 世纪 60—70 年代形成的记忆理论，将人脑内的记忆过程大体分为两类，即短时记忆和长时记忆。前者的脑机制为神经回路中的生物电反响振荡；后者的脑机制以神经生物学为基础，是生物化学与突触结构形态的变化。这就是记忆痕迹理论。

短时记忆的反响回路：短时记忆是脑内神经元回路中，电活动的自我兴奋作用所造成的反响振荡；这种反响振荡可能很快消退，也可能因外部条件促成脑内逐渐发生着化学的或结构的变化，从而使短时记忆发展为长时记忆。

长时记忆的脑形态学基础：传统记忆痕迹的最后一个观点，即长时记忆痕迹是突触或细胞的变化。突触前的变化包括神经递质的合成、储存、释放等环节；突触后的变化包括受体密度、受体活性、离子通道蛋白和细胞内信使的变化；形态结构变化包括突触的增多或增大。

5.2.2.2 海马的记忆功能

海马与学习记忆的关系，一直是生理心理学研究的热门课题。这些研究发现，海马的生理心理功能极为复杂，不仅与学习记忆有关，还参与注意、感知觉信息处理、情绪和运动等多种生理心理过程的脑调节机制。

海马有两个记忆回路，海马→穹窿→乳头体→乳头丘脑束→丘脑前核→扣带回→海马，这条环路是 20 世纪 30 年代就认识到的边缘系统的主要回路，称为帕帕兹环。在这条环路中，海马结构是中心环节，所以在 20 世纪 40—50 年代曾认为海马结构与情绪体验有关。而另一条回路是内侧嗅回与海马结构之间存在着的三突触回路，它与记忆功能有关。

5.3 记忆的经典理论：多重存储模型

长期以来，心理学界一直把记忆看成是某种单一的东西，相信只存在一种长时记忆系统。第二次世界大战后，由于军事和工业工程技术的需要，在信息论、控制论和系统论的影响下，认知心理学应运而生，心理学对记忆的研究有了一个很大的转变和进展。在初步研究的基础上，出现了记忆双系统论的学说。这种学说认为，记忆不是单一的，它可以分为短时记忆和长时记忆两个相对独立的系统。这一思想猛烈地冲击了传统的有关记忆的看法，于是短时记忆的研究蓬勃发展起来。在这一热潮的带动下，人们又进一步提出，是否还存在比短时记忆更短暂的记忆系统。20 世纪 60 年代初，美国心理学家斯柏灵（G. Sperling，1960）首先用实验证实了感觉记忆系统的存在，于是出现了记忆信息三级加工模型的种种学说。

5.3.1 记忆信息的加工流程

随着信息论在心理学研究中的应用和流行，更多的认知心理学家将人脑看作是信息处理器，他们构建认知过程的信息加工模型，借用计算机程序术语来描述人脑对外部信息的操作过程。1968年，阿金森(R. Atkinson)和谢弗林(R. Shiffrin)提出了记忆的三级存储模型，这一模型首次将不同种类的记忆整合到一起，提供了一个信息是如何在不同阶段加工处理的全局观(图5-3)。

外界信息通过感觉器官时，按输入的原样，保持一个极短的时间，这就是感觉登记或感觉记忆系统。信息在这里保持1秒钟左右，其中一部分信息受到特别注意或模式识别而进入短时记忆系统；若信息极为强烈深刻，也可一次性印入长时记忆系统，而那些没受到注意的信息很快变弱消失或被擦拭掉。短时记忆的信息既有来自感觉记忆的，也有来自长时记忆的。因为当人们需要某些知识、规则时，便从长时记忆中提取，提取出的信息只有回溯到短时记忆才能重新被意识到和备用。短时记忆的信息保持时间不超过1分钟，受到干扰就会消失。若信息得到及时复述，可使之清晰稳定下来，在适当的时候就会转入长时记忆系统中，得到长久保存(图5-4)。从系统论的观点看，感觉记忆、短时记忆和长时记忆乃是统一的记忆系统中的三个不同的信息加工阶段，它们之间不是非此即彼的记忆种类。它们之间相互影响、相互作用，又相互联系，在人们的积极主动的记忆活动中，这三个系统密切配合对信息的加工和传输。

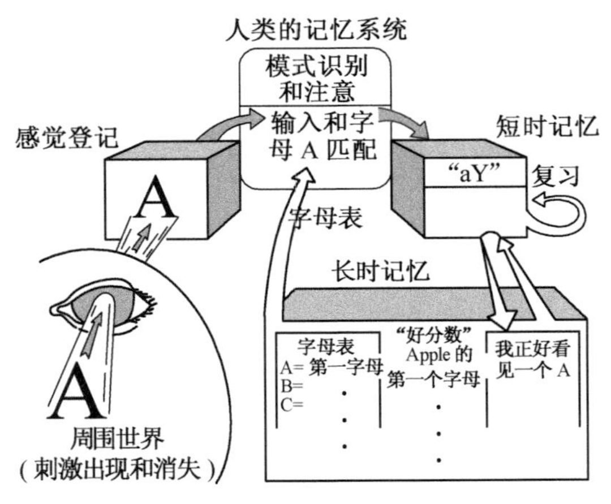

图5-3 记忆信息的加工过程

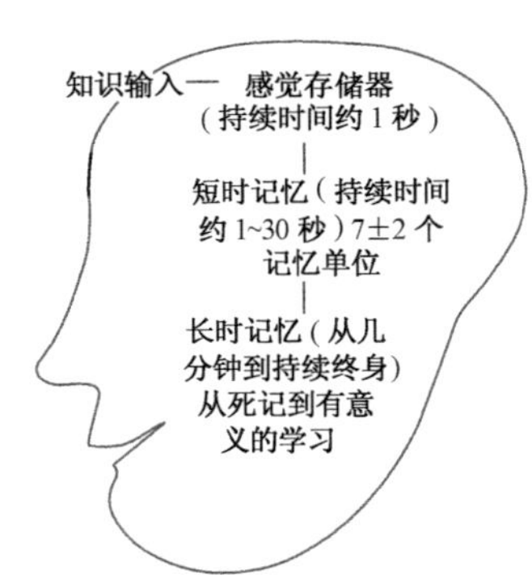

图5-4 记忆的多重储存

5.3.2 感觉记忆

5.3.2.1 感觉记忆的特点

①形象性。感觉记忆中的信息是未经任何心理加工的，以感觉痕迹的形式被登记下来，完全按刺激的物理特征编码，并按感知的顺序被登记，因此具有鲜明的形象性。各种感觉的后象就是这种感觉记忆的不同表现。

②信息保持时间极短。外界信息在感觉记忆中的保持是很短暂的，图像记忆保持的时间约0.25～1秒，声像记忆虽超过1秒，但也不长于4秒，说明信息消失的速度很快，这一特点对信息加工来说极为重要，因为外界信息处于迅速变化状态，感官内登记的信息若不尽快地被选用或抹掉，就会同新输入的信息混杂，从而丧失对最初信息的识别。虽然信息在感觉记忆阶段停留的时间极短，但足以使人的认知系统对它们进行各项操作和加工了。

③记忆容量大。各种感觉记忆中，信息的储存量都大于可被利用的信息量，几乎进入感官的所有信息都能被登记。记忆容量的大小由感受器的解剖生理特点所决定，一般认为图像记忆的容量为9～20个比特(bit)。

④记忆痕迹容易衰退。感觉记忆中的信息都是未经心理加工的信息，是尚未受到意义分析的信息，被登记的信息只有受到特别注意或模式识别，才能转入短时记忆，并在那里被赋予意义，否则就会很快衰退而消失。

感觉记忆的逻辑功能在于，为大脑提供对输入的信息进行选取和识别的时间，这种记忆好比是整个记忆系统的“接待室”，从感官输入的所有信息都要在这里登记并接受处理。

5.3.2.2 感觉记忆的发现

美国心理学家斯柏灵1960年首先提供了感觉记忆存在的证据。他在做记忆实验时发现，许多被试虽只能报告出四五个字母，却声称他们所看到的比所能报告的要多。为了查明被试究竟是没有看清这些字母还是看到后又忘了，他创造了部分报告法。该方法与传统的研究方法不同，过去的记忆实验，总是要求被试将他记住的东西全部报告出来，以此计算回忆的成绩，可称为全部报告法。斯柏灵则让被试只报告所记住的一部分东西。他用速示器向被试呈现一张有12个字母的卡片，字母分上、中、下3行，每行4个，呈现时间50毫秒(图5-5)。呈现毕，随机呈现高、中、低3种声音中的一种给被试。要求被试听到高音信号，就立刻报告上面一行字母；听到中音或低音信号，就报告中间或下面一行字母。结果表明：若声音恰在刺激卡片刚刚消失时呈现，被试能报告出所指定的任何一行字母的76%。既然任何一行字母被试都大多能报告出来，就可以推算出他瞬间保持的应为12×76%=9.12个字母。这与前人关于瞬间只能辨认四五个物体的结论有很大差异。斯柏灵据此提出，人的记忆系统中还存在一个独立的感觉记忆阶段。

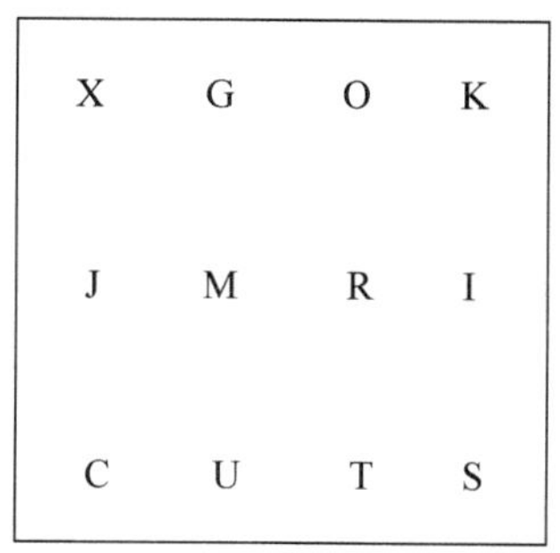

图5-5 斯柏灵部分报告法所使用的图片

有实验证明，若把回忆与视觉刺激终止之间的间隔延长，回忆成绩就明显下降。声音信号延迟0.15秒呈现，回忆成绩就降为立即回忆的60%；延迟0.3秒，则降为55%；延迟1秒，就降到4或5个字母了。斯柏灵认为，所谓记忆或知觉范围是四五个项目的传统说法，反映的并非信息存储系统最初阶段的容量，而是在映象消退之前转入下一个记忆阶段能够提取出来的信息数量。

5.3.2.3 感觉记忆的编码

感觉记忆的编码方式有多种不同类型，目前已了解较多的是视觉信息形成的图像记忆(iconicmemory)和听觉信息形成的声像记忆(echoicmemory)。嗅觉、味觉和触觉信息形成的感觉记忆仍待进一步研究。

(1)图像记忆

图像记忆又叫视觉登记或图像储存，是最常见的一种感觉记忆。当作用于视觉器官的图像刺激迅速移去后，图像随即在视觉通道内被登记，并保持一瞬间(图像记忆一般可以保持 250～300 毫秒)，这类记忆叫作图像记忆。

图像记忆为大脑从输入的信息中选取必要的信息提供了时间，没有图像记忆就无法进行模式识别，不能认知视觉刺激的意义。图像记忆常被当作感觉记忆的典型。

(2)声像记忆

目前能用实验证实感觉记忆存在的，除图像记忆外，还有声像记忆。声像记忆又叫听觉登记，指听觉系统对刺激信息的瞬间保持。

声像记忆与人的生活、学习和工作有密切关系，如果没有声像记忆，人们就无法辨别各种声音信号，也无法听懂人的话语。因为人说话总是一个音一个音地发出，如果不能把听到的每一个音暂时登记下来形成声像，也就不能把一串声音连贯起来，也就不能理解它的意义。

5.3.3 短时记忆和工作记忆

5.3.3.1 短时记忆的保持时间

有人把短时记忆比作电话号码式记忆，意思是说，人们为了打电话，先查找号码，查到后立刻拨号，通完了话，号码也就随即忘掉，号码在短时记忆中就保持这样短的时间。

1959 年美国学者彼得森夫妇(L. Peterson & M. Peterson)做了有关的实验。他们编制了由 3 个辅音组成的字母表，如 GKB，PST，RUD 等，每次给被试听 3 个辅音字母后，立即让他们从某一个三位数开始作连续减 3 的运算，还要把结果报告出来，如从 276 开始连续减 3，读出 273，270、267……直到主试发出开始回忆字母的信号。进行心算的目的是防止被试默默复述。从字母呈现到开始回忆经过不同的时间间隔，分别是 3 秒、6 秒、9 秒、12 秒、15 秒和 18 秒。事先被试并不知道要进行多长时间的运算，这实际上是一个不同时距的延缓回忆的测验。实验结果表明，当延缓 3 秒再进行回忆时，已出现了明显的遗忘，正确回忆率仅达 80%，随着间隔时间的延长，正确回忆率继续下降，当延长到 18 秒时，被试正确回忆率仅为 10%，超过 18 秒，正确回忆率即不再继续下降，维持在 10%的接近值上。这说明在无复述条件下，信息在短时记忆中保持的时间很短，约 5～20 秒，最长不超过 1 分钟，得不到复述，将迅速遗忘。

5.3.3.2 短时记忆的容量

美国心理学家米勒(G. Miller，1956)发表了一篇题为《神奇数 7 加减 2：我们加工信息的能力的某种限制》的论文，米勒认为短时记忆的信息容量为 7±2 个组块，这个数量是相对恒定的，这就是短时记忆的组块理论。所谓组块(chunking)，是指将若干较小单位联合成熟悉的、较大的单位的信息加工。他认为短时记忆容量是以组块为单位的。一个块可以是一个数字、一个字母，也可以是一个单词、词组，还可以是一个短语。组块所包含的信息可多可少，通常受主体原有知识经验的影响。组块的大小、复杂性和熟悉性等都会影响短时记忆的容量。

西蒙和蔡斯(W. Chase)1973 年的研究发现，象棋大师、一级棋手和新手对于随机摆设棋子的棋盘记忆水平大体一致。如果摆设的棋子是一个真实的棋局，则大师复盘准确性为 62%，一级为 34%，新手只有 18%。通过对三位被试各自组块数进行测算，结果是，象棋大师、一级棋手和新手在各项实验中的平均组块数分别为 7.7、7.5、5.3，每个组块包含的棋子平均数为 2.5、2.1 和 1.9。可见，知识经验越多，不仅应用的组块数越多，而且每个组块所包含的相应的信息量也越多。

5.3.3.3 短时记忆的编码

20 世纪 60 年代以来，大量实验证实，短时记忆主要是采用言语听觉编码，少量的采用视觉或语义编码。1964 年，康拉德(R. Conrad)进行了一项实验研究，他选用两组音近易混的字母 BCPTV 和 FMNSX 为实验材料，用速示器以每个 0.75 秒的速度逐一随机地向被试呈现，每呈现完 6 个字母就要求被试凭回忆默写出来，记不清时允许猜写，但不许不写。从被试回忆的结果可以看出，尽管字母是以视觉方式呈现的，但回忆中写错字母中有 80%出在音近字母之间，如 B 和 P，S 和 X，很少在形状相似的字母之间，如 F 和 E。如果改用听觉方式向被试呈现声音相近的字母，如 EGCZBD 和不相近的字母系列 FGOAYQR，实验结果出现了与上述视觉呈现条件下相当一致的情况，实验结果表明，短时记忆确实是以听觉方式对刺激信息进行编码的。

还有实验证明，在短时记忆中也有少量的视觉或语义编码，如聋哑人在他们的短时记忆中，回忆时出现混淆的主要是视觉性的或者是意义性的。

由于字母、字词以视觉方式呈现，阅读时必借助内部言语。因此可以设想，前述某些声音混淆现象也可能是发音的混淆。目前还无法将声音混淆与发音混淆区分开。但可以认为，听觉代码或声音代码也许与口语代码相并存或交织在一起。

5.3.3.4 短时记忆的信息提取

短时记忆中的信息由于正处在我们当前的意识中，因工作或操作的需要可以立即被提取出来。这使人感到，似乎短时记忆信息提取的机制很简单，但后来的研究表明，事实并非如此。从短时记忆中提取信息时究竟是同步平行检索，还是逐项依次检索，成为短时记忆信息提取方式争论的焦点。

斯腾伯格(R. Sternberg，1969)开创了对短时记忆信息提取机制的经典性研究，他的观点和方法有着广泛的影响。

他以视觉方式向被试随机呈现不同的数字串，数字串的长度都在记忆容量范围之内，被试每次都需要识记看到的数字串。然后随机地再呈现一个数字，被试的任务是判定这个数是否刚才识记过的。被试通过按电钮来报告“是”或“否”，并且他们被要求尽快作出准确回答，实验记录被试从检验项目出现到作出回答之间的反应时，以此为指标。每次实验所识记的项目和检验的项目都要更换，而且识记项目的数目多少不等，检验项目中的数字有一半是识记项目中出现的数，一半在识记项目中没出现过。实验结果是，提取信息的时间随项目的增加而增长，呈线性关系（图 5-6）。所以，斯腾伯格认为，短时记忆对信息的提取是按顺序系列检索，而不是平行同步检索。

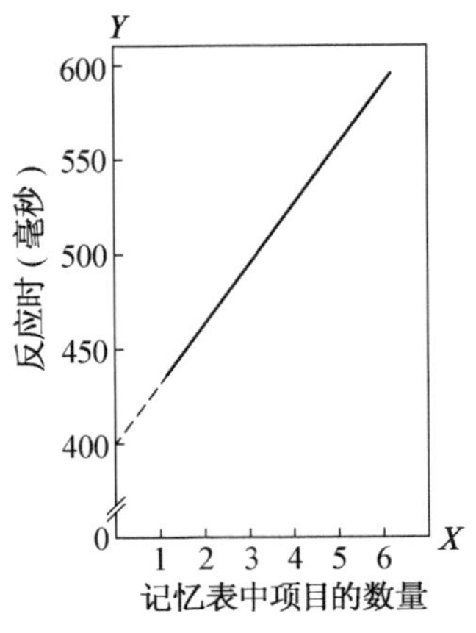

图 5-6　项目数对反应时的影响

（资料来源：Sternberg，1960）

5.3.3.5　短时记忆信息向长时记忆的转化

长时记忆就好像一个巨大的仓库，短时记忆就如同一辆给仓库运货的小车。

短时记忆这辆小车是怎么给长时记忆仓库运货的呢？它的手段就是不断地复述。停止复述，短时记忆中的信息就会迅速丢失。短时记忆中的信息保持的时间既短又易受干扰，只要插入新的识记活动，阻止复述，信息很快会消失，而且不能恢复。如果通过内部言语形式默默地复述，可以使即将消失的微弱信息重新强化，变得清晰、稳定，再经精细复述可转入长时记忆中加以保持。那些未经复述的信息或超容量的信息则随时间的流逝而自然衰退，甚至被遗忘。可见，复述是使短时记忆的信息转入长时记忆的关键。

有人认为短时记忆是感觉记忆与长时记忆之间的缓冲器。信息进入长时记忆需要一定的时间，在未进入之前，被感觉登记下来的部分信息先在短时记忆中储存，然后通过复述再转入长时记忆系统。

我们可以来验证一下。请你读一遍下列字母串，然后遮住字母，并立即做后面的加法题，做完以后再回忆刚才读过的字母。

字母串：KZSAJTI

加法题	479	145	396
	＋ 542	＋ 616	＋ 321
	＋ 580	＋ 920	＋ 591
	＋ 168	＋ 91	＋ 711

怎么样，背得出吗？也许已经忘得差不多了吧？

如果不做加法题，而是不断重复这些字母，你就能把它们记熟。记熟以后，即使有一段时间不予重复，你也仍然能够把字母串回忆出来。所以说，短时记忆中的信息的保持离不开复述，而且复述要达到一定程度，信息才进入长时记忆；而长时记忆中的信息则没有复述也能保持较长时间。

5.3.3.6　工作记忆的含义

工作记忆（working memory）是对信息暂时保持存储和操作的系统，是目前认知心理学和认知神经科学中最活跃的研究领域之一。它与短时记忆的概念有些相似，容易混淆。工作记忆除了包含短时存储的功能外，还有操作执行的功能，例如心算中除了需要暂时存储还需要进行加减运算。而短时记忆只是对信息加以短暂存储而不对其进行任何操作的系统，例如保持住电话号码，拨出后即可遗忘。总的来说，工作记忆比短时记忆的功能更多，涵盖范围更广。

5.3.3.7 工作记忆的容量

前面介绍过神奇的数字"7±2"，即米勒在1955年发现的人的短时记忆的平均容量约为7±2个组块。但之后有心理学家提出他的研究中未能充分分离组块的因素，因而高估了短时记忆的容量。Luck和Vogel在1997年发表了著名的研究成果，支持工作记忆容量约为4个组块。在他们的实验中，人们需要记住呈现时间非常短暂的多个彩色方块，一段时间后，在屏幕上相同的位置上会再次呈现方块，只是这次有一些方块的特征可能会发生变化，人们需要判断并通过按键来报告是否发生了变化。在不同的实验中，方块所含的特征数量不同。但所有实验的结果都表明在方块数量大于4之后，人们的判断绩效会显著下降，也就证明了工作记忆容量的上限约为4个。这一研究证明了工作记忆的容量约为4。除了前面提到的组块原因，另一个导致实验结果差异的重要因素是，在Luck和Vogel的实验中记忆项目较为复杂，因此很难通过语音来辅助编码。语音编码也是随后工作记忆研究中重要的一点。

5.3.3.8 工作记忆的资源分配模式

前面介绍了关于工作记忆容量上限的研究，而这一有限容量研究背后更深入的问题是有限的工作记忆容量资源的分配模式究竟是什么样的。目前领域内有两种主流的观点，分别被称为插槽模型（slot model）和资源池模型（resource model）。插槽模型认为有限资源是以离散的方式进行分配的。可以想象成这些有限资源是存在着的3到4个卡槽，每一个要被存储的记忆项目就会占据一个卡槽，当所有卡槽被占据时，就无法再存储更多的项目了。资源池模型认为有限资源是以灵活连续的方式进行分配的。可以想象成这些有限资源是一个大池子，每个要被存储的记忆项目都可以进入这个池子，但最终被分配到的资源受到数目和复杂程度、重要性的影响，当分配到的资源较少时，就会表现出记忆绩效较差。基于这两种理论模型以及随后的最新研究，研究者提出了修正过的模型，有"插槽—资源"模型和"插槽—平均"模型，都是将前两种理论的假设和观点加以融合和整合得到的。

5.3.3.9 工作记忆模型

最早的工作记忆模型是由心理学家Baddeley和Hitch提出的。在他们的工作记忆多成分模型中，工作记忆由三个独立的模块组成，分别是中央执行器（executive control system）、语音环路（articulatory/phonological loop）和视空间画板（visuospatial sketchpad）。其中最关键的模块是中央执行器，它的功能是分配注意资源，控制加工过程。它就像是巨轮上的船长，负责管理所有事物和指挥船上的所有人员。它既能够进行推理、语义理解、复述和组块，从而使信息转化至长时记忆，还可以进行信息提取（这也包括从长时记忆中提取）。语音环路和视空间画板可以说成是中央执行器的"仆从"。语音环路是复述和保持语言、声音相关的信息的系统。如果在没有纸笔记录的情况下要将电话号码记下来并随后拨键，就一定会使用到这一系统。视空间画板则专门负责处理视觉信息和空间信息，完成经典的心理旋转实验任务时就需要用到这一系统。随着研究的推进，该模型也在被不断地完善，如在2000年Baddeley又提出了第四个重要模块，即情景缓冲器(episodic buffer),它是一个暂时整合语音环路、视空间画板和长时记忆的平台(图 5-7)。

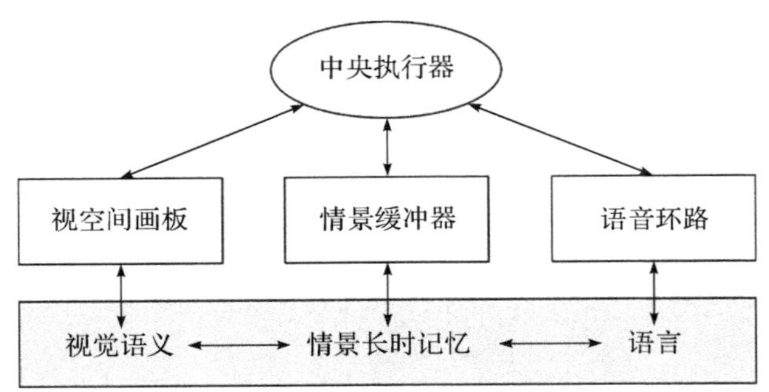

图 5-7 情景缓冲器(Baddeley,2000)

在 Baddeley 之后,也有很多其他的工作记忆模型出现,比如 Cowan 的嵌套模型、Oberauer 的同心圆模型。在嵌套模型中,注意加工、短时记忆和长时记忆被认为是一种层层包含的关系,三者对任务的完成都有作用(图 5-8)。在同心圆模型中,工作记忆信息内容分为 3 个功能区域并具有不同的特征(图 5-9)。注意焦点(focus of attention),即当前任务直接指向的信息的存储区,该区内的信息具有最高的可存取性,容量限制为 1 个项目或组块;直接存取区(the region of direct access),是当前认知任务的备选集,对认知任务而言可直接存取,容量限制为 4 个项目或组块;长时记忆激活部分(the activated part of long-term memory),是长时记忆暂时被激活的信息表征,与当前任务无关,不受容量限制,该区信息可在较短时间内提取,较长时间后会被遗忘或消退。同心圆模型是基于 Cowan 的模型进一步提出的,主要调和了工作记忆的嵌套模型中对于注意焦点只能注意单个客体还是可以注意多个客体的争论。

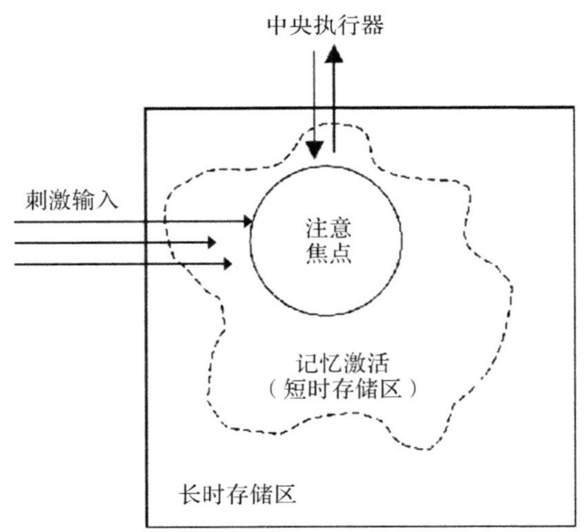

图 5-8 嵌套模型(Cowan,1999)

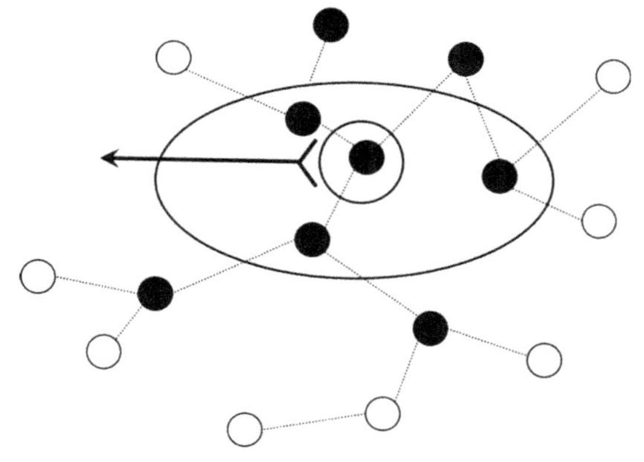

图 5－9　同中心模型(Oberauer,2002)

5.3.4　长时记忆

自19世纪末期艾宾浩斯开始记忆实验以来,大多数心理学家对记忆的研究都是有关长时记忆的,研究的课题主要集中在长时记忆中信息的组织和遗忘的规律。

过去一直认为长时记忆的信息是以联想的方式组织的。20世纪30年代,巴特莱特(F. Bartlett)提出了"图式"的概念。他认为识记是把新材料整合到个人的图式中,即组织进个人的知识经验中,这样新材料就进入了记忆的存储系统。50年代,研究者发现人们学习排列不规则的词表后,回忆时往往要加以分类的现象,因而认为组合依赖于概念的分类。70年代,图尔文(E. Tulving)提出语义记忆和情景记忆两种长时记忆系统,认为它们之间存在着差异。语义记忆存储的信息是词、概念、规律,以一般知识作参考系,具有概括性,不依赖于时间、地点和条件,不易受外界因素的干扰,比较稳定。情景记忆存储的信息是以亲身的经历作参考系,因此是一时性的,时空上有限定条件,容易受各种因素的干扰。

5.3.4.1　对识记材料的组织加工

所谓组织加工,就是将材料加以整合,把新材料纳入已有的知识结构之中或把材料作为合并单元而组合为某个新的知识框架的过程。

对识记材料可以用多种方式进行组织加工。学习外语单词时,根据发音和词义,可先从我们的自然语言中找出与之相似的词作为媒介,进行语义编码,回忆时先提取中介词,然后解码(decode),就可把原单词再现出来。例如,在无意义音节的识记中,把它们与相似的词联系起来,以词义为中介,将便于记忆。例如,现在要求记住:Jon tol tat yur hir lok vey nic 8组无意义音节,如果把它们与接近的词语联系起来,像是John told that your hair looked very nice,而且可以把它们作为一个句子来识记:"约翰告知你的发型看起来很美",这样以自然语言为中介对识记材料进行组织加工,有助于长久储存。

在对偶联合的识记材料中,可以利用短语或句子为中介进行组织加工。例如,记忆"小孩—鱼"这对项目时,要求看见"小孩"一词(刺激项),说出"鱼"(反应项)。可以把两个项目用一句话联系起来作为中介(小孩钓鱼),看到刺激项"小孩",想起

"钓鱼",反应项"鱼"自然被回忆出来。

5.3.4.2 影响识记效果的因素

就主体而言,首先是否有明确的识记目的和任务,是否有强烈的学习愿望和纯正的动机,是影响识记效果的决定性因素。其次,在识记中对材料理解得越透彻,记忆的效果越好。因此,加强对识记材料的理解是使材料长久保持的关键。要做到这一点,首先对本来有意义联系的材料,尽量用已有的知识经验去理解,采用意义识记。其次是赋予无意义联系的材料以人为的意义,即把无意义联系材料意义化,进行主观组织、再编码,这样会有助于储存和保持。

总之,凡是把识记的对象变成智慧操作的对象,记忆效果就会明显地提高。两位苏联心理学家所做的实验,证实了这一点,他们把被试分成两组,第一组的任务是画一个装配好的圆规,第二组是把同样的拆散了的圆规组装起来。任务完成后,叫两组被试尽量准确地画出他们所用的圆规,结果第二组画得比第一组更准确。这是因为需要识记的材料成为活动的直接对象,在进行智慧操作的活动中,能更清晰地感知、深刻地理解,并易于引起兴趣和专注。在教学中,让学生做些模型、小实验,进行模拟等活动都有助于巩固所学的知识。

就客体而言,材料的数量、性质和内容均影响识记的效果。一般来说,要达到同样的识记水平,材料越多,识记所用的平均时间也就越多。因此,在一定的时间内识记的数量不宜过多。

识记的材料有的是直观形象的,有的是抽象的文字材料,究竟哪种性质的材料识记效果好,因人而异,一般来说,成人对文字材料识记较好,儿童对直观形象材料的识记优于文字材料。

就识记方式而言,多种记忆类型的协同记忆以及多种感官的协同识记,比单一类型或单种感官的识记效果好。有人做过一个实验,让第一组被试只看某一识记材料,第二组只听同一内容,第三组既看又听。结果发现,视觉识记组可记住内容的70%,听觉识记组记住60%,视听组可记住80.3%。事实表明,多种感官在识记活动中同时发挥作用,可取得良好的识记效果。在学习外语时,眼看、耳听、口说、手写同时发挥作用,其记忆效果大大优于单一感官的识记效果。

5.3.4.3 长时记忆信息的动态变化

信息经过编码加工之后在头脑中储存,这种储存虽然是有秩序、分层次的,但不能理解为像文件存放在保险柜里那样一成不变,保持不是一种消极状态,信息在记忆中的保持是一个潜在的动态过程,随时间的推移以及后来经验的影响,在质和量上均会发生变化。

在质的方面的变化,显示出以下特点:①记忆的内容比原来识记的内容更简略、更概括,一些不太重要的细节趋于消失,而主要内容及显著特征被保持;②保持的内容比原识记的内容更详细、更具体、更完整、更合理;③使原识记内容中的某些特点更加突出、夸张或歪曲,变得更生动、离奇,更具有特色。

在另一个实验中,巴特莱特让许多被试阅读一篇"魔鬼的战争"的故事,过了一段时间,让他们复述,结果发现,经常阅读鬼怪故事的被试在回忆中增添了许多关于鬼的内容和细节,而受到逻辑学训练的被试在回忆中则大量删去鬼的描述,使故事变得更合乎逻辑。从识记的内容与回忆的内容之间的差异，可以看出，信息在头脑中的保持不是静止的、凝固的，而是一个重建过程。识记内容在保持的过程中受到思维的“剪辑”加工，或者使之更加简略概括，或者更加完整合理，或者被想象所补充而更加详细生动，或者被夸张突出。

在量的方面的变化，显示出两种倾向：一种是记忆回涨现象，即记忆的恢复现象。1913年，巴拉德(P. Ballard)在一个实验中，以12岁左右的学生作被试，让他们用15分钟识记一首诗，学习后立即测其保持量，并把此时保持量的平均数定为100%，此后在第一、二、三、四、五、六天又进行保持量的测量，发现识记后立即回忆的成绩不如过两三天后回忆的成绩。这种现象在许多人的研究中均得到了证实，儿童较成人普遍，学习较难的材料比学习容易的材料更为显著。记忆恢复的内容大部分是处于学习材料的中间部分，其原因可能是由于识记复杂材料的过程中产生了抑制的积累作用，影响立即回忆的成绩，经过充分休息后，抑制得到解除，因此回忆成绩有所回涨。但也有人认为，记忆恢复现象可在识记后数日出现，抑制积累作用早已解除，不会持续那么长的时间，因此，认为上述解释仍有不完善之处。再一种解释认为，儿童学习复杂而又有趣的材料时，对这些材料的保持是比较零散的，需要一段巩固和发展的过程，经过一段时间的思考、回味，因而加强了记忆，出现了记忆回涨。

长时记忆信息的动态变化在量上的表现是，识记的保持量随时间的推移而日趋减少，有一部分回忆不起来或回忆发生了错误，这种现象就是遗忘，我们将在下一节内容中详细介绍有关遗忘等内容。

5.4 遗忘、回忆与再认

输入的信息在经过人的注意过程的学习后，便成为人的短时的记忆，但是如果不经过及时的复习，这些记住过的东西就会遗忘，而如果经过了及时的复习，这些短时的记忆就会成为人的一种长时的记忆，从而在大脑中保持很长的时间。这些长时记忆随时间的流逝而产生遗忘，所谓遗忘就是我们对于曾经记忆过的东西不能再认出来，也不能回忆起来，或者是错误的再认和错误的回忆。

5.4.1 艾宾浩斯的研究

自从德国心理学家艾宾浩斯(H. Ebbinghaus)在1885年发表了他的实验报告后，记忆成了心理学中被研究最多的领域之一，而艾宾浩斯正是发现记忆遗忘规律的第一人。

艾宾浩斯首先系统地对长时记忆和遗忘进行了研究。为了消除新学习的材料与记忆中的知识的可能联系，他创造了无意义音节，即一种由两个辅音和一个元音组成的字母串，也就是那些不能拼出单词意义来的众多字母的组合，如POF、QAZ等。实验中他以自己做被试，大声朗读一串串无意义音节，并且用节拍器的有规律的节奏控制朗读的速度，然后再努力地回忆它们。

为了测量遗忘，艾宾浩斯设计了节省法，也就是再学习法，即学习材料到完全背诵，经过一定时间后再重学一次，达到与第一次学会的同样的标准，然后再比较两次学习所需要的时间和诵读次数，就可以得到一个相对节省值。根据这种方法，艾宾浩斯绘制了不同时间间隔的记忆节省图，称为保持曲线或遗忘曲线（图 5－10），这就是非常有名的揭示遗忘规律的曲线：图中竖轴表示学习中记住的知识数量，横轴表示时间（天数），曲线表示记忆量变化规律。

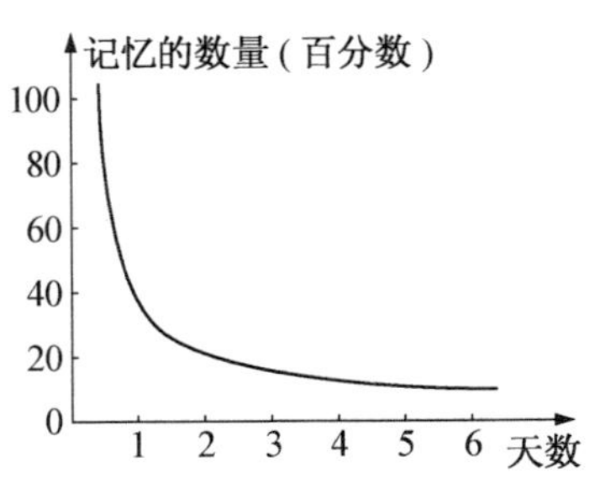

图 5－10　艾宾浩斯遗忘曲线

从艾宾浩斯的遗忘曲线中可以看到一个明显的结果是，遗忘的过程是不均衡的：在第一天内，保存在长时记忆中的信息迅速减少，然后，遗忘的速度逐渐变慢。在艾宾浩斯的研究中，甚至在距初学 31 天以后，仍然存在着某种程度记忆时间上的节省，对所记的信息仍然有所保存。艾宾浩斯的开创性研究引发了两个重要的发现，一个是描述遗忘进程的遗忘曲线。心理学家后来用单词、句子甚至故事等各种材料代替无意义音节进行了研究，结果发现，不管要记的材料是什么，遗忘曲线的发展趋势都与艾宾浩斯的结果相同。艾宾浩斯的第二个重要发现是揭示了在长时记忆中的保存能够持续多长时间。通过研究发现，在长时记忆中信息可以保留数十年。因此，儿童时期学过的东西，即使多年没有使用，一旦有机会重新学习，都会较快地恢复到原有水平。如果不再使用，可能被认为是完全忘记，但事实上遗忘绝不是完全彻底的。

5.4.2　短时记忆的遗忘

信息进入短时记忆时，它的强度最大，易被我们所意识，但得不到复述时，其强度会随时间的推移而衰减，很快导致遗忘。造成遗忘的原因有两种：一种是痕迹消退说。这一假说认为，记忆痕迹得不到复述强化时，其强度随时间的流逝而减弱，导致自然衰退；也可能是被某种目前还不清楚的生理过程所浸蚀，像海滩上的脚印被海浪冲刷掉一样。另一种是干扰说。这一假说认为，储存在短时记忆中的信息受其他信息的干扰而导致遗忘，尤其是新进入的较强的信息把原有的较弱的信息排挤掉而造成遗忘。

为了验证上述理论，沃（N. Waugh）和诺曼（D. Norman）在 1965 年设计了一个巧妙的实验，实验程序是向被试呈现一系列数字，共 16 个，最后一个数字出现时伴随一个高频纯音，表示它是一个探测数字，它在系列数字中已出现过一次，被试一旦听到声音就找出它在前面出现的位置，并把紧跟其后的那个数字报告出来。例如，呈现的数字系列是 5824617930428516＊。其中带“＊”号的 6 就是探测数字，6 在系列的第五个位置，其后的数字是 1，被试报告出 1 就算回答正确。从第五个位置上的 6 到最后的 6＊，中间间隔了 11 个数字，呈现这 11 个数字所需的时间被称为间隔时间。

根据记忆消退说，保持的信息将随时间间隔的延长而减少，而根据干扰说，保持的信息随插入的数字的增加而减少。为了检验哪种假说更有理，诺曼等人采用了两种数字呈现速度：快速呈现为每秒 4 个数字，慢速呈现为每秒 1 个数字，从 6

到 6 * 的间隔数字保持不变，只改变间隔时间。同样也可以使间隔时间不变，只改变间隔数字。其结果无论快速还是慢速呈现数字，正确回忆率都随间隔数字的增加而减少，正确回忆率不受数字呈现速度快慢的影响，显然这一实验结果是支持干扰说的，证明短时记忆遗忘的主要原因是干扰而不是记忆痕迹的衰退。

5.4.3 长时记忆遗忘的原因及其影响因素

5.4.3.1 关于遗忘的理论

(1)消退理论

根据消退理论的解释，大脑中的记忆痕迹随着时间的推移而衰退。这种理论假定：学习会改变中枢神经系统，除非定期地使用或复述信息，否则这种信息就会逐渐衰退，最终完全消失。这一过程就像拍照后印出来的相片一样，随着时间的延长，相片会逐渐变黄而模糊不清。现在也有人把这种遗忘理论称为“渐退理论”，即认为，不常回想起的或不常使用的信息，往往容易从记忆中失去。这从一定程度上证明了及时复习的重要性。

(2)干扰理论

干扰理论认为，随着愈益增多的新信息的被输入、归类，提取线索就愈益失效。消退理论把遗忘归结于储存的失败，而干扰理论则认为遗忘是由于提取失败所致。不少心理学家都相信，许多遗忘是由于干扰，而不是由于消退。有人甚至认为，85%～98%的遗忘量应归结于干扰，余下的遗忘才归结于消退。持这种观点的人常引用的一个例子是：有人用电击患者大脑的各个不同的部位，可以使患者回想起自己认为已经完全忘记的事情。所以，在有些心理学家看来，我们所失去的，是进出长时记忆的信息通道，而造成这种情况的原因，主要是由于后来学习的内容在起干扰作用。干扰主要有两类：倒摄干扰(抑制)与前摄干扰(抑制)。倒摄干扰是指以前学过的内容受后来学习内容的干扰；前摄干扰是指以前学过的内容干扰以后学习的内容。不论在哪一种情况下，前后学习的内容越相似，干扰的程度就越大。

通常认为一天之中的早晨和晚上是记忆效率最好的，因为早晨时学习的内容受到的前摄干扰小，而晚上学习的内容受到的后摄干扰小。应该充分利用这段时间。同时在学习时，应该尽量把不同性质的学习材料交叉起来。

(3)动机理论

动机理论也叫压抑理论。这种理论认为，遗忘是由于某种动机的压抑作用造成的。例如，人总是想法忘记那些给人带来不愉快、痛苦、忧愁的往事，往往把它们压抑到潜意识中去。例如，人对愉快往事的回忆程度明显高于对不愉快往事的回忆就是压抑的结果。这种现象首先是由弗洛伊德在临床实践中发现的，他在给精神患者实行催眠术时发现，许多人能回忆起早年生活中的许多事情，而这些事情平时是回忆不起来的。他认为这些经验之所以不能回忆，是因为回忆它们时，会使人产生痛苦、不愉快和忧愁，于是便拒绝它们进入意识，将其储存在无意识之中，也就是被无意识动机所压抑。只有当情绪联想减弱时，这种被遗忘的材料才能回忆起来。

(4)线索—依存遗忘理论

线索—依存遗忘理论认为,应根据提取失败,而不是根据记忆中失去信息、干扰或抑制等来解释遗忘。换句话说,一个人回想不出某种信息,仅仅是由于他不能发现从记忆中回想该信息的方式,是没有良好的提取线索。图尔文认为,记忆是来自两方面信息的产物:第一,作为对某一事件的初步知觉的结果,在个体记忆储存中留下的记忆痕迹;第二,个体在回忆时认知环境中出现的提取信息的线索。因此,该信息可能是在记忆储存中,因为缺少有关提取线索的信息而提取不到,人们通常把它看作是遗忘了。

提取线索在回忆中所起的作用,犹如阅读书籍时的灯光照明所起的作用一样,当灯关掉时,阅读就不可能进行,同样,当缺少适当的提取线索时,回忆某信息也就不可能了。

5.4.3.2 影响遗忘的因素

(1)学习材料

学习材料指材料的种类、长度、难度、系列位置以及意义性。从材料的种类看,有意义材料和无意义材料。形象直观的材料与抽象的材料的遗忘进程是不一样的,一般来说,有意义的材料、形象直观的材料要比无意义材料和抽象材料记忆更深一些。

从材料的难度、长度看,一般来说,比较长的、难度较大的材料的遗忘进程更符合艾宾浩斯遗忘曲线;长度、难度适中的材料保持效果最好。

从材料的系列位置看,由于前摄抑制及倒摄抑制的影响,材料的系列位置不同,记忆保持效果也有差异。我们应该有这样的经验,当背诵一段课文时,开头几句和末尾几句都容易记住,中间的部分就不容易记。这种记忆研究中有趣的现象,我们称为系列位置效应(serial position effect)(图 5-11)。有研究者发现,如果要记忆一组毫无关联的单词,无论是按顺序回忆还是自由回忆,不管单词的数目(6 个、10 个 和 15 个),最初的几个单词会记得比较好(我们称之为首因效应,primacy effect),最后的几个单词也记得不错(近因效应,recency effect),但是中间位置的单词就记得不清楚了,这就表明系列位置效应的存在。

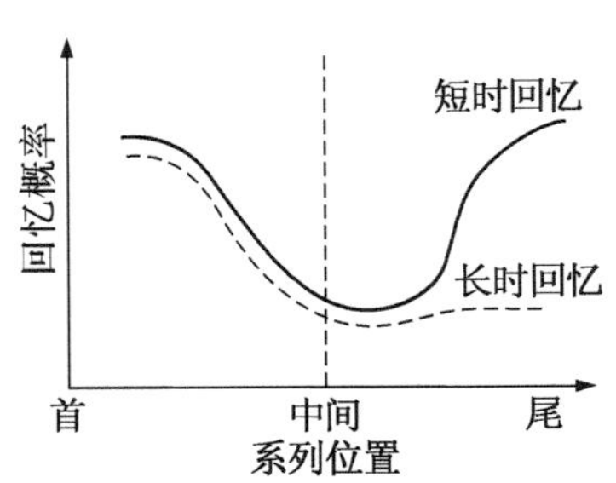

图 5-11 记忆的系列位置效应

有研究者根据对无意义音节资料的研究分析,认为有 50%的遗忘是由于前摄抑制所造成的。倒摄抑制和前摄抑制一般在学习两种不同但又彼此相似的材料时产生较多。但即使是一种材料,如果篇幅较长,学习时也会产生上述现象,就如之前提到的背诵课文的例子,其原因在于中间部分受前后学习材料的干扰。

从材料的意义性看,凡是能引起主体兴趣,符合主体需要、动机,激起主体强烈情绪,在主体的工作、学习、生活上具有重要意义的材料,一般不易被遗忘;反之,则遗忘得快。

（2）学习程度

过度学习也叫超额学习，是指识记一种材料的学习次数超过那种刚好能回忆起来的程度的次数。研究表明，过度学习使保持的效果良好。假如把材料刚能背诵时所花的时间定为100％，一般过度学习花的时间以150％为宜。150％的过度学习是提高保持效果的最经济有效的选择。有实验曾让被试识记12个名词，识记程度分别为100％、150％和200％，并在第1天、第2天、第4天、第7天、第14天、第28天后测其保持效果，其结果表明，识记程度超过150％并不再更多地改善保持状态。

（3）记忆任务的长久性

是否有长久的记忆任务，也是影响保持的因素之一。一般来说，有长久的识记任务有利于材料在头脑中保持时间的延长。在一个实验中，让被试识记两段难易程度相似的语文材料，事先说明：第一段在次日测验，第二段在一周后检查，而实际上这两段材料都是在两周后才测验的。结果发现，第一段只记住40％，第二段却记住80％。可见，确立长久的记忆任务对记忆的效果有显著的影响。

5.4.4 再认与回忆

5.4.4.1 再认

再认指经验过的事物再度出现，有熟悉之感并能被识别和确认的过程。人在识别某一对象时，一方面要对它进行知觉分析，同时还要从长时记忆储存的信息中提取有关的信息与之对照比较，经过多层次的连续检验，最后才能完成确认。当再认发生困难时，就要努力寻找各种有关的线索，力图恢复过去已经建立的联系。可见，再认也不是一个简单的过程，它包含有知觉、回忆、联想、比较、验证等一系列的认知活动。

再认的速度和准确性主要取决于对事物识记的巩固程度和精确程度。熟记了的事物一出现，几乎可以无意识地、自动化地、在极短的时间内作出识别。在日常生活中，错误的再认时有发生，其原因是多方面的，一种是由于识记的不巩固、不精确，原有的联系消失或受干扰，一旦识记过的事物再度出现，不能激活原有的记忆痕迹，仅有熟悉之感而无法从整体上加以正确地再认；或者对有关信息的提取发生了错误，导致错认。另一种是由于联系的泛化，导致错误的再认。例如，错把一个陌生人当作一个熟人相认，这是因为他的许多特征与熟人相似，这些特征在头脑中产生了泛化，因此导致了“张冠李戴”。在学习识别汉字时，常常会出现认错、写错的现象，如“戍、戌、戎”这几个字很相似，稍不细心，又没有精确地将它们加以区分，时间久了，头脑中的痕迹不清晰，极容易发生混淆，因此常常认错。

再认同“模式识别”直接关联，目前模式识别已成为人工智能的核心问题加以研究，因此再认有时被放入知觉范畴中去研究。

5.4.4.2 回忆

回忆是指过去经验的事物不在面前，可以重新回想起来，这一过程称为回忆。

回忆分为有意回忆和无意回忆。前者有预定的回忆意图和目的，在回忆任务的推动下，自觉主动地进行回忆，后者没有明确的回忆目的和意图，也不需要努力地搜索，完全是自然而然地想起某些旧经验。一件事偶然涌上心头，浮想联翩或触景生情，漫无目的地、不由自主地引起种种回忆。这种回忆的内容往往是不连贯、不系统的。

5.4.4.3 提取的种类

无论再认还是回忆，若不依赖任何中介和提示线索，直接把有关信息从长时记忆库中抽取出来，对信息的检索几乎是自动化的，甚至没有意识到这一程序，这种提取称为直接搜寻。例如，当你的一位朋友在电视屏幕上一出现，你能立刻把他再认出来，这是通过直接搜寻达到再认的，这种再认又称为直接再认。若问你今年暑假同谁结伴旅游，你会说出张三、李四等一些人的名字。这种回忆称为直接回忆，而这种提取就是直接搜寻。有时我们的再认和回忆需要一些提示线索或中介性的联想才能达到再认或回忆。例如，若问 1992 年的 10 月 31 日上午你在干什么？对这个问题很难立刻回答出来，往往要借助日记、备忘录或其他一些中介物，对问题进行某种预加工，以便确定回忆方向，把回忆的范围逐渐缩小，此外还要提出一些假设，对假设要逐一验证，排除无效的回忆线索，凭借联想搜寻新的线索，直至完成回忆任务，提取出必要的信息，这种回忆称为间接回忆。直接回忆与间接回忆不是绝对对立的，在一定条件下可以相互转化。本来可直接回忆的内容，由于荒疏、印象淡漠，再回忆时要凭借联想搜寻，进行追忆。反之，间接回忆的内容由于联系的巩固和熟练，回忆时可不加思索迅速在头脑中重现。联想在回忆中起着重要的作用。

所谓联想，就是由一种事物想到另一种事物的心理活动。当具有某种联系的事物反映到人的头脑中，并在大脑皮层建立起暂时神经联系，只要一事物出现，就会引起对另一事物的联想。回忆常常以联想搜寻的形式进行。常见的联想有以下几种：

5-2 有趣又实用的记忆术

(1)接近联想

在时空上比较接近的事物，容易在人们的经验中形成联系，只要其中一事物出现，就会引起对另一事物的联想。提起北大想起清华，这是因为两校相邻，空间接近之故。看到闪电想起雷鸣暴风雨，这是由于两种现象是相继出现的，在时间上是接近的。

(2)相似联想

由一件事物的感知引起与它在性质上相似事物的回忆，称为相似联想。文学中的比喻常常借用相似联想，作诗托物寄意也是靠相似联想。

(3)对比联想

由某一事物的感知或回忆引起同它具有相反特征或相排斥的事物的回忆，称为对比联想。例如，由美想到丑，由草原想到沙漠，由黑暗想到光明等。

(4)关系联想

由事物的多种关系而建立起来的联想。如部分与整体、因果关系等所形成的联想均属关系联想。

在识记时，有意识地在事物之间多建立联系，形成各种联想，有助于回忆，联想越丰富，回忆越容易。

5.4.4.4 影响提取的因素

从长时记忆中提取出信息会受到许多因素的影响，其中既有积极的因素，也有消极的因素。

(1)对信息合理组织能改善提取

从容量巨大的长时记忆库中检索提取信息，就像到一个藏书极多的图书馆查找某一本书一样，能否顺利地找到那本书，与对书的归类编目存放有关。同理，人们对信息进行合理的组织或使它们处于一定的前后关系中可以增加线索，促进提取。

(2)信息所处的编码环境对提取的影响

由于事物总是处在一定的环境情景中的，我们识记时，这种场合因素微妙地伴随着人对事物的识忆，再认或回忆的场合与识记的场合越相似，就越有利于对信息的提取。也就是说，信息处于编码时的前后(或上下文)关系中，这种场合本身就是最有力的提取线索。特别是在提取复杂材料时，与材料有关的上下文线索将有助于材料的迅速提取。

(3)干扰对提取的影响

生活中常会遇到一个记忆线索与几个有关事物相联系的情况，其中与一个线索联系较牢固的项目往往会干扰与同一线索联系较弱的项目的提取。例如，一个篮球运动员改踢足球，开始他总不能得心应手，其原因是，打篮球的规则与技巧已经很熟，甚至习惯化了，改踢足球后，原来形成的技能总会干扰对踢足球运动信息的提取，多次出现犯规行为。

与同一线索联系的项目越多，通过该线索提取目标项目就越困难。如果将与同一线索相联系的各个项目进行意义加工和组织，就会减少彼此的干扰。

(4)情绪的影响

消极情绪也会妨碍对信息的提取。例如，考试时，一旦遇到一道难题答不出来，便产生紧张和焦虑情绪，引起种种担忧心理，在这种心境状态下反而会更加干扰对回答问题有关的信息，造成回忆的困难。

5.5 生活中的记忆现象

5.5.1 自传体记忆

自传体记忆(autobiographical memory)至今没有一个严格统一的定义，一般认为，自传体记忆是对复杂时间的混合记忆，是关于自我信息的记忆。

20世纪70年代图尔文对长时记忆的区分研究引起了人们对自传体记忆的广泛兴趣。图尔文认为，情节记忆接收和储存关于个人特定时间的情景或事件，以及这些事件的时间—空间联系的信息，是对个人在一定时间发生的事件的记忆，具有自传体性质。

对于我们绝大多数人来讲，自传体记忆由于与自身的高度相关性而具备了十分吸引人的神秘特性，无数名人传记充斥书店、摆满书架，我们的长辈语重心长、满眼含泪地叙述自己的青春岁月，这些被再创造甚至篡改过的记忆是否真的能帮助我们了解自己是谁?

自传体记忆研究领域内最惹人注目的就是关于儿童期遗忘症(childhood amnesia)的研究。儿童期遗忘是指成人不能回忆出生后的最初几年经历的现象。一部分人虽然能回忆起他们2岁时的重要经历，如兄弟姐妹的出生，但除此以外就没有更早的记忆了。在长大成人后，我们不能回忆母亲哺育时温柔的笑容，父亲换尿布时手忙脚乱的笨拙，蹒跚学步迈出的第一脚，牙牙学语时吐出的第一个完整的句子，我们都是童年遗忘症的牺牲者。

最初，研究者用儿童没有长时记忆能力来解释这一现象，但这种解释很快就遭到了否定。在一个研究中，压一个杠杠可以使玩具火车运动起来，18个月的儿童能够很快学会这一动作，并能将记忆保持一个月之久，这说明儿童并不缺乏长时记忆。

弗洛伊德认为儿童期遗忘症是压抑引起的；生理心理学家则更相信这是由于参与形成相关记忆的大脑区域在出生几年后才能发育完全；认知心理学家也提出了一些其他的解释，包括：缺乏自我意识，即除非我们有自我可以记忆，否则，我们就没有自传体记忆；贫乏的编码，学前儿童对经历的编码远没有成人精细，年幼的儿童还没有掌握社会习俗，他们不知道对别人来讲是重要和有趣的事情；儿童思考世界的方式，学前儿童所用的认知图式不同于年龄较大的儿童和成人，而在习得成人图式以后，就丢失了回忆早期经历所必需的信息和线索，因此也就失去了有关那些经历的记忆。

5.5.2 闪光灯记忆

闪光灯记忆(flashbulb memory)是指对鲜明、重要的公众事件(如某国总统被刺、奥运会、世界杯)的记忆。闪光灯记忆可以被认为是自传体记忆的一种。这种闪光灯记忆通常是某段特殊经历或者事件引起了人们某种强烈的情感体验，从而一次性获得的。

尽管闪光灯记忆很强烈，但是它们也并不总是对过去全面而准确的记忆。人们会记得事件的主要内容，而在回忆的时候往往会存在很多细节上的错误。例如，在提到闪光灯记忆时经常被引用的1986年“挑战者”号航天飞船爆炸事件，见证这惊人惨痛场景的人们通常会信誓旦旦地宣称他们准确地记得当时他们在哪里以及发生惨剧时他们在做什么。而事实是，对大学生的研究表明，在三年后他们再次回忆如何得知这一消息时，没有一个人与三年前报告的结果完全一致，三分之一的学生是完全错误的，不过他们都坚持认为他们的记忆是准确的。同样的情况还发生在美国世纪大审判辛普森杀妻一案中，当无罪判决宣告近三年的时候，只有29%的大学生保持准确的记忆，而超过40%的人对事实进行了曲解。

这些都正好印证了我们前文提到的记忆是一个动态的过程，它不仅会有序地储存信息，还会将已获得的信息重新排列、组合，甚至篡改、扭曲、添枝加叶。

5.5.3 目击者记忆

在司法审判过程中，最常见的证据之一是目击者的证词。然而，许多无辜的个体只是因为目击证词不利而遭到错误的法律惩罚。例如，研究表明，在100多个经DNA验证而豁免的人中，有超过75%的人是因为错误的目击辨认而入狱。我国也曾有杂志报道过此类例子：一名叫李天的男子曾在17岁时因错误的目击辨认而被误认为杀手，从而在牢狱中含冤十载，直到10年后才被多项证据表明无罪。

在一项跨越30年的研究中，研究者发现：目击证人的记忆受到对他们提问方式的影响。在提问时使用连贯的细微的措辞变化可以引导目击证人给出不同的答案。在研究中，首先给人们观看关于汽车相撞的短片。然后，研究者问其中一些观众："当汽车相撞时速度有多快？"而对其他观众也进行相同的询问，只是将句中的动词进行替换，如换为撞碎、猛撞或者接触等。根据句中不同的动词使用，观众估计的车速也随之改变，用"撞碎"一词产生的平均估计速度最高(40.8英里/时)，接下来是"猛撞"(39.3英里/时)，"碰撞"(38.1英里/时)，"撞击"(34英里/时)和"接触"(31.8英里/时)。使目击者记忆(witness memory)发生混乱的除了上述提到的这个引导性问题的例证以外，还包括暗示性评论，以及误导信息。

最近几年虐待儿童的事件得到了社会上越来越多的关注，尽管大多数成人都认为儿童的记忆不可信，因为儿童容易混淆现实与幻想，并且容易受到成人的影响，但在面对虐待儿童这一公共议题时，还是有很多人会争论说没有儿童会对如此惨痛的经历撒谎或者记错。那些被指控并判刑的人是否遭遇错误的证词无法定论，但经过大量调查得到的结果显示儿童的报告可能与成人一样是准确的，也可能与成人一样会歪曲、遗忘、幻想和受到误导。有研究者发现，在法庭上回答引导性问题时，儿童的回忆尤其容易被扭曲。

目击者多采用证词的形式提供对案件事实的目击见证。证词的形成过程是受很多因素影响的，即使是对于一个自愿提供证词、力求真实反映案发实情的证人来讲，也会受一些因素的影响，而使其证词在一定程度上不符合真实情况，可能致使案件的审理受到影响，得不到公正的判决。根据有关统计，每年美国有75000人因被目击者指认而作为犯罪嫌疑人被送上法庭。目击者证词的错误造成的错判，比因其他各种原因造成错判的数量的总和还多。近些年应用DNA鉴定技术进一步证明，许多被目击者认定的犯罪嫌疑人实际上是无辜的。例如，美国司法机关的最近一份报道中说，28个被判处长期监禁的罪犯通过DNA技术鉴定后被无罪释放，其中24人是因被目击者错认而被定罪的。由此看来，研究目击者记忆已不仅仅是心理学领域的学术问题，它更关系到无数个体的人身自由和权益保障。

5.5.4 内隐记忆

心理学对记忆的研究是沿着两条线路展开的：一条是传统的研究，注重对外显的、有意识的记忆进行研究；另一条便是对内隐记忆的研究。

内隐记忆现象是在遗忘患者身上首先发现的。1854年，一位英国医生报告，一位因溺水昏迷而患遗忘症的妇女，虽然她已完全忘记了自己曾学过做衣服这件事，但不久后在学裁剪衣服时却无意中表现出某些裁剪技艺方面的记忆痕迹。1865 年，又有人报告，一位接受针灸治疗的遗忘症患者，治疗结束后，尽管已压根儿忘记了遭受针刺这件事，但她却拒绝与为她实施治疗的医生握手。1889 年，有人对遗忘症患者的内隐记忆现象进行系统调查后报告，一位接受过电休克治疗的遗忘症患者早已忘了曾受过电击这件事，但当他再次见到电击仪时，却露出了相应的行为表现。

20 世纪 60 年代，研究人员发现，这种现象在健忘症患者身上都有发现：他们没有意识到自己拥有对某方面的学习记忆，但在他们完成有关任务的操作上却表现出了记忆效果。这种现象被心理学家科菲（C. Cofer，1967）称为启动效应（priming effect）。而后，对正常人进行大量研究后发现，启动效应是普遍存在的，这是一种自动的、不需要有意识回忆的记忆现象。格雷夫和斯科特（P. Graf & D. Schacter，1985）把这类记忆称为内隐记忆，而把传统的、需经有意识回忆的记忆现象统称为外显记忆。

从 20 世纪 70 年代起，一大批从事实验心理学和认知心理学研究的主流心理学家对内隐记忆研究表现出了极大兴趣，希望借此深入理解人类的记忆过程的本质。

内隐记忆和外显记忆的区别主要体现在以下几个方面：第一，内隐记忆的保持时间要长于外显记忆；第二，内隐记忆不容易受到外在刺激的干扰，而外显记忆则容易受到干扰并产生遗忘；第三，外显记忆在记忆的项目增多时会出现记忆数量和准确性的下降，而内隐记忆则不会；第四，对信息的加工深度会对外显记忆产生积极影响，而对内隐记忆则没有这种影响；第五，当一个测试项目先用听觉形式呈现，再用视觉方式呈现时，外显记忆的成绩会下降，而内隐记忆则不会，即信息呈现形式的变化不会像对外显记忆一样对内隐记忆产生影响。

本章小结

自艾宾浩斯开创了人类记忆实验研究以来，记忆始终是科学心理学研究高级心理活动的重要领域。记忆是人脑通过识记、保持、再现等方式对过去经验进行储存和提取的一种基本心理过程。记忆的加工过程主要有编码、储存和提取三个阶段。根据记忆的内容、意识性、过程、保持时间、方法、抽象性等可以把记忆分成很多种类型，例如根据记忆的保持时间可以分为感觉记忆、短时记忆/工作记忆、长时记忆。其中，围绕短时记忆/工作记忆和长时记忆，许多研究者进行了不断而深入的研究，产生了相关的理论，诸如记忆的痕迹理论、记忆的三级储存模型、工作记忆多成分模型等。近年来，人类对于记忆的探索从实验研究逐渐扩展到了脑神经领域，获得了重要的发现，例如海马、颞叶等脑部区域都与记忆有着密切联系。在生活中也有许多有趣的记忆现象。

5-3 课外推荐读物

练习题

一、选择题

1. 图像记忆可以维持多久？（　　）

A. 无限时长　　B. 30 秒　　C. 65 年　　D. 250 毫秒

2. 小明参加艺术节认识了小红，并向小红要她的电话号码。小红将电话号码报给他听，但当时他没有笔，无法记录下来。以下哪一种方法可以保证他第二天可以顺利给小红打电话？（　　）

A. 小明口头复述小红的电话号码几分钟

B. 由于认出了朋友东东他立刻加入了他们的聊天

C. 他立即跑去另一个舞台观看表演

D. 以上都不可以

3. 以下哪一种属于陈述性记忆？（　　）

A. 声像记忆　　B. 程序性记忆

C. 情景记忆　　D. 工作记忆

4. 将存储好的信息找到并应用的过程叫什么？（　　）

A. 提取　　B. 编码　　C. 储存　　D. 复述

5. Baddeley 的最新的工作记忆模型不包含以下哪个系统？（　　）

A. 视空间画板　　B. 中央执行器

C. 注意焦点　　D. 情景缓冲器

二、判断题

1. 长时记忆的容量是无限的。（　　）

2. 编码是对信息进行转换，使之获得适应记忆系统的形式的加工过程。（　　）

3. 消退理论认为遗忘是记忆痕迹得不到强化而逐渐减弱以致最后完全消失。（　　）

4. 根据米勒的研究，短时记忆的容量是 7±2 个字母。（　　）

5. 斯伯林创新性地使用完全报告法对感觉记忆开展了研究。（　　）

三、论述题

1. 短时记忆和工作记忆有哪些异同？

2. 了解了那么多记忆机制、遗忘理论后，你能从不同角度提出哪些有助于提高记忆的方法？

5-4 练习题参考答案

第6章　想象与思维

希腊神话中的斯芬克斯是一个带翼的怪物，它是巨人堤丰和蛇怪厄喀德娜所生的女儿之一，长着美女的头，狮子的身体，总在底比斯城外悬崖上蹲着，对路过的人说出谜语，凡答不出来的，就将其撕成碎片，并吞食干净。很长的时间里，都没人能答对它的谜语，它已经吞食了无数的牺牲者。但是，当一个叫俄狄浦斯的英雄来到它面前时，它说出了一个自认为是最难的谜语，却一下子被俄狄浦斯猜中了，斯芬克斯既气恼又羞愧，便怪叫一声，自己从悬崖上摔下跌死了。斯芬克斯的谜语是：什么东西早上是四条腿，到了中午是两条腿，当太阳落山时又变为三条腿？——《俄狄浦斯王》

俄狄浦斯的答案是人。不少人可能也会这么想：它也许是青蛙、袋鼠，或者是穿山甲？……它也许是被毁坏了的椅子、加轮子或支架的自行车，或者是拐弯行驶中掉轮的赛车？……它也可能是滑雪运动员、电影和动画的角色，或者是成长中的人？……它还可能是机器人、步行机，或者是宇宙操纵器等等。要得到以上丰富多彩的答案就需要想象与思维。

6.1　想　象

化学家凯库勒(F. Kekulé)在研究芳香族化合物时，认为应该先从最简单的苯开始研究，因此他一直在研究苯的结构式。某天晚上，他在炉旁打起了瞌睡，梦见六条蛇在他面前跳舞，随后六条蛇突然首尾衔咬形成了一个环，瞬间六条蛇又变成碳原子环在他眼前旋转。猛然惊醒后，凯库勒从这一刹那梦境联想到：苯分子用一个六角形的环状结构来表示不是很好吗？于是，他立即用纸笔将梦中的碳环画了出来，这就是现在充满有机化学教科书的著名正六边形环——苯环，也叫“凯库勒式”。这一梦中的想象(imagination)，促进了之后芳香族化学的极大发展。为了更好地了解想象，我们先来认识想象的素材——表象。

6.1.1　表象

6.1.1.1　表象的概念

表象(image)是事物未出现在眼前时人们脑中出现的事物形象。狭义地说，表象就指记忆表象。

6.1.1.2 表象的特点

表象首要的特点就是直观性。我们头脑中出现的表象是比较生动而具体的，就如亲耳直接听到某事物的声音一样。但值得一提的是，表象和真实形象还是有区别的。真实形象是由感官所体验到的、知觉中的形象，因此它们是鲜明、完整而稳定的，各种颜色、形状等细节都能感知到；而表象虽然也建立在知觉基础上，但由于人们记忆的原因而比较模糊、不那么完整和稳定，各种细节不能非常清楚而持久地被感知。例如，一件衣服的表象不如衣服本身的知觉形象那么逼真而持久，布料颜色和花纹可能都不很清楚，而且有时想到的是它的领子，有时想到的是袖子。

表象还具有抽象性，即它可以反映事物一般的、主要的特征，并将这些特征组合、概括地表征。例如，一只虎皮鹦鹉身体上是青绿色的羽毛，头顶是鲜红色，还会说“你好”，但我们的表象可能只浮现出该鹦鹉色彩鲜艳，“说话”动听。

6-1 心理旋转实验

除了直观和抽象性，表象还是可操作、可控制的。换言之，我们可以对脑中的表象进行心理操作，就如对象是客观事物一样。例如，设计师在进行服装搭配的时候，就会在脑中进行尝试与操作，袖子的长度、腰线的位置应该固定在哪里为好，应该用哪种发型、饰品等等，然后再在模特身上试验与验证。又比如，我们看到某张图片里某建筑的一部分，觉得熟悉但又不能确定到底是什么建筑，就可能在脑中找到一个“疑似目标”，然后进行各方面匹配，例如不同角度旋转、不同细节匹配，最后得出记忆中某建筑的某个角度对应图片某处的结论。

总之，表象具有直观、抽象和可操作的特性。在心理学中，以心理表象为基础最为典型的例子就是心理旋转。

先来判断一下，以下两张图中的两个物体是同一物体的两个侧面呢，还是两个不同的物体？（图 6－1、图 6－2）

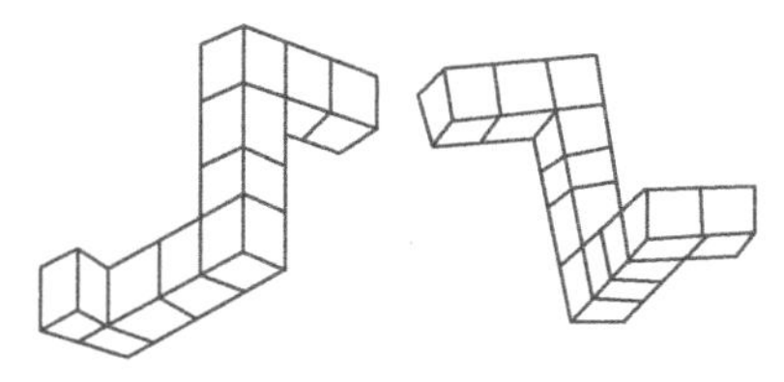

图 6－1

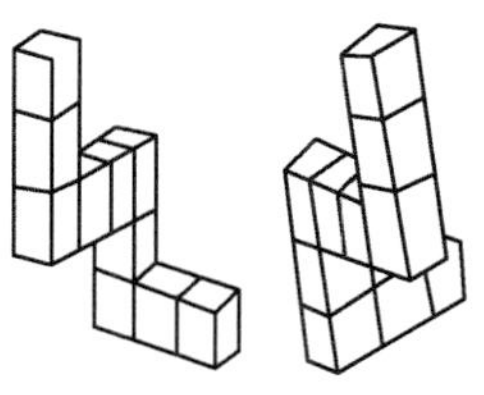

图 6－2

现在请你回想一下，刚才两次判断所花去的时间哪个长一些？也许你发现，判断图 6－1 中的一对物体时，并不需要花费太多的时间，很快就能做出判断：这是同一物体的不同侧面。而对图 6－2 中的两个物体的判断所需要的时间会长一些，其实它们也是同一物体的不同侧面。为什么判断花费的时间会不一样呢？这是因为，在进行判断的时候，我们会把其中一个物体当作标准，先在脑海里形成另一个物体的表象，然后尝试着将脑中的表象物体旋转一下，直到与作为标准的物体角度相同，最后进行比较、判断。心理学家库柏和谢帕德（L. Cooper & R. Shepard，1973）的许多实验还证明，心理旋转的速度是相对恒定的，旋转角度大所需时间长，旋转角度小所需时间就短。

心理学家对心理旋转现象的研究发现，物体在脑海中的映象每转动

180°大约需要1秒钟。平常我们会发现，如果倒拿着书本，看倒写的字会比较吃力，因为按每转60°1秒计算，每读一个字就都要让它来个180°的心理旋转，大约需要3秒钟，当然会比较困难了。但是，看习惯了以后，经验会使速度加快甚至形成倒字的表象，不必进行心理旋转也可以认出来了。

（资料来源：心理减压论坛网）

6.1.1.3 表象的分类

根据产生表象的感觉通道，例如视觉通路、听觉通路和运动觉通路，表象相应地也可以分为视觉表象、听觉表象和运动表象等。最典型的例子就是，我们独自在大学校园里读书时，偶尔会想念家人，想起他们的面容，想起他们说话的声音，想起与他们一起经历的各种事情。根据表象的加工程度不同，表象又可以分为记忆表象和想象表象。记忆表象指人们在记忆中所保持的事物形象，其内容是简单的、被想起的事物形象，诸如之前所举的例子。想象表象是人们在头脑中对记忆中的形象再进行加工后形成的新形象，这些新形象可能从未经历过，可能还不存在，是具有创造性和新颖性的。因此，想象表象是比记忆表象加工、创造程度更深的表象。

6.1.1.4 表象的作用

（1）表象可以促进人们对事物的概括性认识

之前我们提到了表象具有直观性和概括性，事实上，我们通过表象对事物的具体形象有所认知与记忆，进而为抽象概念的形成提供感性基础，最终得到关于该事物与概念更为概括性的认识和理解。例如，儿童刚开始不太熟悉“植物”这个抽象概念，但是如果通过对梧桐树、康乃馨、小草等事物的具体形象，就比较容易促进理解和加深印象。

（2）表象促进人们对于问题的解决

我们是否有这样的经历：在解决几何题时，如果脑中出现那些几何图形，似乎会比较容易思考和解出题目。这就是表象促进问题解决的一个典型例子。其实，我们在试图解决数学运算、建筑设计、寻找地址等各种类型的问题时，假如借助于表象，犹如置身于问题环境中，会更有利于分析、思考和推理。比如别人向我们问路时，我们就会在脑中形成道路以及标志物的形象，试着在脑中道路上行走、寻找，最终找到目的地和行走路线，回答问路人。

6.1.2 想象

想象有一张很大的白纸，在心里将它对折变成两层，再对折形成四层，然后继续对折，一共51次。此时，你能想象纸层的厚度吗？你很难估计和想象，对吧？我们来计算一下，一张纸的厚度是0.07厘米，那么总厚度就有$2^{51}\times 0.07$厘米，大约有1.576亿公里，超过了地球到太阳的远点距离！那么关于想象，让我们来仔细了解一下吧。

6.1.2.1 想象的概念

想象是加工人们脑中的表象而形成新形象的过程，也是一种高级心理过程。比如，我们在听朋友说起一个不认识的人时，通过朋友的介绍和自己的经验，在脑中形成关于该人的新形象。想象主要是针对图形信息，而对符号和字词没有太大的作用。

6.1.2.2 想象的特点

由于想象是基于表象基础上的，因此想象具有形象性。我们所想象到的事物可能是形象鲜明而生动的，比如想象中的某菜肴色彩鲜活、摆盘别致。同时，想象还具有创造性和新颖性。可以通过想象在现实事物的基础上改造出新事物，也可以直接创造出现实中不存在的新事物。许多电影和小说中的人物形象有的就有原型基础，例如变形金刚、人猿泰山，有的是创造的，例如克隆人、外星人。

6.1.2.3 想象活动的过程

想象活动主要经过从表象中分析重要的元素、根据自己的想法综合和创造出新形象这几个过程。在综合的时候，可以通过结合、夸张、典型化和联想的方式进行，从而得到不同的效果。结合和夸张比较容易理解，前者是指将不相干的一些特征、属性在人脑中结合在一起产生新形象，后者则是夸大而突出某个特征忽略其他特征成为新形象。比如安徒生童话中的美人鱼，又比如中国神话中的千手观音，还有许多动画和艺术作品中的形象都是如此。典型化属于比较生疏的概念，是指用某类事物的共同特征创造新形象，在文艺作品中比较常见，绘画中的大海一般通过蓝色、浩瀚等代表性、公共性的特征来表现。联想活动在我们日常生活中很常见，但想象联想不同于记忆联想，虽然也是从一个事物想到另一个事物，但也有创作活动、会打破一些常规，而且还依赖于当时的情绪与动机。比如，从人类可以进行思维和社会活动，联想到动物也同样可以进行高级思维和社会活动，于是涌现了很多科幻和动画电影，比如怪物史莱克、忍者神龟等经典电影，编剧把这些动物想象物塑造成和人类一样有智慧、有情感、有责任的群体，而且非常真实、生动和感人。

6.1.2.4 想象的种类

我们根据想象是否具有目的，可以将其分为无意想象和有意想象。

(1)无意想象

无意想象指无目的、不由自主产生的想象，尤其是人们意识比较弱的情况下，如果有所刺激，就会主动进行想象活动。大多数的时候，正常人的无意想象只是联想。但也有几种比较特殊的无意想象。

①梦：梦是无意想象的一种比较极端的形式，比较逼真，有时还有些荒唐。梦主要在人们的快速眼动睡眠(REM)中产生，千奇百怪的梦大多与日常生活中的愿望、想象、回忆、忧虑、思念等精神活动有关。

②疾病引起的无意想象：精神病患者往往会形成幻觉，视幻觉、听幻觉比较多，这些幻想就是一种比较病态的无意想象，例如看到、听到各种实际上并不存在的物品、声音，诸如看到人、动物的形象、物体或者混合的形象，听到叫喊声、音乐声、耳语声或其他嘈杂声，但是患者个人并不能辨别清楚幻想和现实形象。比如妄想型精神分裂症患者，在没有人伤害他时却总认为有人要暗害他，在跟踪他。

③药物引起的无意想象：有些药物，例如大麻等迷幻剂会导致无意想象。服用

迷幻剂后，人会出现逼真幻觉，时空扭曲，产生联想，并因个人心情与环境而变化：如果心情好，那么绽放在你眼前的就会是千彩万丽的影像；如果心情不好，那么眼前的景象会让你非常难过抑郁，这些极端的想象可能会导致非常不好的行为结果发生，而且长期使用后会经常幻想以前的旅程片段，产生"倒叙"现象。

(2)有意想象

有意想象指有目的、主动进行的想象。比如艺术家构思的事物形象，就是他们为了创作而进行的有意想象。根据有意想象内容的新颖性、创造性的不同，可以将其再细分为再造想象、创造想象和幻想。

①再造想象是依照言语描述或者图形示范而在人们脑中形成相匹配的新形象的过程，具有低水平的创造性。同时，再造想象需要有较为充分的表象和一定程度的言语思维基础，丰富而充足的表象可以提供丰富而生动的想象内容，适当的言语思维基础提供形象思维和想象发挥空间，并还能有利于表象储存容量和空间的开发，从而进一步促进再造想象。例如，我们在看小说的时候，根据文字描述产生各种表象，通过言语和形象思维想象和了解所描述的人物、场景和情节。

②创造想象是有目的、有任务地在人们脑中创造出新想象的过程，具有较高水平的创造性和新颖性。此外，创造想象还要求个体在头脑中分析、加工、改造已有材料，进行更为复杂和新颖的创造活动，是比再造想象更高层次、更有难度的想象活动。例如，作家在创作的时候，先接触了许多人、经历了许多事件后，再通过想象、创造来塑造人物、编写情节，其作品来自生活与社会，但又充满了个人主观思考与创新。

③幻想是与个人愿望有关、具有未来性的想象，其内容往往是人们所向往、所希望的。同时，幻想也是创造想象的一种特殊形式，许多科幻小说和电影中的形象与事件都是幻想的典型例子。

6.1.2.5　想象的意义

想象是现代人非常需要的一种能力，在人类学习和生活中有重要的作用。

①想象可以指向未来、预示结果，指导人们努力和活动的方向，促进人们创新和发展。因为有想象的存在，才促成了人类历史上的一次次奇迹、一次次进步：小到普通人的学习活动、厨师的菜式推新和工人的技术革新，大到建筑师的设计、文艺家的创作和科学家的发明，都需要想象的帮助。因此，科学家爱因斯坦认为，"想象力比知识更为重要"，数学家高斯说，"没有大胆的想象，就不可能有伟大的发现"。

②想象可以填补知识经验，有利于人们的感知与理解活动。许多生活中的事物时间或者空间距离比较远，我们的知识经验比较缺乏，因此可能不容易直接感知或者理解准确，不过可以借助表象在脑中形成想象，把握、整合特征信息，最终得以感知体会。比如我们从他人或者书籍中了解到关于因纽特人的生活情景的描述，例如他们会狩猎，猎物的肉食用，毛皮做衣物，油脂用于照明和烹饪，骨牙作工具和武器；男子狩猎和建屋，妇女制皮和缝纫。我们只需要对"拉雪橇""狩猎""捕鱼""制皮"这些有关活动的主要特征信息进行想象，就可以基本了解因纽特人普遍的生活情况。

③想象可以从心理上满足人们的愿望，也可以从生理上发挥调节作用。人类

有许多需要,但不一定能够全部实现,因此会引起一些失望的情绪。如果通过想象,在想象情景中实现愿望,能在某种程度上缓解情绪,甚至可以帮助人们反省未能实现的原因,有助于今后的行动与发展。例如,儿童很羡慕飞行员,想开飞机,当他在摩天轮上玩的时候,手握把手,想象着自己握着操纵杆在天空上飞行时,就如自己在开飞机一样。但是,一味追求想象来满足未完成的愿望也会产生一定的负性作用,可能会使人们沉溺于想象而不顾现实导致消极的后果,因此适当和偶尔的想象、并从想象中顿悟获得动力才是比较积极的。此外,根据现代生物反馈学的研究,想象可以影响人的生理状态,有时还能起到调控作用,生物反馈疗法(biofeedback therapy)就是据此原理建立的。

生物反馈疗法是一种借助于现代生理科学仪器,将自身在一般情况下不能被感觉到的生理活动的微弱信息记录、放大、转换成视听信号,通过仪表显示出来,让人们能够经过特殊训练调控自己的心律、血压、肌肉紧张程度、出汗、脑电波等身体功能活动情况,从而改善机体各器官系统的功能状态,矫正对应激的不适应反应,学会有意识地调节和控制身体内部发生变化的方法。美国心理学家米勒(N. Miller)是生物反馈研究的创始人。生物反馈疗法在临床上多用于治疗心身疾病(如高血压等心血管疾病),同时也用于治疗某些精神病和神经病(如焦虑症、紧张性头痛等)。

许多心理治疗也运用了该原理,对人们的情绪进行调节,使心理状态恢复到比较适当的水平。为了调节、抚平来访者的情绪,治疗师有时会让来访者采用想象美好环境的方法,比如他会平和地引导:“你现在躺在一张柔软的吊床上,很舒服,很享受,你的上方是蓝蓝的天,你的周围是茂密的树和不知名的野花,空气很新鲜,现在觉得很平静、很放松……”这时,刚才还有点紧张和不安的来访者,随着引导语和想象,就会慢慢沉静、放松下来,心跳会减慢,呼吸会平和。

(资料来源:郑晓边.心理变态与健康[M].修订版.合肥:安徽人民出版社,2001)

通过上述想象在人类生活和学习中的意义,我们应该适当发挥想象的优点,良好而积极地发展自我。

6.2 思　维

美国人马丁·加德纳在趣味数学领域享有盛名,从 1957 年开始就在《科学美国人》杂志上开设了数学游戏专栏,该专栏一直延续到了 1981 年。他把枯燥乏味的数学通俗化、生机化,因此人们称赞他是“数学的传教士”。下面是加德纳给读者的一道有关自行车和苍蝇的数学趣题。

两个男孩各骑一辆自行车,从相距 20 英里(1 英里≈1.609 千米)的两个地方沿直线相向骑行。在他们起步的那一瞬间,一辆自行车车把上的一只苍蝇,开始向另一辆自行车径直飞去。它一到达另一辆自行车的车把,就立即转向往回飞行。这只苍蝇如此往返于两辆自行车的车把之间,直到两辆自行车相遇为止。如果每辆自行车都以每小时10英里的匀速前进，苍蝇以每小时15英里的匀速飞行，那么，苍蝇总共飞行了多少英里？

每辆自行车运动的速度是每小时10英里，1小时后两辆车相遇于20英里距离的中点。苍蝇飞行的速度是每小时15英里，因此在1小时中总共飞了15英里。事情就这么简单，你想到了吗？相信不少读者已经想到了解决方法，这就是人类思维的力量了。

（资料来源：[美]马丁·加德纳著.引人入胜的数学趣题[M].林自新，译.上海：上海科技教育出版社，2000）

6.2.1 思维的概念

思维(thinking)是通过语言、表象或动作行为等形式对客观事物本质特征和内部联系的概括和间接的认识。之前我们了解和学习了感知觉、注意和记忆等，这些心理过程所涉及的都是低层次的加工，例如，感知觉是对直接从外界刺激中输入的信息进行的初级加工；注意是心理活动对于外界一定刺激的指向或集中；记忆是对输入刺激的编码和储存。思维则是在之前注意、感知觉提供的感性信息的基础上，在记忆的帮助下，通过假设推理等方式，揭示事物内在联系和规律的、更为高层次的加工，因此属于高级形式的认识，主要体现在推理和问题解决等具体活动中。

6.2.2 思维的特点

思维具有概括性、间接性、改造性和情景性四个特点。

(1)概括性

人们基于众多感性信息，通过提取某类事物的共同特征与本质规律，得到概括性的认识。比如，我们从观察、接触和听闻某人的各种行为言论等而对他/她做出一定概括、综合的认识，是个正直、乐于助人或者幽默、容易相处的人，还是有野心、唯利是图的人。概括性不仅能够使人们摆脱具体事物的束缚而进行认识活动，还可以更广范围、更深层次地了解事物，是形成概念的前提和进行思维迁移的基础，对于思维而言有重要的作用。此外，随着人们学习认识水平的提高，概括水平也会相应发展而提高。

(2)间接性

人们可以借助某种媒介或者知识经验间接地认识客观事物。比如，我们在没有完全了解某个行星的时候，却可以通过它表面的初步探测数据、行星的基本运行规律和我们关于宇宙和行星的知识经验推测有关它的基本情况、特点和形成发展。正因为思维的间接性，人们可以不局限于感知觉信息，而能够认识某些不直接作用于人类感官的事物，并进一步了解和认识到其属性与规律。

(3)改造性

人们可以对脑中已存在的知识经验进行改造，更新其对事物新特征、新关系的认识。比如，文艺复兴以前，亚里士多德、托勒密提出的地心说是长期盛行于古代欧洲的宇宙学说，一千多年来人类都坚信“地心说”并认为地球是宇宙的中心，而通过布鲁诺、伽利略等人的努力后，1543 年哥白尼根据大量精确的观测材料，运用三角学的知识分析了行星、太阳、地球之间的关系，计算了行星轨道的相对大小和倾角等，建立了新的宇宙体系——日心体系：太阳居于宇宙的中心，而包括地球在内的行星都绕太阳转动。这些事实根据使人们渐渐发现“地心说”的不正确，从而接受和肯定了“日心说”。在此漫长过程中，人们逐渐更新甚至重建其知识经验，并获得了更为准确的认识和正确的规律。

(4)情景性

人们进行思维活动往往是在某一问题情景下产生，并尝试进行解决的。比如，建筑师在进行建筑设计时，不仅要根据当地的地质、人文特色，还要兼顾投资商的经济层面的要求，设计出符合各种要求又有其个人特色的建筑。因此，这就体现了具体问题具体分析的特色，印证了思维情景性和改造性，也体现了思维高层次加工水平的特点。

6.2.3 思维的种类

如果从不同的角度出发，思维可以分成各种不同的类别。

6.2.3.1 按思维的内容分类

思维根据其内容和性质，可以分为直观动作思维、具体形象思维和抽象逻辑思维三种。

(1)直观动作思维

用实际动作解决直观形式的问题。人们在智力未发育成熟(六七岁)时，就具有了直观动作思维，比如小孩子想吃糖，就找到糖盒，试图把盒子打开，拿出糖自己动手剥开吃。智力发育成熟以后，人的直观动作思维可以更复杂些，可能在动作之外还利用了表象或者知识经验，比如在修理故障电器时，修理师傅就需要通过各种工具检查是哪里出了问题，是短路还是螺丝掉了，配合对于该电器的认识和修理的经验，最后找出故障原因，着手修理。

(2)具体形象思维

运用脑中具体形象解决问题。最为典型的例子就是探路，我们对某地区熟悉以后，如果要前往一地点，就会在脑中产生有关该地域的道路情况，比如是否单行，是否拥挤，然后决定出一条比较合适的路线。除此之外，在绘画、设计等涉及具体形象的活动，都需要形象思维的参与。

(3)抽象逻辑思维

利用概念、理论和规律解决问题。在学生学习理科知识、科研工作者进行课题研究过程中，都非常需要抽象逻辑思维的参与，从空间几何关系的判断一直到某项人类基因工程的实验研究。因此，在科研领域，抽象逻辑思维非常重要。

6.2.3.2 按创造性分类

由于创造性在学习生活中的重要性，根据思维内容是否具有创造性，可以分为常规思维和创造性思维。

(1)常规思维

运用已有知识经验和常规程序直接解决问题，创造性要求比较低，不太需要改变原有知识，也不创造出新的成果，例如我们利用公式计算某类物理题，根据已知数据，只需套公式即可。

(2)创造性思维

改造已有知识经验、改变以往程序创造新思维成果，虽然会具有一定的难度，但创新性的成果所带来的效应可能是无法估量的，多数还是具有一定社会价值的，例如软件开发、更高级机器人的研发。

6.2.3.3　按思维的方式分类

根据思维和解决问题的方式，思维又可以分为辐合思维和发散思维。

(1)辐合思维

根据提供的信息和已有规律产生符合逻辑的结论，有方向性、条理性。最典型的例子就是多个物体的大小关系比较：A 大于 C，A 小于 B，B 小于 D，那么 C 和 D 相比，当然是 D 比较大。

(2)发散思维

重组已有信息，往不同的方向产生各种结论。因此在解决问题时，可以产生许多种回答与方案，以供选择出最恰当的。比如，对于当今全球最为关心的“温室”问题，科学家提出了许多种缓解和解决方案，或是减少尾气等二氧化碳排放量，或是增加植被以吸收二氧化碳等等。

6.2.3.4　按是否依赖概念分类

根据思维是否依赖概念来解决问题，有经验思维和理论思维之分。

(1)经验思维

依照平常生活经验进行的思维，受经验水平的影响，可能会产生片面、不太准确的结论。人们凭经验会认为“蔬菜水果是有营养价值的”“油炸、腌制的食品不太健康”，但是有些水果虽然很有营养也不能多吃或者不能空腹吃，有些食物油炸后反倒能包裹住其营养成分而对人有益处。

(2)理论思维

依据概念和科学结论来判断和解决问题，一般都比较准确，可以妥善解决。比如，根据“光的速度快于声音的速度”，我们在雷雨天气，通过闪电和雷声的间隔时间判断雷雨距离多远，也可以早点做好防雷准备，关掉电器切掉电源。

6.2.3.5　按是否遵循逻辑分类

根据思维是否有逻辑性，思维还可以分为直觉思维和分析思维。

(1)形式逻辑思维

遵循逻辑规律逐渐推理作出合理结论和答案，严谨而准确，例如扑克游戏算 24 点就属于一种需要形式逻辑思维参与的游戏，将任意四张牌的数字进行运算结果得到 24。

(2)非形式逻辑思维

主要包括直觉思维，即能够迅速对新问题理解而判断的思维，快速而直接，例如我们如果在陌生环境迷了路，会问路或者找警察帮助，或者直接找出租车坐到熟悉的地方。

6.2.4 思维的基本过程

之前提到，思维是高级形式的认知，因此有一系列的实现过程，我们称为思维操作。具体地说，思维操作是在头脑中利用知识经验，分析、综合、比较、抽象和概括外界输入信息的过程(图 6-3)。

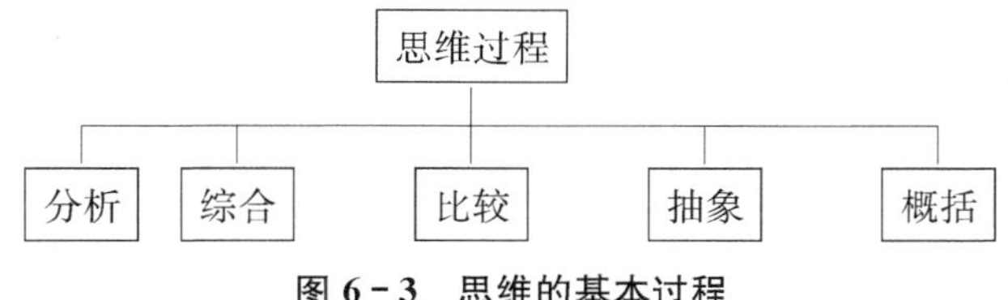

图 6-3 思维的基本过程

(1)分析

在脑中把事物分解成多个部分或属性。例如，在阅读理解时将文章分成段、句、短语和词来进行；在学习生理学时将昆虫分为头、胸、腹、四肢和触角等。

(2)综合

在脑中把事物的各部分或属性结合，从而探索其中的联系与本质。例如，从一个人的为人处世、性格、行为等各方面来了解和评价他；又比如在破案时，根据一个个线索、一个个关键点发现其中的联系，从而推断与证实案子的真实情况。分析与综合可以说是两个相对而又相联系的过程，分析是基础，综合是跃进，它们都属于思维的基本过程，都是思维不可或缺的部分。

(3)比较

将各种事物对比，找出其相同、不同及关系。不仅是一个各部分、特征的分析过程，还是一个决定其间关系的综合过程。它在学习、工作和生活中有着重要作用，能区分出事物的不同，发现各自的优缺点。例如，我们对两种产品进行外观、性能、价格等方面的比较，综合评价后就能找到适合自己的产品，进行最佳的购买决策。

(4)抽象

在脑中提炼出各种事物的共同部分或属性。比如抽象出吉普车、轿车、公共汽车都能运输而充当交通工具的共性，得到“车是交通工具”这一共性的认识。通过抽象得到的普遍认识在生活中非常之多，比如年龄、长度、重量等计量单位，又比如合格、美丽、勇敢等形容词。

(5)概括

在抽象的基础上，根据事物的本质特征和内部联系进行概括。例如，在数理化学科中有许多的定义、定理都是通过概括得到的。在生活中，人们还容易进行一种较低水平的概括，即在感知觉或者表象基础上的概括。比如，常说的“以貌取人”，就是指我们在与人交往的时候，容易将容貌和个人感觉作为评判该人的标准。

6.2.5 思维的意义

了解认识思维的特征、种类和过程后，我们可以发现思维对于揭示和把握事物的本质特征和内部联系有着重要的意义，通过概念的形式进行判断和推理也有助于人们解决各种问题。同时，思维与感知觉、记忆和情绪的关系，也说明了其对于人类认知活动的影响和作用。思维能力是人类智力的核心部分，尤其是抽象思维能力有着举足轻重的作用，我们应该把握好这一利器，将其运用到学习、生活和工作之中。因此，不仅心理学，其他诸如哲学、逻辑学、脑科学等学科都对其有所研究。

6.2.6 推理

6.2.6.1 推理的一般概念

推理(reasoning)是一种典型的思维活动，分为归纳推理(inductive reasoning)和演绎推理(deductive reasoning)，可以简称为归纳和演绎。归纳推理指归纳出具体事物或现象中的一般规律，就是概念形成的过程。比如杭州、上海等长江中下游地区，通常每年六月中旬到七月上旬会有持续连绵的阴雨、温高湿大，人们发现此时很多东西容易发霉，又正值梅子成熟，因此渐渐地人们就称这段时间为"霉雨"或者"梅雨"，也逐渐形成了一定的习惯，在这期间尽量减少开关衣橱的次数，应注意带伞以防突如其来的雨。演绎推理则是依据一般原理推断出新结论，相当于问题解决，比如根据"热胀冷缩"的原理，我们就可以知道人的脚也会在天气热时偏大、天气冷时偏小，因此在挑选鞋子大小时可以作为参考，冬天买鞋可以买稍大一些的鞋子，这样等到天气转温脚开始胀时鞋子不会太紧。推理活动需要综合考虑长时记忆中的知识与当前短时记忆中的信息，从而解决问题。

6.2.6.2 归纳推理及应用

归纳的过程从本质上说也是概念形成的过程。那么，首先我们对概念进行一些简单的了解。所谓概念(concept)，就是人们对于客观事物本质属性认识的一种思维形式，以语词的形式表示，可以将不同的事物加以区分，达到感知觉以外的、更高的认识水平。概念有其内涵和外延，内涵是概念所体现的事物本质，外延是概念所包含事物的范围。比如"鸟"的概念，"鸟是两足、恒温、卵生的脊椎动物，身披羽毛，前肢演化成翼，有坚硬的喙"，其内涵就是"两足、恒温、卵生、有羽毛、喙、脊椎动物"，外延则包括了一切鸟类。根据概念所含属性的概括程度，概念可以分为具体概念和抽象概念。前者通过事物的外表属性而形成，比如"飞机""栀子花""马克杯"等；后者则是根据事物内在属性而形成的，比如"正确""善良""相等"。

使用过某种品牌的商品后，我们会对其包装、质量、价格等作出综合性评价；选择股票时，我们根据其业绩、红利、板块走向等方面综合把握；美食节目中，评委们通过色、香、味、形等方面综合打分选出最佳菜肴……这些仅仅是归纳推理在现实生活中最为普通的应用，事实上它甚至在心理学、人工智能等研究领域中都具有非常重要的应用，例如类比、枚举、假设检验等各种形式。归纳推理的过程是人们根据外界事物和现象，掌握其概念本质属性的过程。在此过程中，最为重要的就是搜集各种证据、线索，综合、概括得到结论或者进行问题解决。

某大学微积分课的T教授发现，每次他的课都有一部分学生要迟到，而这些学生都是P专业的，久而久之，他就归纳出了"某某专业的学生经常迟到"，因此当某天上课时，有人迟到了，他就会下意识地认为该同学就是 P 专业的学生。为了杜绝该不良行为，T 教授在课上提醒 P 专业的同学应该准时上课，否则会对迟到者进行一定的惩罚处理。之后，上课迟到的行为就鲜有发生。

在这个例子中，T 教授通过多次上课观察后掌握了 P 专业学生迟到的证据与线索，通过归纳得到了“P 专业部分学生喜欢迟到”的结论，并对此现象对症下药，提出了解决方法。但是，归纳推理所得到的结论不一定是准确的，可能受个人因素的影响而有些片面性。比如，在 T 教授的例子中，当有人迟到时，他就会容易产生“该迟到同学又是 P 专业”的想法。为了避免这种错误的发生，我们应该收集更多充分的证据，并对新发生的现象也进行认识，从而比较科学地在生活、工作中运用归纳推理的方法。

6.2.6.3　演绎推理及应用

之前已经介绍过演绎推理的基本概念，我们对此也有了初步的了解。事实上，演绎推理又有三段论推理（syllogism）和条件推理（conditional reasoning）两种表现形式，它们具有不同的特点，对于人类思考和解决问题都有着重要作用，下面我们结合一些例子来理解这两种演绎推理。

（1）三段论推理

人们根据两个假定是真实的前提进行推理，得到结论，该结论可能符合、也可能不符合两个前提。这就意味着，人们在进行三段论推理时，有时会产生错误。如图 6－4 所示的漫画就是一个很好的例子。

显而易见，漫画中的结论是错误的。接下来，再让我们看一些其他例子。

有以下若干前提与论断：

1）H 球队所有球员都是中国人，所有中国人都是吃中餐的，所以该球队所有球员都是吃中餐的。

2）H 球队所有球员都不是中国人，所有中国人都是吃中餐的，所以该球队所有球员都不是吃中餐的。

3）H 球队有部分球员是中国人，有部分中国人是吃辣的，所以该球队有部分球员是吃辣的。

4）H 球队所有球员都是吃辣的，所有中国人都是吃辣的，所以该球队所有球员都是中国人。

所有的猫都有四条腿，
我有四条腿，因此，我
是一只猫。

图 6－4

在实际生活中，如果不仔细思考，我们都会认为以上推断是正确的。事实上，只有 1）的结论是正确的，其他都不正确。结合图示分析，对于 2）的例子，可能也存在着其他国家也是吃中餐的人，比如新加坡人、华裔等，从图 6－5 可以发现，存在 A 和 C 有交集的情况；对于 3）的例子，既然只有一部分中国人是吃辣的，那么就有一部分中国人是不吃辣的，所以球队中的那一部分中国球员可能就是不吃辣的中国人，从图 6－6 可以发现，A 与 D 没有交集的情况亦存在；对于 4）的例子，吃辣的国家非常多，中国只是其中一个，因此球队中可能有来自其他吃辣的国家的队员，从图 6－7 可以发现，也存在 A 与 B 没有交集的情况。

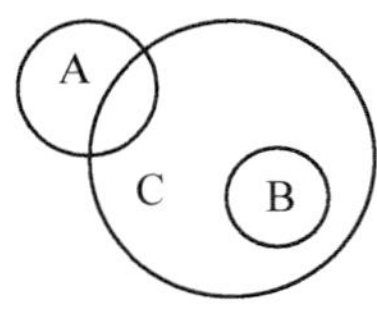

图 6-5

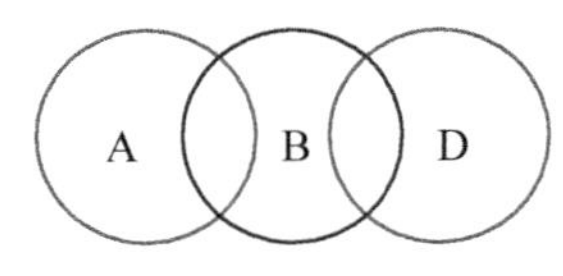

图 6-6

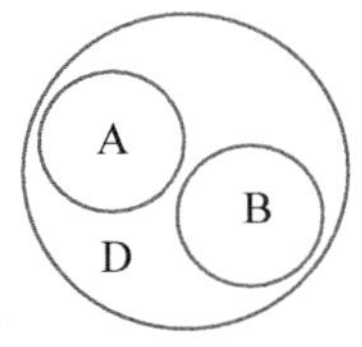

图 6-7

A:球员　B:中国人　C:吃中餐的人　D:吃辣的

对于产生推理错误的原因,几十年来,许多心理学家都从不同角度作出了解释。武德沃斯和塞尔斯(R. Woodworth & S. Sells,1935)首先用气氛效应作为该现象的原因进行解释。他们认为,前提中的逻辑量词(例如“所有”“有部分”“一些”)会产生一种“气氛”,促使人们作出一些包含同样逻辑量词的结论,即两个具有全称的前提(例如“所有”)容易产生带有全称的结论,如例 1)、例 4);同样,两个具有特称的前提(例如“有些”)容易产生带有特称的结论,如例 3)。

随后,查普曼(L. Chapman & J. Chapman,1959)提出了换位理论(conversion theory),给予了另一种解释:人们的推理是符合逻辑的,只是人们对于前提做了错误的理解,将主宾语互换位置,从而导致了所做结论的错误。典型的例子就是将“所有球队都是中国人”很自然地等同于“所有中国人也都是球员”,看到“有部分球员是中国人”也认为“有些中国人是球员”。

多年后,又有心理学家提出了新的解释,伊凡斯(C. Evans,1983)认为这是由于产生了信念偏见效应(belief-bias effect),即人们倾向于把那些与现实或者自己的心理表征比较接近的结论判断为是正确的,相反地把那些与现实或者自己的心理表征不同的结论判断为是错误的,比如我们一般认为只有中国人是吃中餐的,因此认为 2)的推论是正确的。如果要避免这类偏见,我们可以进行一些逻辑推理的训练以提高逻辑思维。

在此之后,赖尔德(P. Laird,1993)又提出了心理模型理论(mental model theory)来解释。心理模型就是人们根据前提所感知体会到的前提情景,而人们推理的过程是根据前提条件创建若干没有冲突的心理模型来验证结论的整个过程。他们认为人们之所以会推理错误,可能是因为对前提信息加工不够充分和完整,可能受到了短时记忆容量的限制,也可能是因为所创建的心理模型不够完美。

(2)条件推理

人们根据条件性的命题进行推理叫条件推理。例如有这样一个命题:“如果明天天晴,他们就去郊游”,而第二天果真天晴,因此我们根据命题推断他们都去郊游了。我们可以来尝试解决下面的问题,体验一下条件推理:

> 你将会看到四张卡片,卡片的一面写有字母,另一面写有数字,如图 6-8 所示。你的任务是评估一个规则:“如果卡片的一面是元音字母,那么另一面写着的数字就是偶数。”从所示四张卡片中选择、翻看背面来检验该规则正确与否,那么,你会怎样翻看卡片呢?

图 6-8

你是选择了翻看卡片“E”，还是翻看卡片“4”，还是其他呢？其实，翻看卡片“E”是正确的，直接检验了规则，而翻看“4”就是个比较多余、不太必需的动作，而应该再翻看卡片“7”，因为如果卡片“7”的背面是元音就证实了规则的错误，等于从试图证否的角度来检验规则。沃森在 1966 年就对此任务做了实验研究，结果发现参加任务的被试中，46%的人选择了“E”和“4”的检验，只有 4%的人选择了正确的“E”和“7”的检验。在这个任务中，人们充分体现了试图证实规则的倾向，而不是去证否，我们称该现象为证实偏见(confirmation bias)。之所以会产生这样的偏见，主要源于我们对这些抽象、人为的材料不熟悉，如果有了知识经验，就容易避免这种倾向。

同样是四张卡片，卡片的一面写有行为，另一面写有年龄，如图 6-9 所示。你的任务是评估 B 酒吧的一个规则：“如果有人要喝酒，他/她必须超过 19 岁。”从所示四张卡片中选择、翻看背面来检验该规则正确与否，那么，你会怎样翻看卡片呢？

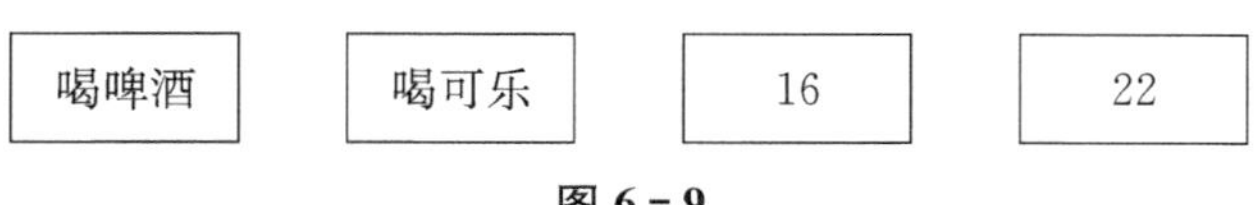

图 6-9

格里格斯(R. Griggs，1982)用了相同任务，但是内容和规则与现实生活相关，就有高达 74%的人做出了正确的选择，即只要检验“喝啤酒”和“16”即可。其中的差别就在于，将喝酒与年龄相关联比将元音字母与偶数相关联自然、生活化得多，因为人们有生活经验。

6.2.7 问题解决

我们每天都可能会遇到许多问题：穿什么衣服出门，如何坐车去雷峰塔，怎样将衣服上的锈渍洗掉，老师布置的作业不会做，朋友对我有误会，外卖店送的外卖不是我要的那份，电脑好像中毒了，怎样才能通过这门课的考试，怎样顺利完成那个项目？……在学习、工作和生活中，我们不断地遇到各种问题，亦大亦小，然后通过自己努力或他人帮助解决这些问题。在此过程中，我们可能意识不到其中蕴涵的复杂思维过程和自己所使用的策略与技巧，那么我们就来更为具体地了解这一典型而常用的思维过程吧。

6.2.7.1 问题解决的一般概念

从 19 世纪开始，心理学家就对问题解决进行了研究，从最早利用猫、小鼠和黑猩猩等动物做实验，发现动物可以通过尝试错误或者顿悟的方法解决问题，到 20 世纪中后期开始的用计算机类比、模拟人类问题解决的行为过程，提出了问题空间的概念，使我们对问题解决的基本概念、过程和策略等方面有了逐步的认识。同时，生理心理学研究发现，人类大脑皮层的额叶对于问题解决活动有重要作用，而大脑半球左侧的颞叶和顶—枕叶与问题解决活动也有着密切的关系。

一般认为，问题解决(problem solving)是指一定情景引起的，在一定目标下，人们运用认知活动、技能等，通过一系列思维操作，最终解决问题的过程。最典型的例子就是我们做数学证明题的过程，根据题目的已知条件，利用自身掌握的理论规律，经过一系列认知操作，证实待证结论，最终解决问题。

除了一般定义外，认知科学家纽威尔和西蒙(A. Newell &H. Simon，1972)从认知心理学的角度出发，也给予了问题解决一个合适的定义：问题解决是通过搜索、选择和运用算子来改变问题空间，使问题的起始状态最终转变成目标状态的心理过程。这里有两个新概念，"算子"和"问题空间"。算子(operator)可以认为是解决问题的手段或者方法，而问题空间则是我们对即将要解决问题起始状态、目标状态以及如何将前者转换成后者的认识。因此，从该观点来理解问题解决的过程和策略更容易。

6.2.7.2　问题解决的一般过程

那么问题解决究竟是个怎样的活动过程呢？许多心理学家对此有着不同的看法，我们这里介绍三阶段说和四阶段说两种。

三阶段说认为，问题解决需要经过一般解决来确定解决问题的大致方向或途径，再进行功能解决提出符合该方向或途径的具体解决方法，最后通过特殊解决找出更为具体合适的手段和工具三个过程。

> 例如，医生在为癌症患者医治时，会先让患者选择化疗、放疗、切除等大方向中的一个，如果患者选择了化疗，那么医生再提出化疗方案，最后医生根据患者身体状况、医治进度确定具体的化疗成分、频率以及配合的一些调理措施，这就是典型的一般解决、功能解决和特殊解决。

现代认知心理学派也认为问题解决需要经历三个阶段，但是内容与传统的描述有所区别。斯腾伯格和弗兰斯(R. Sternberg &T. Frensch，1991)认为，问题解决需要经过理解准备阶段、产生解决方法阶段和评判所用方法阶段这三个过程。只有对问题进行恰当理解和适当表征，才能产生各种解决方法，最终认识到哪种方法更为有效。

> 例如，医生在为癌症患者医治时，会先通过详细的生理检查了解患者的具体情况，对其病情作全面认识；然后，据此为患者选择化疗、放疗、切除等治疗方案中的一种，如切除方案；根据患者治疗进展情况，如果有所好转那就说明该方法对于该患者的确具有一定的效果，但如果无法切除彻底或者又产生扩散现象，那么医生可能就会认为再次切除方法无效，而尝试化疗方案。

现在不少学者都支持四阶段说，认为人们需要经过发现问题、分析问题和可用策略、提出假设以及运用实践操作和理论支持验证假设四个过程，从认知的角度出发，运用算子和策略来解决具体问题。同样是癌症治疗的例子，我们可以从四阶段说的角度进行分析。

> 对于癌症患者的治疗，医生需要先发现患者患了恶性肿瘤，然后根据

报告分析肿瘤发展情况、患者的身体状况以及可能的治疗方法(比如切除、化疗、放疗等),接着提出假设,也就是治疗方案,比如切除,最后医生研究分析后为患者动手术实行切除,并配合一些调理治疗,如果手术成功,患者恢复良好即说明假设得到验证。

6.2.7.3 问题解决的策略

问题解决是一个复杂而高级的心理过程,要有效、成功地解决所遇到的问题,会受到许多因素的制约。而采用的策略就是其中一个非常重要的影响因素,我们结合例子一一介绍。

(1)算法策略(algorithm strategy)

在问题空间中搜索、尝试所有可能解决问题的方法,最终找到能够有效解决问题的方法。比如我们登录很久不用的电子邮箱时,可能不太记得密码了,此时就要尝试自己所有可能使用的密码,最终找到正确的密码。不难发现,这种方法的确能够找到解决问题的方法,但是因为需要尝试各种可能必然比较浪费时间和精力,而且当问题过于复杂或者问题根本没有现成算法时,该方法就没有效果了。

(2)手段—目的分析策略(mean-end analysis strategy)

比较问题的起始状态和目标状态,根据差异将问题的目标状态分成几个子目标,逐步实现这些子目标后最终达到总目标。最典型的就是河内塔问题,如图 6－10所示。

根据一个古老的故事,在远东的某处有一个寺院,里面有一堆 64 个由大到小纯金打造的盘子。有一回,这些盘子被叠在一起,最大的盘子放在最底层。每个盘子被穿了一个孔,放在宝石做的针上,就像一个塔一样,称为“河内塔”。它们可以根据下面的规则由一个位置搬移到另外一个位置:①一次只能移动一个盘子;②大盘子永远不能放在小盘子的上面;③这一叠盘子可以借由另外一个外加的暂时位置从某个位置移到另外一个位置。当这个“河内塔”从某个位置全部被搬到另外一个位置时,世界末日就会降临!

64 个盘子的问题过于复杂,我们先来看比较简单的 3 个盘子的情况(图 6－10)。比较起始状态和目标状态,最明显、重要的差异就在于 C 盘不在柱子 3 上,要消除该差异就先需要把 C 盘移到柱子 3 上(目标 1),根据规则的限制需要移开 A 盘和 B 盘(目标 2 和 3),通过移动 A 盘到柱子 3 实现目标 2,移动 B 盘到柱子 2 实现目标 3;再把 A 盘放到柱子 2 的 B 盘上,从而移动 C 盘到柱子 3 上实现目标 1;此时,与目标状态相比的差异就在于 B 盘不在柱子 3 上(目标 4),我们就要先将 A 盘放到柱子 1,然后移动 B 盘到柱子 3 实现目标 4;最后再移动 A 盘到柱子 3 上实现最终

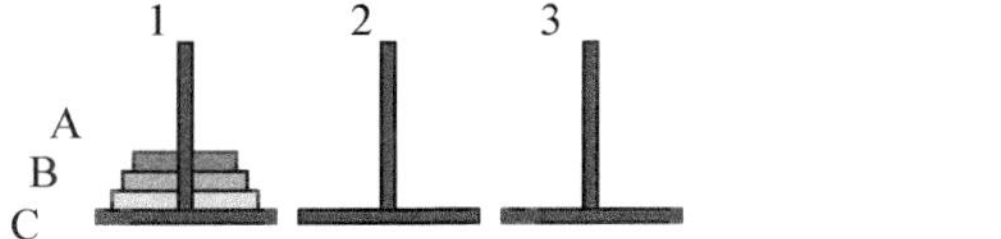

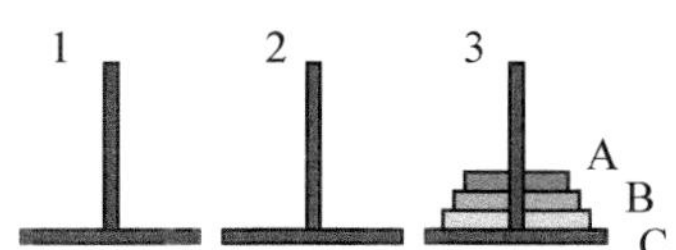

图 6－10 河内塔

状态。三个盘子的情况一共移动了 7 次，我们还可以尝试 2 个、4 个、5 个盘子的情况，分别需要 3 次、15 次和 31 次，最终我们发现需要移动 N 个盘子的河内塔的次数是 2^N-1，那么在古老的传说中，64 个盘子需要移动的次数为 1.84×10^{1019} 次，如果每秒能搬动一次，大概需要 5850 亿年，如果一部计算机每秒能计算一百万次，也需要 58.5 万年。

从分析解决河内塔问题的过程来看，通过逐渐减少当前状态和目标状态之间的差别最终到达目标状态可以解决问题，尤其是一些复杂的问题，能够有顺序、一步步进行，因此在日常生活中比较有应用价值。

(3)逆向推理策略(backward search strategy)

从问题的目标状态出发，寻找往起始状态的方法或路径，适合于解决起始状态到目标状态路径比较少的问题。我们经常玩的迷宫游戏就可以运用该策略，先找到迷宫的起点和终点，然后从终点慢慢沿着起点的方向靠近、寻找，用笔做记号，最后到达起点，这样反过来就可以顺利从起点走到终点。同时，此方法在数学的几何问题证明中也很有效果，运用"要证明……就必须……由于……所以……"的思路即可较顺利地解题。

(4)爬山法策略(hill climbing method strategy)

用一定的方法逐步降低起始状态和目标状态的距离，就像我们登山一样向目标状态移动，是一种向前推进的策略。我们先来看一个关于传教士和野人的问题。

三个传教士和三个野人要过河，只有一条容纳两人的船，而且无论岸的哪边，如果野人比传教士多，野人就会吃掉传教士，那么有什么好办法能使这六个人不受伤害都能平安到达河的另一边呢？该问题情景的起始状态是河的一边有六个人，目标状态是他们都到了河的另一边，同时传教士又不能少于野人，因此，我们具体采用如图 6 - 11 所示的步骤。

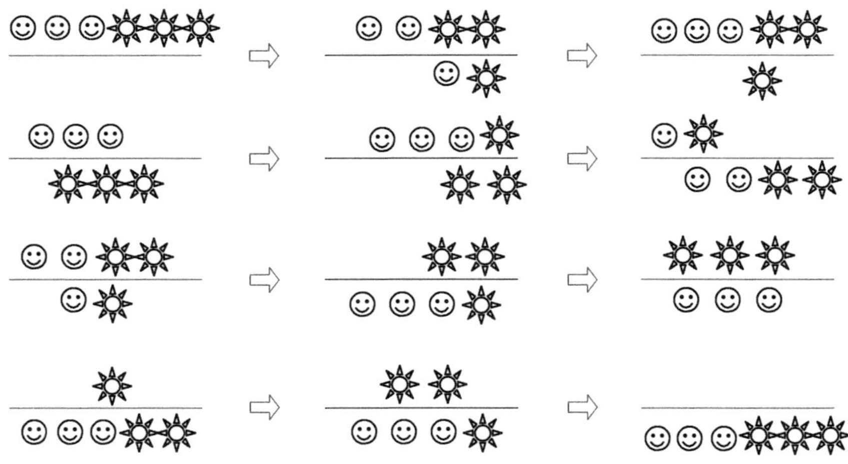

图 6 - 11　传教士和野人渡河问题解决步骤

(传教士用☺表示，野人用✹表示)

爬山法策略的思路类似于手段—目的分析策略，但人们在使用的时候经常会暂时扩大起始状态和目标状态的差异以便能达到目标，例如上述例子中我们使用两人返回的策略来维持双方人数的平衡，虽然暂时扩大起始与目标状态之间的距离，但是保证了最终有效地解决问题。

手段—目的分析、逆向推理和爬山法都有一个共同点，即人们会根据一定的经验、较少搜索就能解决问题，我们将它们都归到启发法策略(heuristic method)中。这类策略除了以上提到的三种常用的方法外，还有向前向后、类比、顿悟等策略，虽然方法有很多，但是由于是在一定程度上依赖于经验，不一定能够保证问题的解决。

6.2.7.4 问题解决的其他影响因素

各种问题解决策略的确是影响问题解决的一个重要因素，除此之外，还有一些其他因素影响问题的解决，如知识表征、迁移、定势、功能固着、动机情绪、人际关系等。

(1)知识表征

知识表征是在头脑中标识有关知识的内容与结构的方式，表现人们对事物反映的不同广度和深度，比如感知觉、表象、概念、图式等形式。不同的知识内容可以采用不同的表征方式，同一种知识内容也可以采用不同的表征方式进行标识。但是人们会经常拘泥于某一种常见的知识表征方式而影响了问题解决。因此，在实际解决问题过程中，如果常见知识表征方式无法突破，那么我们可以灵活地尝试其他表征方式，从而逐步提高自身对知识的掌握程度与应用能力。

你能否用四条线一笔将图 6－12 中的九个点连起来呢？看上去似乎不太可能，因为人们在思考的时候，会不由自主地将这九个点知觉成了正方形，试图在正方形的轮廓中连线，正方形的知觉表征阻碍了我们的思考。如果我们突破方框的限制，在更为广阔的空间中思考，就可以找到解决方法，图 6－13 就是其中的一种。此外，还有更为简便的方法。比如用一把很粗很大的刷子一笔将九个点盖过，或者把这九个点画在纸上，然后把纸折起来，直到这九个点非常接近，用一两笔就可以连了。

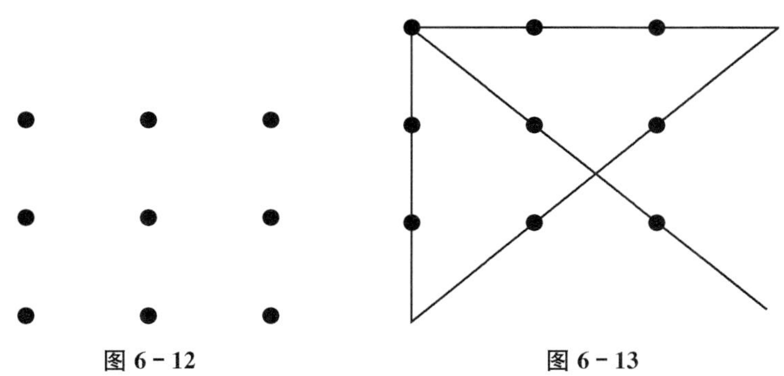

图 6－12　　图 6－13

(2)迁移

应用已有的经验来解决现在的新问题就是迁移，可分为类比迁移、正迁移和负迁移。类比迁移所应用的经验是之前解决问题时的方法经验；正迁移和负迁移是相对的，前者的经验对解决当前问题有积极影响，而后者的经验对解决当前问题有消极影响。比如,已经会骑自行车,如果要骑双人自行车,我们就会运用骑自行车的方法来尝试骑双人自行车,虽然在协调配合和控制上有点差别,但是总的还是能够顺利骑车成功的。又比如,我们在学习外语的时候,汉语的一些语法习惯和文化背景就可能会影响到外语的学习,如果两者有所差异,会有先入为主或者干扰的作用。

(3)定势

重复之前的心理操作而引起的、对后继活动的准备状态就是定势,对于问题解决具有一定的影响作用,有积极影响,也可能有消极影响。有研究表明,思维定势对问题解决的影响在学生中普遍存在。定势思维可以帮助我们将已有知识经验(比如方法、步骤)与当前问题情景建立联系,利用先前问题解决的知识经验应对新问题,或将新问题转化为一个有解决经验的熟悉问题,从而有更佳应对的心理准备。但也容易使我们变得比较机械、墨守成规,尤其是当新旧问题形似质异时,思维定势就可能会使我们产生失误或走弯路,也会有一定消极作用。

德国心理学家陆钦斯(A. Luchins,1942)的"量水实验"就是体现定势影响作用的典型例子。要求被试根据预定的"需水量"来考虑怎样借助A、B、C三个量杯将水量出来。量杯与要量的水量如表6-1所示。实验组与控制组开始时做一道练习题,然后按要求解决其他几道题。实验组做全部题目,而控制组只做第7～11题。

表6-1　陆钦斯量水实验

问　题	A	B	C	要量的水	方　法
1	29	3	0	20	A−3B
2	21	127	3	100	B−A−2C
3	14	163	25	99	B−A−2C
4	18	43	10	5	B−A−2C
5	9	42	6	21	B−A−2C
6	20	59	4	31	B−A−2C
7	23	49	3	20	B−A−2C,A−C
8	15	39	3	18	B−A−2C,A+C
9	28	76	3	25	A−C
10	18	48	4	22	B−A−2C,A+C
11	14	36	8	6	B−A−2C,A−C

实验组的被试大多具有强烈的三杯量法的定势,而控制组的被试通常继续用两杯量法(即A±C)。实验组被试一般坚持用三杯量法去完成这一系列的课题,而忽视更简单的可能解法,甚至实验者企图用各种方法

提醒他们，使他们避免这种可怜的盲目，但是也很难成功。这就说明了定势在问题解决中的消极影响。

(4)功能固着

人们认为某种物体就是有某种功能的倾向就是功能固着，比如笔是写字的，碗是盛饭的等等。而在解决问题时，人们经常受到事物固有功能的束缚和影响，不能很灵活地变通、发挥想象力，开发事物的其他用处，从而顺利解决问题。举个生活中的例子，我们在寝室煮完泡面端到桌上时会经常找不到垫子，其实，完全可以随机拿本比较厚而封面光滑的书作临时垫子，因为它既不易导热又耐水，书就可以冲破“精神食粮”的功能，满足当前的需要。

给你三个分别装有火柴、图钉和蜡烛的纸盒子，如果用这些材料做一盏壁灯，你该怎么做呢？邓克尔(K. Dunker, 1935)对此进行了研究，发现若材料以不同方式呈现会影响到人们的问题解决。当火柴、图钉和蜡烛与盒子分开放，即盒子是空着的时候，人们比较容易想到用图钉将盒子钉在墙上做蜡烛基座这样的解决方法；若火柴、图钉和蜡烛是分别放在不同盒子里，那么人们就不太能想到以上的解决方法，因为当盒子里装这种物体时，我们往往会按实际情况和个人经验将盒子赋予盛放物体的功能，将其排除在解决问题的备选工具之中。

(5)动机和情绪

从动机的相关理论，我们了解到由需要、态度、兴趣等因素所激发的动机对人类活动有一定的影响作用。同样，在问题解决活动中，动机也有类似的作用，中等强度的动机更能促进问题的解决，高强度的动机反而会使人心情紧张、烦躁而阻碍问题解决，从中也体现了情绪的作用：与相对紧张的消极情绪相比，乐观、愉悦或者平静的情绪有助于行动和问题解决。最典型的例子就是人们在考试紧张时就不利于思考和发挥，甚至连简单的问题都会答错或觉得无从下手，如果用轻松愉悦的情绪应对，不仅能正常顺利地答题，有时还可以超常发挥、挑战难题。

(6)群体关系

上述提到的影响因素几乎都属于个人心理因素，事实上，人与人之间、群体内的关系也能影响问题解决。我们都懂得互相合作的积极作用以及互不信任的消极作用，同样的规律和经验在问题解决中也是适用的。此外，社会心理学领域的“从众现象”也体现了群体的影响。有时，人们在解决问题的时候，倾向于与周围人的应对方式一致，他人或者大多数人用什么处理方法，自己就会跟风使用这种方法，即使方法陈旧低效或者根本是错误有害的。举个典型的例子，当今女性流行减肥，周围有同学采用保鲜膜包裹来减肥，你也会蠢蠢欲动，想通过大家使用比较多的方法来减肥，而实际上，如果只给身体包裹保鲜膜而不做局部运动就没有作用，而做了局部运动虽然可以促进出汗，保鲜膜却会影响汗液的正常挥发，极易产生皮肤过敏、中暑等副作用。科学的减肥方法是合理饮食与适当运动相结合。

6.2.8 创造性思维

创造性思维能产生新颖的思维成果，不仅能提高个人的思维和解决问题的能力，还能为社会带来许多创新与财富。20 世纪以来，不少心理学家对此进行了研究。

早在 1926 年，英国心理学家沃勒斯(G. Wallas，1926)在《思维的艺术》中认为创造过程有准备、酝酿、豁朗、验证四阶段。进行创造性工作首先要有充分的信息和知识经验，通过潜心思考，努力寻求解决问题的办法，偶尔停下来就可能会得到灵感或涌现新设想，然后经过推理或实践加以验证或修改。酝酿到豁朗的过程是创造的关键阶段，不过沃勒斯并没有对创造是通过什么思维实现的进行阐述。

1945 年，德国心理学家韦特海默在《创造性思维》中通过对日常生活实例以及高斯、爱因斯坦等科学家事例的分析，认为发现和创造性工作都依赖于创造性思维。创造性思维主要是为了探求真相，发现事物间的内在联系；必须先发现问题、把握情景特征，然后根据问题的要求去进行诸如拆散、组合等运算，不能被旧习惯、旧方法束缚，需要观察全局，发现各种联系，提出并检验各种假设，达到顿悟或理解。

1967 年，美国心理学家吉尔福特(J. Guilford)提出了智力的三维结构模型，认为智力是多种能力的复合体，指出发散思维与辐合思维都是创造性思维的组成部分，尤其是发散思维更具重要性；此外还设计了发散生成测验(divergent production test)，用流畅性、变通性和独特性这三个指标从数量、范围和品质的层面来衡量和评价创造性，他的研究对于后来进一步认识、评价创造性思维都有重要的提示与影响。

6.2.8.1 创造性思维的影响因素

那么，有哪些因素会影响创造性思维呢？概括来说，有智力、人格、环境和动机四种影响因素。

创造性思维能力是人类智力结构各因素中最具代表性最为活跃的能力，同时创造性思维的发挥还离不开其他的能力，比如获取信息的观察能力、储存知识的记忆能力、发散驰骋的想象能力等，可以说是综合了多种智力因素。除了智力方面的硬件因素的影响之外，还受到责任感、意志力、自信心等人格方面的影响。而从个体内在来看，动机因素也是发展创造力的必要条件，尤其是发自内心的动机，因为适当的内部动机可以指引人们主动付出注意力、进行思考和展开尝试，这对发挥创造力、促进成长和实现自我突破非常有利。除此之外，外部物理环境和社会环境也会有直接或者间接的影响，或者是以一种心理暗示的方式来启发、激励创造思维，或者是通过群体的作用来刺激、影响创造性思维。

6-2 吉尔福特发散生成测验

6.2.8.2 创造性思维的作用及开发培养

当今社会非常提倡创造能力，希望人们产生更多的新想法，进行更新的创造，更有效、完美地应对和解决问题。因此，近年来，无论是学校教育还是企业培训都积极提倡创造性的培养和运用。

首先，我们可以由逻辑思维和非逻辑思维两方面，从思维能力本身来训练创造性思维。逻辑思维能力由左脑负责，包括促使人们去搜集信息、积累经验、检验假设、形成概念；非逻辑思维能力则由右脑负责，包括想象、联想、直觉、灵感、幻想等，有利于产生新思想、新形象、新假设这些与创新关系最为密切的东西。每一个人都有创造的潜力，只要经过一些有针对性、有计划、有目的的创造性思维训练，培养和发展逻辑与非逻辑思维能力，开发左、右脑，充分发挥个人的主观能动性，就可能在创造性思维上有所进步，甚至突破。

此外，尽管非逻辑思维能力相对地比较难开发，诸如想象、灵感的确来之不易，但通过后天的训练与激发，还是有发展空间的。

(1)想象和联想

想象和联想都是创造性思维的基础，是创意的来源。

想象是创造性思维的源泉。只要是独创、符合要求的都是应该鼓励的，我们完全可以发挥自由、无尽的想象。如何训练想象能力呢？可以围绕某个物体由浅入深、循序渐进展开，先从比较简单的想象任务开始，比如就某些简单概念进行想象，再通过一些稍微复杂的想象活动练习，比如围绕某个主题或者某些情节的想象，或者从间接的概念、角度和形式来表现主题，大胆创新，与众不同。

联想是创造性思维的催化剂，它不需要完全脱离现实事物，而是融会贯通、移花接木，将相关或者不相关的事物联系和组合起来，使形与形、意与意之间产生新的关系和意向。比如在艺术设计中，设计师将不相关的物体、形象重新组合，创造新的形象，创作新作品。如何进行联想训练呢？可以通过发现、挖掘某些事物间的关联，将它们自然、奇妙地组合在一起，从而表达新意向。

(2)发散思维和逆向思维方法

发散思维和逆向思维方法的训练也可以促进创造性思维的发展。

发散思维要求我们打破定势、习惯和常规，对问题多方向地展开思维活动，寻求各种途径，得到多个结论。它可以帮助我们激发潜能，培养灵活、新颖、有效地分析和解决问题的能力。这样，我们面临某个问题情景时，就不会慌乱和拘泥于以往，能自由、轻松地进行创新。这方面的训练有不少方式，可以围绕某个问题思考各种解决方法，又可以围绕某个物体进行多角度的联想，也可以对某个几何图形进行创意，改编绘画。

> 现代企业中流行“头脑风暴”(brainstorming)的方法来激发员工产生点子和创意，从而最大程度地激发大脑的潜能，想出种种主意。例如，产品开发组组长举办会议讨论新产品的名称，如果采用头脑风暴的方法，各个成员就一起聚集在会议室里，看着产品，不断思考，随时喊出脑中想到的名字，往往会产生一些很富创意或者比较贴切的产品名称，组长从而集中各种备选的产品名称，便于之后的再加工和确定最后的产品名称。

除了发散思维外，还有另一种思维方法——逆向思维。有时候，我们在面对问题时，用常规的顺序和方法去考虑可能会陷入困境，但是如果反过来思考，经常会产生新的思路和想法。比如，司马光砸缸救人的例子，当同伴不小心掉入水缸中时，司马光没有从如何把人从水中拉上来的角度上思考，而是从若没有水就不会有危险这个相反的角度出发，将缸砸破从而解除了同伴的危险。因此，我们也鼓励打破思维惯性，改变固有习惯，以逆向思维的方法来培养创造性思维。

本章小结

想象是人类感知理解活动中重要的一部分。想象是基于表象基础上的，表象具有直观、抽象和可操作的特点，并具有一定的作用。想象具有形象性、创造性和新颖性，并根据想象是否具有目的，可以将其分为无意想象和有意想象。想象是现代人非常需要的一种能力，在人类学习和生活中也有着非常重要的作用。在想象的基础上，人类的思维活动更是一种高级而重要的能力。思维具有概括性、间接性、改造性和情景性的特点；从不同的角度出发，思维可以分成各种不同的类别。思维过程包括分析、综合、比较、抽象和概括五个阶段。通过思维活动，人类不仅能够认识世界上众多的事物、现象以及它们之间的相互联系和相关规律，而且能够帮助人类解决各种复杂而高级的认知活动，包括概念形成、推理判断和问题解决等等。推理可以分为归纳推理和演绎推理，对于思维活动有重要的意义。问题解决的过程中涉及许多策略和影响因素。最后，创造性思维是人类创造新事物、改造世界的源泉，应该重视这方面的训练和培养。

练习题

一、选择题

1. 小明在阅读《西游记》时，根据文字描述在脑中呈现出孙悟空形象，这是　（　　）

A. 创造想象　　B. 再造想象

C. 无意想象　　D. 幻想

2. 问题解决过程中常用的启发式策略有　（　　）

A. 手段—目的分析　　B. 爬山法

C. 算法　　D. 逆向搜索

3. 通常把对解决问题有启示作用的类似事物称为　（　　）

A. 原型　　B. 定势

C. 迁移　　D. 变式

4. 解决“河内塔”问题最有效的策略是　（　　）

A. 手段—目的分析策略　　B. 算法策略

C. 逆向搜索策略　　D. 选择性策略

5. 小明在游戏中把凳子当马骑，这种活动反映了想象的什么功能？　（　　）

A. 再造　　B. 补充

C. 替代　　　　　　　　　　D. 预见

二、判断题

1. 想象可以通过解释的方式对表象进行操作，从而得到不同的效果。（　　）

2. 改造性是思维的四个特点之一。（　　）

3. 演绎推理是根据一般原理推出新结论的过程，三段论是其表现形式之一。（　　）

4. 对三段论推理有误的原因，许多心理学家从不同角度提出了解释，其中莱尔德提出了预先错误理论，即人们之所以推理错误，是因为对当前信息加工不够充分和完整。（　　）

5. 作家把日常生活中不同人的形象结合起来，创造出新的人物，这体现的想象的种类是再造想象。（　　）

三、论述题

1. 问题解决有哪些策略？分别举例说明。

2. 想象的概念是什么，对我们的生活有什么意义？举例说明（言之有理即可）。

6-3 练习题参考答案

第7章 情绪、压力与健康

有个脾气很坏的小男孩，动不动就发脾气，家人都很伤脑筋。有一次，父亲给了他一大包钉子和一把铁锤，告诉他每当想发脾气的时候就在后院的栅栏上钉一颗钉子。第一天，小男孩就在栅栏上钉了30多颗钉子。但随着时间的推移，他每天在栅栏上钉的钉子越来越少。他发现自己控制脾气要比往栅栏上钉钉子更容易些。一段时间以后，小男孩变得不爱发脾气了。于是父亲又对他说："如果你能坚持一整天不发脾气，就从栅栏上拔下一颗钉子。"又过了一段时间，小男孩终于把栅栏上所有的钉子都拔掉了。这时候，父亲拉着儿子的手来到栅栏边，对他说："儿子，你做得很好。可是，你看看那些钉子在栅栏上留下的那些小孔，栅栏再也不会是原来的样子了。当你向别人发过脾气之后，你的言语就像这些钉子孔一样，会在人们的心灵中留下疤痕。你这样做就好比用刀子刺向别人的身体，然后再拔出来。无论你说多少次'对不起'，那伤口都会永远存在。"情绪处理得好，可以将阻力化为助力；若处理不当，就会像那个小男孩一样，再努力拔去钉子，栅栏也不可能回到原来的样子，不仅让你身边的人无所适从，受到伤害，也会让自己受到伤害。

7.1 情绪概述

心理学对情绪的研究由来已久。早在中国古代，《礼记·礼运》就提到："何谓人情？喜、怒、哀、惧、爱、恶、欲，七者弗学而能。"《中庸》中也记载了喜、怒、哀、乐四情。但是，对于什么是情绪和情感，心理学家仍然存在着不同的解释。

从通俗意义上讲，情绪(emotion)和情感(feeling)是类似的，即人的心情，如果有人说"我今天情绪不佳"，则意味着他心情不好，不开心。但是，情绪并不只是一种感觉，不是"我感觉不开心""他心情很好"这么简单。心理学家认为，情绪这个概念本身包括了更广泛和更深层次的含义。

大部分学者把情绪看作一种心理活动，这种心理活动反映了客体现实与人的主观需要之间的关系，并且伴随着某种生理变化和行为表现。当外界情景与主观意愿相符合时，就能引起积极的情绪反应。例如，一个刚毕业的大学生希望能在工作中施展自己的能力和抱负，而他又得到了一个十分满意的工作机会，现实满足了愿望，心情就会变得愉快、高兴，体现在行为上则是充满干劲、努力工作等；相反，假如因为种种原因他一直未能找到称心如意的工作，主观的需要不能得到满足，他就可能变得沮丧、难过、意志消沉，不再努力找工作。可见，人的情绪状态是伴随着主客观之间关系的变化而变化的。

除了心理体验与行为反应外，情绪还包含其他的组成部分。弗里达（N. Frijda，1986）和拉扎勒斯（A. Lazarus，1991）认为情绪至少包含六个部分(图7－1)。一般来说，对某种情绪的体验总是从认知唤起开始的。个体首先会对当前情景与自身的关系进行评价。评价的结果会相应地激发一系列不同的反应，其中就包括了个体的主观体验。情绪的第三个成分是思考与行为倾向，即由于认知唤起的作用，使得个体的思维方式和行为方式都带有某种特定的倾向。另外，认知的唤起还会导致个体内部生理指标的变化和外部表情的变化，也就是情绪活动的第四和第五个组成部分。这一系列的情绪反应——主观体验、思考—行为倾向、内部生理变化和外部表情——使得个体主观能动性地反应，例如采取适当的情绪管理和调节措施等，这也是构成情绪活动的最后一个部分。同时，个体的调控措施也会反过来对先前的几个部分造成影响。这个周而往复的过程，就构成了每个个体所独有的情绪活动过程。

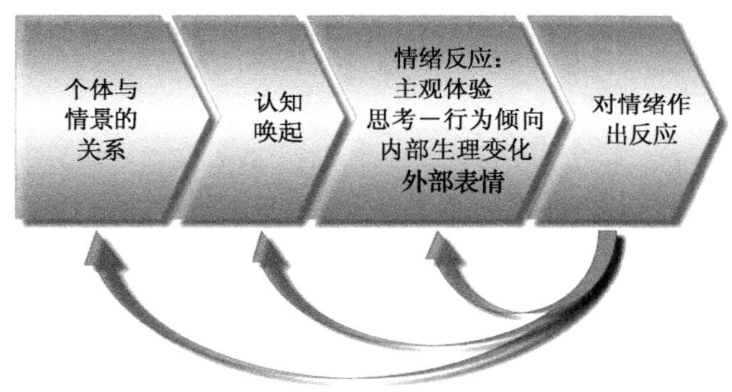

图 7－1　情绪活动过程结构

7.1.1　情绪的特征及分类

7.1.1.1　情绪的基本类别

如果让你写出你能想到的描述情绪状态的词，你一定可以写出很多：快乐、愤怒、悲伤、恐惧、敌意、焦虑……这些形容情绪的词看起来没什么区别，但实际上却大不相同。上面的六个词中，前面四个属于基本情绪，后面两个却是复合情绪。我们所知道的各种各样的情绪，都可以归入这两个大类。基本情绪(basic emotion)在自然界中的存在最为广泛，不仅人类具有基本情绪，有的动物也有，是一种与生俱来的天性，不需要学习就能获得。基本情绪的种类是有限的，《礼记》中提到的是喜、怒、哀、惧、爱、恶、欲七种；《中庸》中记载的是喜、怒、哀、乐四种；美国心理学家普拉切克（R. Plutchik，1980）提出了八种基本情绪：悲痛、恐惧、惊奇、接受、狂喜、狂怒、警惕和憎恨；伊扎德（C. Izard，1971）则用因素分析的方法将基本情绪分为兴趣、惊奇、痛苦、厌恶、愉快、愤怒、恐惧、悲伤、害羞、轻蔑和自罪感共十一种。在各种不同的分类方法中，最常见的是将基本情绪分为快乐、愤怒、悲伤和恐惧四种。

快乐是个体所期望的目标得以实现,紧张状态得以解除时产生的情绪体验。快乐的程度与目标实现的难易程度呈正相关,越难实现的目标,在完成的时候个体会体验到越多的成就感,感受到的快乐体验也越强烈。

愤怒是在个体的期望不能达到,目标一而再再而三地受到阻挠时积累的紧张状态所产生的情绪体验。愤怒时个体会处于高度的紧张状态,这种紧张状态如果不能得到及时缓解,就可能导致攻击性行为。

悲伤是个体失去了重要的事物或遭受打击时产生的情绪体验。悲伤体验的强烈程度往往与失去的事物的重要性有关,失去越重要的东西就越感到悲哀难过。有时,强烈的悲伤还会导致哭泣。哭泣是个体处于悲伤状态中的本能反应,可以达到缓解紧张状态的目的。

恐惧是个体在自己的安全受到威胁,企图摆脱某种厌恶的情景时产生的情绪体验。恐惧的程度不仅受情景的危险程度影响,还与排除危险的能力有关。在同样的情景下,当个体感到对情景失去控制,没有能力摆脱危险处境时,恐惧的程度会大大提高。

与基本情绪相对应的是复合情绪。各种不同的基本情绪互相组合、互相影响就产生了复合情绪。前面提到的敌意和焦虑就属于复合情绪,敌意是愤怒、厌恶和轻蔑三种基本情绪的组合,焦虑是恐惧、内疚、痛苦和愤怒四种基本情绪的组合。由于各种不同的基本情绪可以随意组合,所以复合情绪的种类要远远多于基本情绪。

7.1.1.2 情绪状态

情绪状态是指在某种事件或场景的影响下,一段时间内所产生的各种情绪的总和。按照情绪的强度、持久度、稳定性等标准,大致可以分为心境、应激和激情三种。

心境是一种平和的、非暴发式的情绪状态。它的强度很小,但持续时间较长,会对整个生活活动产生影响,使整个生活活动都染上某种特定的情绪色彩。因为心境的持续性和稳定性,所以它对个体行为造成的影响是不可忽视的,心境的好坏,会影响到行为的方方面面,积极乐观的心境,会使人充满信心,思路开阔,对生活充满希望,而消极悲观的心境,会打击人行动的热情,使人丧失信心和意志力,做事的效率也会下降,同时还会对心理和生理健康造成不良影响。

应激是由突如其来、意想不到的紧张状况所引起的情绪状态,它由动员、阻抗和衰竭三部分组成。当我们遇到出乎意料的情况时,会突然提高警惕,同时注意力高度紧张,就像士兵突然间进入战备状态,这个过程就是动员。下一个阶段,个体会处于战争状态,利用一切可利用的心理和生理资源,发挥出最大的潜能来应对当前的危机,这个过程就是阻抗。最后,个体的可利用资源耗尽,但紧张状态却还未得到缓解,危机没有得到解除,个体便会遭受一个身体和心理功能崩溃瓦解的过程。由于在前一个阶段个体心率和呼吸的加速,血压升高,血糖浓度升高等生理变化,个体会体验到因资源耗尽而导致的虚弱感,这便是应激后的衰竭。越来越多的研究结果表明,长期处于应激状态,将会对个体的健康造成极大的危害。

激情是一种强烈而短暂的情绪状态，在三种情绪状态中暴发性最强。很多对人有重大意义的事件都有可能导致激情状态的产生。例如，运动员在比赛中获得金牌后喜极而泣，与人争吵带来的愤怒致人犯罪，地震或台风等天灾造成的极度恐慌等，都属于激情事件。然而，并不是所有的激情事件都像运动员获得金牌那样值得我们欣慰。由于人在激情状态中会出现"意识狭窄"现象，受到情绪的控制做出一些违背理智的事情，所以由于激情造成的损失和错误也屡见不鲜。因此，我们要善于控制自己的情绪。

7.1.1.3　情绪的两极性

为了更好地描述情绪的特征，很多学者将情绪分为各个维度来进行研究。情绪常见的维度包括强度、正负性质、表现状态、紧张程度等，研究的出发点不一样，维度的划分标准也有所差异。但是，不管怎样划分，在各个维度上，情绪的特征都存在两种对立的状态，这种对立就是情绪的两极性。

从性质上看，情绪存在肯定与否定的两极。肯定的一极代表着积极的情绪，包括快乐、热情、兴趣、感激、爱心等，积极情绪有助于个体自信自律，创造性地思考，养成良好的生活习惯，从而形成健全的人格；否定的一极代表消极悲观的情绪，包括愤怒、嫉妒、憎恶、悲伤、失望等，消极情绪能使人意志消沉，看不到未来的希望，对健康也有很大的不利影响。

从紧张程度上看，情绪有紧张与轻松两极。紧张的情绪常常出现在应激或激情状态中，如兴奋、恐惧、愤怒等；而轻松的情绪常见于稳定平和的心境中，如欣慰、担心、感恩等。

从强度上看，情绪还有强与弱的两极。就以悲伤这种情绪为例，在经历不同影响力的事件时所体验到的悲伤程度可能是不一样的：在一次平常的考试中失利，可能会只有一点悲伤和难过；如果换成是高考失败，就会感到更难过；如果是失去亲人，其悲伤程度更会超过前面两种情况。情绪强度的大小决定于事件对个体的意义和价值大小。

显然，虽然情绪具有两极性的特征，但这并不意味着情绪在某个维度上的变化是间断的，对于两种很相近的情绪，我们有时是很难区分的。正因为有了情绪变化的连续性，我们才能拥有如此丰富的情绪。了解情绪的两极性，有利于我们对这些种类繁多的情绪进行归纳分类，从而更好地研究人类的情绪。

7.1.2　情绪的作用

"心情愉快，健康常在；心境开朗，眼前明亮；学会知足，常感幸福；不计名利，一切如意。"这首诗描述的是保持良好的情绪对人生的益处。积极的心境，乐观的心态，有利于我们发现生活中的美好，养成健康向上的生活习惯，成为生活的强者。其实，情绪的作用还远远不止这些。许多研究者发现，不管是从个体发展的角度，还是从种族发展的角度，情绪都具有很多重要的作用。

7.1.2.1　动机作用

"情绪"一词最早来源于拉丁语中的动词"行动"，意思是为了趋吉避凶而采取的行动。另外还有很多例子,如不会说话的婴儿为了得到食物而号啕大哭,动物为了吓退敌人而发怒咆哮,人在危险环境中因为恐惧而提高警惕、小心行事等,都说明了情绪和行为动机之间有着密不可分的联系。在各种状态中的不同情绪,能使个体将生理功能调整到相应的适宜状态,从而及时高效地完成任务。

研究表明,适当的紧张和焦虑能够提高完成任务的效率,这与耶基斯(R. Yerkes)—多德森(J. Dodson)定律中提到的动机水平与效率水平的关系是一致的。

耶基斯—多德森定律是一个反映动机水平与工作效率关系的定律。该定律认为在一定限度内,随着动机水平的提高,工作效率也随之提高,超过这个限度,工作效率随之降低。最佳工作效率的动机水平为中等,但因工作复杂的程度而略有差异。简单易做的工作,最佳效率的动机水平偏高;而难度较大的工作,其最佳工作效率的动机水平则较低,中等复杂程度的工作,动机水平介于这两者之间。适度的动机水平,易于维持个人对工作的兴趣和警觉,同时减少焦虑对工作的不利影响。

7.1.2.2 信号作用

在网络聊天中,我们经常会接触到一些表情图像,如彩图 7-2 所示。

虽然这些代表不同心情的图片不含有任何的文字,但是,借助它们,我们却能准确地向朋友传达我们所想表达的信息和信号。可见,情绪是日常生活中人们交流和通信的重要手段,而这种交流是通过表情来实现的。心理学家研究发现,在平常的交流中,55%的信息靠非言语表情传递,38%的信息靠言语表情传递,只有7%的信息是靠言语传递的。我们用微笑表示赞赏,用点头表示默认,用皱眉表示怀疑,用摇头表示否认。表情不仅可以作为言语信号的补充,还可以独立地传播信息。

7.1.2.3 适应作用

生物在进化和发展的历史中,需要多种手段来适应周围环境的变化,情绪就是这些手段中的一种。达尔文在《人类和动物的情感表达》一书中对人类与动物的情绪进行的研究为进化论提供了证据,同时,达尔文也认为情感的表达是优胜劣汰的结果,是人类和动物为了适应自然和人文环境而保留下来的一种独特的现象。

在语言尚未形成阶段,情绪是人们赖以生存的手段。婴儿通过表达情绪与成人进行交流;在交往中人们用微笑表示友好;遇到危险时发出惊恐的信号请求同伴帮助。在很多时候,人对社会的适应都是通过调节情绪来进行的。

7.1.2.4 组织作用

情绪作为一个独立的心理过程,对认知等其他心理活动起着调节和组织作用。这种作用主要包括两个方面,一是积极的促进作用,还有一种是消极的瓦解作用。

积极方面,良好健康的情绪能提高心脑活动水平,使得个体的认知和操作能力处于最佳状态。例如,运动员在比赛时保持平静淡然的心境,卸除心理负担,在比赛中就更有可能发挥出水平,取得好成绩;相反,如果是一些消极不良的负面情绪,就可能对行为活动产生不利影响。例如,演员首次登台演出,由于没能调节好情绪,过度紧张,出现忘词、结巴等现象,就是情绪的瓦解作用的体现。

7.1.3 情绪的生理基础

传说古代印度有一种“米刑”，当不能判定几个人当中谁是罪犯的时候，法官就要这些犯罪嫌疑人咀嚼“神圣”的稻米。嚼了一阵之后，要他们把米粒吐在无花果树的树叶上。如果有人吐出的稻米是干的，就可断定这个人是罪犯。这种方法今天看来固然好笑，但是它说明古代印度人已经知道情绪与身体变化的关系。不同的情绪状态，唾液分泌情况是不一样的。由于罪犯心中害怕，所以唾液分泌少，吐出来的稻米是干的。现代科学研究还进一步证明，人的情绪可以引起内脏器官功能的变化，如人的呼吸，高兴时每分钟 17 次，消极悲伤时只有 9 次，恐惧时有 20 次，愤怒时可以高达 40 次。满意愉快时心跳正常，恐惧或暴怒时心跳加快，血压升高；惊惧或愤怒时，唾液常常停止分泌，悲伤时食欲减退等。

上面这个法官根据稻米来判断人是否有罪的故事，看似没有科学依据，但是它却提示我们，早在古代印度，人们就开始试图探寻情绪与身体变化之间的联系。而法官的判断就是以唾液分泌情况所反映的罪犯的心理状况作为依据的。

对情绪的生理基础的研究是随着神经科学的发展而逐渐深入的。神经生理学和神经生物化学的研究成果，为我们揭开了各种错综复杂的情绪的神秘面纱，将一个多姿多彩的情绪世界展现在我们面前。越来越多的研究表明，情绪活动并不是简单的主观体验，在主观体验的背后，有着一套完整而系统的生理基础在发挥作用。

7.1.3.1 情绪的中枢神经基础

下丘脑(hypothalamus)是最早被认定为与情绪有直接关系的脑结构，它位于第三脑室下部，视交叉的后方，脑垂体的后部。作为自主神经系统的整合中枢，下丘脑对情绪的影响是通过调控自主神经系统的活动来实现的。由于下丘脑直接控制着脑垂体和内分泌系统，所以体积虽小，但发挥的作用却是不可忽视的。

从 20 世纪 20 年代以来，很多学者通过研究发现，通过用电极刺激动物下丘脑的不同部位，能够引发不同的情绪体验。“快乐中枢”的发现就是一个典型的例子。

1954 年，美国心理学家奥尔兹(J. Olds)用微电极技术研究老鼠的脑功能时偶然发现，如果对老鼠的下丘脑部位附近进行电流刺激，那么这只老鼠就总是跑到同一个地方。这引起了奥尔兹和他的同事们的兴趣，于是，他们精心设计了一个控制电流刺激的开关装置(图7－3)——横杆，老鼠一旦按下横杆，埋藏在老鼠下丘脑附近的微电极就产生电流刺激，持续时间为 0.5 秒。实验开始了，奥尔兹等人看到了一个令人惊讶的情景：老鼠学会按压横杆来获得刺激后，就会以近乎疯狂的热情来刺激自己。每只老鼠都以极高的频率按压横杆，平均频率为 2000 次/小时，有的竟高

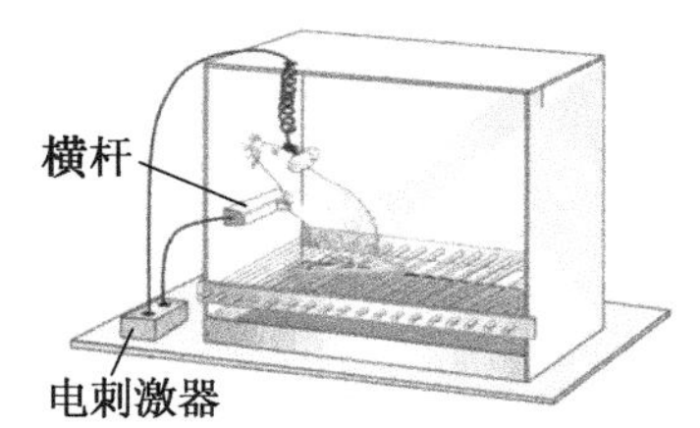

图 7－3 “快乐中枢”研究装置

达 5000 次/小时，而且要连续按压 15～20 小时，直至精疲力尽，呼呼睡去。但一醒来，就又去按压横杆。

奥尔兹因此指出，在下丘脑、边缘系统及其临近区域存在着一些部位，刺激这些部位会产生愉快的情绪。这些部位就是快乐中枢(pleasure center)。

杏仁核(amygdala)位于海马的末端，呈杏仁状，属于边缘系统的一部分，是由基底外侧核、皮层内侧核以及中央核等多个神经核团组成的复合体。杏仁核与下丘脑之间存在着双向的神经联结，来自各种感觉器官的信息也在杏仁核汇聚。感觉信息在向中枢传递时存在着两条通路，一条是丘脑—皮层—杏仁核的通路，还有一条是丘脑—杏仁核的通路(图 7-4)。在这样的双环路中，刺激通过对下丘脑和自主神经系统产生作用，从而作用于我们的情绪。研究表明，杏仁核对恐惧、厌恶等情绪以及情绪的认知起着很重要的作用。

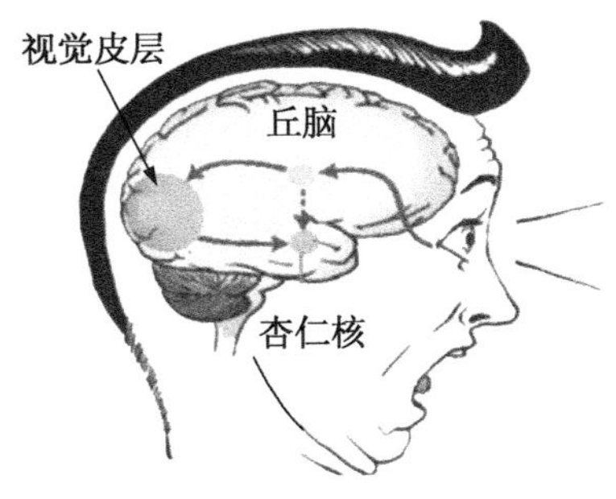

图 7-4　感觉信息向中枢传递的两条途径

有关杏仁核与情绪的研究始于对脑损伤患者的研究。在多年药物治疗无效的情况下，一位 28 岁就患有癫痫的妇女接受了一系列大脑手术，手术中损伤了左右半球的杏仁核。手术有效地控制了癫痫的发作，但是术后这位患者在识别面部表情时出现了困难，尤其是对恐惧和厌恶的表情识别困难，这是因为感觉信息的传导因为杏仁核的损坏而中断，从而影响了正常的对情绪的评价与认知。

网状结构(reticular formation)贯穿于脑干的大部分区域，从延髓经脑桥和中脑，一直延伸到丘脑下部。大脑的网状结构广泛接受来自高级中枢和低级中枢的神经冲动，并对整个中枢神经系统的功能进行调节。信息经感觉器官传入，形成神经冲动进入网状结构，对脑部活动的形成起着激活的作用。网状结构的功能在于唤醒，因此也是情绪产生的必要条件。

7.1.3.2　情绪的外周神经基础

(1)自主神经系统

近代心理生理测量领域内的大部分研究表明，情绪状态的变化往往伴随着生理指标的变化。早在 1947 年，就有心理学家的研究为这一观点提供了依据，他们使用胃管对被试进行了长期的研究，他们发现，在情绪波动过程中，胃部至少存在两种变化：当报告焦虑和逃避愿望时，胃酸、胃蠕动和血流量减少；当报告愤怒和怨恨时，胃功能增进，这是表明存在情绪生理反应模式的第一个证据。

在自主神经系统中，存在着两种功能相对立的子系统——交感系统与副交感系统，交感系统的主要作用是引起兴奋活动，而副交感系统的主要作用是抑制兴奋活动(表 7-1)。交感系统与副交感系统共同控制与调节内脏器官、外部腺体以及内分泌腺的活动。当人受到情绪性刺激时，交感系统活跃，引发情绪的激动度和紧张度增加，生理唤醒水平和器官激活程度也提高，机体处于唤醒状态。当情绪平复以后，副交感系统恢复活动，器官以及腺体的活动回落到正常状态，情绪的强度也逐渐下降。

7-1 关于测谎仪的讨论

7-2 测谎仪如何能测谎

表 7-1　交感系统与副交感系统功能活动比较

	交感系统	副交感系统
瞳　孔	放　大	缩　小
心　率	增　快	减　慢
血　压	升　高	降　低
血糖浓度	升　高	降　低
皮肤血管	收　缩	舒　张
支气管	舒　张	收　缩
冠状动脉	舒　张	收　缩
消化液分泌	减　少	增　加
胃肠蠕动	减　少	增　加
汗腺分泌	增　加	减　少
肾上腺分泌	增　加	减　少

(2)分泌系统

情绪过程中的许多生理变化都同分泌腺的活动有关，而这些分泌腺主要包括两类：内分泌腺和外分泌腺。

在各种内分泌腺中，肾上腺同情绪的关系最为密切，它实际上是情绪反应的最主要来源。肾上腺由皮质和髓质两部分组成，通过下丘脑—垂体—肾上腺皮质系统和下丘脑—交感神经—肾上腺髓质系统对个体的情绪产生影响。肾上腺既受自主神经系统的支配，又受中枢神经系统的直接调节。研究表明，不同的情绪会引起不同的肾上腺活动变化。例如，学生在参加考试时如果过度紧张，就可能增强肾上腺的活动，促进肾上腺的分泌，导致血糖浓度的变化，并引起一系列的功能改变，如手发抖，不能正常回忆起知道的知识，使得在考试中发挥失常。

除了内分泌系统外，人体的外分泌腺的活动也是与个体的情绪状态密切相关的。为什么在难过的时候我们会流下眼泪？为什么紧张害怕的时候会吓出一身冷汗？为什么情绪低落的时候会消化不良没有食欲？这就是因为情绪状态影响了泪腺、汗腺和消化腺等外部腺体活动的缘故。

(3)躯体神经系统

情绪与躯体神经系统的关系主要是通过情绪的表现方式——表情联系起来的。用于表达情绪状态的面部表情、姿态表情和声调表情都离不开躯体神经系统的支配和调节。躯体神经系统支配着面部、四肢的肌肉骨骼以及声带等部位的活动，因此，没有躯体神经系统的活动，我们就不能正确地表达我们的情绪状态。

在长期的生物进化过程中，人的面部肌肉系统的精细分化，神经系统的高度发展，大脑皮层结构和功能的分化与发展，使得人能够呈现千变万化的面部表情。美国心理学家艾克曼（P. Ekman，1971）就把面部肌肉分为额—眉区、眼—睑区和鼻颊—口唇三个区域。面部表情的精细化，使我们能尽可能多地表达和区分各种不同的情绪。

7.2 表 情

7.2.1 表情的先天性

图 7-5 是达尔文在《人类与动物的情感表达》(*The Expression of the Emotions in Animals and Man*)一书中分析人类和动物的面部表情时所用到的例子。在第一组图片中，这只狒狒调皮地露齿而笑的神态与下面咧嘴微笑的男性颇有几分相似；在第二组图片中，这只生气的黑猩猩和噘着嘴的小孩，同样都紧锁着眉头；在第三组图片中，猎犬咆哮的样子也几乎就是它上面的这个女性轻蔑嘲讽的表情的翻版；而在最后一组图片中恐惧使人和猫都张大了嘴，颈部肌肉鼓胀，额头上布满皱纹。

图 7-5 人类与动物的表情对比

达尔文指出，人类与动物的表情具有共同的根源。与大多数动物一样，人类的原始表情也具有适应性的价值，经过长期的适应和淘汰过程，通过遗传的作用逐渐保留和延续下来。为了证明表情是与生俱来的，达尔文还在自己的孩子身上进行了实验。在他的儿子刚满 6 个月的时候，达尔文让负责照顾孩子的护士假装哭泣。听到哭声后，孩子的嘴角开始抽动，同时脸上还呈现出悲伤的表情。达尔文因此认为是一种生来就有的直觉告诉儿子这位护士的哭声表达的是痛苦和悲伤的情绪，同情的本能激发了这个不满 1 岁的孩子的悲伤。

达尔文认为，人类的祖先在还没有形成语言的时期是通过表情和肢体语言来与外界进行交流的。在这种情况下，有效的情绪表达对个体的生存具有至关重要的作用。当有敌人准备向一个人发起进攻的时候，他可能会张大嘴巴，瞪大眼睛，露出锋利的牙齿或武器，通过这种方式告诉对方："我不害怕你，如果你对我发起进攻，我会进行反击。"如果对方读懂了这个信息，一场争斗也许就可以避免了。

同时，达尔文还提出了人和动物的情感表达的三个原则，分别是有用的联系习惯、对立作用和神经系统的直接影响。有用的联系习惯原则认为愤怒时的张牙露齿，恐惧时的毛发竖直，痛苦时的呻吟等，这些表情动作对人类的动物祖先是具有生物学意义的，它们是动物长期生活巩固下来的有用的习惯的联合，然后因遗传的作用延续到人类身上。对立作用原则是指相反的情绪冲动具有相反的动作倾向，对立的表情，如悲哀与欢乐，敌视与友爱等，都是服从对立原理而巩固下来的。神经系统的直接影响原则是指神经系统的活动渗入一切表情动作中，成为影响情感表达的直接而重要的因素。

除此以外，社会生态学对基本面部表情的研究也为表情的先天性提供了依据。对盲婴的研究结果显示，这些先天性失明的婴儿能用与正常婴儿一样的面部表情来表达快乐、悲伤、恐惧等不同的情绪，并没有因为看不到别人的这些表情而"学不会"这些表情。婴儿的前语言发育阶段的基本情绪研究也得出了相似的结果。人类新生儿无需预先学习，就能通过呈现不同的表情来满足自己的需要和获取成人的照顾。先天模式化的表情作为非言语交流的重要手段，对婴儿早期的生存和生长具有非常重要的意义。

7.2.2 表情的普遍性

"1967 年，我亲自到新几内亚研究这群人，"（他放了一些工作人员拍摄到的自然表情）"这个男孩在表达喜悦。后面这个女人愤怒地瞪着我，因为我违背文化习俗在看她。这个男人看着我吃罐头食物而露出嫌恶的表情，我在吃他的食物时当然也露出同样的表情。这些都是有趣的例子，但不能作为证据，我必须做更有系统的实验。最有趣的一项实验是我告诉他们一个故事，请他们表现出在每个故事中应有的表情。"（他一边放映他在新几内亚拍摄的影片，一边说）

"他们不知道摄影机为何物，因此在拍摄过程中完全不会尴尬。我请他们做出下列各种表情：你准备打斗时的表情，有人做了你不喜欢的事，但你不准备打斗的表情，你获知你的孩子死去的表情，一个很久不见的朋友来到村子里时你的表情。"

"而当我拿这些照片给对它们一无所知的美国大学生看时，他们果然可以轻易解读各种表情。我认为这证明了情绪表达的普遍性，达尔文是对的：这是人类的共同特征。"

—— 保罗·艾克曼 (Paul Ekman)

与艾克曼相似，在表情的普遍性这一问题上，大多数研究者都作出了肯定的回答，他们认为，人类的表情是具有普遍性和共同性的。在大多数情况下，同一种表情在不同的社会文化背景下都具有相似的意义。

7-3 如何使用微表情测谎

以表情的普遍性为基础，汤姆金斯 (S. Tomkins，1962) 等人也进行了相关的研究，他们假设基本的情绪共有八种，分别为兴趣、愉快、惊奇、悲痛、恐惧、羞愧、轻蔑和愤怒，同时，每一种基本情绪都受中枢神经和躯体运动神经的控制而具有对应的面部肌肉反应形式。这样，汤姆金斯就总结出了八种基本的表情模式（表 7－2）。

表 7-2　八种情绪的面部模式

情　绪	面　部　模　式
兴　趣	眉眼朝下、眼睛追踪着看、倾听
愉　快	笑、嘴唇朝外朝上扩展、眼笑(环形皱纹)
惊　奇	眼眉朝上、眨眼
悲　痛	哭、眼眉拱起、嘴朝下、有泪、有韵律的啜泣
恐　惧	眼发愣、脸色苍白、脸出汗、发抖、毛发竖直
羞　愧	眼朝下、头低垂
轻　蔑	冷笑、嘴唇朝上
愤　怒	皱眉、眼睛变狭窄、咬紧牙关、面部发红

(资料来源:彭聃龄.普通心理学[M].5版.北京:北京师范大学出版社,2018)

7.2.3　表情与文化

尽管情绪的表达在很大程度上存在着普遍性,但是,与基因遗传作用相反的另一机制还是存在的,那就是社会文化的影响。人是社会化的动物,因此人类情感的表达在某种意义上来讲是受到社会规范的制约的。社会规范规定人们该有哪些特定的情绪,以及应该通过什么样的方式来表达这些情绪。人类社会的发展和进步在各个区域是不同步的,由于地理上的距离和语言上的障碍,各个国家和地区的文化习俗也日渐分化而各有不同。同样的一个表情,就是因为这样才在不同的文化背景下具有不同的意义。例如,用拇指和食指圈成一个圆形这个肢体表情,在北美洲表示的是“一切顺利”或“很好”,而在欧洲的法国和比利时一带则表示“你一文不值”。而在意大利,如果一个美国人向当地人做出这个动作,则可能给自己带来一场灾难,因为意大利人会认为他在说:“你简直蠢得像头驴子!”

很多学者的研究向我们证实了文化对表情造成的影响。对印度尼西亚的爪哇部落的情绪表达研究结果显示,爪哇人的面部表情远没有其他部落的表情丰富,原因是爪哇部落要求部落的成员控制自己的表情,不要表露出来,而对儿童也给予淡漠情绪的行为教导,要求他们有节制和有礼貌。而位于大洋洲的密克罗尼西亚人则与此不同,父母会主动教导儿童学会一组情绪术语以指导行为,他们把合作、分享、无攻击和等级服从作为信奉的价值观,这是与文化的影响和成人的正面关怀与情绪教育分不开的。

7.3　情绪的理论

7.3.1　早期理论

7.3.1.1　詹姆斯—兰格理论

詹姆斯—兰格理论是关于情绪的早期理论之一。美国心理学家詹姆斯(W.

James)和丹麦生理学家兰格(C. Lange)分别在 1884 年和 1885 年各自独立地提出了内容一样的理论,其中詹姆斯是该理论最主要和最清楚的阐述者。詹姆斯指出,按照常理人们会认为,是对外部事件的知觉使人产生情感,进而情感导致一系列生理变化的出现。但他认为这种观点是错误的,情绪的产生应该是自主神经系统活动的结果,情绪是对身体变化的感觉。

詹姆斯在阐述他的观点时说:"当我们面临公开行动时,我们先发抖、哆嗦和口吃,而后对这种身体变化的感觉使我们感到焦虑。"对于身体变化和情绪之间的关系,他认为更合理的解释是,"因为我们哭泣,所以发愁;因为动手打,所以生气;因为发抖,所以害怕。而并不是因为发愁才哭泣,并不是因为生气才打人,并不是因为害怕才发抖。"

除了提出理论外,詹姆斯还列举了一些证据来支持他的观点。这些证据在很大程度上以内省为基础。詹姆斯认为,任何感觉都会有极端复杂的生理表现。虽然这些表现都会被感受,但程度不同,有的明显,有的模糊。他让被试想象一些强烈的情绪,然后从意识中努力排除与生理反应有关的感觉。如果做到了这一点,就不会留下任何感觉,其实也就已经完全排除了情绪。此外,他还用个体可以根据身体症状来区分正常和异常行为的事实来支持自己的假说。

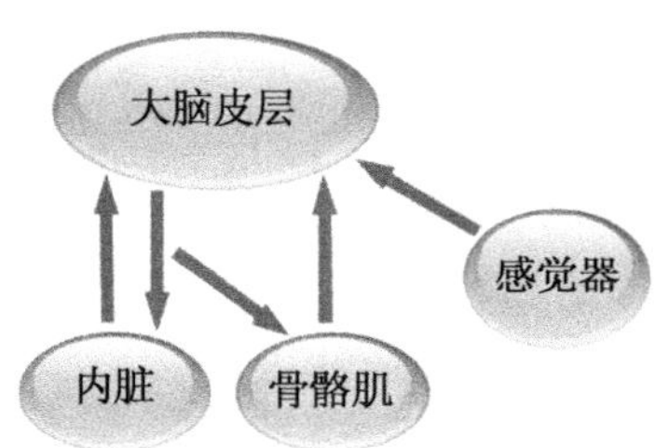

图 7-6　詹姆斯—兰格理论

兰格的理论在描述上和詹姆斯的理论有所差别,但两者在内容上是几乎一致的,即都认为情绪刺激引起生理反应,生理反应又进一步导致情绪体验的产生(图 7-6)。所以心理学家通常把两者合二为一作为一种理论。

詹姆斯—兰格理论认识到了情绪的发生与机体内部生理变化之间存在的关系,促进了对情绪的生理机制的研究,但是它缺乏科学的事实根据,而且片面夸大了有机体内部的变化对情绪的作用,忽视了皮层中枢的作用,否定了皮层对机体变化的调节作用,因此学术界对该学说存在很大的争议。尽管如此,詹姆斯—兰格理论作为第一个真正的情绪理论,还是有着很重要的地位,正是因为詹姆斯与兰格提出的假说,才促使后续研究者们更深入和全面地探讨情绪产生的机制,进而促进了当代理论和大量研究结果的产生。

7.3.1.2　坎农—巴德学说

坎农(W. Cannon)是第一个注意到詹姆斯的学说的人。他一向对詹姆斯采取批评的态度,这次也不例外,他提出了几点疑问,一是身体的变化在各种情绪状态下差异并不大,因此根据身体变化很难区分各种不同情绪;二是身体变化受到自主神经系统的支配,这种变化是很缓慢的,但情绪反应通常都是很迅速的;三是有些药物也可以引起身体变化,但是并不能引发情绪反应。

坎农因此提出了自己的学说来解释这些现象。在不同的时期,坎农的理论被称为丘脑的理论、首要应激理论或神经生理理论。在最后的神经生理理论时期,由于大量的实验工作是由巴德 (P. Bard)来完成的,所以该理论又常常被称为坎农—巴德理论。

坎农—巴德理论认为,情绪的中心机制不在外周神经系统,而在中枢神经系统的丘脑(图7-7)。当感受器接收到来自外界的刺激信号后,通过神经系统把神经冲动传到丘脑,丘脑同时向上向下发出信号,上传至大脑皮层,产生情绪体验;下传至交感神经系统,引起与具体情绪表现相对应的生理变化。按照坎农的话来说,“当丘脑被唤醒时,情绪的特殊性质就附加于简单的感觉之上。”这意味着当丘脑活动时,我们就体验到情绪。

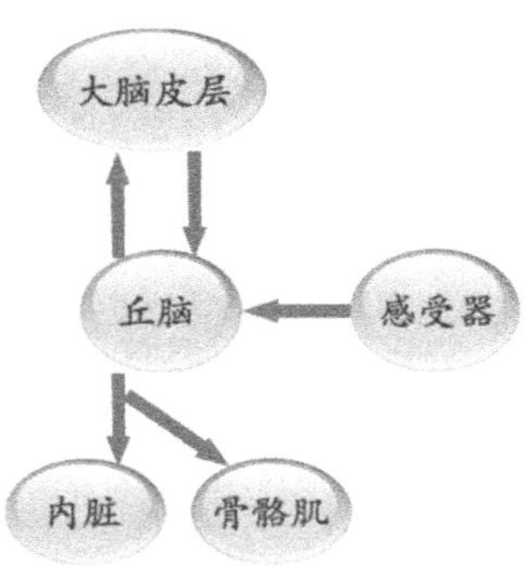

图7-7 坎农—巴德理论

坎农—巴德理论强调了被唤醒的丘脑过程是情绪产生的主要机制,引起了人们对丘脑重要性的注意,提出了情绪的特定的脑中枢,预测了躯体和心理反应的独立性,成为人们探索情绪的神经生理机制的先驱。

7.3.2 情绪的认知理论

7.3.2.1 评定—兴奋学说

美国女性心理学家阿诺德(M. Arnold)于20世纪50年代提出了情绪的评定—兴奋学说,该学说是以现象学、认知理论和生理学的混合面目出现的。评定—兴奋学说强调情绪的来源是对情景的评定,而这种评定是在大脑皮层完成的。

阿诺德举例说,在森林里看到熊会产生恐惧,而在动物园里看到关在笼子里的熊却不产生恐惧,这是因为情绪产生取决于人对情景的认知和评估,通过评估来确定刺激情景对人的意义。因此,阿诺德给情绪下的定义为:情绪是对趋向知觉为有益的、离开知觉为有害的东西的一种体验的倾向,这种体验倾向被一种相应的接近或退避的生理变化模式所伴随。

阿诺德对认知因素的分析,在很大程度上是由“评定”构成的。她指出,当我们遇到某个事件,就会直接地、自发地对该事件的意义进行评定,这种评定会引导个体接近好的事物,远离坏的事物。评定—兴奋学说的主要观点在于评定对知觉起着补充作用,并产生行动的倾向。依照阿诺德的学说,情绪是这样产生的:情绪刺激作用于感官产生的神经冲动上传至丘脑,更换神经元后再上传至皮层,在皮层上产生对情景的评定。这时只要情景被评定为对有机体有足够重要的意义,皮层兴奋即下行激活丘脑系统,并影响自主神经系统,将兴奋发送到血管或内脏。而外周变化的反馈信息又通过丘脑传到大脑皮层,并与皮层最初的评定相结合,使纯粹的认识经验转化为情绪体验。

阿诺德的评定—兴奋理论指出刺激情景并不是直接决定了情绪本身,强调情绪的产生需要经过对刺激的评定,该理论将情绪与人的认知相联系,开启了情绪的认知评定理论的先河,为以后的相关研究奠定了基础。

7.3.2.2 沙赫特的情绪理论

到现在为止,无论国内还是国外,没有一本论述情绪理论的著作会不提到沙赫特这个名字。沙赫特(S. Schachter)在对情绪的研究中设计了一系列实验情景，并在1958年、1964年和1972年详述了他的三因素情绪理论。沙赫特认为情绪的产生受到环境事件、生理状态和认知过程三种因素的作用，而其中的决定性因素是认知。

> 沙赫特和另一位美国心理学家辛格(J. Singer)设计了一项实验来证明情绪的三因素理论。
>
> 实验过程是这样的：实验前告诉被试，要考察一种新维生素化合物对视敏度的影响。在被试同意的前提下，为他们注射药物。但实际上控制组注射的是生理盐水，实验组注射的是肾上腺素(肾上腺素会导致心悸、颤抖、灼热、血压升高、呼吸加快等反应)。药物注射后，将实验组被试分为三组，"告知组"：告诉被试药物会导致心悸、颤抖、兴奋等反应；"未告组"：对被试说药物是温和的，不会有副作用；"误告组"：告诉被试药物会导致全身麻木、发痒和头痛。然后，人为地安排两个实验情景："愉快"情景与"愤怒"情景。实验组的三组被试各有一半进入"愉快"情景，另一半进入"愤怒"情景。当被试进入"愉快"情景时，看见一个人(实验助手)在室内唱歌、跳舞、玩耍，表现得十分快乐，并邀请被试一同玩耍。而进入"愤怒"情景的被试则看见一个人(实验助手)正对填写着的一张调查表发怒、咒骂、跺脚，并最后撕毁调查表；被试也被要求填写同样的调查表，表上的题目带有人身攻击和侮辱性，并会引起人极大的愤怒。
>
> 他们认为，如果生理唤醒单独决定情绪，那么三组被试应该产生同样的情绪；如果环境因素单独决定情绪，那么所有进入"愉快"情景的被试都应该产生快乐体验，所有进入"愤怒"情景的被试都应该产生愤怒。
>
> 实验结果显示，控制组和告知组被试并没有愉快或愤怒的行为或体验；未告组和误告组被试则倾向于追随室内同伴的行为，变得欣快或愤怒。这个结果说明，生理唤醒是情绪激活的必要条件，但是人对生理反应的认知和了解决定了最后的情绪体验。个体利用过去经验和当前环境的信息对自身唤醒状态作出合理的解释，正是这种解释决定产生怎样的情绪。

沙赫特认为情绪状态是以交感神经系统的普遍唤醒为特征的，各种情绪状态在表现形式上会有所不同。人们将环境事件的知觉和记忆中储存的过去经验进行比较和分析，当知觉分析和已有的经验不一致时，会引发一些生理反应和神经活动，最终促使大脑改变神经激活状态以适应当前情景的需求，这样情绪状态就产生了。

沙赫特和辛格认为，情绪体验受到生理唤醒和认知评价的影响，并通过设计不同的实验巧妙地对情绪进行了研究，但实验结果发现影响情绪的实际上有三个因素，即环境事件、生理状态和认知过程，其中认知的作用最为重要。

7.3.2.3 认知评价理论

拉扎勒斯(A. Lazarus)是情绪认知理论的另一位代表，他在很大程度上发展了阿诺德的理论，建立了一个迄今为止最著名的认知理论框架，成为情绪的认知理论的集大成者。

拉扎勒斯认为，情绪的产生是人与环境相互作用的产物，情绪的发展来自环境里面的信息，并且依赖于短时的或持续的评价。在情绪活动中，个体需要不断地评价刺激事件与自身的关系，这种评价可以分为三个层次，即初评价、次评价与再评价。

在初评价(primary appraisal)中，个体需要确定刺激对自己是有益的，或有害的，还是无关的。这种评价随时随地都会发生，并且一旦确定为无关刺激后，整个评价过程就会结束。

次评价(secondary appraisal)是初评价的继续。当个体确定刺激与自己的利益相关以后，会对自己的行为反应进行调节和控制，确定自己是否能控制该情景刺激，以及能够控制的程度。因此，次评价是一种控制性评价。

而再评价(reappraisal)则是一种反馈性评价，它估计采取行动的后果，考虑适应的应付策略，选择有效的应付手段。再评价包括对应付策略以及应付后果的评价。如果评价结果表明行为是无效的或不适宜的，那么评价过程就会再回到次评价甚至是初评价，直到找到合适的反应模式为止。而情绪唤醒就是在对情景的再评价及之后的行为活动中产生的。

情绪的认知评价理论提倡情绪体验不只是个人或者大脑中的简单产物，强调情绪是个人在与周围环境的交互作用后通过考虑和评估所产生的。但是，也有研究者对此提出了批评，认为至少某些情绪体验的解释是不需要评价的，例如自主神经系统活动伴随不同的不确定情绪。

7.3.3　动机—分化理论

1972年，美国的情绪发展研究专家伊扎德(C. Izard)提出了情绪的动机—分化理论，这个理论至今已成为最有影响的情绪理论之一。伊扎德的动机—分化理论以情绪为核心，以人格结构为基础，详细地论述了情绪的性质与功能。

伊扎德认为情绪是一种基本的动机系统，因而从整个人格系统出发建立了一套情绪—动机体系。伊扎德指出人格是由六个相对独立而又相互作用的子系统组成的，分别是内稳态、内驱力、情绪、知觉、认知和动作系统。人格子系统组成了三种类型的动机结构：内驱力、情绪—认知相互作用，以及情绪—认知结构。在这庞大的动机系统中，情绪是关键与核心，无论是与内驱力相联系的情绪，还是与知觉、认知相联系的情绪，抑或是蕴含在人格结构中的情绪特质，都起着重要的动机作用。伊扎德还进一步指出，情绪的主观成分——体验正是起动机作用的心理成分，各种情绪体验是促使有机体采取行动的动机力量。

伊扎德还从进化的观点出发，提出大脑新皮质体积的增长和功能的分化与面部骨骼肌肉系统的分化以及情绪的分化是同步的，多种情绪的分化是进化过程的产物。此外，他还继承了达尔文对面部表情的学说，指出人类基本情绪的面部表情是与生俱有的模式，并且参与了情绪发生的整个机制，面部运动的感觉反馈并激活了个体的情绪体验。

在对情绪性质的阐述上，动机—分化理论既说明了情绪的产生根源，又说明了情绪的功能，在情绪的动机理论中具有重要地位。但是，伊扎德对情绪与认知的联系缺乏实证的研究和论述，这是该理论的不足之处。

7.4 情绪、压力与健康

7.4.1 压力的概念

"压力"一词原本来自物理学，最早将"压力"这个词引入心理学中的人是加拿大生理心理学家薛利(H. Selye)。1936年，薛利从生理学的角度出发，提出了压力是表现出某种特殊症状的一种状态，这种状态是由生理系统中应对刺激的反应所引发的非特定性变化所导致的。

应激是一种个体对压力的反应模式，当刺激事件打破了有机体的平衡和负荷能力，或者超过了个体的能力所及时，就会体现为压力。薛利还将个体对压力的反应分为动员、阻抗及衰竭三个阶段。第一个阶段是动员阶段，即当能引起压力的刺激出现时，个体会出现某种程度的紧张感。作为人体对紧张性刺激的自发的防御性反应，在一个很短的时间内，会动员人体内部尽可能多的潜能，使得心率加快、血压升高、血糖浓度升高等。在这种应战状况下，个体才能充分做好处理紧急情况的准备。第二个阶段是阻抗阶段。由于第一阶段的反应没有能够排除危机，在"敌我"双方处于势均力敌的情况下，个体不得不竭力调用各种潜能作拼命抵抗或殊死搏斗。在这个过程中，体内的各种生理变化进一步加剧，其特征是释放肾上腺皮质激素，使机体内储备的糖原通过糖异生作用而形成葡萄糖。该过程将持续到紧张状态解除，机体恢复正常或进入下一个阶段。当人体的能量不再足以应付长期压力时，衰竭现象就产生了。由于能力耗尽，压力又仍未被克服，机体的唤醒状态开始下降并出现衰竭。这时，激素分泌减少，免疫系统功能严重受损，疾病接踵而至，甚至可能导致死亡。

7.4.1.1 压力的来源

通常，可能导致压力的刺激事件包括各种各样来自外部或内部的情景，这些情景可以统称为应激源。这些应激源按照来源不同可以大致分为四类：心理性压力源、躯体性压力源、社会性压力源与文化性压力源。

心理性压力源是指来自人们头脑中的紧张性信息。心理性压力的发生，简单来说就是"要与不要"的问题。在每个人的心中都有很多欲望与达成愿望的想法。一旦对这些需求的追寻遭受挫折，就会产生心理压力。心理冲突与挫折、不切实际的期望、不祥预感以及与工作责任有关的压力和紧张等都会导致压力的产生。心理性压力源与其他类型压力源的显著不同之处在于，它直接来自人们的头脑中，反映了心理方面的困难。值得一提的是，生活中的压力事件处处可见，但有的人无动于衷，有的人却耿耿于怀，原因往往就在于人们内心对压力的认知。如果过分夸大压力的威胁，就有可能制造一种自我验证的预言：我会失败，我应付不了。长此下去，会产生所谓的长期性压力感，畏惧压力。

躯体性压力源是指通过对人的躯体直接发生刺激作用而造成身心紧张状态的刺激源，包括物理的、化学的或者生物方面的刺激源。常见的躯体性刺激有各种疾病、环境的噪声、温度变化、微生物、变质食物、酸碱刺激等。这一类刺激是引起生理压力和压力的生理反应的主要原因。

社会性压力源主要指造成个人生活方式上的变化，并要求人们对其做出调整和适应的情景与事件。社会性压力源，广义有政治动乱、战争、社会经济制度的变革等，狭义的如工作环境的变动、家庭成员的重大生活事件。由于现代社会发展迅速，地区人口密集、人类互动频繁、新的工作要求等，使得社会性压力成为人们主要的压力来源。

最后一类是文化性压力源，它是指迁徙、移民或是跨国旅行时，因为生活方式、语言的不同而产生的适应性压力。与其他三类压力源相比，这类压力源在大部分人身上发生的可能性比较小，影响也不如前面几类压力源大。

生活环境的重大改变是许多人产生压力的根源。生活事件对随后的心理和生理健康的影响是值得关注的。心理学家霍姆斯（T. Holmes）和瑞厄（R. Rahe）在 1967 年提出生活变化单位（life-change unites，LCUs）的概念，用以计算个体在生活中经历的压力总值。即使一些事件是受你欢迎的，如中奖或者得到提升，它们也会对你的生活常规产生重大的改变，你需要去适应新的要求。1967 年，他们还编制了一套社会再适应等级量表（SRRS），该量表列举了 43 种大部分人都可能经历的生活事件。由 400 位不同职业、阶层、身份、年龄的人对这些事件产生的压力大小打分，结果发现其中 24 个项目直接与家庭内人际关系的变化有关。

小资料——学生压力量表

学生压力量表（表 7－3）是针对每个事件都给出了一个分值，用以表征一个人面对生活状态改变时所需的再适应情况，分数等于或高于 300 的人存在健康风险，分数在 150 到 300 之间的人在两年内有一半的概率发生严重的健康问题，得分低于 150 的人有三分之一的可能健康恶化。在一学期内分三次计算一下你的生活变化单位（LCUs）的总值，看看你的生活是否需要调整。

表 7－3　学生压力量表

事　件	变化单位	事　件	变化单位
亲密家庭成员的死亡	100	学校工作负担的加重	37
亲密朋友的死亡	73	出众的个人成就	36
父母离异	65	在大学的第一学期	35
服　刑	63	生活条件的改变	31
个人严重的受伤或者疾病	63	和教师的激烈争论	30
结　婚	58	低于期望的分数	29
被解雇	50	睡眠习惯的改变	29

续　表

事　件	变化单位	事　件	变化单位
重要课程不及格	47	社会活动的改变	29
家庭成员健康上的变故	45	饮食习惯的改变	28
怀　孕	45	长期的交通工具问题	26
性问题或性障碍	44	家庭聚会次数的改变	26
和亲朋好友严重的争吵	40	缺课过多	25
改换专业	39	更换学校	24
和父母的冲突	39	一门或更多门课程跟不上	23
有了新的男友或女友	38	轻微的交通违章	20
第一次总分	（日期　　　　　　）		
第二次总分	（日期　　　　　　）		
第三次总分	（日期　　　　　　）		

（资料来源：[美]理查德·格里格，菲利普·津巴多著. 心理学与生活：第16版[M]. 王垒，王甦，等译. 北京：人民邮电出版社，2003）

7.4.1.2　压力对健康的影响

陈某虽然才41岁，但已经是一个行业内一流的企业的总裁。陈某一直希望公司能更快更好地发展，从当初白手起家开始他就以“我不入地狱谁入地狱”为口号，并日夜拼命工作。他对自己和下属都制定了非常严格的要求。他每天工作超过14个小时，而且在公司和家里都有办公室。

一段时间之后，他发现自己的脾气变得十分挑剔，经常莫名其妙地发火，而且记忆力明显减退。紧接着他又发现自己的身体健康状况开始下降，原本身强力壮的他，变得非常瘦弱。这些现象一开始并没有引起陈某的足够重视，为了公司的发展，他还是一如既往地努力工作。终于有一天，他洗完澡以后，就躺在浴缸里爬不起来了——他的一条腿不能动了。这个时候他终于意识到自己在不知不觉中被压力击垮了。

（资料来源：徐世勇. 压力管理[M]. 北京：企业管理出版社，2004）

虽然像上文中讲到的因为压力过大导致半身瘫痪的这种极端案例并不多见，但是因为长期生活在压力之下而引起的身心疲惫、厌倦沮丧、悲观失望以及失去创造力和生命活力的情况却屡屡发生。

国际劳工组织(ILO)发表的一项调查结果指出，在英国、德国、芬兰和波兰等国，每10名员工就有1人因为工作压力过大而长期处于抑郁和焦虑状态。在芬兰，心理健康失调是发给伤残津贴的主因，50%的劳工或多或少都有与压力相关的症状，7%的劳工因工作压力过大而导致过度劳累及睡眠失调等症状。因抑郁症相关因素造成无法工作的时间，比因其他疾病因素导致无法工作的时间长两倍半。而在美国、日本等生活节奏更快的国家，这些数字还要大得多。

压力对个体造成的影响总的来说可以归纳为两个方面。从心理状态上看，压力导致负面情绪反应的产生：人们面对危险时的情绪反应是恐惧，面对胁迫事件时的反应是焦虑，而面对分离或失落时的情绪反应则是忧郁。个体如果长期笼罩在这些消极的情绪体验之下，很可能会相应地导致认知功能的损害，判断力缺失，社会关系中断以及其他更为严重的心理疾患。压力是引起多种心理疾病的重要因素。在一些常见的心理疾病中，如失眠、神经衰弱、过度焦虑、神经质、压抑等疾患中，压力都是很明显的致病因素。

从生理方面来看，当人处于压力状态下时，交感神经、肾上腺的活动明显加强，并分泌大量的肾上腺素和去甲肾上腺素，引起血糖和血脂浓度升高。持续的高血脂是造成心、脑血管疾病的重要原因。同时，在感到有压力时，由于交感神经兴奋、人体对氧的需求量增加，往往造成心肌急性缺氧，导致心脏病患者的猝死。另外，由于交感神经兴奋性增强，使血糖升高，会加速动脉硬化和诱发多种疾患，诸如紧张性头痛、多汗症、脱发症、神经性呕吐、神经性厌食、过敏性结肠炎、消化性溃疡、糖尿病、女性月经失调、男性阳痿早泄等。

7.4.2 压力管理与情绪调节

7.4.2.1 压力管理

(1)影响压力的因素

在生活中，每个人都承受着来自不同来源的大大小小的压力，可是并不是所有的压力都产生一样的作用效果。有时候很小的压力会给人造成巨大的伤害，有时候很大的压力却不会产生明显的作用，这是因为压力导致的后果不仅与压力本身的大小有关，还受到一系列除了压力本身以外的其他因素的影响。

● 认知因素。更多的时候决定个体紧张程度大小的并不是客观的压力事件，而是人们对压力事件的主观认识。面对同样的压力情景，有些人会显得苦不堪言，而另一些人却能平静地对待，这都与认知因素有关。例如，当一个人独自在夜晚漆黑的小路上行走，听到背后有急促的脚步声，这个时候就会联想到抢劫犯之类的事情，于是感到惊慌恐惧，一身冷汗；相反，如果是在安静的学校的图书馆听到脚步声就不会产生这样的恐惧感。一位哲学家很好地描述了认知因素与压力之间的关系，“人类不是被问题本身所困扰，而是被他们对问题的看法所困扰”。

● 人格因素。事实上，不同的人对压力的感受是不同的，这还与人格方面的因素有关。福利曼(M. Friedman)和罗斯曼(R. Rosenman)在1974年将人格分为A、B两种类型。A型性格的人成就欲高，竞争意识强，工作努力奋斗，争强好胜，说话办事讲求效率，思维敏捷；但他们往往性情急躁，缺乏耐心，社会适应性差，生活常常处于忙碌状态。A型性格特征的人在面对压力时，性格中的不利因素就会显现出来。美国20世纪60年代进行的一项研究表明，在257位冠心病患者中，A型人格的人数是B型人格人数的两倍还要多。而B型性格的人性情随和，举止稳当，对工作和生活要求不高，对成败得失看得淡薄，他们在面对压力时往往能比A型人格的人处理得更加妥当。

● 社会支持。人的社会属性决定了人离不开社会的支持与帮助。个体从亲人、朋友以及同事的身上获取的社会支持可以在很大程度上缓解压力。这些支持主要体现在三个方面：一是情感上的支持，包括理解、同情、喜欢、尊重等；二是评价性的支持，通过分享观点来提供与自我评价有关的信息，例如老师对学生的努力作出充分肯定；三是信息性的支持，包括为处于压力中的个体提供有助于解决压力事件的信息等。各种不同类型的社会支持，总是会直接或间接地影响到人们对压力的反应方式。

● 经验。我们常常会发现，在第一次做某件事情的时候，总是会感觉很紧张，很焦虑。经过一次又一次的练习与摸索后，再面对同样的情景时，我们可能就不会感到以前那么大的压力，而是可以从容冷静地处理。针对两组跳伞者的压力状况的调查发现，有过100次跳伞经验的人不但恐惧感很弱，而且能够有意识地控制和调节情绪；而缺乏经验的跳伞者在整个跳伞过程中表现得非常恐惧惊慌，并且越接近起跳越明显。经验能够增强我们对事件的控制感，因而能减轻在面临突发情景时所感受到的压力。

(2)应对策略

达尔文在他的《物种起源》中提到，"能够生存下来的，既不是最健壮的，也不是最聪明的，而是最能够适应变化的物种。"这说明了有效地应对和管理压力，不仅有利于解决问题，对于个体的身心健康甚至是生存都有着非常重要的意义。

小资料——发人深思的"过劳死"

2005年8月，深受广大观众喜爱的某小品演员因突发性心脏病去世，该事件在演艺圈内外一度引起极大的轰动。猝死发生的根本原因，是死者生前体内潜藏的病变，由于机体本身具有适应功能，所以平常人往往感觉不到症状反应，或者只有轻微的不适。但是如果长期处于过度疲劳状态和精神高度紧张状态，平常看起来不起眼的生活和工作压力就可能导致猝死。

2004年6月，《成都商报》报道，22岁的某名牌大学学生单某由于长期同时兼做3份工作，身体长期处于超负荷运转状态，最终因为一场没有任何先兆的疾病而走到了生命的终点。根据医生的诊断，单某因为家庭贫困，长期在学习以外大量兼职，过度劳累导致免疫力急剧下降，死于化脓性脑膜炎，而罪魁祸首是单某巨大的学习和工作压力。

曾经有这样一个故事，有一位讲师在课堂上拿起一杯水，然后对他的学生说："各位认为这杯水有多重?"学生中有的说："这杯水的重量并不重要，重要的是你能拿多久。"拿一分钟，大家一定都觉得没问题；拿一个小时，可能手臂就开始酸痛了；要是真的拿上一天，可能就要叫救护车了。压力就和一杯水一样，平常看起来小而不起眼，但是长期处于较小的压力状态下也会对身心健康造成巨大伤害。在生活中有很多策略可以帮助我们应对和缓解压力，只要稍微留心，就能战胜自我，战胜压力。

有心理学家将压力的应对策略按照处理环节的不同分为三类，分别是以情绪为中心的应对、以认知调节为中心的应对，以及以行为为中心的应对。

以情绪为中心的应对是指在不能改变人与客观环境的关系的情况下，主动地调节由压力引起的情绪上的不适，从而保持良好的情绪状态，达到缓解压力的目的。

小资料——小丑也会治病

著名的英国化学家法拉第，在年轻时由于长期紧张工作，导致精神失调，每当头痛、失眠发作时痛苦万分，经过多年医治，也未能根除。有一次，他遇到了一位医术高明的医生，医生对他进行了详细询问和检查，开出了一张奇怪的处方："一个小丑进城，胜过一打医生。"刚开始法拉第百思不解，后来才逐渐悟出其中道理，便决心不再打针吃药，而是经常去看马戏、滑稽剧和喜剧表演，每次都是大笑而归。从此他的紧张情绪逐渐松弛，不久，头痛、失眠的症状也消失了，愉快的心情使他恢复了健康。

在古代中国也有类似的例子。传说名医张子和曾采用发笑疏导法治愈了一个人的怪病。当时有个官吏的妻子精神失常，不吃不喝，只是胡叫乱骂，不少医生使用各种药物治疗了半年也无效。张子和则叫来两个老妇人，在患者面前涂脂抹粉，故意做出各种滑稽的样子，这个患者看了不禁大笑起来。第二天，张子和又让那两个老妇人做摔跤表演，患者看了又大笑不止。后来张子和又让两个食欲旺盛的妇人在患者身边进餐，一边吃一边对食物的鲜美味道赞不绝口，这个患者看见她俩吃得津津有味便要求尝一尝。从此她开始正常进食，怒气平息，病全好了。

（资料来源：郑希付.高中生心理健康教育[M].合肥：安徽科学技术出版社，2004）

以认知调节为中心的应对是指转移注意的焦点，避免去反复思考引起压力的原因；或调节抱负水平，使之与客观环境相适应；或换个角度去思考问题，看到较好的一面；或改变不合理的信念，接受现实的真实面目等。我们常说的"知足常乐""心宽天自高"等，都是让我们通过调节认知来缓解压力状态。

一位知名外企的主管，他在一天当中就遭遇了最倒霉的事情：早上妻子开着家中唯一的一部车上班时，与别人的车辆发生了碰撞。他立刻到场帮助妻子解决这个问题。当他赶到出事现场解决了事故，把车开走，不幸的是，车子又碰到了路边的铁杆，造成了轮胎破裂。这位主管又必须赶快换轮胎，而且必须赶在下午两点之前回到办公室，因为要出席由区域CEO主持的会议。时间上的迫切，意外事故的遭遇，都给了这位经理人巨大的压力，但他处变不惊，用平常心和正向态度看待这个事情，他说：我帮助我妻子解决了她所面对的一个困难。在大家情绪都不好的时候，我能控制自己的态度化解了大家的压力，我让周遭的人面对不幸的时候，还觉得比较缓和，这就是我的成功之处。当这位经理人这样去思考他所面临的压力事件时，他将遭遇的状况并没有像一般人想象的那么严重。所以难怪有人说，问题的严重程度，与我们对问题的反应程度成正比。

以行为为中心的应对是指针对导致压力产生的根源，个体通过寻求信息，调节自己的行为方式，以此来缓解主客体之间的矛盾，使自身与环境尽可能达到一个较和谐的状态。例如，找出问题的所在并尽力解决它；向朋友或亲人寻求帮助以渡过难关；养成凡事订好计划，提前做好安排等习惯。

小资料——放松训练

放松训练是指个体通过训练，有意识地控制自身的心理及生理活动，降低机体的唤醒水平，以消除紧张状态的心理治疗方法。实践表明，不管是身体还是心理的放松，均有利于我们的健康。生活中有很多与放松训练相似的活动，例如我国的气功、印度的瑜伽术、日本的坐禅、德国的自生训练、美国的渐进松弛训练、超然沉思等，都有利于我们将身体和精神从紧张状态向松弛状态转变。

1975 年，美国哈佛大学医学院的专家哈伯·本森（H. Benson）在《放松反应》一书中提到了一种有效的放松方法。本森在书中指出，许多科学证据表明，大部分疾病起源于长期的压力。约六成到九成的求诊患者的病因都与压力有关。经常进行放松训练，有利于预防和缓解由于压力造成的多种疾病症状。本森将放松的方法归结为下面 6 个步骤：

1. 找一个舒适的地方坐下。

2. 闭上眼睛。

3. 从脚自下而上到脸彻底放松全身的肌肉，并保持放松状态。

4. 深呼吸，并学会留意你的呼吸，每呼气一次，在心里默念“一”，轻松而自然地呼吸。

5. 持续 10～20 分钟后，中途可以睁开眼睛看看时间，但是千万不要用闹钟计时，时间到了以后，安静地坐上几分钟，眼睛由闭到开，不要在几分钟内站起来。

6. 不要太在意你是否得到了彻底放松。保持被动的态度，顺其自然。如果中途有扰乱思绪的想法，不要管它，继续重复默念“一”。每天训练一到两次，但是不要在饭后两小时内训练，以免消化活动干扰到训练过程。

7.4.2.2 情绪调节策略

过度的压力和不良情绪同为我们生理与心理健康的杀手。人生不可能永远一帆风顺，有春风得意之时，就有挫折沮丧之时。要战胜焦虑、挫折、恐惧、抑郁等不良的情绪体验，就要学习用正确的方法去调节和管理我们的情绪，做情绪的主人。下面介绍几种简单且有效的情绪调节方法。

(1)转移注意

在受到不良情绪困扰的时候，如果只是一味想着这件令人不快的事情，只会钻牛角尖，越陷越深，难以自拔。这时候不妨暂时放下让人心烦的事情，将注意力转移到与不开心的事情无关的地方。很多时候，有意识地转移话题或转移活动来转移注意力，都可以使不好的情绪得到缓解。在情绪不好的时候外出散步、听音乐、打球、下棋等都是很好的选择。贝多芬在失恋的时候没有沉迷于痛苦，而是选择从军来帮助自己走出阴影，就是一个通过转移注意来调节悲伤的很好的例子。

(2)合理宣泄

合理的宣泄并不是指破口大骂，摔破东西，找人打架。这些不合理的宣泄方式只会不断加剧不良情绪的负面影响；但这也并不代表着要“打碎了牙往肚子里吞”，把不快和委屈都憋在心里，自己默默地承受。长期将不愉快的事情及委屈埋在心里，只会导致抑郁的产生。这个时候应该找到适合自己的发泄途径，例如找一个没有人的地方痛痛快快地哭一场，主动向亲人或朋友倾诉一番，向心理咨询专家寻求帮助等。合理而健康的发泄可以释放内心郁积的不良情绪，缓解不良情绪的困扰，有益于保持身心健康。

(3)自我安慰

相信每个人都听过酸葡萄的故事：狐狸因为吃不到葡萄架上的葡萄，就对自己说葡萄是酸的。与此类似的是阿 Q 的“精神胜利法”，阿 Q 和人打架的时候吃了亏，就安慰自己说“这是儿子在打老子，这是什么时代，儿子居然打起老子来了”，于是就感到一阵欣慰，仿佛自己获得了胜利。一直以来，阿 Q 精神都是自欺欺人的代名词，但是如果能够合理地运用，这种精神却能帮我们缓解不良的情绪。

(4)幽默感

幽默是一种有效的调节情绪的策略，它能减轻心理重压，有助于维持良好的情绪和心态。具有幽默感的人往往都对生活保持乐观的态度，遇到困难时总是看到积极的一面。许多看似令人烦恼、束手无策的事物，要是用幽默的心态来应付，就可能使不愉快情绪荡然无存，立即变得轻松起来。

小资料——名人的幽默

俄国幽默寓言家克雷洛夫和他的房东订租契，房东在租契上写明，如果他房租逾期不交，就要罚款多少卢布。克雷洛夫看了看租契，不但不表示异议，而且还在罚款数后面加了一个“0”。“啊！这么多！”房东惊喜地叫道。“是啊，”寓言家不动声色地回答，“反正一样赔不起。”幽默的话语巧妙地对房东的贪婪进行了讽刺，也表达了寓言家轻松、坦然的心境。

幽默在生活中有着十分重要的作用，它不仅能调节情绪，而且能摆脱窘境。例如在一次记者招待会上，一名记者问美国总统罗斯福一个保密的问题，总统听了之后问记者：“能不能给我保密？”“能。”记者当即回答道。总统幽默地说：“那我也能保密。”有一次，英国幽默大师萧伯纳在街头散步，因躲闪不及，被直冲过来的自行车撞倒在地，骑车人非常不安，很不自在。这时萧伯纳说：“先生，您要是多加点劲，就可以成为撞死萧伯纳的好汉而名垂青史了！”一句幽默话，使对方顿时没有了不自在。

（来源：李焰.压力管理实务[M].北京：机械工业出版社，2006）

本章小结

情绪是我们日常生活中不可缺少的重要部分，它是一种反映客体现实与人的主观需要之间关系的心理活动。常见的基本情绪有快乐、愤怒、悲伤和恐惧四种。情绪具有动机、信号、适应和组织等很多重要的作用。下丘脑、杏仁核以及网状结构等都是与情绪的产生有关的重要生理结构。本章还重点介绍了有关情绪的一系列理论。早期的理论有詹姆斯—兰格理论、坎农—巴德学说；认知理论包括评定—兴奋学说、沙赫特的三因素情绪理论和认知评价理论等。适当地表达和调节情绪，有助于缓解压力，维持较好的心理健康状态。希望大家能将本章中的知识合理运用到生活当中，做情绪的主人。

练习题

一、选择题

1. 下面不属于基本情绪的是 （　　）

A. 快乐　　B. 悲伤

C. 愤怒　　D. 焦虑

2. 看到微博上对于一些恶性事件的报道，我们总会忍不住感到“义愤填膺”。这时我们的情绪状态是 （　　）

A. 心境　　B. 应激

C. 激情　　D. 莽撞

3. 以下不属于情绪的功能的是 （　　）

A. 适应功能　　B. 动机功能

C. 组织功能　　D. 学习功能

4. 从心理学的角度，“压力”的定义应该是 （　　）

A. 压力是大气层对地球表面形成的作用力

B. 压力是物体所承受的与表面垂直的作用力

C. 压力是压力源和压力反应共同构成的一种认知和行为体验的过程

D. 压力是现实生活中要求人们去适应的事件。

5. 维持大脑皮层的兴奋水平、对情绪有唤醒作用的是 （　　）

A. 网状系统　　B. 杏仁核

C. 丘脑　　D. 下丘脑

二、判断题

1. 在与情绪有关的脑结构中，下丘脑对识别威胁或危险线索是重要的。 （　　）

2. 拉扎勒斯的认知评价理论是一种关于情绪的认知理论。 （　　）

3. 当人感到极度焦虑时，常常会感到恶心，这是由于自主神经系统的相应活动所导致的。 （　　）

4. 通过“自我刺激范式”，研究者发现老鼠的“快乐中枢”位于丘脑。 （　　）

5. 最早提出“表情具有先天性”观点的学者是达尔文。 （　　）

三、论述题

1. 请介绍基本情绪与复合情绪的区别。

2. 请评述沙赫特和辛格的情绪认知理论。

7-4 练习题参考答案

第8章 能 力

一位人口普查员来到某户人家家里，迎接他的是一位中年妇女，她生了3个女儿。当普查员询问这三个女孩的年龄时，这个妇女有意卖了一个关子，说："如果你将她们各自的年龄相乘，得数会是72；但如果将她们的年龄相加，那又碰巧是我们家的门牌号码了。你可以自己去看看。"

人口普查员说："可是要推算出她们的年龄，这些信息还不够啊。"

这位妇女又说："那好吧，我的大女儿有一只猫，其中一只脚是木头做的。"

人口普查员道："哈！现在我知道她们的年龄了。"

那么这三个女儿的年龄究竟是多少呢？

（资料来源：罗伯特·艾伦．逻辑陷阱[M]．杨振华，译．太原：希望出版社，2004）

上题是我们经常会碰到的智力题，那么究竟它考察了一个人的智力的哪个方面呢？这是一道符合心理学要求的智力测验题吗？这道题能衡量回答者在人群中的智力水平吗？

8.1 能力的概念

能力的含义实际上很笼统，它在多个方面都有所表现，可以表现在肢体或动作方面的差异，表现在人际关系方面即交际的能力，表现在处理事务方面的才能等等。总的说来，能力是指人们成功地完成某种活动所必需的个性心理特征，可以有多种表现形式。能力具有两层含义，首先它指个体现在实际"所能为者"，其次它又指个体将来"可能为者"。个体"所能为者"是指一个人的实际能力，是个体的先天遗传基础加上后天环境中努力学习的结果。例如，一分钟内能打出60个英文单词、会开飞机、能讲几种外语等。一个人"可能为者"是指一个人的潜在能力，它不是指已经发展出来的实际能力，而是指个体在各种适宜的条件下可能发展出的潜在能力。实际能力和潜在能力密切地联系着。潜在能力是实际能力形成的基础和条件，实际能力是潜在能力的展现。

人的能力总是表现在人的活动中。离开活动很难分辨一个人能力的高低，离开社会活动也很难形成一个人的能力。一个人的先天素质为能力的形成和发展提供了前提和基础。素质只是能力发展的自然前提和可能性。这种可能性变成现实性还要有其他条件的作用，如环境、教育和实践活动等。

任何单独的能力都不能成功地完成某种活动。为了完成学习任务，不能仅仅依靠记忆力，或仅仅依靠对课文的分析、理解。同样，只有彩色鉴别力也不能成功地完成绘画活动。要成功地完成任何一项活动，都需要多种能力的综合。

此外，在心理学上，能力这个术语经常与智力发生混淆。大多数心理学家把智力看作是人的一种综合认知能力，是多种能力的聚合，包括学习能力、适应能力、抽象推理能力等。这种能力，是个体在遗传的基础上，受到外界环境影响而形成的，它在吸收、存储和运用知识经验以适应外界环境中得到表现。

8.1.1 能力与知识、技能的关系

知识是人类社会历史经验的总结，从心理学的角度来说，它以思想内容的形式为人所掌握；技能是操作技术，是以行动的形式为人所掌握。知识、技能与能力有密切的关系：能力的发展是在掌握和运用知识、技能的过程中完成的，离开学习和训练，能力是得不到发展的。同时，能力在一定程度上决定着一个人在知识、技能的掌握上可能取得的成就。

但是能力和知识、技能并不是同一回事。能力是为顺利完成活动时个体经常、稳固地表现出来的心理特点，因此它是在个体内固定下来的概括化的东西。知识和技能也都是一些巩固了的概括体系，但是它们与能力之间是有区别的。技能是指那些在个体内固定下来的行为方式。这些行为方式虽然具有概括性，但它对某种技能来说仍是比较具体的。而能力不是这些行动方式本身，而是调节这些行为方式的心理活动的概括化。比如，在操作中对具体动作的掌握，这是技能；而在掌握技能中，如果支配敏捷动作的心理过程进行的敏捷性能够经常出现，并成为巩固的概括化的动力系统，它才成为动作敏捷的能力。知识是头脑中的经验系统，而认识能力或智力不是这些经验系统本身，而是对这些知识材料进行加工的活动过程的概括化。比如理解一个数学公式，掌握推导这个公式的步骤，以及推导过程中需要的一切其他公式，这些都属于知识的范围；而在推导过程中所包含的分析、概括活动的动力性质才属于能力的范围。这些分析、概括活动如果能合乎逻辑严密地、略去烦琐步骤地、迅速而简练地进行，而且这样的思维加工的程序和方式达到高度概括化，以至于每当推导运算时，它都以这种简约的方式进行，并且能迁移到不同的运算场合，这才是具有数学运算所需要的思维敏捷能力的表现。

能力与知识、技能密切地联系着，它们之间的相互联系和相互制约体现在：掌握知识、技能以一定的能力为前提；能力制约着掌握知识技能的快慢、深浅、难易和巩固程度；而知识的掌握又会导致能力的提高。但两者的发展却不是完全一致的。在不同的人身上可能具有相等水平的知识、技能，但他们的能力不一定是相同水平的，而具有相同水平能力的人也不一定能获得同等水平的知识和技能。一般来说，学习成绩好，智力水平可能是较高的，但是两个学习同样优异的学生，一个可能是才能出众，另一个则可能主要是靠刻苦努力。因此，在有经验的教师看来，同样的成绩在不同的学生身上可能有不同的意义：在一个数学能力很高的学生身上，很可能他还没有努力地学习，而对另一个数学能力较低的学生来说，则证明他通过巨大的努力而获得了可喜的成果。

能力作为顺利地完成某种活动的条件的个性心理特征，是影响活动效率的基

本因素。在其他条件相同的情况下(训练水平、知识、技能、花费的时间等),能力强的人比能力弱的人可以获得更好的成果。

8.1.2 能力、才能和天才

能力是有个体差异的。在完成某种活动时所需要的各种能力的最完备的结合,能使人迅速地、创造性地完成某种活动。那么,这个人在这种活动领域中具有较高的能力,或者说他是一个在某一方面有才能的人。也就是说,各种能力的最完备结合叫作才能。如果一个人在某一方面或某些方面有杰出的才能,这个人就被称为天才。

为了成功地完成某种活动,多种能力的完备结合称为才能。例如,数学才能包括:对数学材料的迅速概括能力;运算过程中思维活动的迅速"简化"的能力;正运算过渡到逆运算的灵活性。

才能的高度发展就是天才,它是多种能力最完备的结合。单一的能力即使达到高度发展水平,也不能称为天才。例如,仅有非凡的记忆力,不能称为天才。天才并非天生之才,它是在良好素质基础上,通过后天环境、教育的影响,加上自己的主观努力发展起来的。

8.2 能力的种类

人的能力种类很多,可以按不同的标准对能力进行分类,如按照倾向性不同可划分为一般能力和特殊能力,按照功能不同可划分为认知能力、操作能力和社交能力,按照在活动中产生的结果与原有知识经验的关系不同可划分为模仿能力和创造能力等。

8.2.1 一般能力和特殊能力

一般能力,又称普通能力,指大多数活动所共同需要的能力,是人所共有的最基本的能力,是多种活动的基础,保证人们比较容易和有效地掌握知识。观察力、记忆力、注意力、想象力和思维力都属于一般能力。

特殊能力,指为完成某项专门活动所必需的能力。它只在特殊活动领域内发生作用,是完成有关活动必不可少的能力。一般认为,数学能力、音乐能力、绘画能力、体育能力等都是特殊能力,一个人可以具有多种特殊能力,但其中有一两种特殊能力占优势。

一般能力和特殊能力之间密切联系着。一般能力是各种特殊能力形成和发展的基础,一般能力的发展,为特殊能力的发展创造了有利的条件;在各种活动中,特殊能力的发展同时也会促进一般能力的发展。在具体活动中,一般能力和特殊能力共同起作用。

8.2.2 模仿能力和创造能力

模仿能力,指仿效他人的言行举止而引起的与之相类似的行为活动的能力,例如,成年人学画、习字时的临摹,儿童模仿父母的说话、表情等等。美国心理学家认为，模仿是人们彼此之间相互影响的重要方式，是实现个体行为社会化的基本历程之一。

创造能力，指产生新思想、新发现和创造新事物的能力，是成功地完成某种创造性活动所必需的条件，在创造能力中，创造思维和创造想象起着十分重要的作用。吉尔福特在1967年更以流畅性、变通性、独创性来说明创造力，而此三种特征经过心理测验学家托兰斯(E. Torrance)的采用，发展为评量创造力的专用测验，之后，流畅、变通、独创这三种心理特征成为心理学家公认的创造力的心理内涵。

8.2.3 认知能力、操作能力和社交能力

认知能力，指接收、加工、储存和应用信息的能力，它是人们成功地完成活动最重要的心理条件。知觉、记忆、注意、思维和想象的能力都被认为是认知能力。

操作能力，指操纵、制作和运动的能力。劳动能力、艺术表现能力、体育运动能力、实验操作能力都被认为是操作能力。认知能力和操作能力紧密地联系着。认知能力中必然有操作能力，操作能力中也一定有认知能力。

社交能力，指人们在社会交往活动中所表现出来的能力。组织管理能力、言语感染能力等都被认为是社交能力。在社交能力中也包含认知能力和操作能力。

8.3 能力的结构

8.3.1 能力的心理测量学理论

8.3.1.1 斯皮尔曼的二因素理论

英国心理学家斯皮尔曼(C. Spearman，1904)首创采用因素分析对智力进行研究，他发现个体在不同智力测验上的成绩高度相关。他从这一模式得出结论，认为存在一般智力因素，称为g因素，这是所有智力操作的基础，是一种推理因素，在相当程度上是遗传的。每个维度还与其特殊智力相关联，即斯皮尔曼定义的s因素。例如，人们在语词或算术中的操作都依赖于他的一般智力和特定范围的能力。同时，他还指出每个人所具有的g和s因素都是不同的，即使具有相同的s因素，也可能在程度上有所区别(图8-1)。尽管斯皮尔曼并不能很确定g因素的心理基础是什么，他认为可能是一种心理能量，但这个理论至今被广泛地应用。

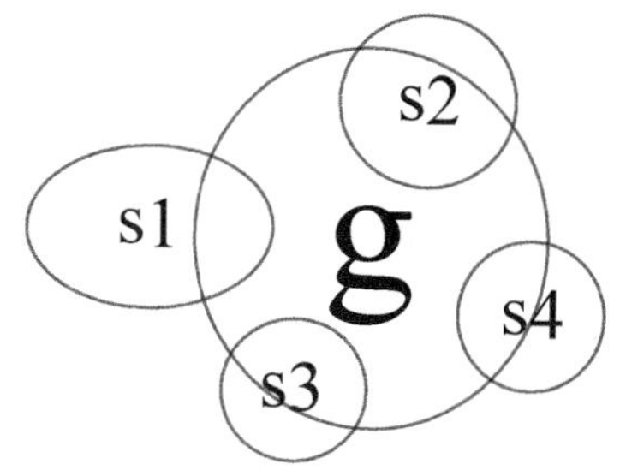

图8-1 斯皮尔曼的智力二因素论模型模拟图

8.3.1.2 瑟斯顿的群因素理论

美国心理学家瑟斯顿(L. Thurstone，1938)与斯皮尔曼一样是将因素分析作为研究分析工具的先驱。他批评斯皮尔曼过分强调一般因素(g因素)，提出存在七种“基本心理能力”(primary mental abilities)。根据瑟斯顿的学说，智力是由许多彼此无关的基本能力所构成的。他总结出大多数能力可以分解为七种原始的因

素，这些因素是言语理解、语词流畅性、计算、记忆、知觉速度、推理和空间知觉。他对每种因素都设计了实验。然而，实验的结果同他设想的相反，每一种测试出的能力与其他几种能力都呈正相关。例如，推理能力与语词流畅性的相关系数为0.48，与言语理解能力的相关系数为0.55，与计算能力的相关系数为0.54等；言语理解能力与语词流畅性的相关系数为0.51，与计算能力的相关系数为0.47，与推理能力的相关系数为0.48等。这说明各种能力因素并不是绝对割裂的，而是存在相同的基础。这个研究结果也支持了斯皮尔曼的智力二因素论中的g因素的存在。为此，瑟斯顿修改了关于各基本能力完全独立存在的观点，提出了二阶因素，即七个基本心理能力的共同因素。这就与二因素理论趋于融合了。

8.3.1.3 阜南的层次结构理论

英国心理学家阜南(P. Vernon)在1960年提出了层次结构理论(图8-2)，他继承和发展了斯皮尔曼的观点，认为能力结构是按层次排列的，并把智力划分为4个层次：一般因素(g因素)、大因素群、小因素群、特殊因素(s因素)。他基于斯皮尔曼的理论，在g因素和s因素间增加了：大因素群——言语和教育、机械和操作因素，小因素群——言语、数量、机械信息、空间信息和用手操作等。他所提出的大因素群得到了脑科学研究结果的部分支持：大脑左半区以语言功能为主，右半区以空间图像感知功能为主。

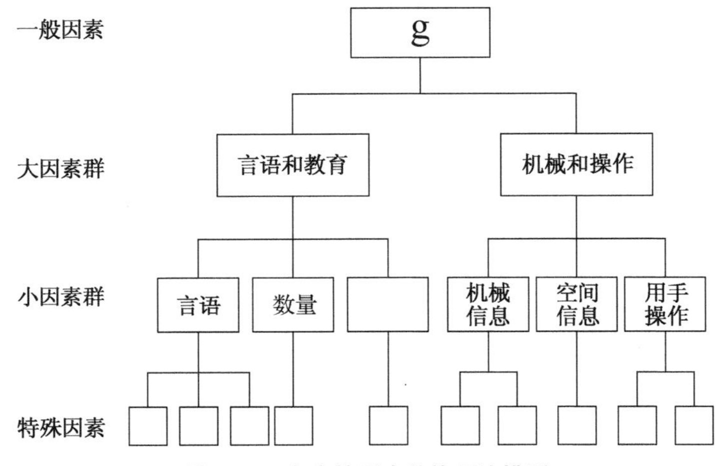

图8-2 阜南的层次结构理论模型

8.3.1.4 卡特尔的理论：流体能力和晶体能力

卡特尔(R. Cattell，1963)将一般能力分为两个相对独立的成分，即晶体能力和流体能力。晶体能力包括一个人所获得的知识以及获得知识的能力，与基本心理过程有关，是经验的结晶。流体能力是发现复杂关系和解决问题的能力，几乎参与了一切活动，主要受人的生物学因素的影响。卡特尔认为，通常这两种能力包含在任何一种能力活动当中，是很难分开的。流体能力是晶体能力的基础。

在人的一生中，随着年龄的增长，流体能力和晶体能力经历不同的发展历程。与其他生物学方面的能力一样，流体能力随生理成长曲线的变化而变化，在20岁左右达到顶峰，在成年期保持一段时间以后，开始逐渐下降；而晶体能力的发展在成年期不仅不下降，反而在以后的过程中还会有所增长(图 8-3)。由于流体能力影响晶体能力，它们彼此相关，所以我们可以假想，不管人的能力有多少种，也不论要处理的任务性质如何，在一切测验分数或成绩的背后，存在一种类似于 g 因素的一般心理能力。在大多数智力测验中，均包括偏重于测量晶体能力和流体能力的两类题目。

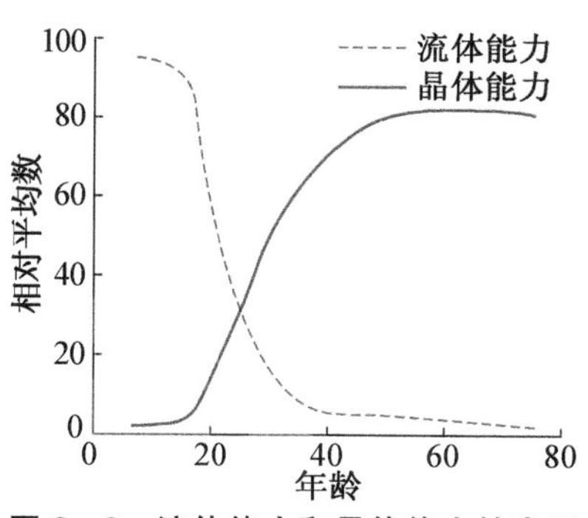

图 8-3　流体能力和晶体能力的发展

8.3.1.5　吉尔福特的智力结构模型

吉尔福特(J. Guilford)采用因素分析方法检验了许多与智力相关的任务。他的智力结构模型的基础是定义了智力任务的三个特性(维度)：内容或信息类型、产品或信息表征的形式、操作或心理活动表现的类型。他认为智力是用各种对不同种类的信息进行加工的能力和功能的系统组合。智力不仅仅是学习的能力，它应该包括对创造性表现特别重要的种种能力。

这一模型从刚开始提出的 120 种独立能力增加到后来的 150 种，后又提出了存在 180 种独立能力。其中比较有影响力的是提出存在 150 种独立能力的模型，它有 5 种内容：视觉、听觉、符号、语义和行为；6 种产品：单元、类别、关系、系统、转换和涵义；5 种操作：评价、聚敛、发散、记忆和认知。每一智力任务都包含这三个维度。而且，吉尔福特相信每一个内容(content)—产品(product)—操作(operation)的结合代表了一种独立的心理能力(图 8-4)。

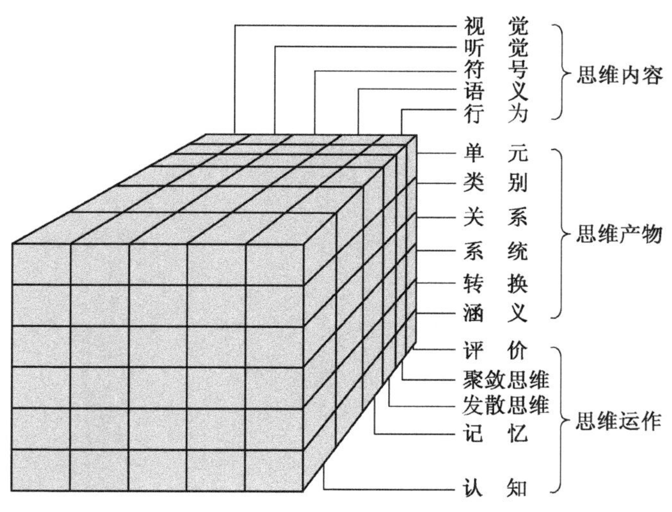

图 8-4　三维智力结构模型

这一理论模型与化学的元素周期律相似。根据这一系统框架，智力因素可以像化学元素一样，在它们被发现之前就被预测到。当吉尔福特 1961 年提出这一模型时，有近 40 种智力能力已经被确认。现在研究者已经发现了超过 100 种智力能力。由此可见，吉尔福特的智力概念具有预测价值。

吉尔福特的智力结构论中最引人注目的内容之一是对创造性的分析。他把以前曾被在智力概念中忽略的创造性与发散性思维联系起来，还将发散性思维与聚合性思维相对应。吉尔福特认为，发散性思维是从给定的信息中产生信息，其着重点是从同一的来源中产生各种各样的为数众多的输出，其间很可能会发生转换作用。

就与每一个能力理论一样，吉尔福特的模型也存在不足，这主要集中在理论中提倡智力因素是独立的观念上：吉尔福特坚持智力因素的独立性，否认一般智力因素的存在。同时，吉尔福特确定智力因素的一般途径也存在一定的问题，他将已确定的因素作为标志来确定新的因素，这就很难避免主观性。

8.3.2 能力的现代理论

8.3.2.1 斯滕伯格的智力三元论

美国心理学家斯腾伯格(R. Sternberg)提出了智力的三元理论。他认为，一个完备的智力理论必须对智力的三个方面予以说明，即智力的内部构成成分(成分性亚理论)。这些智力成分与经验的关系(经验性亚理论)，以及智力成分的外部作用(情景性亚理论)，它们各自代表有效操作的不同方面，而且能比一元的智力理论回答更多的关于智力的问题。在他的智力理论中强调了在问题解决中认知过程的重要性。

(1)成分性亚理论

智力的内部构成涉及思维的成分，因此成分性智力(componential intelligence)是指思维和问题解决所依赖的心理过程。斯腾伯格认为有三种成分对信息加工是至关重要的，即元成分、操作成分和知识获得成分。元成分指控制行为表现和知识获得的过程，它负责行为的计划、策略与监控，如确定问题的性质，选择解题步骤，分配心理资源，调整解题思路等；操作成分是指接受刺激，将信息保持在短时记忆中，比较刺激，从长时记忆提取信息，以及做出判断反应的过程，负责执行元成分的决策；知识获得成分是指用于获取和保存新信息的过程，负责新信息的编码与存储。在认知性智力活动中，元成分起着最重要的作用，它决定人们解决问题时使用的策略。例如，针对类比推理过程的研究发现，推理能力强的人完成得比推理能力差的人更快，也更准确，但他们在进行解题中先花费较多的时间去理解问题，而不是急于得出答案。

(2)经验性亚理论

智力的第二个方面涉及内部成分与外部世界的关系，是指人们在两种极端情况下处理新异或常规问题的能力和对问题自动化加工的能力，称为经验智力(experiential intelligence)。体现在日常生活中，经验性智力既包括有效地应付从未见过的新异事物，也包括自动化地应付熟悉的事情。在任务非常熟悉的时候，良好表现依赖于操作成分的自动执行，如阅读、驾车、打字时的自动编码等等；而在任务不熟悉时，良好的成绩依赖于元成分对推理和问题解决的辅助。因此，当一组人在发生事故之后陷入了困境，你会认为那个能最快帮助人们解决困境的人很聪明。另一方面如果一组人日复一日地重复同一种工作，你也会认为能够最快成功完成任务的人最聪明。

(3)情景性亚理论

在日常生活中，智力是适应环境、塑造环境和选择新环境的能力，这被称作情景智力(contextual intelligence)。情景智力有时被人们称为小聪明。研究表明,没有较高智商(intelligence quotient,IQ)的人,也可以具有较高的情景智力。为了达到目标,凡是有一定智力的人都能运用操作成分、知识获得成分和元成分。但是,智力行为是因条件的改变而变化的,在不同的情景中,人的智力行为有不同的表现,比如,一个人在学习中解决几何问题时所用到的知识和元成分,与他力图摆脱失败、平息朋友间冲突时所用到的知识和元成分完全不同。有些人可能并不具备很高的学历,也可能难以清楚地表达他们是如何处理现实事物的,但他们却非常擅长解决日常事务问题。在这种意义上,情景智力又称作实践智力。

斯滕伯格的三元智力理论认为,智商测验并不能涵盖智力行为的全部内容,他希望不仅仅将个体以高智商或低智商进行归类。例如,假定研究者认识到,"不聪明"的人是因为不能编码所有的相关信息,所以他们完成特定的任务时有困难,那么,如果他们对特定的成分进行练习,就可能会以一种"聪明"的方式来进行操作。这时成分性智力被加强。同样地,斯滕伯格相信,经验智力和情景智力也可以通过练习而得到提高。通过对行为中成分性过程的适当理解,研究者能够采用一些技巧,使每个人的操作都"看起来聪明"。

1996 年,斯腾伯格在三元智力理论的基础上提出更具实用和现实取向的成功智力理论(又称成功智力的三元理论),强调智力不应仅仅涉及学业,更应指向真实世界的成功。他认为成功智力有以下四个关键元素:

- 应在一个人的社会文化背景内,按照个人的标准,根据在生活中取得成功的能力定义智力。
- 个体取得成功的能力依赖于利用自己的力量改正或弥补自己的不足。
- 成功是通过分析、创造和实践三方面智力的平衡获得的,其中分析性智力是进行分析、评价、判断或比较和对照的能力,也是传统智力测验测量的能力;创造性智力是面对新任务、新情景产生新观念的能力;实践性智力是把经验应用于适应、塑造和选择环境的能力。
- 智力平衡是为了实现适应、塑造和选择环境的目标,而不仅仅是传统智力所强调的对环境的适应。

斯腾伯格强调,成功智力的基础是跨越文化普遍存在的智力加工过程,即三元理论中曾经论述过的元成分、操作成分和知识获得成分,其中最重要的是元认知成分,它负责计划、监控和评估。

8.3.2.2 智力的 PASS 模型

戴斯(J. Das)和纳格利里(J. Naglieri)在 20 世纪 90 年代提出了智力的 PASS 模型:计划—注意—同时性加工—继时性加工模型(planning-attention-simultaneous-successive processing model,PASS),这个模型认为个体的智力活动包含以下三个认知功能系统:

- 注意—唤醒系统:起着激活和唤醒的作用,处于心理加工的基础地位,使得大脑处于合适的工作状态。
- 编码加工系统:对信息进行同时性加工和继时性加工,是智力的主要操作系统,因为智力活动的大部分"实际动作"都是在该系统进行的。

● 计划系统：处于最高层次的认知功能系统，从事智力活动的计划性工作，与智力三元理论的元成分相似，在智力活动中确定目标、制定策略，并且起着监控和调节作用。

这三个认知功能系统互相联系，共同作用，又执行各自的功能。

PASS模型对智力活动的过程分析比静态的元素分析更接近于心理机制的本质。同时，模型只涉及智力的心理操作层面，它并不涉及动机、情感、个性等影响认知功能的因素。从元素到过程，在一定意义上，标志着智力研究基本范式的转变。

戴斯和纳格利里根据PASS模型编制了智力测验：DA认知评价系统（the Das-Naglieri：Cognitve assessment system，DN：CAS）。DN：CAS包括4个分测验，分别测定计划、注意、同时性加工、继时性加工，每个分测验由三组不同题目组成，全量表由12组题目组成。

（1）计划的测验

要求个体形成一种能以高效和有力的方式去解决任务的方法，一般采用视觉搜索、计划连接、计划编码和数字匹配任务。计划连接测验示例如图8－5所示。

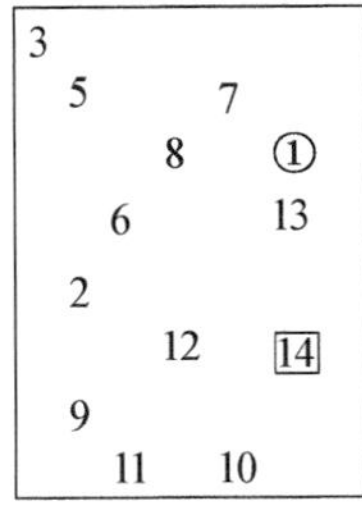

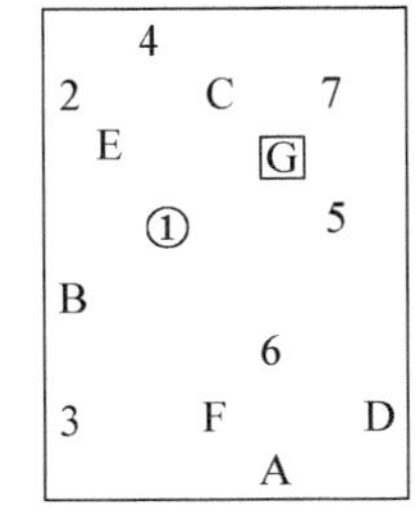

计划连接测验要求个体形成一些有效的方法，将呈现在一张纸上的刺激连接成顺序刺激（如1—2—3—4—5等，或1—A—2—B—3等）。

图8－5　计划连接测验示例

（2）注意的测验

要求个体有选择地注意一个两维刺激的一个方面而忽略其另一方面。测验任务中会包含一个与目标刺激同样显著甚至比目标刺激更显著的竞争性刺激，常采用的任务有表达性注意（expressive attention）、寻找数字、听觉选择性注意和接受性注意。

（3）同时性加工的测验

采用的任务需要被试将特殊项目的成分相互关联起来才能得到正确答案，任务的难度取决于成分间相互联系的复杂性和数量。常采用的任务是根据记忆复制一个几何图样或绘出一个几何图样，或者完成渐进矩阵等（图8－6）。

刺激项

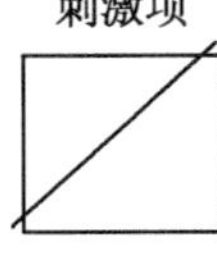

反应项

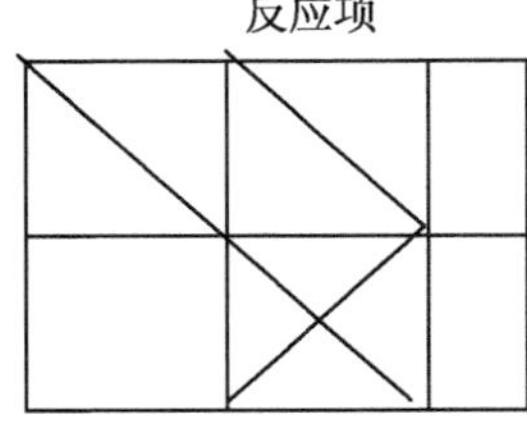

在回忆的条件下，先让被试看一个几何图样5秒，然后移开图样，要求被试在一个更复杂的图样中，勾画出原始刺激图样来。

图8－6　图形记忆测验示例

(4)继时性加工的测验

采用的任务要求被试在完成任务时察觉刺激的一系列特征，复制出事件的一个特定序列，或回答某种要求对事物的线性特征加以正确解释的问题，如句子重复任务。

8.3.2.3 加德纳的智力多元理论

加德纳(H. Gardner)通过研究脑损伤患者智力丧失的分布情况、一些特殊人群和认知发展过程，认为人类的神经系统经过一百多万年的演变形成了互不相干的多种智力，提出了一个超出智商测验定义的理论——智力多元理论。加德纳确定了涵盖人类经验范围的许多智力，每一种能力依据某一社会对它的需要、奖赏以及它对不同人类社会的作用、价值，共归纳了八又二分之一种智力。加德纳归纳的第九种智力“存在智力”是否存在还不能肯定，所以他称之为“二分之一智力”。

言语智力(linguistic intelligence)：对词的声、节律和意义的灵敏性，对不同语言功能的灵敏性，就是诗人、作家身上所表现出来的对语言文字的掌握能力。

逻辑—数学智力(logical-mathematical intelligence)：指能够计算量化，并进行复杂数学运算的能力。皮亚杰研究的智力也主要是逻辑—数学智力。当今社会把语言智力和逻辑—数学智力放在主要的位置，大多数的智力测验都建立在这两种智力上，它们被认为是可以跨越不同领域或专业解决问题的“原始智力”。

虽然基于言语智力和逻辑—数学智力的智力测验可以预测学生在学校的表现，但是却无法预言他们在毕业之后的人生表现。而以下的六又二分之一智力更具有预测的能力。

空间智力(spatial intelligence)：准确知觉视觉—空间世界的能力，对人的最初知觉进行操作转换的能力。加德纳认为水手、工程师、外科医生、雕刻家、画家等都具有高度发达的空间智力。

音乐智力(musical intelligence)：产生和欣赏节奏、音高和颤音的能力，对不同音乐表达形式的欣赏。

身体运动智力(bodily-kines-thetic intelligence)：控制身体运动和有技巧地运用物体的能力。舞蹈家、运动员、外科医生、手工艺大师都表现出高度发达的身体运动智力。

人际智力(interpersonal intelligence)：对其他人的情绪、气质、动机和期望的辨别和适当反应的能力，如政治家、教师、心理医生、宗教领袖等。

自我认知智力(intrapersonal intelligence)：对自己情绪的感知、区分，并以此指导行为的能力，对自己的力量、弱点、期望和智力的了解，即建立准确而真实的自我模式并在实际生活中有效地运用这一模式的能力。

博物学智力(或称自然智力，natural intelligence)：对自然界不同种属的灵敏性，与生物敏锐交往的能力。这种智力的出现，与人类的出现及进化的历史有着紧密的关系。加德纳从人的生存和繁衍能力构成及生物进化史上找到了博物学智力存在的证据。加德纳还发现脑损伤患者中，一些人能够辨认出无生命的物体，而有些人却与此完全相反，这也支持了博物学智力的存在。

存在智力(existential intelligence)：就是对人生和宇宙终极状态的思考。它的核心能力，是在无垠的宇宙尽头为自己定位的能力，是在人类生活环境中与存在有关的能力。也可以认为它是一种哲学智力，思考和认识存在的能力。加德纳并没有对它进行充分的界定，但是可以肯定的是存在智力要解决的是关于"人类存在"的深层次问题。

评价这些智力不仅仅需要纸笔测验，也不能简单地定量。加德纳认为，应该对个体在许多生活情景下的行为进行观察和评价，并将传统的智力测验视为生活的一个很小的缩影，这才能获得个体的智力情况。

8.3.2.4 情绪智力

近年来，研究者开始探讨另外一种智力——情绪智力，它与加德纳的人际智力和自我认知智力的概念相关。情绪智力(emotional intelligence)包括以下 4 个主要成分(Mayer & Salovey，1997；Mayer et al.，2000)：

- 准确和适当地知觉、评价和表达情感的能力：从自己的生理状态、情感体验和思想中辨认自己情绪的能力；通过语言、声音、仪表和行为从他人、艺术作品、各种设计中辨认情绪的能力；准确表达情绪，以及表达与这些情绪有关的需要的能力；区分情绪表达中的准确性和真实性的能力。

- 运用情绪促进思考的能力：情绪影响对信息注意的方向；情绪生动鲜明地对与情绪有关的判断和记忆过程产生积极作用的能力；心境的起伏使个体从积极到消极摆动变化，促使个体从多个角度进行思考的能力；情绪状态对特定的问题解决具有不同的促进能力，例如快乐可以促进演绎推理和创造性，抑郁可以促进归纳推理和深刻的思考。

- 理解和分析情感，有效地运用情感知识的能力：给情绪贴上标签，认识情绪本身与语言表达之间关系的能力，例如对"爱"与"喜欢"之间的区别的认识；理解情绪所传送意义的能力，例如伤感往往伴随着失落；理解复杂心情的能力，例如爱与恨交织的感情；认识情绪转换可能性的能力，例如愤怒可转换为满意，也可转换为羞耻。

- 调节情绪，促进情感和智力发展的能力：以开放的心情接受各种情绪的能力，包括愉快的和不愉快的；根据所获知的信息与判断成熟地进入或离开某种情绪的能力；察觉与自己和他人有关的情绪的能力，比如其明确性、典型性、影响力、合理性等；理解自己与他人情绪的能力，缓和消极情绪，加强积极情绪，并且做到没有压抑或夸张。

这一定义反映了情感在智力功能中起积极作用的新观点——情感可以使人更聪明。人们可以聪明地思考自己和其他人的情感。

情绪智力是对智力理论的一个新突破，它大大地拓展了智力的内涵，同时情绪智力的概念及理论、具体组成成分、情绪量表的验证、特定情绪量表的开发以及情绪智力的跨文化研究都将成为未来智力研究新的生长点。

从能力的心理测量学理论看，这些理论都包含了“一般智力(g因素)”这个概念，认为智力本质上是“由许多部分组成的，影响人类具体行为操作的整体性功能单位”。也就是说，人类一切基本能力中存在着共同成分，即“一般智力”“g因素”等。这种智力观是建立在一系列的实验研究基础之上的，概括起来，其依据可归纳为以下三点：

● 许多心理学家通过研究发现，人类具有的各种能力之间存在着相互联系，一种能力的发展变化，会影响其他能力的变化发展。

● 通过对智力进行因素分析发现，确实存在着一种或几种起主导作用的基本智力因素，所以智力是由一种或几种智力因素综合而成的。

通过对这些因素的测量，研究者发现智力因素的优劣与个体的智商分数呈高的正相关。由此，智商分数成为智力的一种指标。

●按照“二因素—相关的多因素—独立的多因素”的方向发展合乎科学发展的演绎逻辑这一必然趋势，从斯皮尔曼所创造的智力因素理论发展衍生出了吉尔福特的三维结构智力模型，是突破传统智力理论的一个开始。由此，智力的现代理论突破了智力研究长期以来占统治地位的外显理论研究的思维模式，不仅对智力的内部机制进行探讨，还从个人的背景关系、个体经验的连续水平、智力的内部机制三大角度来整体探究智力的本质，体现了人们对于智力认识的不断完善。尽管这些理论取得了巨大进步，但人们仍然没有在根本上改变智力测验的技术，传统智力测验仍占统治地位——成功地预测测验所要预测的主要目的——学业成绩。或许，斯腾伯格和加德纳等心理学家的努力会在不久的将来引导新的测验技术方法的产生。

8.4 能力的测量

8-1 读眼识心测验

能力作为一种心理特性，并不能直接测量，而是通过分析个体怎样解决问题及得到的结果来判断个体的能力的属性和水平。根据能力的分类，能力测验一般可以分为智力测验(intelligence test)、能力倾向测验(aptitude test)和成就测验(achievement test)。

智力测验，作为最早的心理测验，由于在理论上至今仍然未能给智力下一个公认的明确定义，因而智力测验的目标范围始终存在争议。但就目前通用的智力测验而言，一般注重的是表现在认知活动中的稳定的一般能力，如言语能力、数学能力、记忆能力、空间知觉、推理能力等。

能力倾向测验泛指用以测量潜在才能的测验。其目的在于发现个体的潜在才能，深入了解其长处和发展倾向。例如，美国大学入学考试用的学力测验(Scholastic Aptitude Tests，SAT)，其目的就是为了测量个体到大学后学习成功的可能性。潜在才能是指个体未来发展的可能性，即在给予一定的学习机会时可能达到的水平，而不是个体现在已经具有的能力。

成就测验，主要考察受测者在学习和训练后所具有的知识和技能水平，由于它被广泛地应用在教育工作中，因此有时也被称为教育测验(educational test)。根据不同的标准，还可以对之进行更为细致的分类。影响成就测验成绩的不仅是能力，而且包括习得的知识。

8.4.1 智力测验

早在4000多年前，在中国便有了对智力的考查——用于官员选拔的考试制度，其内容涉及道儒、法律、农业等方面，是对一个人的综合性知识、能力进行考查。我国民间常见的七巧板、九连环、挑线绷、猜谜语、打灯谜等，都是带有普遍性的人们喜爱的智力训练工具。美国著名心理学家伍德沃斯称"九连环"为"中国式的迷津"，载入其所著的《实验心理学》中。

虽然关于智力研究和智力测验题在中国古代就出现了，但是现在受到广泛认可的现代智力研究和现代智力测验却是在西方开始的。

19世纪中叶，达尔文的进化论激发了人们对智力和心理能力的研究。可以设想，如果生存的重要因素是对环境的适应，那么，在人类进化中，智力必定起着重要的作用。高智力的人由于其对环境的优良适应性必定通过自然选择，被保留下来。根据这种思想，达尔文的表兄弟高尔顿爵士(F. Galton)第一个对智力进行了系统性研究，这揭开了西方智力测验史的序幕。

高尔顿率先利用仪器进行人类学测量和心理测量，通过测量身高、体重、肺活量、听力、视力、色觉等来研究能力的个体差异。他还进行了许多感官和运动的测试，并以数量代表心理特质的差异，得出了一个尖形穹窿曲线。该曲线印证了高斯分布在心理学中的重大意义，也是许多现代智力测验的数学理论基础：人的心理能力的分布应顺应正态分布规律。除此之外，他还研究天赋的遗传，考察人的能力及其发展，推进了差别心理学，并且首次运用了建立在感觉辨别基础上的能力测验。

在高尔顿之后，法国心理家比奈(A. Binet)和其同事西蒙(T. Simon)制订和出版了第一个正式的智力测验，它的产生是为了鉴别出不适合在一般学校学习的智力落后儿童，从而给予特殊教育。随后这个测验受到广泛认可，并被推广到众多国家。受到比奈—西蒙测验的影响，美国陆续出现了斯坦福—比奈测验、瑞文测验、韦克斯勒智力测验等诸多的智力测验。

8.4.1.1 斯坦福—比奈量表

1905年，西方第一次出版了关于可实施的智力测验的出版物：比奈—西蒙测验，该测验被用于区分发育迟滞儿童与正常学龄儿童。比奈和西蒙希望一个客观的智力测验可以使学校减少对更为主观的甚至可能是带有偏见的老师评价的依赖，以让儿童获得更好的教育。他们采用了统计的方法，使得受测儿童与同龄儿童群体的平均状态比较，以获得儿童的心理年龄(mental age)。

这种更具有科学性和能被广泛使用的智力测验很快引起了心理学家们的注意，不久便被各国的心理学家广泛引入，特别是在美国，智力测验受到了极大的重视，美国心理学家很快在这一领域占据了高点，其中最著名的是美国斯坦福大学特曼(L. Terman，1921)的工作，他于1916年把比纳—西蒙测验结合美国实际加以修订，称为斯坦福—比奈测验。在特曼的新测验中，他采用了智商(IQ)的概念。

智商就是心理年龄与实际年龄之比，可用如下公式表示：

$$IQ=\frac{MA}{CA}\times 100$$

式中：MA 代表心理年龄，CA 代表实际年龄。

如果一个 10 岁的孩子所测得的心理年龄为 12 岁，那么他的 IQ 为 120。而同一生理年龄的孩子如果只完成了 8 岁孩子的任务，那么他的 IQ 值为 80。那些心理年龄与生理年龄相当的个体的 IQ 值为 100。所以，100 是所有孩子平均的 IQ 值。

这个智商由于是用智力年龄除以实际年龄而求得的，因此可称为比率智商。比率智商的计算方法只适用于儿童，它的不足之处在于当人发展到一定的年龄后，智力并不随着年龄增长，老年时甚至有下降的现象，使用心理年龄做计算将不符合实际情况。

在 1937 年、1960 年、1972 年、1982 年以及 1986 年，研究者对斯坦福—比奈测验进行了一系列修订，这样使得斯坦福—比奈测验能对正常人群、发育迟滞和天才人群都提供精确的 IQ 估计值，使其成了极具影响力的智力测验。

8.4.1.2 韦氏智力量表

韦克斯勒(D. Wechsler)在研究及应用中发现了斯坦福—比奈测验的不足之处：无法预测成人能力、军人素质的优劣，这使得韦克斯勒决心编制成人智力测验，其后更发展了一系列的智力测验，使得他成为继比奈之后对智力测验研究贡献最大的人。

韦克斯勒在 1939 年发表了韦克斯勒—贝尔维尤智力测验。这一测验包括言语和操作测验。这样除了总的 IQ 值，人们还可以分别估计言语和操作的 IQ 值。在经过一些修改之后，在 1955 年这一测验被叫作韦克斯勒成人智力测验(WAIS)，后发展为 WAIS-R(Wechsler，1981)，目前已发展至第四版(图 8－7)。

测验	测验分数
常识	10
理解	13
算术	7
相似	13
数字记忆广度	10
语词	10
言语分数	63
译码	13
木块图	14
图画补缺	12
图片排列	11
拼图	15
操作分数	65
总分数	128

言语分数　63　IQ　108
操作分数　65　IQ　121
总分数　128　IQ　115

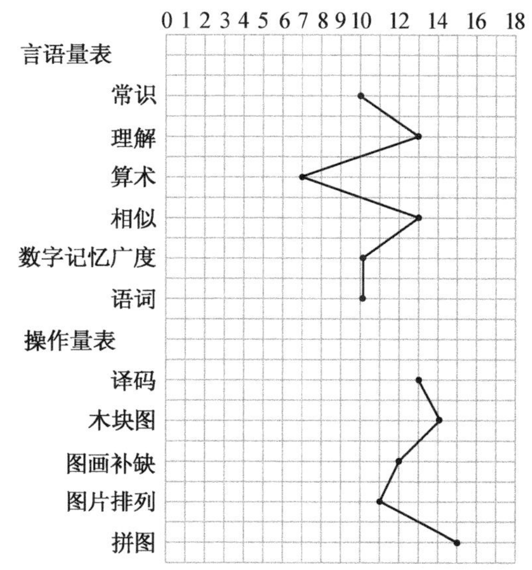

图 8－7　韦克斯勒成人智力测验分数剖视图

WAIS-R 中有 6 个言语分测验，以评估与语言有关的能力：常识、理解、算术、相似（指出两个东西的相似之处）、数字记忆广度（要求顺背和倒背一些数目）和语词（对词语下定义）。这些测验包括书面和口头表达两种。5 个操作分测验是对测验材料的操作，包括译码（给出 9 个符号与 9 个数字的匹配规则，被试在另一张纸的符号下面写出相匹配的数字）、木块图（被试要用木块拼出卡片上的图形）、图画补缺、图片排列和拼图。每一被试都要接受每个分测验，每个分测验都会获得一个原始分数，经过换算后可以得到被试的能力剖面图以了解智力不同侧面的发展情况，还可以进一步计算出言语量表分、操作量表分和全量表分。

在他的智力测验中，韦克斯勒依据统计学原理提出了智商的新计算法，称为离差智商。

离差智商是确定个体在相同条件的团体（例如同年龄组）中的相对位置，它实质上是将个体的成绩和同年龄组被试的平均成绩比较而得出的相对分数。韦克斯勒指出，可以假定，人们的智商分布呈平均数为 100 和标准差为 15 的正态分布形式，离差智商的计算公式为：

8-2 离差智商分布图

$$离差智商(IQ)=100+15Z，其中\ Z=\frac{X-MX}{S}$$

上面公式中 MX 代表团体平均分数，X 代表个体测验的实得分数，S 代表该团体分数的标准差，Z 代表该人在团体中所处的位置，即他的标准分数。

采用离差智商的最主要的优点是解决了比率智商所产生的 IQ 分数的意义在各年龄阶段不守恒的问题，而且其分数便于与百分位等级进行换算。离差智商分数的基本意义与传统的比率智商分数相一致，所以它们之间可以进行比较。

除了适合于 18 岁以上人群的 WAIS-R，也有针对儿童的相应测验：韦氏儿童智力测验第三版（WISC-Ⅲ，Wechsler，1991）适合于 6 至 17 岁的儿童；韦氏学前和初级智力量表修订表（WPPSI-R，Wechsler，1989）适合于 4 至 6 岁半的儿童。这 2 套智力测验量表都和 WAIS-R 具有类似的结构，都考察了受测者的言语智商、操作智商和全智商。

WAIS-R、WISC-Ⅲ、WPPSI-K 组成了智力测验家族，可以获得全年龄段的 IQ 情况，这样研究者可以追踪特定智力能力的发展。由于这一原因，在对同一被试的不同年龄施测时，韦克斯勒量表具有特别的价值。但是也存在一定的缺点：3 套测验的衔接欠佳；测验的起点偏难，有的分测验方法对低智力者难以说明，不便测量低智力者；有的分测验题目过多，增加测验时间；有的项目过少，难以调整项目难度。

虽然斯坦福—比奈量表和韦氏智力量表都得到了广泛的运用，但是他们的局限性也日益暴露：智力测验主要进行了量的分析，只测了受测者当时的智力，没有考虑其发展的速度和趋势，另外智力测验只是部分地反映了一个人的智力水平等。

8.4.1.3　画人测验

画人智力测验是一种能引起儿童兴趣的简便易行的智能测验方法，属于筛查或筛选方法。它不需特殊工具，也不需要复杂的指导语，不受测量者的语言、行为等外界因素的干扰，能在很短的时间内，提供有关非语言的儿童能力测量。

早在 19 世纪晚期，就有研究者对儿童画人进行研究，描述了儿童画人的年龄特征，并论述了画图可以反映儿童的神经、精神发育状况。此后，儿童画人就作为用于估计儿童的发展状况的一种方法。1926 年，美国明尼苏达大学发展心理学家古德纳夫(F. Goodenough)在对儿童画人进行系统研究的过程中发现：儿童的图画与年龄、学业皆有密切关系，于是她编订了画人智力测验量表，发表了儿童的画人与其智力相关的研究结果，并出版了《画人智力测验方法》一书，首次建立了用于能力测量的古氏画人测验(draw-a-man test)。她把儿童画人作为衡量儿童智力发展水平的标准。此测验量表可供集体或个人施行，且无时间限制，一般在 15 分钟以内就可完成。测验方法简单，只需一张白纸和一支铅笔，指示被试：在纸上画一个男人即可，对人的形象没有具体要求。当被试画完以后，由主试按照标准化的量表评分。古德纳夫编制的量表共包括 51 项内容，画中每出现 1 项得 1 分，分数代表各年龄被试的智力水平。

自古德纳夫首先提出画人法可作为一种智能测验并对该法加以标准化且提出了详细的评分法以来，画人智力测验作为一种标准化的心理测验，由于其简便、科学与实用一直受到人们的重视和广泛应用。在这些研究与应用的同时，画人智力测验也进行了多次修订，画人智力测验的最新版本是于 1988 年发表的 *Draw a Person a Quantitative Scoring System*(简称 DAP)(J. Naglieri，1988)。

8.4.1.4 瑞文标准推理测验

瑞文标准推理测验是纯粹的非文字智力测验，一共由 60 张图组成，按逐步增加难度的顺序分成五组，每组都有一定的主题，题目的类型略有不同(图 8－8)。从直观上看，五组测验分别考察了知觉辨别能力、类同比较能力、比较推理能力、系列关系能力和抽象推理能力，每一组中包含 12 道题目，按逐渐增加难度的方式排列；每个题目由一幅缺少一部分的大图案和作为选项的 6～8 张小图片组成。瑞文测验中要求被测者根据大图案内图形间的某种关系——这正是需要被测者去思考、去发现的，看小图片中的哪一张填入(在头脑中想象)大图案中缺少的部分最合适。这五个方面得分的结构，一定程度上有助于了解被测者的智力结构。瑞文测验结果可直接用正确题数的多少进行比较以区分受测者的智力水平。整个测验经修

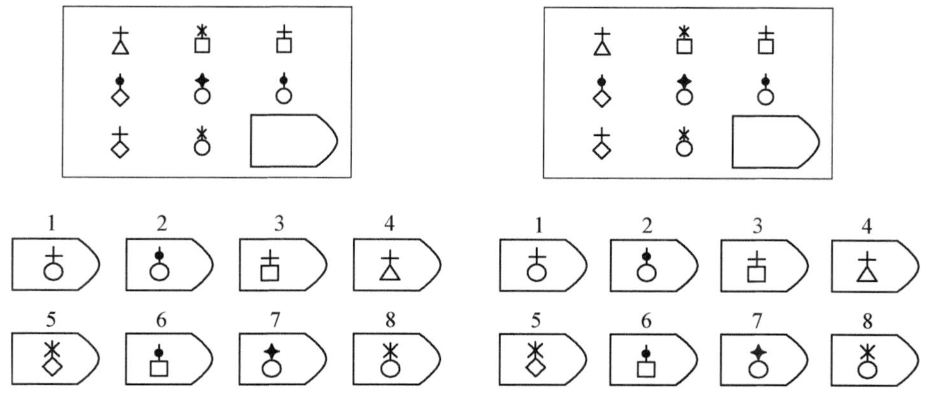

图 8－8 瑞文标准推理测验

订，还发展了彩色型、高级型。高级型瑞文推理测验用于智力较高的人，彩色型瑞文推理测验主要用于儿童。此外，还有瑞文测验联合型——基于标准型和彩色型，一共由72张图组成，分为6组，前三组彩色，后三组黑白。

瑞文智力测验的优点在于适用的年龄范围宽，从5.5岁到70岁；测验对象宽泛；可以用于智能诊断和人才的选拔与培养，用瑞文标准推理测验可以进行各类比较性研究，特别有利于做跨文化研究，以及正常人、聋哑者和智力迟钝者之间的比较研究。

8.4.2 特殊能力倾向测验

特殊能力倾向测验是鉴别个体在某一方面是否具有特殊潜能的一种工具。这类测验最初是为了弥补智力测验的不足而编制和使用的，最早出现的特殊能力倾向测验是机械能力倾向测验。由于职业选拔与咨询的需要，各种机械、文书、音乐及艺术能力倾向测验纷纷出现，同时视力、听力、运动灵敏度方面的测验也广泛应用于工业、军事上的人事选拔与分类。

8.4.2.1 美术能力测验

编制美术能力测验，首先必须分析美术创作应具备的条件和能力，然后再设计测量这些能力的测验，并经过有效性的考验。但判断美术能力的强弱，并无客观的标准，所以这对美术能力测验的编制造成了一定的困难。在这一方面，比较著名的研究者有梅尔(N. Meier，1942)，他经过长期的研究，分析出构成美术能力的要素，编制了梅尔艺术鉴赏测验(Meier art judgment test)。

梅尔艺术鉴赏测验主要测量了被试的审美能力，分为艺术判断和审美知觉两个分测验。

艺术判断测验，包括100对不着色的图画，内容有风景、静物、木刻、东方画、壁画等，每对图画中的一幅是名画的复制品，另一幅是模拟名画，但在技巧或结构方面稍加修改(比原作差)。让被试在两者之中挑出他认为较好的一幅(图8-9)。这些图画的好坏标准是根据25位艺术专家的意见决定的。被试选择正确的图画所获得的分数即为其成绩。

审美知觉测验，包括50道题目，每题为一件艺术作品的四种形式，每一种形式相对于另外三种在比例、整体性、形状、设计及其他特征上有不同，要求被试按其优劣排出等级。

图8-9 梅尔艺术鉴赏测验

美的判断包含理解与价值判断，美术活动往往包括鉴赏、批评、表现等方面的活动。一个具有较高艺术评鉴能力的个体并不意味着他一定会创造出较好的作品。因此，除了需要测量艺术鉴赏力，还需要测量个体的艺术创造力。常见的用于测量艺术能力的测验有洪恩艺术能力倾向问卷(the Horn art aptitude inventory)。该测验采用工作样本测验，需要高度的创造力，适用于大、中学生和成人。测验内容包括以下三部分：

素描画，要求被试画出常见物体的素描，以判断被试作品的线条品质与画面布置的技能；

随意画，测量被试用指定的图形画成简单的抽象图案的能力；

想象画，给被试 12 张卡片，每张卡片上印有几条线条，被试根据这些线条画成一幅草图，由这些草图来评判被试的想象力和作画技巧(图 8－10)。

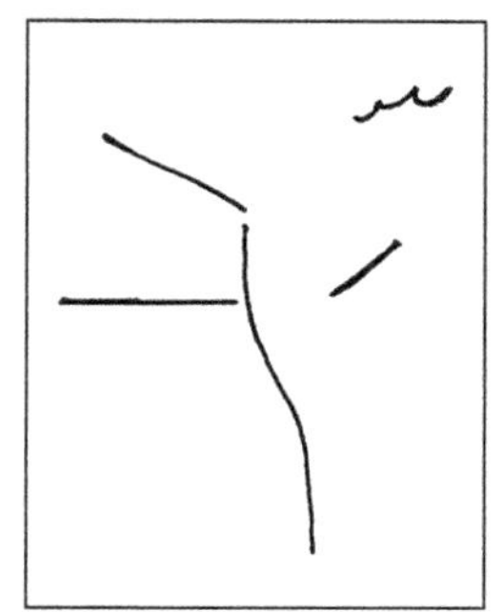

图 8－10　洪恩艺术能力倾向问卷示例题

8.4.2.2　音乐能力测验

和美术测验一样，音乐能力测验与音乐造诣的标准之间的相关性并不高，所测量的音乐能力的一般因素也不明显。虽然音乐测验分数与智力测验分数间呈正相关，但较高的智力水平并不一定是音乐能力的基础。有些幼儿或有些弱智者也可能表现出相当的音乐能力。比较著名的音乐能力测验有西肖尔音乐才能测验(Seashore measures of musical talents)和音乐能力倾向测验(musical aptitude profile)。

1920—1939 年，艾奥瓦大学的西肖尔(C. Seashore)及其同事对音乐能力进行了开创性的研究，从而产生了最早也是最为突出的音乐能力测验。与后来发展出的音乐测验比较，西肖尔测验的刺激材料主要是一系列音乐调式或音符刺激，而后来的测验多采用有意义音乐选段。该测验的刺激由唱片或磁带呈现，每一项目共有两个音或两个音阶，测量被试音乐能力的六个要素包括辨别音调的高低、辨别音强的高低、辨别节拍、辨别时间的长短、辨别音色或音质以及音调的记忆。每一项目的音阶差别开始时显著，随后越来越细微，没有音乐才能的人，仅能区分显著的差别，不能区分细微的差别。这个测验偏重于听知觉方面。测试材料共有两套，分别用于测量专攻音乐和非专攻音乐的人。该测验适用于小学生到成人，每个测验约需 10 分钟。西肖尔测验中的音高辨别测验也用作某些军事及民用职业的听觉筛选测验。

音乐能力倾向测验(简称MAP)由戈登(E. Gordon)在1958年编制,测验材料用录音机播放,包括250个原版的小提琴和大提琴短曲选段。不要求被试有音乐知识或任何音乐方面的个人史,测量三种基本音乐因素:音乐表达、听知觉和音乐情感动觉,相对应地有三个分测验:T测验、R测验和S测验。前两个分测验都有正确答案,要求被试比较两个素材相同或相异;后一个分测验要求被试回答两个录音带的音乐哪个更具韵味。

8.4.3 创造力测验

比较有名的创造力测验是美国心理学家托兰斯(E. Torrance)等人编制的托兰斯创造思维测验(Torrance's tests of creative thinking,TTCT),该测验是在教育情景中发展起来的,主要考察思维流畅性、灵活性、独创性、精确性这几个变量。

该测验包括12个分测验,托兰斯将每个"测验"称为"活动",以缓解被试的紧张心理。主要有3套测验,每套皆有两个复本,适用于从幼儿至研究生的文化水平。

- 言语创造思维测验:包括7项活动。活动1~3,要求被试根据所呈现的图画,列举出他为了解该图而欲询问的问题、图中所描绘的行为可能的原因及该行为可能的后果;活动4,要求被试对给定玩具提出改进意见;活动5,要求被试说出普通物体的特殊用途;活动6,要求被试对同一物体提出不寻常的问题;活动7,要求被试推断一种不可能发生的事情一旦发生会出现什么后果。测验根据流畅性、变通性及独创性记分。
- 图画创造思维测验:包括3项活动。活动1,要求被试把一个边缘为曲线的颜色鲜明的纸片贴在一张空白纸上,贴的部分由他自己选择,然后以此为出发点,画一个非同寻常的能说明一段有趣的振奋人心的故事的图画;活动2,要求利用所给的少量不规则线条画物体的草图;活动3,要求利用成对的短平行线或圆尽可能多地画出不同的图。此套测验皆根据基础图案绘图,根据流畅性、灵活性、独创性和精确性记分。
- 声音语词创造思维测验:这是后发展起来的测验,两个分测验均用录音磁带实施。活动1,为音响想象,要求被试对熟悉及不熟悉的音响刺激做出想象;活动2,为象声词想象,十个诸如"嘎吱嘎吱"等模仿自然声响的象声词展开想象。两个活动皆为言语性反应,对刺激作自由想象,并写出联想到的有关物体或活动。根据反应的罕见性,记独特性分数。

通过托兰斯创造思维测验获得的创造力分数与智商(一般智力)的关系如图8-11所示。

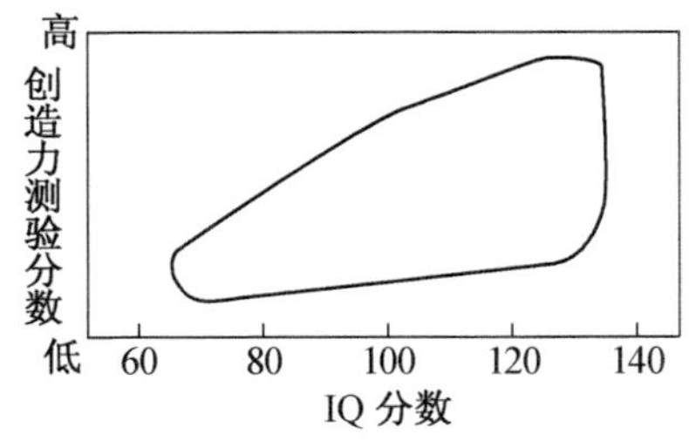

图8-11 智商与创造力的关系

8.5 能力的发展和个体差异

8.5.1 能力发展的一般趋势

个体能力的发展不是等速的，一般是先快后慢，到了一定年龄开始停止并随着衰老而下降。

很多研究都表明，出生后的头几年是智力发展最快的时期。有些心理学家认为幼儿期是智力发展的关键期。这个阶段的儿童，在良好的环境和教育影响下，智力发展得特别迅速。心理学家认为，出生后头 4～5 年智力发展最快。

1968 年，贝利(N. Bayley)采用纵向研究法，对相同的被试在不同年龄(出生到 36 岁)的智力进行测量，发现智力随着年龄增长而逐渐增长到 26 岁，以后保持水平状态，直到 36 岁(图 8 - 12)。

人即使到了老年，智力在某一方面还是会有所增长的。人到 18 岁左右时，智力达到成熟时期，与成人相近，在此之后人总的智力虽然不会再显著增长，但是智力的某几方面还是以不同的速度在增长着的。布鲁姆等人的一项研究表明：言语能力通常在 80 岁时只稍有衰退，在 90 岁时也只有中等程度的衰退，而有些智力在 80 岁至 90 岁时还在继续增长。

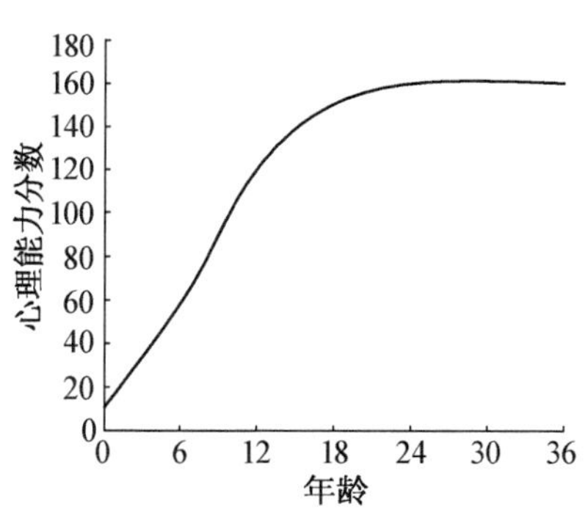

图 8 - 12　智力发展曲线

虽然人的能力在 18～25 岁间达到顶峰，但是能力的不同侧面或者说智力的不同成分达到顶峰的时间是不同的，他们的发展速度是存在不一致的。瑟斯顿(Thurstone)在其群因素理论的研究中，发现他所关注的 7 种基本能力发展速度是不同的，知觉速度、空间知觉、推理能力、计算能力和记忆能力发展较早；语词理解和语词流畅发展较迟。瑟斯顿(1955)还研究了 4 种基本能力的发展过程，若以成年的分数为 1，而达成成年人能力 80%的时间为：知觉速度为 12 岁，推理能力为 14 岁，语词理解为 18 岁，语言流畅在 20 岁以后(图8 - 13)。

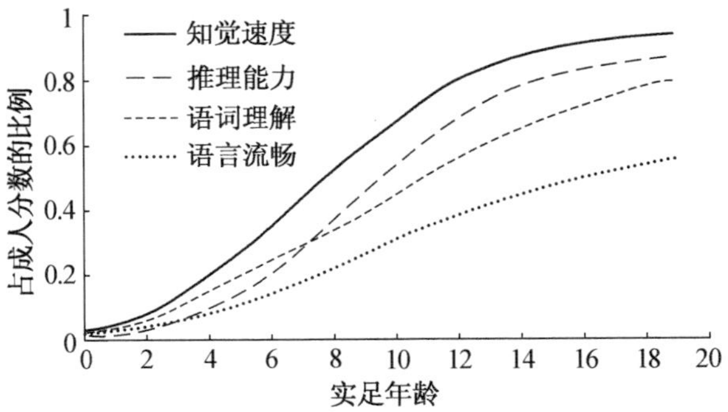

图 8-13　四种能力的发展

韦克斯勒用韦克斯勒成人智力量表测量 2052 名被试，年龄分布在 16～75 岁。结果发现言语和操作能力都是在 25 岁左右达到最高峰，随着年龄的增长，言语方面的智力下降较慢，操作方面的智力下降较快(图 8-14)。

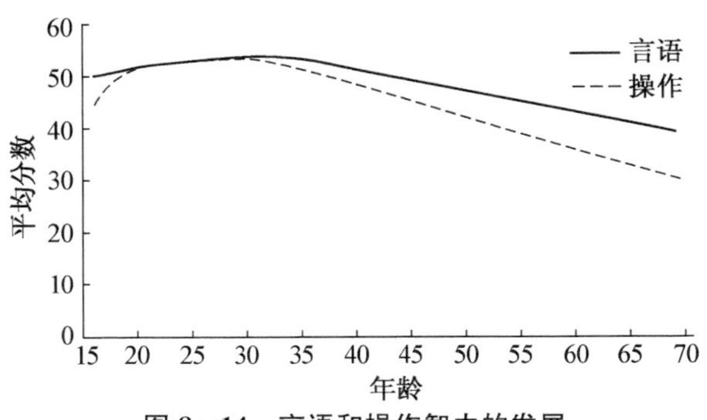

图 8-14　言语和操作智力的发展

根据对人的毕生发展的研究，人的流体智力在中年之后有所下降，而人的晶体智力在人的一生中却是稳步上升的(图 8-15)。

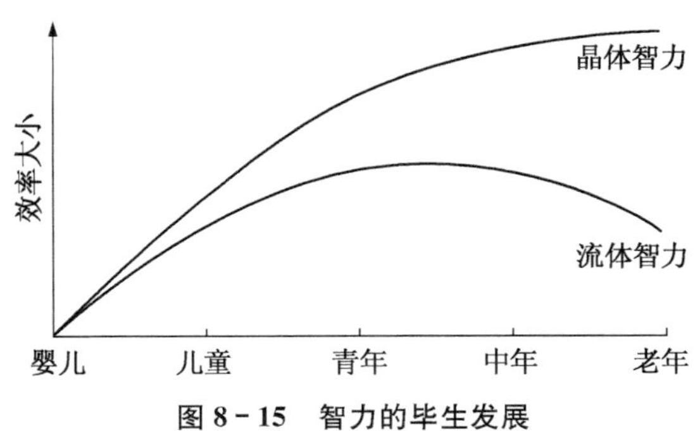

图 8-15　智力的毕生发展

8.5.2　能力发展的个体差异

个体差异，是指个体在成长过程中因受遗传与环境的交互影响，使不同个体之在身心特征上显示彼此不同的现象。

能力作为一种身心特征，在遗传与环境的交互影响下，个体的能力也会表现出差异。在相同条件下，如果一个人在某种活动中表现出比别人更高的成就，就表示他具有较高的能力。与此相反，一些人在活动的中表现出的成就比大多数人都低，一般会说他是一个在某方面能力低下的人。智力落后是能力低下的一种极端情况，一般属于病理的范围。

能力的高低差异，大致说来，在全人口中的表现为正态分布。以智力为例：如果我们用韦克斯勒量表来测量某一地区人口的智力(图 8－16)，则智商在 100±15 范围内的人应占全人口的 68.2%，智商在 100±30 范围内的人应占全人口的 95.4%，智商低于 70 或高于 130 的人应只有极少数。

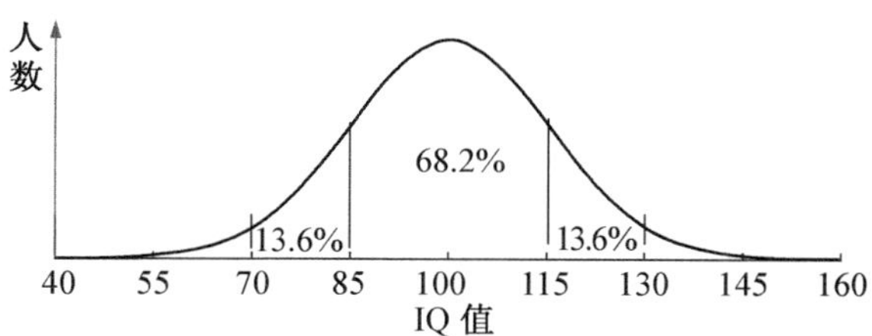

图 8－16　正态分布与智力测验分数

(以韦克斯勒量表为例)

智力高度发展叫超常，大约占全人口的 1%。20 世纪初，特曼用智力测验来鉴别超常儿童，认为凡是智商≥140 的儿童就可以称为是超常儿童。但是超常儿童的心理结构并不限于 IQ 和创造力，还包括其他一些智力测验无法测得的心理特征。那么超常儿童成年后是否会具有超过一般人的成就？答案是不能肯定的。就目前的智力测验而言，它只能预测一个人在学校中的表现，对于他在社会上的成就并不能有效预测。特曼曾经追踪研究了 1528 名超常儿童(智商平均为 150)，在他们成年后，发现虽然他们中有成就的人数比随机抽取的相同人数样本中要高 10 倍以上，但是也不乏成就不高于一般人的。通过比较其中的 800 名男性被试，发现成就最大的 20%和最低的 20%群体的显著差异主要在人格特点上，其次是家庭背景不同。可见，在现有标准下评价得到的超常儿童，他的未来成就在很大程度上受到社会生活条件和自身人格特点的影响。

智商低于 70 以下者为智能不足。智能不足并不是某种心理过程的破坏，而是各种心理能力的低下，其明显的特征是智力低下或社会适应不良。这些智能不足者大多数不是由于疾病或脑损伤所造成的，这些人往往父母的智力水平也较低，缺乏良好的学习环境，或者在生长中营养条件较差，这些都可能是造成智力落后的原因。那么智力缺陷儿童是否就会具有低于一般人的成就？虽然大多数智力缺陷儿童可能会如此，但是也会存在一些智力缺陷儿童在某种能力上高度发展。因为现有的智力测量主要是获得被测者的言语智力和数学—逻辑智力或是更为概括性的智力，这可能忽略了被测者在某一种能力上具有超常水平，所以对于具有某种能力高度发展的智力缺陷儿童也有可能获得高于一般人的成就。

小资料——天才或是白痴？智力缺陷者也拥有超常的才能！

英国男子德雷克·帕拉维奇尼自幼失明并且患有严重孤独症，至今他仍不会数数，不懂穿衣吃饭，其智商在35至70之间，属轻度或中度智障者。但令人惊讶的是，德雷克竟是一个4岁起就无师自通的钢琴奇才，对所有乐章过耳不忘，被誉为“再世莫扎特”。由于患有孤独症，德雷克的语言能力非常有限，而钢琴几乎是他与外界沟通的唯一方式。生活中的他就像长不大的孩子，必须接受24小时贴身照顾。他不会分辨左右，数数只能数到10。如果没人帮忙，甚至不懂得如何穿衣或者吃饭。据德雷克后来的恩师、音乐心理学家奥克利福特回忆：“帕拉维奇尼拥有非凡才能，他弹琴时手脚并用，甚至鼻子和肘部一起帮忙。他显然从未学过弹钢琴，但却将整首音乐剧《贝隆夫人》的主题曲《阿根廷，别为我哭泣》弹了出来。”

（资料来源：英国《星期日电讯报》，2006年9月17日）

虽然人的能力一般在18～25岁间成熟，但是有些人的能力会表现得较早或较晚。例如，奥地利作曲家莫扎特3岁起显露音乐才能，5岁作曲，11岁写了第1部歌剧；中国古代也有王勃10岁能赋诗词，孔融10岁显露学术的极大造诣。这种能力“早熟”的现象，在古今中外都有发生，特别是在音乐、绘画等艺术领域。相应地，也存在能力的充分发展在较晚年龄才得以表现出来的。此外，能力有各种各样的成分，当它们按不同的方式结合起来时，就形成了结构上的差异，于是就表现出不同的人完成不同活动的表现有所差异。

在性别上，男女的能力也存在差异：劳森（J. Lawson，1987）等分析新版的韦氏智力测验（WISC-R）常模中的1100名女孩和1099名男孩，发现女孩在言语量表上得分总体高于男孩，而操作量表上则低于男孩。这些研究说明，能力的性别差异可能更具体地表现在特殊能力上面。空间能力（spatial ability）是体现性别差异最明显的一种能力，林兰德（M. Linn，1986）将空间能力定义为一种涉及表征、转换、生成和提取符号、非言语信息的技能，他和他的同事基于以往的研究，提取了3个空间因素：空间知觉、心理旋转和空间想象，发现在前2个空间因素上，男性明显优于女性，而在第3个因素上男女差异不显著。

8.5.3 能力形成的原因和条件

8.5.3.1 遗传的影响

通常，子辈与父辈的相像被称为遗传现象，是由基因决定的。智力与身高、相貌一样具有遗传性。那么，人的智力在多大程度上取决于遗传呢？回答这一问题需要进行一些的研究以寻求适当的方法来测定智力。为测定抽象意义上的“智力”如何受遗传影响的问题，在现有对智力的了解情况下，问题被进一步局限成了：在同一家族中的成员之间智力是否相似的问题。为了回答这个更为局限的问题，研究者需要将基因和环境的影响区分开，一种方法是比较双生子研究（twin study），通过比较同卵双生子、异卵双生子和其他基因有重叠的亲属来获得遗传对于智力影响的数据。在生物学意义上，同卵双生子是由同一个受精卵分裂而来，他们具有完全相同的遗传基因；而异卵双生子是由两个受精卵发育而成，他们的遗传基因只有部分相同，与同胞兄弟姐妹没有什么差别。根据同卵双生子和异卵双生子在遗传基因上的不同，通过比较他们智商上的相关性，可以推测出遗传对智力的影响程度。

布查德和麦克高（T. Bouchard & M. McGue，1981）总结了世界上已发表的 34 个 4672 对同卵双生子研究和 41 个共 5546 对异卵双生子研究，发现：一同抚养的同卵双生子智商间的平均相关达到 0.86，而一同抚养的异卵双生子智商间的平均相关只有 0.60，这说明异卵双生子在智力上的相似性不如同卵双生子高。

同卵双生子和异卵双生子在智力上的差异，说明了智力与遗传基因有关，那么这与父母抚养他们的方式不完全相同是否有关呢？针对这个问题，心理学家进一步对一些分开抚养的双生子进行了研究：在对 40 对被分开抚养的同卵双生子所做研究的结果发现，即使生长在不同的家庭环境中，他们的相关性（0.69～0.78）也显著地高于在同样环境中成长的异卵双生子智商间的相关性（0.34～0.61）。由于分开抚养的同卵双生子生长在不同的家庭环境中，他们之间在智商上的高相关更能证明遗传对智力的影响。如图 8－17 所示，根据基因关系形成的个体智商值的相关程度（S. Petrill，1997）。如你所看到的，基因越相似，其智商值越接近。同时，在这些数据中，环境的作用也被显示出来，因为被一同抚养的人的智商值极其相似。

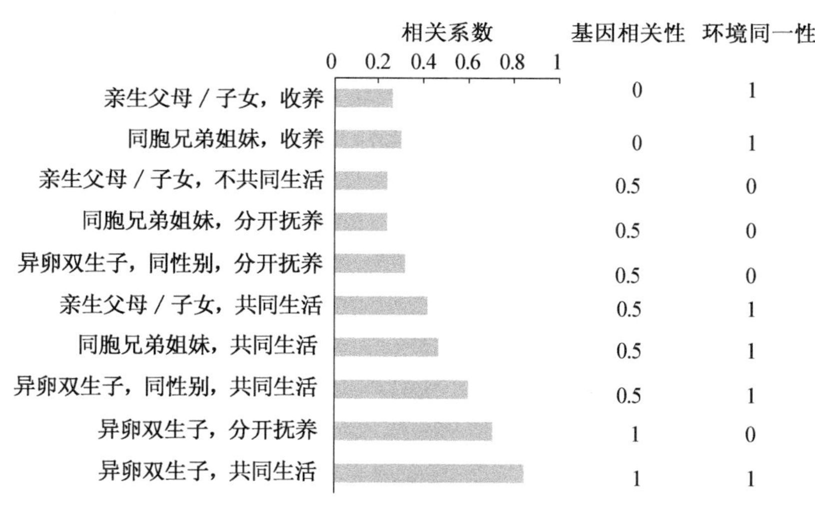

图 8－17　IQ 和基因的关系

研究智力遗传性的第二种常用的方法是家族谱系研究。在生物学上，一个家庭或家族中的所有成员都具有一定的共同遗传基因。通过考察父辈和子辈在某些领域的成就差异，可以帮助我们理解遗传对智力的影响。关于能力遗传性的研究，始于高尔顿，他以个体在各方面的杰出成就作为衡量高能力的标准，比较了杰出者的亲属成为杰出者的可能性和普通人成为杰出者的概率，发现在 977 个名人的亲属中，其父亲为名人的有 89 人，儿子为 129 人，兄弟为 114 人，共 332 人，占名人样本的三分之一。而普通人组中，只有 1 个亲属是名人。他还发现，随血缘关系的降低，名人的亲属也成为名人的概率出现有规律地下降。这种变化模式与身高和体育成绩的家族变化模式完全相同。高尔顿用同样的方法，研究了艺术能力的遗传问题。在双亲都有艺术才能的 30 个家庭中，子女有艺术才能的占 64%；父母没有艺术才能的 150 个家庭中，子女有艺术才能的只占 21%。据此，高尔顿断定，在能力的发展中遗传的力量超过环境的力量。

可以肯定，基因在个体智商测验中起着相当大的作用，如同它对其他特质和能力的作用一样。基因是我们理解这种操作差异的必要条件，但不是充分条件——环境在智力差异中也起着一定的作用。

8.5.3.2 环境的影响

遗传虽然对能力的发展有极大的作用，但是环境也一定影响着能力的形成和发展。但是，如何知道环境的哪些方面对能力有重要影响呢？在你所处的环境中，是什么特性影响着你的智力测验得分呢？环境是在多种维度上变化的复杂刺激的组合体。即使在同一家庭中的孩子也不是分享同一种心理环境。回想一下你在家庭中的成长经历？如果你有兄弟姐妹，他们是否得到了父母同样的关注？是否随时间不同，感到的家庭压力也不同？是否家庭的财源有所变化？是否父母的婚姻状况有所变化？很明显，环境包括很多成分，这些成分总是处于变化和动态关系之中。因此对于心理学家来说，很难说清楚是哪些环境条件在真正地影响着能力的发展、形成，如家庭环境、压力、邻里关系和战争等等。

研究者一般通过测定 IQ 值来获得个体能力的水平，对于环境的因素也更多地关注与个体密切性更大的一般因素，如家庭的社会经济状况。例如，在一个对 26000 多名儿童进行的大规模纵向研究中，对 4 岁孩子 IQ 值的最好预测是家庭的社会经济状况和母亲的教育水平(S. Broman，1975)。

此外，家庭的社会经济状况还在许多方面能够间接影响能力的发展，特别是在健康和教育资源这两方面。细胞学研究表明，儿童的营养状况影响智力的发展，器官的生长包括细胞数量的增加和细胞体积的增大，如果母体在妊娠期的第一阶段中严重地缺乏营养，就会影响胎儿细胞数目的发育，营养不良可以造成脑细胞数目低于正常发展的数目。孕期健康状况不好和出生时低体重，是预测孩子的心理能力低下较强的因子。出生在贫穷家庭的孩子们通常没有很好的营养，许多孩子饿着肚子去上学，因为无法将精力集中在学习上。不仅如此，他们还缺少书、计算机和其他心理刺激物。父母的“生存导向”，尤其是在单亲家庭中，会使他们没有时间和精力陪孩子们玩，用智力刺激孩子们，而这会对标准智商测试中的操作造成负面影响。家庭环境在一定程度上影响着儿童的智力发展，有研究发现：儿童 1 岁时的家庭环境分数与儿童 1～5 岁时的智力测验分数的平均相关约为 0.30，年龄更大时为 0.38(B. Caldwell & R. Bradley，1978)。

家庭收养研究同样为我们了解环境对智力的影响提供了证据。大量的收养研究表明：被收养儿童的智商与养父母的智商也有一定程度的相关。由于他们与养父母在没有任何相似，所以只能将这种智商的相关归因于环境的影响。同理，对于生活在同一家庭中遗传上没有任何血缘关系的兄弟姐妹，他们的智商间也有一定的相关。收养研究的另一方面是比较收养前后父母社会经济地位的变化对儿童智力发展的影响。有研究表明，亲生父母社会经济地位低的儿童，一旦被社会经济地位高的养父母收养，与生活在原来家庭环境中相比，IQ分数会有明显的增加，通常在10～12分。

对于儿童而言，除了家庭外，在环境因素上影响最大的就是学校。有研究表明，学校教育对儿童在智力测验上的成绩有显著的影响。学校通过对学生的系统性的知识传授，使学生不仅掌握了知识，也发展了能力和其他心理品质。对于儿童和青少年来说，发展能力是与系统学习和掌握知识技能分不开的。学校教育能促进多种智力技能的发展，并且各种智力技能在不同儿童身上的发展水平是各不相同的。

人的各种能力是在社会实践活动中最终形成起来的，离开了实践活动，即使有良好的素质、环境和教育，能力也难以形成和发展起来。关于这一点，我国古代思想家王充早就指出"施用累能"，即能力是在使用中积累的。例如，对于微小的音高差别，钢琴家的感受性不如弦乐师，这是因为钢琴家是在别人调节好了的现成的键盘上工作，而弦乐师则需要经常根据自己的听觉根据音高的辨别调整弦的松紧度。不同的实践任务向人们提出了不同的要求，人们在完成任务的活动中不断地克服薄弱环节，从而使能力得到相应的发展。

如果我们采取更为宽泛的智力定义，而不仅仅是智商测验中的言语和操作任务，环境的影响就更清楚了。丰富的、充满支持的环境对于成功的、充满智慧的、烦琐的、适应情景的操作是一种很好的预测工具。

本章小结

从高尔顿开始，人们就意识到了人与人之间的差别是可测量的。比奈量表使我们进入了IQ测试时代，智力成为人们时刻关注的话题，智力测验因此被广泛运用，特别是斯坦福—比奈量表和韦克斯勒量表系列。随着智力测验的开始，也引发了一个最大的问题：究竟什么是智力？为了定义智力的本质，心理学家不断研究着：从最开始的斯皮尔曼的二因素论、瑟斯顿的群因素论等经典智力测量理论到加纳德的智力多元理论、斯腾伯格的智力三元理论等现代智力理论，可以发现：心理学家对于智力的本质的探索已经不仅仅局限于认知领域，开始更多地从环境和生物因素考虑智力的本质。但不可否认的是，斯皮尔曼提出的g因素至今仍是智力测验的主要部分。为此，我们需要对智力有一个更为广泛的认识，并且更为科学地看待智力测验所得的分数。

从这章还可以发现：能力作为更为基础的概念，是智力的基本组成部分，而个体的能力发展趋势也具有一定的规律性，在出生头几年发展智力最快，18～25岁达到顶峰，同时能力的不同侧面发展速度和规律也有所不同。通过对智力的不断研究，人们发现普遍性的能力发展趋势及对能力的影响因素——环境和遗传，能力的可培养、可发展被人们所了解和运用，不仅在于理论上的丰富，更多的是实践上的运用——更多的人开始科学地对待人的多种能力，对能力发展的注重也不再局限于学业方面。

练习题

一、选择题

1. 在能力与知识、技能的关系上，下面说法不正确的是 （　　）

A. 可以通过一个人掌握知识、技能的水平高低来判断一个人能力的高低

B. 一个人的能力高低会影响他掌握知识、技能的水平

C. 能力是掌握知识、技能的前提

D. 能力是掌握知识、技能的结果

2. 下列智力测验中属于非言语类测验的是 （　　）

A. 比纳—西蒙智力测验　　B. 韦克斯勒智力测验

C. 斯坦福—比纳智力测验　　D. 瑞文标准推理测验

3. 离差智商是指 （　　）

A. 一个人的智力实际达到的年龄水平

B. 个体的智力水平在同龄人中的相对位置

C. 个体的智力年龄与实际年龄之间的关系

D. 随着个体实际年龄增长而随之变化的智商分数

4. 某个学生智力测验的分数是 110，他所在年龄段的学生平均分是 90，标准差是 10，请问他的离差智商是 （　　）

A. 100　　B. 115　　C. 125　　D. 130

5. 提出群因素理论的心理学家是 （　　）

A. 斯皮尔曼　　B. 瑟斯顿

C. 斯滕伯格　　D. 吉尔福特

二、判断题

1. 能力这个概念具有两层含义，分别是实际能力和社会能力。 （　　）

2. 世界上第一个正式的智力测验是斯坦福—比奈量表。 （　　）

3. 空间智力属于加德纳提出的多元智力成分。 （　　）

4. 卡特尔将较少依赖于文化和知识的内容，而主要取决于个人的先天禀赋的智力称为流体智力。 （　　）

5. 画人智力测验的合适施测对象是成人。 （　　）

三、论述题

1. 请阐述一般能力与特殊能力之间的区别与联系。

2. 请简述情绪智力。

8-3 练习题参考答案

第9章 人　　格

古希腊神话塑造了众多神明形象，其中阿波罗是太阳神，他光明磊落，聪明，通晓世事，精通音律、箭术、医术，同时也是音乐、医药、艺术、寓言之神。狄奥尼索斯是酒神，他发明了种植葡萄和酿制美酒技术，并到处传播这种知识，给人们带来饮酒的欢乐。太阳神阿波罗是安稳、遵守秩序、理性、固守传统和中庸之道的精神特征；而酒神狄奥尼索斯是充满热情、爱好幻想、易冲动、富有进攻性的精神特征。后来尼采形象地把这两种人物特征描述为“阿波罗型”(Apollonian)和“狄奥尼索斯型”(Dionysian)，又称之为“日神型”和“酒神型”。

“阿波罗型”和“狄奥尼索斯型”即代表了两种不同的人格特征。那究竟什么是人格？心理学家对人格做出了什么解释？人格差异性应如何测评？又有哪些因素会影响人格的形成和发展呢？本章将从这些方面入手，对人格进行详细介绍。

9.1　人格的概念

人格“personality”一词源于古希腊语面具“persona”，是指演员在演戏时所戴的面具。戴不同的面具表示戏剧中人物角色的不同心理特点。心理学沿用了这个含义，把一个人一生所扮演的种种角色的心理特点的总和看作是人格。

在现实生活中，常常使用“人格”这个词对人进行评价，如“他人格高尚”“他人格卑劣”“他缺乏人格”……这些论点多是从伦理道德的角度出发，那么在心理学中人格的定义又是什么呢？

由于不同心理学家的不同研究偏向，心理学界对人格所下的定义是多种多样的。普林斯(M. Prince)认为，人格是“各种与生俱来的属性和由检验获得的属性和倾向的总和”。艾森克(H. Eysenck)认为，人格是“个人的社会的重要性及有关的半永久的行为形式特征”。“人格心理学之夫”奥尔波特(G. Allport)认为，“人格是个人内部身心系统的动力组织，决定人的行为和思想的独特性”。迄今为止，心理学家对人格还没有统一的定义。

综合各种有关人格的定义，目前通常把人格界定为：人格是构成一个人的思想、情感及行为的特有模式，这个独特模式包含了一个人区别于他人的稳定而统一的心理品质(彭聃龄，2004)。

9.1.1 人格的特征

人格具有整体性、稳定性和可塑性、独特性、功能性、生物和社会制约性等特性。通过探讨人格的这些特征,可以进一步了解人格的内涵。

(1)整体性

人格是由许多成分或人格特质组成的,是一个统一的整体。这些要素并不是孤立地存在着,也不是简单地叠加在一起,而是相互联系、相互作用而交织成一个有机的整体。人格的整体性主要表现在其内在人格的统一性。这种内在统一性受自我意识的支配,正因为如此,个体的内心世界、动机和行为之间才能保持和谐一致。但是,如果一个人经常处在几种相互矛盾的心理冲突下,其内在统一性就会失去平衡,从而有可能出现"二重人格"或"多重人格"。

心理学研究应强调整体的人,只有从整体出发才能更好地认识个别心理特征。个别特征也只有在整体人格环境下,才具有其明确的意义。

(2)稳定性和可塑性

人格是一些比较稳定的心理倾向和心理特征的综合。人格具有稳定性。即使是在不同情景下,其行为也会表现出高度的一致性。例如,一个谦虚的人,在工作时表现为小心、谨慎;在面对褒奖时,表现为不自大、不自满;在和陌生人相处时,表现为不张扬、羞怯。在生活中偶然表现出来的、即时性的心理特征不属于人格范畴。

人格具有稳定性的特点,但这并不意味着它是一成不变的。人格还具有可塑性的特点。一个人处在一个复杂多变的社会环境中,因此,当他心理活动的外部条件与内部条件发生一定程度的变化时,其人格可能也会有所变化。例如,一个人受生活中某件重大事件的影响,人格表现可能发生改变。

(3)独特性

人格不仅受生理活动、神经系统活动特点等的影响,同时也受社会文化、教育、家庭等后天环境的影响。对于不同的人,这些影响因素及其交互作用根本不可能完全相同,从而形成了个体独特的人格特点。人与人之间不存在完全吻合的人格特征。正如在现实生活中,仔细留意一下身边的人,就会发现:有的人表现为果断,有的人表现为犹豫,有的人表现为好动,有的人表现为安静;有的人表现为热情,有的人表现为冷漠……即使是同卵双生子(具有相同的遗传因素),由于后天环境的不同影响,他们的人格也会有很大出入。

(4)功能性

从某种意义上来说,人格是一个人生活成败的关键。人格会影响一个人的行为方式、人际交互等各方面,有时候甚至会主宰一个人的命运。就像同样面对逆境,有些人可以变得更加坚强,而有些人则会变得愈加消沉。只有当个体发挥积极的人格功能时,才会表现得健康向上;否则,就会表现得软弱无能,甚至变态。因此,人格具有功能性的特点。

(5)生物和社会制约性

人格的形成和发展是遗传因素和环境因素相互作用的结果。一方面,人格受生物因素的制约,人的生物遗传因素是人格形成的物质基础,不同的神经活动类型会影响不同人格特点的产生。以前有许多研究者强调遗传因素对于人格的作用，如高尔顿等提出的遗传决定论。另一方面，人格受社会因素的制约，每一个人作为社会的一员生活在一定的社会关系中，逐渐形成一定的理想、信念、世界观等，从而形成具有不同人格的人。因此可以说，每一个人的人格都是在一定社会文化环境下发展而来的。行为主义心理学家强调环境对于人格的影响作用。

人格是在生物因素和社会因素这两者的相互制约、相互作用过程中发展起来的，因此，片面强调生物因素或片面强调环境因素都是不正确的。

9.1.2 人格的结构

人格是由多种心理倾向和心理特征构成的复杂的完整系统，是多层次、多侧面的，它包括许多结构成分，如气质、性格、个性倾向性等。人格结构的这些成分有机地结合在一起，彼此相互联系、相互作用，构成一个完整的整体。

9.1.2.1 气质

气质(temperament)是个体心理活动的典型的、稳定的动力特征，主要表现在心理活动的强度、速度和稳定性、指向性等方面，它与我们平时所说的“性情”“秉性”等相似。

气质具有天赋性，它在个体一出生就表现出来，如有的婴儿喜欢吵闹、好动，有的则比较安静、平稳，正所谓“江山易改，禀性难移”。一个人的气质特征具有稳定、不易改变的特点。但这也并不意味着气质在人的一生中是一成不变的，在教育等因素影响下，气质也会发生一定程度的改变。气质是稳定性和可变性的统一。另外，气质也没有社会道德上的好坏之分，一个人气质的急躁或冷静不会决定他将来是否会成为一个有价值的人。

9.1.2.2 性格

性格(character)是人在对现实的态度和习惯化了的行为方式中表现出来的比较稳定的心理特征的综合。勤劳或懒惰、热情或冷漠、谦虚或骄傲、善良或丑恶，这些都属于人的性格特征。

性格表现在人对现实的态度和行为方式中。个体关于某一事物的态度结合相应的行为方式，就形成了个人独特的性格特征。

与气质不同，性格是有好坏之分的。性格是在社会实践活动中，在与外界环境的相互作用过程中发展起来的，具有社会性，它涉及个人行为的内容，能直接反映出一个人的道德面貌。如有的人比较自私，有的人比较无私；有的人比较勇敢，有的人比较怯懦……这些评价都具有社会道德含义。

9.1.2.3 个性倾向性

个性倾向性(personality indication)是指决定人对事物的态度和行为、对认识活动的对象的趋向和选择的动力系统。它是人格结构中最核心、最活跃的成分，是人进行活动时的基本动力。

个性倾向性是在后天的社会化过程中发展起来的，它较少受先天因素的影响。个性倾向性包括需要、动机、兴趣、理想、信念和世界观等。其中需要是个性倾向性乃至人格形成的重要基础。动机、兴趣和信念等都是在需要的基础之上产生的。

而世界观是人对整个世界的根本看法所组成的信念系统，它处于人格结构的最高层次，指导着人们的精神面貌和行为方向。因此，可以说，个性倾向性是以人的需要为基础、以世界观为指导的动力系统。

个性倾向性能反映人的积极性和选择性，反映人的主观能动性。个体在与社会环境相互作用的过程中形成不同的兴趣、动机、理想、信念和世界观等，这些内心活动会驱使个体有目的、有选择地对客观事件进行反应。例如，在兴趣等的影响下，人们会有选择地发展自己的行为方式。当一个学生对英语学习有着浓厚的兴趣时，他就会表现出对英语的积极态度，从而努力学习英语知识；当一个学生对英语学习不感兴趣时，他就会表现出对英语的消极态度，从而对英语学习避而远之。

9.2 人格理论

9.2.1 精神分析理论

弗洛伊德的精神分析人格理论强调无意识对于人的作用，认为人的行为是由无意识的内驱力所推动的。他的人格理论是所有人格理论中最庞大、最复杂的，这里我们主要介绍他的人格结构、自我防御机制和人格发展理论。

9.2.1.1 人格的结构

弗洛伊德早期认为人格结构包括意识（conscious）、前意识（preconscious）和潜意识或无意识（unconscious）。意识是能够被人们直接意识到、感知到的那部分。前意识处于潜意识和意识之间，它只是被暂时遗忘，只要有需要随时可以被召回到意识领域。潜意识是指无法被带入意识领域的那部分（除非在某些极端情况下）。潜意识包括两部分内容：一是原始的本能冲动；二是那些不被风俗习惯、道德规范、法律等所接受而压抑或排斥在意识之外的动机、态度等。弗洛伊德认为，潜意识是推动人类活动的强大内驱力，它支配着人的行为。

但是，人格的各组成部分有时是相互冲突的，比如说，“有时我既想做这件事，也想做那件事”。显然上述模型无法解释这种现象。在意识到该模型的局限性之后，事隔二十几年后弗洛伊德又提出了另一种人格结构模型，在这个模型中他将人格分为三个部分：本我、自我和超我。

本我（id）主要由原始的性本能组成，可以看作是原始驱动力的储存处。本我遵循快乐原则，它不考虑自己当前的行为是否可行，也不考虑一切的社会制约，只顾跟随冲动满足个人当前的欲望。就像婴儿看到别人在吃东西，就会不顾一切地去抢，而不管东西是否自己的。由图 9－1 可知，本我完全处于无（潜）意识之中。

超我（superego）是通过教养把社会规范、伦理道德、价值观念内化到个人自己的社会价值体系的结果。它在儿童 5 岁左右的时候就开始发展起来。超我遵循道德原则，它具有三种功能：一是抑制本我的原始冲动（主要是性本能和攻击本能）；二是对自我进行监督和控制，使其行为符合道德规范的要求；三是努力进取，以追求完善的人格。由此可以看出，超我和本我是相冲突的，一方面，本我受先天的本能冲动所支配想随心所欲地做事，另一方面，超我受道德准则支配会坚持做符合自己价值观的事。

自我(ego)在本我的原始冲动和超我的道德要求之间作出协调,它一方面调节着本我的原始欲望,另一方面又遏制那些不为超我所接纳的冲动。自我遵循现实原则,基于本我和超我之间的冲突,自我会考虑外界的现实情况在两者之间作出折中,从而最大限度地满足个体的需要。

本我、自我和超我三者是相互作用、相互联系的,从而构成了完整的人格。它们和意识层并不是一一对应的关系,其中本我是无意识的,它的行为完全处于意识之外,而自我和超我则在意识、前意识和潜意识三个水平上都有可能出现(图9-1)。当本我、自我、超我和谐发展时,人格就会趋于正常发展,而当三者长期处于冲突状态时,这种稳定的正常发展关系就会遭到破坏,从而导致心理异常。

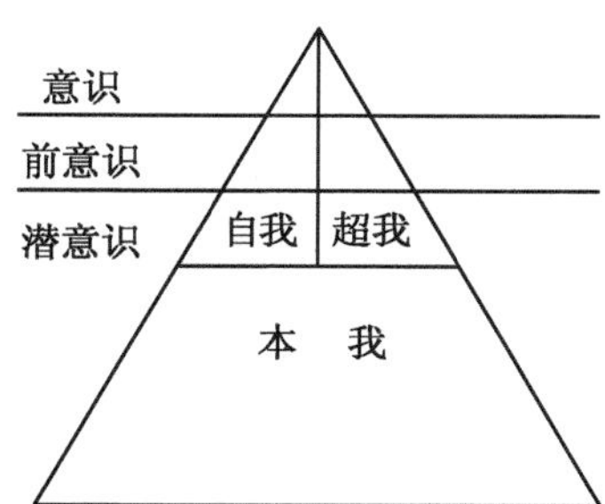

图 9-1 自我、本我、超我和意识、前意识、潜意识的关系

9.2.1.2 自我防御机制

为了调和本我和超我之间的冲突,弗洛伊德认为个体会采用自我防御机制来应对来自两者的压力。当自我觉察到来自本我和超我的压力时,会体验到强烈的焦虑和罪恶感,这时个体为了减轻焦虑并消除内心的痛苦,就会无意识地采用一系列的防御机制。因此,自我防御机制(ego defense mechanism)是指自我运用某种心理策略,以此来保护自己、解决由本我的原始冲动和超我的道德要求引起的各种日常冲突。

在介绍具体的防御机制之前,我们先来看一则案例。

> 某女,38岁,自幼聪明活泼,学习成绩良好,高中毕业后一直在家务农。22岁结婚,婚后夫妻感情很深。其夫由于意外坠楼身亡,她得知此消息后矢口否认,拒不相信这个事实,两眼呆滞,行动迟缓,不去辨认尸体,坚持认为弄错了人,丈夫没死,很快就会回来。下午照常准备好饭菜,摆好两双筷子,等待丈夫回家吃饭。到了晚上,则静静地铺好床,静等丈夫回家休息。
>
> 此案例中,该女在听到丈夫意外死亡的消息后,显然在心理上遭受了巨大的精神刺激。为了避免该事件对自己的伤害和痛苦,她无意识地运用了"否认"的心理防御机制——拒绝接受残酷的现实,对该事件完全否定,同时坚信丈夫一切安好。

根据精神分析理论,每个人都会在一定程度上运用自我防御机制来处理矛盾,它对个体具有十分重要的作用。通过自我防御机制,个体可以此来减少挫败感、减轻痛苦感、维护自尊心、保持心理平衡等。自我防御机制这个概念最初是由弗洛伊德提出的，之后的精神分析学家们，如安娜·弗洛伊德等又对该概念进行了完善。一些主要的自我防御机制如表 9-1 所示。

表 9-1 主要的自我防御机制

自我防御机制	举 例
压抑：把意识所不能接受的想法、情感、记忆等抑制在无意识领域中，是最基本的防御机制	一个人会对一些痛苦的经历（如被强奸）产生选择性遗忘
合理化（文饰）：通过歪曲现实来证明自己的行为、情感是合理的，从而保护自尊心	一个竞选班长失败的同学会认为，当班长也没有什么好的，不但占据课余时间，而且要肩负更多的责任
反向作用：为了自我保护把不被允许的欲望以相反的态度和行为表达出来	一个非常憎恨自己母亲的人，却到处宣称她十分爱她的母亲
移置（替代）：把对某一目标的强烈情绪转移到另一个可以替代的目标上	夫妻吵架后，妻子通过打骂孩子，把对丈夫的愤怒指向孩子
补偿：通过加强自己的其他方面来弥补或掩盖其生理或心理上的缺陷	一个音质不好的人，可能会成为一个出色的舞者
幻想：通过想象来回避现实的失落，从而满足某种需要	一个生活拮据的人梦想着有一天能成为富翁
投射：把自己内心的抱怨和一些不被接受的无意识冲动归于是他人的而不是自己的	一个学生考试作弊，却认为别的同学考试同样也在作弊
升华：把不被接受的原始冲动转向社会许可的行为的渠道	拳击运动员参加拳击比赛，可能在使内心的攻击性冲动以社会接受的行为方式表达出来

自我防御机制基本上是在潜意识水平发挥作用的。然而，自我防御并不总是万能的。自我防御机制能把引起焦虑的东西排除于意识之外，从而使人减轻焦虑，但必须明白：自我防御机制并没有使问题得到真正意义上的解决，从某方面来说它只不过是自欺欺人而已。在生活中，运用适当的自我防御机制是非常有必要的。但是，如果过度使用防御机制，或把防御机制作为解决问题、适应环境的主要手段，则往往会带来更大的问题。为了隐藏不被接受的冲动，会耗尽个体大量的心理能量，甚至导致严重的心理疾病。

9.2.1.3 人格的发展

弗洛伊德认为，成年人的人格在其五六岁的时候就已基本形成，因此他十分重视早期经验对于人格形成和连续性的作用。此外，弗洛伊德从性角度出发来解释一切心理现象，包括人格的发展。他认为，人格发展的主要动力是性本能，人格的形成和发展阶段制约于性因素。他还用“力比多(libido)”这个词来描述性能量。力比多会驱使个体去寻求各式各样的快感，并通过身体上一系列“性敏感区”（指力比多集中分布的身体部位）表现出来，而“性敏感区”在个体发展的不同阶段中是有变化的。因此，可以说，个体经历了一系列以“性敏感区”为标志的人格发展阶段，弗洛伊德称之为性心理发展阶段（发展的心理性欲阶段）。

人格发展的五个阶段分别为：①口唇期(oral stage)：儿童经历的第一个性心理

发展阶段为口唇期，它大约持续到出生后18个月为止。在该阶段，口、唇、舌是主要的性敏感区。②肛门期(anal stage)：肛门期发生在大约18个月到3岁。在该阶段，肛门成为儿童主要的性敏感区。③生殖器期(phallic stage)：生殖器期是儿童最重要的性心理发展阶段，发生在大约3岁到6岁。在该阶段，外生殖器成为重要的性敏感区。儿童在该时期会经历"俄狄浦斯情结"或"伊莱克拉情结"(即"恋母情结"和"恋父情结")，这两种情结的解决对人格发展具有重要作用。④潜伏期(latency stage)：大约6岁以后，儿童进入潜伏期，一直持续到12岁左右。⑤生殖期(genital stage)：大约在12岁至20岁之间，儿童进入性心理发展的最后阶段——生殖器。在该阶段，儿童对异性表现出强烈的兴趣。

弗洛伊德认为，在性心理发展过程中，如果儿童在某一阶段受到某种创伤体验或得到过度满足，就会导致力比多的固着(fixation)。固着会滞留部分力比多在某个阶段，从而使个体的性心理发展受到阻碍。同时，某阶段力比多的固着会导致个体形成与该阶段密切相关的人格特征。比如，口唇期发生固着的成人会形成多嘴部行为(如抽烟、喝酒、过分咀嚼、过度饮食)、依赖、被动的性格特点。

弗洛伊德开创了一个综合性的关于人类行为和人格的理论，对以后的研究者们进行人格理论的研究具有重要的指导意义。他的人格理论内容十分丰富，不仅对人格结构、人格发展、心理的本质等各方面都进行了解释，而且还对人格的内部动力关系进行了剖析，对产生人格障碍的原因进行了探讨。其次，弗洛伊德首次提出了治疗心理障碍的精神治疗体系，从而开创了精神分析的先河。一些心理治疗技术，如自由联想、催眠和梦的解析等都已被现在的心理治疗师广泛应用。最后，弗洛伊德提出的一些概念具有相当的前瞻性，如弗洛伊德十分重视潜意识的作用，他在潜意识方面的研究对深入理解行为具有重要的意义，现在的许多研究都证明人们日常生活中的许多行为都受到潜意识过程的影响。又如，研究者们通过对应激的应付方式的研究，发现了与弗洛伊德的自我防御机制论述的一致性。

虽然弗洛伊德的观点对人格理论的发展产生了深远的影响，但是有不少心理学家对其理论提出了批评，真可谓是毁誉参半。第一，弗洛伊德过分强调了性本能的作用，否定了人的主观能动性，把人和动物等同起来，特别是他的心理性欲发展理论受到了很大的抨击。第二，他的理论的许多方面都是不可验证的(如力比多的概念)，从而很难肯定其科学价值。弗洛伊德的许多观点都是以患者的临床经验为基础的，这种个案资料在很大程度上存在偏差，从而很难进行控制和检测。第三，他忽视了社会文化环境在人格发展中的作用。同时，他过分强调早期经验对于人格发展的影响，却忽视了引起和维持当前行为的现实刺激。另外，许多批评者认为，弗洛伊德过分重视了人格的消极面，他一直把重点放在对精神病患者的研究上，而对健康人格关注较少，从而否定了人的积极面，对人性持一种悲观的态度。

在认识到弗洛伊德理论存在的缺陷后，弗洛伊德的许多后继者在总的精神分析方法上对弗洛伊德的观点进行了修正，从而更精确地阐述了精神分析的人格理论。这些新弗洛伊德主义学者不像弗洛伊德那样过分强调性欲和力比多，他们重视社会环境变量包括文化、家庭、学校等因素对人格形成和发展的作用,他们认为人格的发展伴随着人的整个生命过程,其中具有较大影响力的人有阿德勒(A. Adler)和荣格(C. Jung)等。

阿德勒认为,每个人从一出生就有一种自卑感。在整个成长过程中,人都在为努力克服这种自卑感而作抗争,以至寻求优越。对于阿德勒来说,寻求优越是人格发展的驱动力,人格就是在这种基本努力过程中建构起来的。比如,张海迪5岁时就因患脊髓血管瘤而高位截瘫,按照阿德勒的观点,或许就因为这种强大的自卑感,使张海迪更加强烈地寻求优越,从而通过自己的努力成了一名作家。

荣格对传统的精神分析理论进行了很大的修订。荣格否定力比多的重要性。除原始本能冲动之外,他还提出了创造性和自我实现这两种无意识欲望,从而在人本性中注入了社会性内涵。另外,荣格认为有两种类型的无意识:个体无意识和集体无意识。集体无意识是同一文化中所有人所共有的、普遍的那部分无意识内容,它与个体无意识相区别。集体无意识可以解释我们为什么会不知不觉地对事物作出同样的反应。在提出集体无意识等概念后,荣格构造了自己的人格理论。他认为,人格中包含很多相互对立的概念(如意识和无意识),每一概念代表了一种内部力量;相互对立的两个概念则构成一个人格单元。人格单元的两个对立概念总是处于动态变化中,可谓"此消彼长"。而人格就是在寻求各个人格单元的两个对立面之间的动态平衡过程中发展而来的。荣格把自己的这种人格观点称为分析心理学(analytic psychology)。

9.2.2 特质理论

假如你去参加一个活动,在碰到新朋友时你可能会做一下自我介绍。在介绍完自己的姓名、籍贯和爱好后,此时你可能会描述一下自己的人格特征,或安静,或外向,或直率,或友好,等等。这里的安静、外向、直率、友好等都是人所具有的某些"特质"(trait)。

特质是指个体具有的持久的特征或反应倾向,它们使个体在各种情景下的行为能够保持一致性。特质是人格的基本构造单位,任何一个人的人格都是由一系列特质所组成的。特质具有相对稳定、跨情景性等特点。特质理论家认为,特质是决定个体行为的先决因素,个体的每一种人格特质都处在正态分布曲线上的一个位置,在量上与他人存在不同,从而导致了人与人之间的人格差异。下面我们介绍一些比较著名的特质理论。

9.2.2.1 奥尔波特的特质理论

奥尔波特(G. Allport)在1937年首次提出了人格特质理论。奥尔波特将特质作为个体行为的关键决定因素,而不是环境条件决定个体行为。他认为,特质决定了个体对某些刺激的特定反应倾向,它在刺激和反应之间相当于扮演着中介变量的角色,使一系列看起来似乎毫无关系的刺激和反应联系并统一起来,从而保持了不同情景下行为的一致性,使行为具有跨情景性。例如,具有"服从"特质的人,对不同的情景会做出相似的反应(图9-2)。

奥尔波特认为人格特质有两大类:第一类是共同特质(common traits),指在特定社会文化形态下，一个群体所具有的相同的特质。它是一种概括化的倾向，没有具体的指向性，几乎普遍地存在于每一个人身上。在研究共同特质时，奥尔波特主要使用整体研究法，即研究者根据对某一特质的测量，在单维度上对所有受测者进行比较和描述。由于共同特质揭示了特质与行为之间关系的重要线索，因此共同特质的研究对于理解人格是非常有必要的。

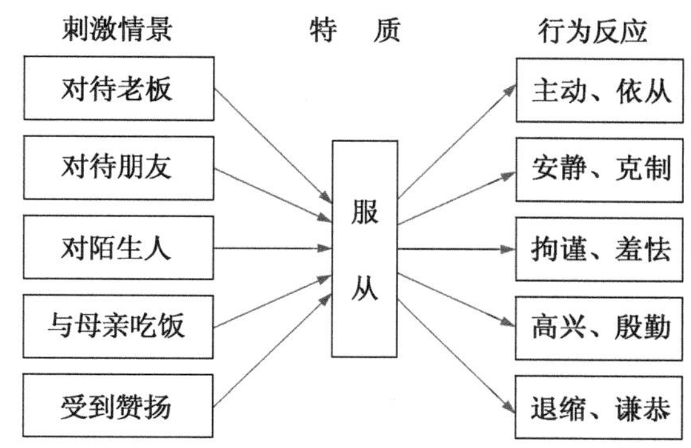

图 9-2 特质使刺激—行为趋向一致的模型

第二类是个体特质(individual traits)，指某个具体的人身上所表现出来的独特的特质。不同的个体正是因为个体特质才会表现出不同的个人倾向。个体特质可划分为三种：首要特质(cardinal traits)、中心特质(central traits)和次要特质(secondary traits)(图 9-3)。这三种类型的特质相互独立但又彼此有交集。首要特质影响一个人的生活和行为，是个体身上最典型的特质，它在整个人格中居于支配地位。首要特质只体现在少数人身上，以至于一些典型的小说人物或历史人物成了某类行为反应的代名词，例如，阿巴贡的首要特质是吝啬，王熙凤的首要特质是泼辣。中心特质是指能够说明个体的主要特征、表现其独特性的一些特质。一个人的人格通常是由几个相互联系的中心特质来进行描述的，如王熙凤的中心特质是泼辣、精明能干、心机深细、心直口快等。次要特质是一些在理解人格方面并不太重要的特征，它在一个人身上并不会一贯地出现，只会在某些特定的场合中才会表现出来，如某人有幽闭恐惧症。在研究个人特质时，奥尔波特推崇运用个案研究法来确定个体三种特质的独特组合，从而以此来说明一个人独特的人格。

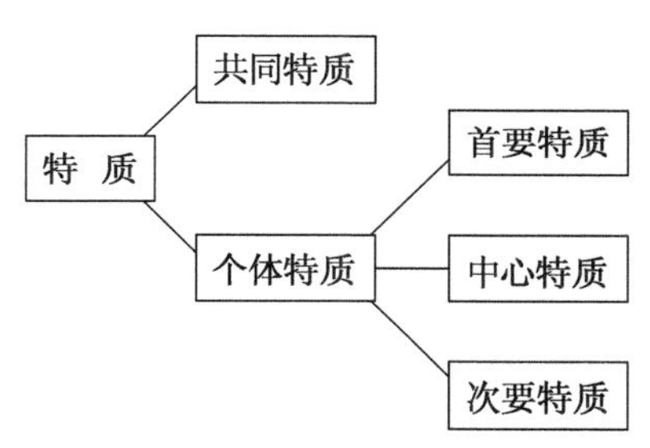

图 9-3 奥尔波特的人格特质分类

9.2.2.2 卡特尔的人格特质理论

1949 年，卡特尔(R. Cattell)在奥尔波特理论的基础上，用因素分析法对人格特质的基本维度进行了研究。卡特尔认为，一些相关的特质可以进行分类，从而得到独立的特质维度。他从奥尔波特的形容词表中通过聚类分析法归纳出了 35 个表面特质，再进一步通过因素分析法找到了其潜在的 16 个根源特质(表 9-2)，并编制出了“卡特尔 16 种人格因素问卷”(sixteen personality factor questionnaire, 16PF)。卡特尔认为根源特质相互独立，并且普遍地存在于每个人身上，只是不同人身上表现的强度不同，这就决定了人与人之间人格的不同。

表 9-2 卡特尔 16 种人格根源特质

特质因素	高分者特征	低分者特征
A 乐群性	乐群外向	缄默孤独
B 智慧性	聪慧、富有才识	迟钝、学识浅薄
C 稳定性	情绪稳定	情绪激动
E 好强性	好强固执	谦虚顺从
F 乐观性	轻松兴奋	严肃审慎
G 有恒性	有恒负责	权宜敷衍
H 敢为性	冒险敢为	畏缩退却
I 敏感性	敏感、感情用事	理智、着重实际
L 怀疑性	怀疑刚愎	信赖随和
M 幻想性	幻想、狂放不羁	现实、合乎常规
N 世故性	精明能干、世故	坦白直率、天真
O 忧虑性	忧虑抑郁、烦恼多端	安详沉着、有自信心
Q1 实验性	自由、批评激进	保守、顺从传统
Q2 独立性	自主、当机立断	依赖、随群附众
Q3 控制性	知己知彼、自律谨严	矛盾冲突、不明大体
Q4 紧张性	紧张困扰	心平气和

卡特尔还提出了人格特质结构的理论模型。该模型将人格特质分为四层：第一层为共同特质和个体特质；第二层为表面特质和根源特质；第三层为素质特质和环境特质；第四层为动力特质、能力特质和气质特质，具体关系如图 9-4 所示。

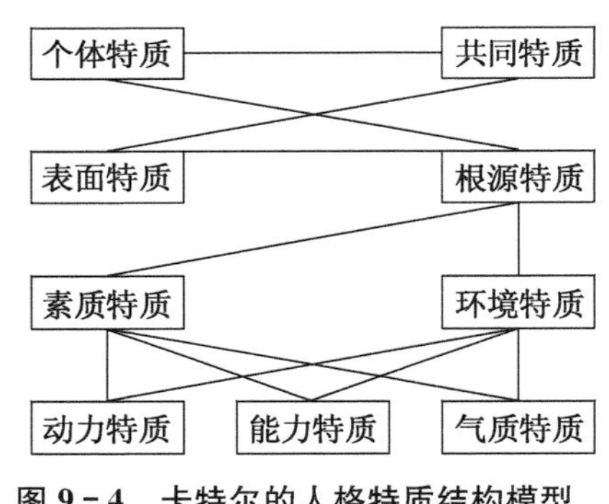

图 9-4 卡特尔的人格特质结构模型

● 共同特质和个体特质：这在前面奥尔波特的特质理论中已经讲到过，不再赘述。

● 表面特质和根源特质：表面特质(surface traits)是从外部可以直接观察到的行为所表现出来的人格特质。根源特质(source traits)是对表面特质进行因素分析得到的，因此，根源特质是表面特质的基础，一种根源特质能够制约多种表面特质，而一种表面特质可以有一种或多种根源特质。如"某人学习努力"这种外显的表面特质，可以是出于不同的原因，或是为了"希望得到旁人和家长的认可"，抑或是为了"能够通过考试"。

● 素质特质和环境特质：素质特质(constitutional traits)是指由先天的遗传因素所决定的那些根源特质。而环境特质(environmental traits)则是指由后天的环境因素所决定的那些根源特质。如乐群性(A)、乐观性(F)属于素质特质,实验性(Q1)、世故性(N)则属于环境特质。

● 动力特质、能力特质和气质特质:动力特质(dynamic traits)驱使个体趋向某一目标行动,是人格的动力性或动机因素,它可分为本能特质和外能特质,前者是与生俱来的,而后者则是由外界环境塑造的,包括兴趣、态度和情操等。能力特质(ability traits)是指知觉和运动方面的个体差异特质,具体反映在个体是如何有效执行某一任务的,它包括流体智力和晶体智力。气质特质(temperament traits)决定了一个人的情绪表现,如反应的速度、反应的风格等。

9.2.2.3 艾森克的特质理论

艾森克(H. Eysenck)是英国著名的心理学家,他和卡特尔一样深受斯皮尔曼的影响,坚持运用因素分析来研究人格。艾森克认为,人格结构有四个层次,从上到下依次为类型水平、特质水平、习惯性反应水平和特殊性反应水平(图 9-5)。

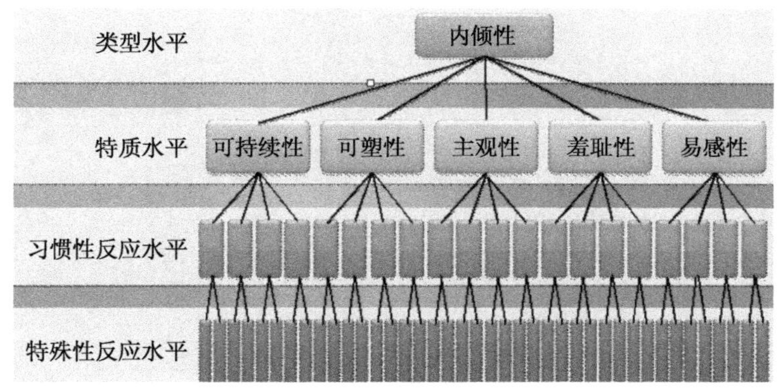

图 9-5 艾森克的人格层次模型

位于最底层的特殊性反应水平,是个体在日常生活中所表现出来的一些反应,如最基本的"举手投足"。其上为习惯性反应水平,是由于日常反应的重复出现而形成的,如重现某个生活情景,个体会产生相似的行为反应。再上层是特质水平,是由个体的一些相互联系的习惯性反应所构成的人格特质。最上层是类型水平,是由一些相互联系的人格特质所形成的人格类型。同时,艾森克发现,这四个层次是与因素分析的结果相一致的,从下到上分别属于误差因子、特殊因子、群因子和一般因子。

艾森克还提出了著名的人格维度理论,即三因素模型。艾森克认为人格特性可以用更少的因素来概括,他根据对人格测验数据的因素分析得到了人格的三个维度:外倾性(extraversion)、神经质(neuroticism)和精神质(psychoticism)。外倾性表现为人格是内倾的或是外倾的。内倾的人具有不易适应、安静、厌恶刺激、不喜欢社交、喜欢看书等特点,外倾的人具有冲动、寻求感觉刺激、开朗、喜欢社交等特点。神经质表现为情绪是稳定的或是不稳定的。情绪稳定的人具有情绪反应弱、沉稳、不易焦虑等特点,而情绪不稳定的人则相反。精神质并不是指精神病,在该维度上高分者表现为有攻击性的、以自我为中心的、冷酷无情的,低分者表现为善良的、体贴的、多愁善感的。

艾森克认为人格是由一系列可测量的特质构成的，而外倾性和神经质这两种连续的维度可以相互组合来描述个体的人格特质。以外倾性为横轴，神经质为纵轴，在两维空间内就可以得到 32 种人格特质，同时两者垂直相交构成的四个象限可以用来描述古希腊的四种气质类型（图 9－6），稳定外向型相当于多血质，表现为精力充沛、充满活力；稳定内向型相当于黏液质，表现为沉着、稳重；不稳定外向型相当于胆汁质，表现为易怒、好斗；不稳定内向型相当于抑郁质，表现为焦虑、悲哀。

艾森克还根据此人格理论结构编制了艾森克人格问卷（Eysenck personality questionnaire，EPQ），它可以用来评价个体在外倾性、神经质和精神质三个维度上的特征。

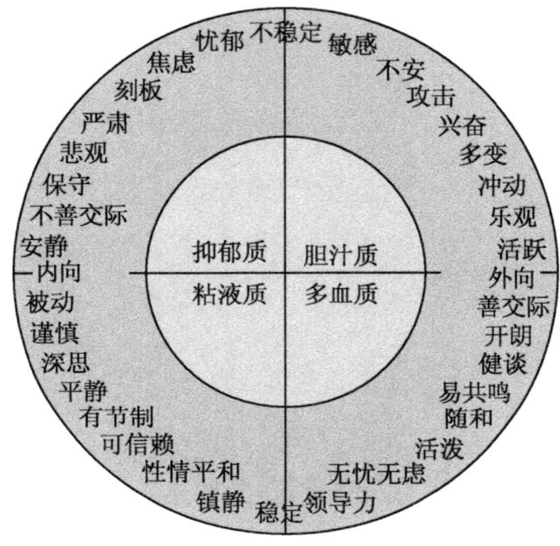

图 9－6　艾森克的人格二维图

9.2.2.4　五因素模型

目前，许多学者认为五因素模型能更好地诠释人格特征，其理论结构得到了最普遍的应用。塔佩斯（E. Tupes）等于 1961 年发现了人格中存在五个独立的维度，之后的许多学者在对人格因素进行研究时都得到了一致的意见，从而验证了五个人格维度确实存在。这就是所谓的“五因素模型”（five-factor model），或者叫作“大五”。

模型中五个基本的维度分别为：①外倾性（extraversion，E）：充满活力、爱好交际、冒险、寻求刺激等；②宜人性（agreeableness，A）：乐于助人、友好、谦虚等；③责任心（conscientiousness，C）：拘谨、克制、尽忠职守等；④神经质（neuroticism，N）：焦虑、喜怒无常、容易激动等；⑤开放性（openness，O）：富于创造力、好奇、审美观强、想象丰富等。每个维度的范围都十分宽广，它们均是一系列独特且又相关的特质的集合。

麦克雷和科斯塔（R. McCrae & P. Costa，1989）根据这一理论编制了“大五人格因素的测定量表”（NEO-personality inventory，five-factor inventory），它可以用来评估正常人在五种特质上的特征。“大五”的应用范围十分广泛，不但可以用来测量人格的特点，而且对职业选择、人事招聘和工作绩效等多方面都有重要的指导意义。

9.2.2.5 对特质理论的评价

人格特质理论在人格心理学的发展过程中有着重要影响。特质论者认为，人格可以通过几个有限的特质加以描述；特质决定着个体的行为，并表现于行为之中，只有通过人格测量才能发掘潜在的特质。

特质理论的最大贡献在于在其理论结构基础之上开创了人格测量技术。现在管理心理、临床实践、教育心理、发展心理、心理健康以及人事选拔等各行业都显示了人格测验具有广泛的应用价值。不容置疑地，它在心理学界已经是一种被普遍认可的工具。特质理论的另一贡献在于运用了统计方法来探索人的本质和特点，这样使结果更具客观性和说服力。例如，卡特尔在奥尔波特的形容词表基础上，先是运用了聚类分析法得到了表面特质，然后再运用因素分析法发现了表面特质背后潜在的根源特质。

同样，特质理论也遭到了许多方面的批评。其一，人格特质理论认为特质具有跨情景一致性，该观点目前仍有很大争议。有学者认为，特质具有时间上(纵向)的稳定性，而不具有空间上(跨情景)的一致性。事实上，情景和人格一样都会对行为产生影响。例如，在课堂上严肃、不苟言笑的老师在家里可能是个诙谐、活泼开朗的人。其二，特质理论只是描述型的，它并没有对“行为是如何发生的”“人格是如何发展的”等问题进行深入阐述。虽然艾森克对产生人格差异的生理基础作过介绍，但从总体而言，特质心理学并没有从基于描述的框架中跳出来。其三，特质理论过多地着眼于人格的遗传因素，而忽略了环境的作用，而且也没有研究个体内部相互冲突而导致人格发展的动态变化过程。因此，特质理论并没有揭示人格的全貌。其四，特质理论注重在共同特质量的差异方面的研究，而对个体特质研究甚少，因此，并不能显示个体人格的独特性。

9.2.3 其他人格理论

9.2.3.1 人本主义理论

人本主义心理学强调人的本性和有意识经验的重要性，重视个体的成长潜能和自我实现。该理论尤其注重自我实现(self-actualization)的概念，认为自我实现是指个体不断努力发展自己的才能与能力，从而最大限度地发挥个人潜能的倾向，它是人格发展的一种基本驱动力。对于人本主义心理学家来说，歌手唱歌，画家画画……这些都是自我实现的表现。人本主义还认为，人类天生就有一种自我实现的动机，这种动机驱使个体向着积极的方向发展、变化和完善。

马斯洛、罗杰斯(C. Rogers)等都是人本主义的杰出代表人物。马斯洛关注心理健康的、完整的人，他将人类的需要从低级到高级划分为生理需要、安全需要、归属与爱的需要、尊重需要、认知需要、审美需要和自我实现需要。罗杰斯认为自我概念包括两部分：现实自我(real self)和理想自我(ideal self)。现实自我是个体对自我的现实状况和实际行为的知觉；理想自我是指个体最希望成为、最向往的自我。他认为，人格一致性主要表现在现实自我与理想自我的一致性，而不是人格各个成分之间的一致性。现实自我和理想自我越一致，人格特质就会倾向于表现为合作性强、工作效率高、反应快、容易相处等。生活中，现实自我和理想自我之间总会有差距，正是这种差距的存在促使个体积极追求自我实现。此外，罗杰斯还创立了“以人为中心”“交朋友小组”等心理治疗方法。

人本主义把更多的注意力放在快乐、富于创造性的健康人格上，这是它的一大进步点。然而，它同样也存在一些不足。对人本主义的一个主要批评是：人本主义过度依赖现象学，不够科学化。有心理学家指出，人本主义的大部分内容都是用意志或信念来解释人的行为，这显然不能通过科学方法来分析。另外，人本主义治疗法依赖患者自己的评估，它只是通过谈话来了解患者的心理，这未免过于简单，而且可能会有偏差。这使很多人对人本主义心理治疗法的有效性提出了疑问。

小资料——“以人为中心”案例

诺拉，27岁，患有厌食症。当她还是一个孩子的时候，她出于天性玩吵闹的游戏，这使母亲撤回了对她的爱。只有当她穿着整洁漂亮的衣服、对长辈彬彬有礼时，母亲才会表示赞赏。为此，她的自尊感极低，并为了达到母亲心目中的理想形象而坚持不懈。所以可以看出，价值条件使她丧失了与好动、顽皮自我的联系。进入少女期后，在学校里她又必须达到同伴认可的标准，达到媒体、广告和杂志所规定的苗条标准。

在治疗师的干预和建议下，她开始重视自己的积极方面(她其实很聪明，在处理办公室业务和行政工作时很能干)。通过运用意象使她意识到厌食症是消极的，她必须学会解放自己而不是将此视作人生的财富。她接受了自己不可能完全掌控生活，学会了有时必须带着不确信生活。在长达两年的治疗之后，虽然她的厌食症没有完全消除，但是她已经能够容忍苛刻的工作，并结交了新男友，两人的感情真挚。

(资料来源：[英]瓦尔·西蒙诺维兹，彼得·皮尔斯著. 人格的发展[M]. 唐蕴玉，译. 上海：上海社会科学院出版社，2006)

9.2.3.2 学习理论

精神分析理论强调遗传因素对于人格的影响，与此相反，学习理论非常注重环境因素对于人格形成和发展的作用。传统的学习理论(即行为主义)认为，行为和人格基本上是由外在环境决定的；人与人之间的人格差异，也是由于不同的环境因素所引起的。这显然与精神分析理论有重大分歧，为了调和精神分析人格理论与传统行为主义人格理论之间的矛盾，后来的学习理论者(如班杜拉)在研究中加入了认知成分，从而丰富并拓宽了行为主义对于人格的认识。

班杜拉(A. Bandura)的社会学习理论认为，行为既不是由内部事件决定的，也不是由外部社会环境决定的，而是由内部力量和外部力量共同决定的。该理论强调人与社会环境的交互作用，也强调人的认知(内在)方面。班杜拉认为人、行为和环境三者构成了一个彼此互相影响的复杂的系统，因此，他提出了交互决定论的概念(图9-7)。在该模型中，人、行为和环境三者

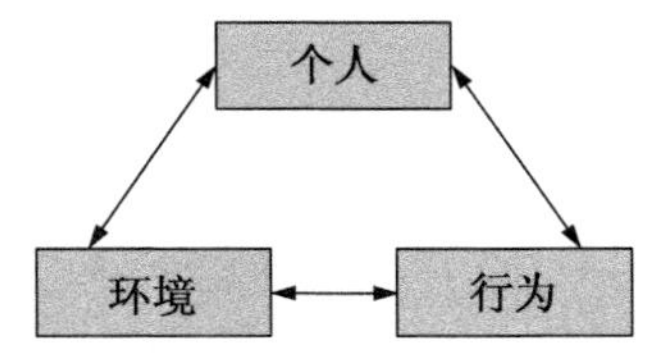

图9-7 班杜拉的交互决定论

间的影响是双向的，其中任何一个变量都会影响其他两个变量。在不同情况下，各个变量的强度有差异，有时环境对行为起主要作用，有时内因对行为起主要作用。例如，你本来是一个不喜欢运动的人，但如果一个你心仪已久的人邀请你一起去做运动，你可能会答应。而且，在运动过程中，你发现自己非常享受运动带来的快乐，久而久之，你可能会喜欢上运动。这个例子中外因(一个心仪已久的人)影响了你的行为，后来，这一行为又反过来影响你自己(喜欢上运动)。

此外，班杜拉还提出了自我效能(self-efficacy)的概念。自我效能是个体对自己能够实施某一行为的能力的知觉，即指个体相信自己的能力的信念。当个体确信自己能够完成某一任务时，即产生较高的自我效能感时，他才会努力进行这一行为；反之，他则会逃避或者放弃这项任务。因此，自我效能对于行为有更好的预测作用。比如说，人们通过跑步等方法来达到减肥的目的，但事实上为什么只有少部分人真正实现了减肥的目的呢？班杜拉认为关键在于自我效能感，即只有当减肥者相信他们自己能够做到时，减肥才能成功。

社会学习理论将认知变量引入自己的理论体系中，不但弥补了传统行为主义的一些缺陷，而且把行为主义人格理论和认知人格理论联系起来。但是，它也存在一些问题，首先，该理论强调人和环境的交互作用在人格发展中的作用，却忽略了遗传因素的影响；其次，班杜拉虽然关注环境因素在人格形成和造成个体差异中的作用，但却没有深入探讨自我效能等心理变量是如何产生的；再次，班杜拉过分强调了观察学习在人类学习和人格发展中的作用，从而没有充分关心人的创造力和想象力。

9.2.3.3 认知理论

“两个人从监牢的铁栅栏中向外看，一个人看到泥土，而另一个人则看见星星”。这句话形象地说明了：人的认知方式或信息加工方式存在很大差异。

认知心理学是20世纪50年代中期在西方兴起的一种心理学思潮，目前它已成为心理学研究的一个主流方向。认知学派从人的信息加工方式角度描述了行为模式的一致性，以此来对人格问题进行探讨。认知人格理论学家认为，不同人之间的人格差异是由于人们不同的信息加工方式造成的。凯利(G. Kelly)的个人构念(personal construct)理论是其中重要的认知人格理论之一。

凯利指出，人格形成的关键不在于外界环境世界，而在于个体知觉、分析和解释事件的各种方式，这种方式就是构念。一种构念是一种观点，一种看法。人们用各种构念来解释和预测现实中的事件，从而指导自己的行为，如果预测被证实，那么该构念就会被保留；反之就会被取代或修正。例如，你根据过去的经验，认为“他是一个幽默的人”，如果在之后观察所得的信息中，证实了他真的是一个幽默的人，那么这个假设就会继续留用；反之，你就会放弃这个假设，去重建新的假设。凯利认为，人格就是一整套构念系统，构念是基本的人格单元，认知结构就是人格结构。构念系统是一个人的观念系统，它代表了个体对于事物的看法，决定着个体的思想、认知、行为。个体之间的人格差异主要来自人们构念外部世界的方式不同。

凯利十分强调人的主动的认知活动对行为的作用，重视人的主观能动性。他把每一个人都看作科学家，认为他们自己能建立各种构念来解释和预测外在事件。然而，该理论过分强调了认知活动的作用，把人格看作是一整套构念系统，从而忽视了客观现实的重要性，忽视了动机、情绪成分等在人格形成中的作用。另外，该理论的有些概念比较模糊，它也没有探讨人格是如何发展的这样一个过程，往往把更多的注意力放在对当前行为环境的构念上。

以上五种人格理论对于人格的解释各有各的侧重点，也各有各的价值。在对待这些人格理论时，我们不能对其中一种全盘否定，也不能对另外一种全盘肯定。五种人格理论就好比“盲人摸象”，五个盲人分别摸到了大象的不同部位，就在心里觉得大象是什么样子，其实，他们每个人说的都没有错，但又没有哪个人说得十分完整。斯坦福大学教授津巴多(P. Zimbardo，2003)曾作过一个生动的比喻，他说，如果我们把人比作一部汽车，那么：特质理论描述了它的所有部件和构造；精神分析理论为它添加发动机和燃料；学习理论提供了车轮、指标信号和其他操作仪器；人本主义把人请到了驾驶座上，这个人意欲驶向一个独特的目标，并从达到目标和旅途本身中汲取快乐；认知理论则为旅行加上种种注释，使所计划、组织的旅行方式符合人为实现目标所选择的心理地图。

9.3 人格测量

人格差异性可以通过人格测验来进行评估。其中，主要的人格测验方法有两种：自陈量表法和投射测验法。

9.3.1 自陈量表

自陈量表(self-report inventories)是目前最普遍使用的人格测验方法，又称为人格量表(personality inventory)。自陈量表是一种客观测验，它要求被试根据自己的真实情况来回答有关思想、情感和行为的一系列问题，对它们进行简单反应(“是”“否”)或衡量典型性程度，以此来评估一个人的人格特质的方法。下面我们介绍几种常用的自陈量表式人格测评工具。

9.3.1.1 明尼苏达多相人格测验

明尼苏达多相人格测验(Minnesota multiphasic personality inventory，MMPI)是由美国明尼苏达大学教授哈萨威(S. Hathaway)和麦金利(J. Mckinley)于1943年编制的。MMPI可用于测量个体的人格特征，也可用于临床上对病态人格的诊断。鉴于精神病患者和正常人对问卷项目的不同反应模式，以此来鉴别强迫症、偏执症、歇斯底里症、精神分裂症、抑郁性精神病等各类精神病。

MMPI共包括566个项目，其中16个是重复的(主要通过测验被试反应的一致性来确定被试是否在认真作答)。该量表涉猎的内容十分广泛，包括健康状态、精神状态以及对家庭婚姻、性、宗教、政治、社会的态度等26类题目。MMPI分为14个分量表，其中10个临床量表为：疑病(Hs)、抑郁(D)、癔症(Hy)、精神病态(Pd)、男子气—女子气(Mf)、妄想狂(Pa)、精神衰弱(Pt)、精神分裂症(So)、轻躁狂(Ma)、社会内向(Si)。另外还有4个效度量表：说谎量表(L)、诈病量表(F)、校正量表(K)、疑问量表(Q),被试在这4个量表上得分越高,说明被试作答该量表的有效性越值得怀疑。

MMPI的受测群体比较广,适用于年满16周岁,具有小学以上文化水平,且没有影响测验的生理缺陷(如视觉障碍等)的所有成年人。该量表的所有项目均是单选,要求被试从“是”“否”或“不能回答”中进行选择。例如,“每隔几个晚上我就做噩梦”,“我发现我很难把注意力集中到一件工作上”。

MMPI是迄今应用最广的人格测验,它以正常人与异常人两种人为样本,因此,既可以对正常人格特征进行评定,也可用于临床精神病的诊断。80年代初MMPI就被引进中国,中国科学院心理研究所宋维真教授等对它进行了标准化修订工作。经过几十年的完善,MMPI在精神病院、企业人力资源、心理咨询中心、教育机构等部门都得到了广泛的运用和发展。MMPI的最大缺点在于:题量过于庞大,施测过程比较费时,而且测试时间过长,也影响了被试的作答情绪,从而可能影响测验结果的有效性。

9.3.1.2 卡特尔16种人格因素问卷

在运用因素分析等统计方法发现了人格的16种根源特质后,美国伊利诺伊州立大学卡特尔还编制了卡特尔16种人格因素问卷(简称16PF)。16PF适用于16岁以上具有阅读能力的个体。

16PF根据16种根源特质编制出16组题目,共计187题。每一题都有三个备选答案(A、B、C),被试可“三选一”进行作答。16PF具体题目举例如下:

——如果我有机会的话,我愿意:

A. 到一个繁华的城市旅行　　B. 介于AC之间　　C. 游览清静的山区

——我有能力应付各种困难。

A. 是的　　B. 不一定　　C. 不是的

由于每一特质的测验题目数量不一样,因此需要根据常模表把各种特质的原始分数转换成标准分数。将各特质的标准分数画在相应点上,就可以得到16种人格因素的剖面图。每一特质均具有两极性——高分者和低分者有着截然不同的特征(表9-2)。通过剖面图,我们可以清楚地了解被试在16种人格因素上的低分者特征和高分者特征。

如图9-8所示是一个被试的16PF剖面图。

卡特尔16种人格因素问卷已在许多国家广泛应用,并被译成了多国文字。16PF既可以进行个别测验,也可以进行团体测验。16PF的信效度比较高,施测过程也比较简单,只是,量表中有30多个项目与我国国情不符,无法测出被试的真实情况。因此,在我国实施时,该量表还有待于完善。

9.3.1.3 爱德华个人兴趣量表

爱德华个人兴趣量表(Edwards personal preference schedule,EPPS)是美国心理学家爱德华(A. Edwards)于1953年根据莫瑞(H. Murray,1938)的需要理论为基础编制而成的。EPPS用于测量个体的需要和动机,它既可作为心理咨询的工具,也可作为企业人员选拔的工具。

EPPS共包括225个项目(其中15个项目是重复的,以此来检验被试作答

因素	原始分	标准分	低分者特征	高分者特征
A	12	6	缄默孤独	乐群外向
B	11	8	迟钝、学识浅薄	智慧、富有才识
C	18	7	情绪激动	情绪稳定
E	15	7	谦虚顺从	好强固执
D	11	5	严肃审慎	轻松兴奋
G	10	4	权宜敷衍	有恒负责
H	13	6	畏缩退怯	冒险敢为
I	7	3	理智、着重实际	敏感、感情用事
L	7	4	信赖随和	怀疑刚愎
M	11	5	现实、合乎常规	幻想、狂放不羁
N	9	5	坦白直率、天真	精明能干、世故
O	6	4	安详沉着、有自信心	忧虑抑郁、烦恼多端
Q1	16	9	保守、服从传统	自由、批评激进
Q2	13	6	依赖、随群附众	自主、当即立断
Q3	12	5	矛盾冲突、不明大体	知己知彼、自律谨严
Q4	8	4	心平气和	紧张困扰

图 9－8　卡特尔 16 种人格因素问卷剖面图

的一致性)，这些项目平均分配给 15 个需要分量表。这 15 个需要分量表分别为成就需要(ach)、顺从需要(def)、秩序需要(ord)、表现需要(exh)、自主需要(aut)、亲和需要(aff)、自省需要(int)、求助需要(suc)、支配需要(dom)、谦虚需要(aba)、助人需要(nur)、变通需要(cha)、坚毅需要(end)、性爱需要(het)、攻击需要(agg)。

每个项目包括两个自我描述的陈述句，要求被试根据自己的喜好在两者中选其一。根据测验，可了解被试在这 15 种需要上的反应倾向，并可绘制出剖析图，从而进一步了解其人格特点。

EPPS 的最大特点在于采用强迫选择法来控制社会赞许性(指项目内容受社会舆论赞许和反对的程度)的影响。爱德华认为，被试倾向于对社会赞许性高的题目做出肯定回答，而对社会赞许性低的题目做出否定回答。因此，爱德华采用了强迫选择法，即：要求被试在两个具有相同社会赞许性但又是测量不同特质的题目之间进行选择，从中选出最符合自己特点的陈述句。具体题目举例如下：

6. A. 我喜欢解答其他人觉得困难的谜语与问题。
   B. 我喜欢遵从指示去做人家期待我做的事。
7. A. 我喜欢在日常生活中体验到新奇与改变。
   B. 当我认为我的上级做得对时，我喜欢对他们表示我的看法。

9.3.2　投射测验

有一篇文章《火烧云》，里面描述天上的火烧云一会儿像马，一会儿像大狗，一会儿又像大狮子。在生活中,即使看天上同一朵云彩,不同的人也会有不同的感觉,你可能觉得像一张人脸,他可能觉得像一只猫。这大致都与投射测验的原理相同。

投射测验是由精神分析理论发展而来的。投射法假定:人格结构大部分处于无意识中,无法直接测量,而当面对一些模棱两可的刺激时,人的无意识的欲望、态度、动机、愿望等会不自觉地投射到外部刺激上。因此,投射法是这样一种人格测评技术,它向被试提供一些意义模糊不清的刺激情景,让被试不受限制地对这些刺激自由反应,然后主试通过分析这些反应来推论被试的人格特征。

投射法在没有对被试的反应方式做预先规定的前提下,探索人的内部心理活动,从而被认为更符合人格的特点。但也由于它的自由性,反应结果的评定很难标准化,因而其效度往往偏低。目前,常用的投射测验有两种:罗夏墨迹测验和主题统觉测验。

9.3.2.1 罗夏墨迹测验

罗夏墨迹测验(Rorschach ink blot test)是由瑞士精神病学家罗夏(H. Rorschach)于1921年创造的。它让被试面对一张张模棱两可的墨迹图片,被试在反应过程中会不知不觉地与以往生活经验进行匹配,从而把自己内心的需求、动机等投射到这些墨迹图上,即反映了被试的人格特征。

该测验共包括10张墨迹图,其中5张(1、4、5、6、7)为黑白的(图9-9),3张(8、9、10)为彩色的(见彩图9-10),另外2张(2、3)为黑和红相间的。在施测过程中,主试按一定顺序向被试呈现图片,然后问"这可能是什么?""这像什么?"主试要逐字记录被试所说的话、反应时间、每张墨迹图所需的时间以及被试的伴随动作等。在之后的询问阶段,主试再次将图片呈现给被试,并根据被试先前的反应对他进行详细询问,包括:你是根据图片的哪个部分作出反应的?引起此反应的决定因素是什么?

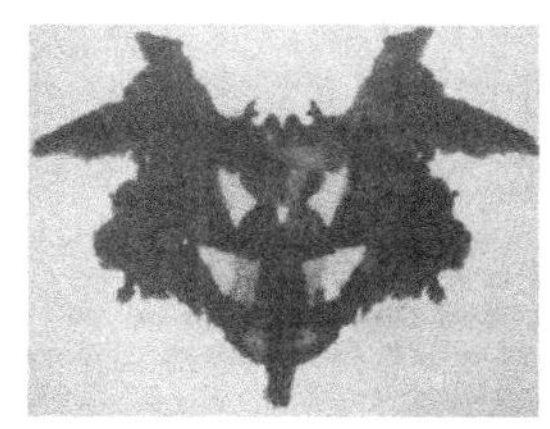

图9-9 墨迹图片(黑白)

目前,对罗夏墨迹测验的记分和解释一般认为可以从四个方面进行:①反应区位,被试在作出反应时是根据图片的哪个部分,是图片的整体,还是某个部分。②反应决定因素,指墨迹图的哪个因素影响了被试的反应,如颜色、形状、运动、阴影等。③反应内容,即指被试回答的内容。反应创意性,反应是一般的、普通的,还是独到的、特殊的。

罗夏墨迹测验是一种应用广泛、有效的心理测量工具,它不但可以用于临床诊断,也可用于人格特征的评估。另外,由于它不受语言要求文字的限制,最大限度地增大了受测群体。但是,罗夏墨迹测验的记分和解释比较困难,必须得由训练有素的专业人员进行。即便如此,不同的评分者也可能会有不同的评分侧重,使记分的主观性变大。虽然目前罗夏墨迹测验设计了一整套规范的记分程序和系统,但其效度还存在很大争议。

9.3.2.2 主题统觉测验

主题统觉测验(thematic apperception test, TAT)是由美国心理学家莫瑞(H. Murray)和摩尔根(C. Morgan)于1938年编制的。该测验由30张模糊不清的黑白图片组成,另外还有一张空白图片。图片的内容以人物为主,也有部分是景物,但每张图片中至少会有一个人物在内(图9-11)。

图9-11 主题统觉测验图片

在正式施测时,每次向被试呈现一张图片,要求其根据自由联想编一个故事,但内容必须涵盖四个方面:图中所发生的事情、图中人物的感想、故事发生的原因和故事的结局。主试同时详细记录被试的反应。被试所编故事跟其生活经验有很大联系,其隐藏的人格内心世界在故事中往往会有所体现。因此,根据所编故事的内容和结构,主试可以进一步探索被试的需要、动机、态度等,了解被试的人格特征。

主题统觉测验自问世以来,经多次修订,已发展成为一种重要的人格投射技术。TAT不仅是一种临床诊断工具,而且对成就需要的测量也具有重要的贡献。TAT的主要特点在于能发现被试某些隐藏的被抑制的心理冲动,从而了解其内在人格特征。但TAT的记分比较复杂,而且对于结果的解释主观性也较强,因此其效度还有待于进一步的提高。

9.4 人格成因

人格是由遗传决定的,还是由环境决定的?这曾经一度是心理学界争论的焦点。现在心理学界对此的看法是:人格是在遗传与环境的交互过程中逐渐形成的。

9.4.1 遗传因素

为了考察遗传因素对智力形成的作用,本书第八章介绍了家谱研究和双生子研究这两种方法。这两种方法同样适用于人格形成和发展的遗传因素研究。其中,同卵双生子和异卵双生子的研究范式是研究遗传对人格影响的最有效方法。同卵双生子之间所表现出来的人格差异性,可以看作是环境的作用;另外,通过对异卵双生子与同卵双生子进行比较,其相似性可以归因于遗传因素。综合研究这两种双生子类型,就可以得出遗传因素和环境因素在人格形成中都起重要作用。

弗罗德鲁斯(B. Floderus, 1980)等在外向性维度上对瑞典的12898对成年双胞胎进行了人格问卷调查,罗丝(R. Rose, 1999)等对芬兰的7144对成年双胞胎进行了人格问卷调查,结果见表9-3所示。

表 9-3　双生子在外向性上的相关系数

国家	相关系数			
	男 性		女 性	
	同卵双生	异卵双生	同卵双生	异卵双生
瑞典	0.47	0.20	0.54	0.21
芬兰	0.46	0.15	0.48	0.14

（资料来源：叶奕乾.现代人格心理学[M].2版.上海：上海教育出版社，2011）

同时，弗罗德鲁斯等还考察了神经质维度中的遗传成分，结果表明，同卵双生子在神经质维度上的相关系数为 0.50，而异卵双生子的相关系数为 0.23。

以上研究说明，同卵双生子在外向性和神经质上的相关系数要显著高于异卵双生子，也就是说，遗传因素在这两项人格特质上起了重要作用。

另外，1982 年，我国学者林崇德教授研究了遗传对儿童性格发展的作用，结果表明，对于性格特征的不同方面，遗传因素具有不同的影响。在对社会、集体和他人的态度，对自己的态度，以及性格情绪方面，同卵双生子的相关系数显著高于异卵双生子，而在意志特征和品德方面，两者则没有显著差异（表 9-4）。

表 9-4　双生子在性格各方面上的相关系数

性格维度	相关系数	
	同卵双生子	异卵双生子
对社会、集体和他人的态度	0.61	0.54
对自己的态度	0.71	0.60
情绪特征	0.72	0.57

9.4.2　环境因素

中国古代思想家孟子小的时候，家离墓地不远，他就玩起一些哭丧、埋死人之类的游戏。孟母认为这种环境不利于孩子的成长，就举家搬迁到市集上，结果孟子就学起商人做买卖的样子。孟母又很不满意，于是就把家迁居到学堂旁边。孟子开始变得喜欢读书、遵守秩序、彬彬有礼。孟母认为这才是孩子应该学习的，于是就决定在学堂旁定居下来。这就是历史上著名的“孟母三迁”的故事。

从“孟母三迁”的故事中，我们就可以看到：环境因素，尤其是社会环境因素，对儿童的成长具有不可忽视的影响。每一个人作为社会的一员，置身于各种各样的宏观或微观环境中，都会不自觉地受到周围环境因素的影响。在宏观上，后天环境因素包括自然环境和社会环境因素，后者又有社会文化、家庭、学校等多种作用形式。

9.4.2.1 自然环境

自然环境包括人所处的地理生态环境和气候环境等，它对人的生活习惯和人格的形成都有一定程度的影响。例如，受土壤、气候等自然环境影响，中国历史上南方以农耕生活为主，北方以游牧生活为主。南方的农耕民族处在一种相对安定的自然环境之中，他们每天日出而作，日落而息，从农作物的播种到收割都留守在土地上，不需要迁徙。这使地处南方的民族逐渐形成了追求平和、随遇而安、不大愿意冒险、稳重、富于耐性的人格特征。而北方游牧民生活的自然环境则相对恶劣，他们的生活环境异常艰难，一年四季都处在迁徙之中，居无定所，白天要在草原上奔波劳碌，晚上还要提防各种可能的突发事件，以至于要时刻做好同各种恶劣的自然环境作斗争的准备，以此来保障基本的生存和发展。正是这样的生活环境，铸造了北方游牧民族强悍、坚忍不拔、锐意进取、豪放直爽的人格特征。

此外，气候也会短暂影响人的人格特征，如寒冷能引发人们的忧郁情绪，炎热会使人性格烦躁、易发怒。

总之，心理学家认为自然物理环境会对人格的形成和发展产生影响，但不起决定性影响作用，它更多地表现为一时性影响，对特定行为具有一定的解释作用。另外，影响人格的自然环境因素和社会环境因素是紧密联系、相互渗透的，两者绝对不可能独立。

9.4.2.2 社会环境

社会环境包括一个人所处的社会文化、家庭环境和学校教育环境等。

社会文化对人格具有相当重要的影响。不同社会具有不同的文化形态，每种文化根据自身的社会价值取向选择社会内的一部分行为，从而使每一种文化具有自己的整体性和一致性(即民族精神)。这种一致性使同一社会或民族中的个体在特定文化形态下逐渐形成了共同的或相似的人格特征。

每个人都是社会文化的载体，不同的文化氛围塑造了不同特征的民族性格。例如，美国学者本尼迪克特(R. Benedict，1929)从宗教、经济、政治、社会交往、观念等方面实地调查了三个原始部落的人格特征，包括北美印第安祖尼人、美拉尼西亚岛屿上的多布人和北美西北海岸的夸库特尔人。她在研究时借鉴了尼采在古希腊悲剧研究中的两个概念：阿波罗型和狄奥尼斯型。研究表明，北美印第安祖尼文化属于阿波罗型，他们循规蹈矩、中庸、有节制，还具有充满合作精神、讨厌酗酒、藐视权力等特征；夸库特尔人属于狄奥尼斯型，他们与祖尼人恰好相反，狂妄自大、羞辱客人，做事不知节制，争强好胜，而且富于野心和攻击性倾向；多布人属于妄想狂型，他们崇尚背叛与恶意的美德观，彼此嫉妒、猜忌，不相信别人，对他人充满敌意，具有怀疑和残忍的性格。

以上三个部落生活在不同的社会文化模式中，形成了三种截然不同的民族特征，从而说明，不同的文化会熏染出不同的性格，即显示了社会文化环境对人格的影响。

家庭在人格形成和发展过程中具有深远的影响。每一个人出生后最先接触到的教育环境首先是家庭，其次才是学校，而且在儿童人格形成的关键阶段，大部分都是在家庭生活中度过的。因此,家庭对于人格发展具有重要的意义。

家庭对人格的影响包括许多方面,如家庭气氛、家庭结构、出生顺序、父母本身的人格特点、父母的教养方式、亲子间的交往等等。其中认为父母对子女的教养方式和教养态度对人格发展具有尤为重要的影响。美国心理学家鲍德温(A. Baldwin)等人在 20 世纪 40 年代概括了父母的教养方式对孩子性格的影响,结果见表 9-5 所示。

表 9-5　父母的教养方式对孩子性格的影响

父母的教养方式	孩子的性格
支　配	消极、缺乏生动性、依顺、顺从
干　涉	幼稚、胆小、神经质、被动
娇　宠	任性、幼稚、神经质、温和
拒　绝	反抗、冷漠、自高自大
不关心	攻击、情绪不稳定、冷酷、自立
专　制	反抗、情绪不稳定、依赖、服从
民　主	合作、独立、温顺、社交

9-1 父母教养方式对孩子领导力的影响

另外,许多心理学家的研究表明:早期经验对于人格发展的作用十分显著。心理学家通过对孤儿院或保育院的儿童进行研究发现:“母爱丧失”的儿童由于从小没有受到母爱的教育,智力和言语的发展都比较迟缓,情绪反应不丰富,表情呆滞,往往会形成不合群、任性、攻击、孤僻、反应迟钝等人格特征。因此说,早期经验确实会对人格发展产生影响,幸福的童年经历有利于健康人格的形成,不幸的童年经历有可能导致不良人格的形成;但这种关系也不是绝对的。

学校教育在儿童人格发展过程中起重要作用。学校是通过各种活动对学生进行有目的、有计划教育影响的场所。学生在学校里不仅学得了各种科学文化知识,而且也接受了一定的思想道德标准,学会了人际交互的方式,从而形成自己独特的人格特征。在学校里,教师、课堂教学、班集体、同伴关系等因素都会对人格发展施加影响。

教师的言行对于学生具有重大的影响,尤其是低龄儿童,他们往往把老师所说的、所做的作为自己行为的榜样。因此,教师在学校里一定要做好“言传身教”,使自己努力成为“学生的表率”,从而有利于学生健康人格的形成。另外,研究发现,教师对学生的管教方式也会对其人格产生影响。在民主型管教方式下,学生倾向于形成积极主动、情绪稳定、友好的同伴关系等人格特征;在放任型管教方式下,学生倾向于形成任性、无合作性、无纪律等人格特征;在专制型管教方式下,学生倾向于形成缺乏自主、依赖性强、情绪不满、冷漠或攻击性等人格特征。

在研究同伴关系的人格影响力上,考依(J. Coie,1983)等根据同伴接受性将儿童分为五类:受欢迎儿童、被拒斥儿童、矛盾的儿童、被忽视儿童及一般儿童。研究发现:被拒斥的儿童一般表现为孤独感较强、学习成绩较差、反社会和破坏行为较多等。我国学者桑标(2003)对受欢迎儿童、被拒斥儿童、被忽视儿童这三种类型儿童的人格和行为特点进行了总结,见表9-6所示。由此表可以看出,不同的同伴关系可以导致不同的人格特征。

表9-6　三种不同类型同伴关系的儿童的人格和行为特点

受欢迎的儿童	被拒斥的儿童	被忽视的儿童
外表吸引人	许多破坏行为	害　羞
积极快乐的性情	好争论、反社会	表现退缩
许多双向交往	说话过多	不敢表现自我
愿意分享	极度活跃	过于循规蹈矩
高水平的合作游戏	不愿分享	许多单独活动
有领导才能	许多单独活动	逃避双向交往
缺乏攻击性		

遗传和环境对人格形成和发展的作用是相互依存、相互渗透的,并不是独立存在的。正如巴甫洛夫所言:人格的形成既取决于遗传的神经特征,也取决于后天的生存环境,是先天特征和后天影响相互作用的“合金”。

那么,在人格形成和发展过程中,谁起主导作用,遗传还是环境?一般认为,就整体而言,环境因素的作用要大于遗传因素。卡特尔在1965年以大量的家庭成员为研究对象,结果发现,环境因素决定了整体人格的2/3左右,而遗传因素决定了整体人格的1/3左右。但就不同人格特征而言,遗传和环境因素所起的作用因不同人格特征而异,例如,人的气质、智力等特征受遗传因素的影响更大,而人的性格、价值观等主要受后天环境影响。

本章小结

本章从人格概念、人格理论、人格测验和人格成因等方面入手,对人格进行了系统阐述。首先,人格是构成一个人的思想、情感及行为的特有模式,这个独特模式包含了一个人区别于他人的稳定而统一的心理品质。它具有整体性、稳定性和可塑性、独特性、功能性、生物和社会制约性等特性。其次,围绕精神分析理论、特质理论及其他一些流派对人格研究的理论进行了论述。弗洛伊德强调无意识对于人的作用,认为人的行为是由无意识的内驱力所推动的。特质流派认为特质是人格的基本构造单位,个体处在各种人格特质的正态分布曲线的某个位置上。再次,人格差异性可以通过人格测验来评估,主要方法有自陈量表法和投射测验法。其中重要的测验工具包括MMPI、卡特尔16种人格因素问卷、爱德华个人兴趣量表、罗夏墨迹测验、主题统觉测验等。本章最后运用一系列科研成果表明:人格是在遗传和环境的相互作用过程中形成和发展起来的。

练习题

一、选择题

1.“热情奔放”形容的是哪一种气质类型？（　　）

A. 多血质　　B. 黏液质

C. 胆汁质　　D. 抑郁质

2.“你认为图画中的主人公正在经历了什么事情？他在想什么？他的内心感受是怎样的？”这是哪种人格测量方法？（　　）

A. 罗夏墨迹测验　　B. 精神分析论

C. 主题统觉测验　　D. 大五问卷

3. 哪些因素可能影响人格？（　　）

A. 基因遗传　　B. 学校教育

C. 地理气候　　D. 童年经历

4. 社会道德能够影响人格的哪些结构成分？（　　）

A. 气质　　B. 性格

C. 自我调控　　D. 个性倾向性

5. 弗洛伊德将人格分为本我、自我和（　　）

A. 德性　　B. 灵魂

C. 超我　　D. 无我

二、判断题

1. 气质具有天赋性，很难改变。（　　）

2. 弗洛伊德认为人格分为共同特质和个体特质两种。（　　）

3. 由于人格的遗传性，因此父母的教养方式很难影响子女的性格。（　　）

4. 被拒斥的儿童会害羞且表现退缩。（　　）

5. 弗洛伊德认为，儿童在某一阶段受到创伤或过度满足，会导致力比多的固着。（　　）

三、论述题

1. 为什么精神分析观被认为不科学？

2.“书香门第、音乐世家”，你认为是哪些人格因素造就了这些现象？

9-2 练习题参考答案

第10章 心理健康与教育

兰兰是一位来自农村的姑娘，当年以全县第一的成绩考入大学，是几年来全村唯一考上大学的。入学前十里八乡的人前来祝贺，她也被邀请到很多学校给别人介绍学习经验；中学老师的来信还提到大家要以她为榜样，这些都使她感到无比的高兴。但是，进入大学不久她再也找不到半点以前的感觉。她普通话很差，知识面狭窄，和同学比起来简直就是什么都不知道，尤其是英语课上，她向来以为英语很不错的，老师的英式发音却让她听起来很吃力，再加上紧张，自我介绍时老师根本听不懂她在说什么，从此她陷入了极度自卑、焦虑状态，什么课也听不进去，整天闷在寝室，而且睡眠也出现了问题。

兰兰到底遇到了什么问题？她的问题该如何解决？阅读本章内容后我们或许能找到答案。

10.1 心理健康概述

心理健康，一个古老而又年轻的话题。从古希腊的赫拉克里特、希波克拉底、亚里士多德的天才猜测和形象描绘，到中国道家的"形神兼备，以神卫形""修德养性""情欲适度"的深邃思想；从远古时期的人类对自身和大自然的关系的解读，到现代人对心理健康教育、心理咨询等的密切关注，心理健康成了一个吸引全人类去努力探究的历史性命题。

而真正把心理健康作为科学来对待和探讨的，却是19世纪中叶到20世纪初的事。1843年，美国学者斯韦策(W. Swetser)撰写了世界上第一本心理健康专著，明确提出了"心理卫生"概念。1906年，克朗斯托(C. Clonstow)编写的《心理卫生》出版，在社会上引起广泛关注，心理健康真正成为人们重视的问题。

10.1.1 心理健康的内涵

有关心理健康的定义，一直以来没有一个统一的看法。综观其发展，我们对"心理健康"的认识有一个逐步深入的过程，学者们从不同的角度提出了不同的观点。

(1)没有心理症状就是心理健康

大部分临床精神医生认为，心理健康就是指人的心理功能正常，无心理症状。按照这种观点，心理健康的另一面就是心理不健康。这种看法有些粗糙，其实没有心理症状也不一定就是心理健康，还有可能是个体处于心理亚健康（有的学者称作“第三状态”）。研究证明，人的一生都会经历心理困难时期，出现心理亚健康情况。心理亚健康状态的产生是由个人心理素质（如过于好胜、孤僻、敏感等）、生活事件（升学、晋级、工作压力过大、被上司批评、婚恋挫折等）因素引起，时常感到紧张、烦恼、焦虑，情绪波动大。调查表明，“很累”“真没劲”“真没意思”“对付吧”“不高兴”是他们常说的词汇。

（2）与大多数人保持一致就是心理健康

有些心理学家采用统计学上正态分布的概念，认为心理健康就是一种大多数人的状态，偏离了平均值就是心理不健康。这种观点似乎比较客观，但是容易把心理健康和不健康这两种状态绝对化，从而否定了心理状态的可塑性和心理健康是个相对概念的事实。

（3）符合给出的某一行为规范就是心理健康

有的研究者按照个人行为是否符合社会规范来划分心理健康与不健康，认为心理健康就是合乎某一标准的社会行为，这种行为为社会所接受，能给个体带来自身的轻松与自由。这种观点是一种常识性的看法，考虑到不同的社会文化背景，不同的阶层，制定这一标准也就成了一个不好统一操作的难题，所以这种看法也欠妥当。

（4）适应良好就是心理健康

现在有很多学者把个体能否适应其所在的环境作为心理健康与不健康的划分标准，即一个人能够适应所在的环境就是心理健康，反之就是不健康。这种观点有较多的合理性，但是有两个思考对该观点不利：一是与其他几种观点相同，心理健康与不健康不是独立的两个概念，心理健康是一个相对的连续体；二是，适应良好和心理健康在含义上仍有一些不同。

以上提到的定义心理健康的切入点在揭示心理健康的本质方面虽有一定的局限性，但是从不同的角度对心理健康作出了界定，对我们深入理解心理健康的概念是很有益处的。

研究者普遍认为，心理健康是指个体在自身与环境条件允许的范围内所能达到的一种最佳的心理功能状态。这种状态一方面是指在个体与环境互动的过程中，个体能根据外界的变化，适度地及时地作出相应的调整，使自己的内部心理结构与外部环境保持和谐；另一方面是指个体的心理发展达到最优化的状态，即在个体与外界环境的协调发展中，个体的心理健康水平能够不断地渐次提高，人格特质越来越完善。心理健康是一种相对稳定与动态发展的统一体：表现在个体与环境互动时的适应行为正是其内在的良好心理特质使然；而个体在其与外在环境良好的适应中又使其内在的心理特质不断得到完善。心理健康的定义所体现的就是对特有人格的丰富性、连续性与和谐性的关注。这是我们提出定义的立足点。

近来心理健康的含义又有了新的发展，即出现了对“心理和谐”的探讨。所谓心理和谐，是指一个人能经常处于正确对待自己、他人和社会，正确对待困难、挫折和荣誉的心理健康状况。心理和谐是心理以及直接影响心理的各要素之间在总体意义上的协调统一、相对稳定的关系。其特点是：①心理构成要素上的协调性，表现为人在认知、情感、意志、个性上的协调一致；②为人处世上的理智性，表现为没有或很少有过激行为；③心理体验上的愉悦性，心理和谐的人也有喜怒哀乐，但积极愉悦的体验占主导地位；④表征意义上的总体性，心理和谐的人也有心理矛盾、冲突的时候，心理的某些成分之间也有一定程度的不和谐，但他能将这样的冲突和矛盾控制在尽可能短的时间和尽可能小的范围内；⑤持续时间上的稳定，总体意义上的心理和谐在一定时期相对稳定地表现出来，甚至构成了一个人相对稳定的特质。心理和谐也是一种心理健康，但似乎比心理健康的要求更高一层。对该问题的探讨可能会成为未来心理健康研究的一个重要领域。

10.1.2 心理健康的标准

人的生理健康是有标准的，医学检验可以为我们提供一系列指标来断定我们的身体是否健康。一个人的心理是否健康从理论上讲也应该是有标准的。不过，由于人的心理现象极其复杂，心理过程与结构是看不见、摸不到的“黑箱子”，心理健康又是一个难以捉摸的动态过程，由此导致人的心理健康的标准不及人的生理健康的标准具体与客观。尽管如此，心理学家还是做了很多尝试，提出了很多心理健康模式或标准。

1946 年，第三届心理卫生大会曾具体指明心理健康的标志有以下四个方面：①身体、智力和情绪十分调和；②适应环境，人际关系彼此能谦让；③有幸福感；④在工作和职业中能发挥自己的能力，可以有效地生活。

美国人格心理学家奥尔伯特对心理健康提出了六条标准：①力争自我的成长；②能客观地看待自己；③人生观的统一；④有与他人建立亲睦关系的能力；⑤人生所需要的能力、知识和技能的获得；⑥具有同情心，对生活充满爱。

美国人本主义心理学家马斯洛和密特尔曼(B. Mittelman)列出了心理健康的十条标准：①充分的安全感；②充分了解自己，并对自己的能力作适当的评估；③生活的目标能切合实际；④与现实环境能保持接触；⑤能保持人格的完整与和谐；⑥具有从经验中学习的能力；⑦能保持良好的人际关系；⑧适度的情绪表达及控制；⑨在不违背团体要求的情况下，能作有限度的个性发挥；⑩在不违背社会规范的前提下，能适当地满足个人的基本要求。

我国学者马建青主编的《心理卫生学》认为，心理健康的标准包括：①智力正常；②善于协调与控制情绪，心境良好；③具有较强的意志品质；④人际关系和谐；⑤能动地适应和改造现实环境；⑥保持人格的完整与健康；⑦心理行为符合年龄特征。

除此之外，还有很多学者提出了自己的标准。研究者在心理健康问题上之所以存在分歧，主要原因在于研究者确定这些标准的依据不同。

综合国内外学者的观点，结合在心理健康教育工作中的实践经验，将心理健康标准可界定如下：

(1)正常的认知能力

这里的认知主要是指人的认识过程，集中表现为智力或智力活动。智力与智力活动正常是一个人学习、生活、工作最基本的心理条件，是人适应周围环境、谋求自我发展的心理保证，因此是心理健康的首要标准。世界卫生组织（WHO）提出的国际疾病分类体系，把智力发育不全或阻滞视为一种心理障碍和变态行为。心理健康的人，虽然智力发展水平不尽相同，但其智商必须在正常范围以内；能够把自己的智慧与能力有效地运用到学习和生活中去，并尽力获取最大的成就；能正视现实，较客观地看待问题，对社会生活中遇到的各种问题、困难和矛盾，能表现出积极的态度，并采用切实有效的方法妥善地解决。

（2）合理的自我观念

自我观念即一个人对自己的看法。一个具有正确自我观念的人，能客观评价他人和自己，正确认识自己，既不高估自己的能力和优点，也不会低估自己，做到不卑不亢。对于自己的潜能和长处能发扬光大，对于自己的缺点和不足之处能努力地克服，在需要的时候不让其起作用，并能根据内外环境的变化不断制定目标，使自己不断发展完善。

（3）和谐的人际关系

人际关系是人与人之间由于交往而产生的一种社会关系，实质是一种建立在心理关系基础之上的“心际关系”。和谐的人际关系既是心理健康不可或缺的条件，也是增进心理健康的重要途径。人际和谐有以下几个方面的表现：①喜欢与人交往，有广泛而稳定的人际关系，有“知己好友”；②能保持独立完整的处事风格，知人知己，不卑不亢；③能客观地评价他人，取长补短，严于律己，宽以待人；④交往中尊重、信任他人，与人为善，敢于接受友谊与感情；⑤与团体保持良好的关系，能与人合作，乐于助人。

（4）稳定的情绪生活

情绪直接影响人的身体健康。“笑一笑，十年少；愁一愁，白了头”。现代医学研究发现，人类疾病中，由心理因素、身心失调引起的心因性疾病占50%～80%。情绪、情感与人的身体健康的关系如此密切，是因为情绪、情感形成的内在规律。在情绪的形成过程中，有一个基本的必不可少的基本要素，即生理的唤醒，这是认知形成中所没有的。通过情绪、情感，人的心理能量与生理能量之间互相交换，形成明显的互动关系。情绪稳定乐观是心理健康的主要标准。心理健康的人，情绪较稳定，能较好地控制、调节自己的情绪，使自己的喜、怒、哀、乐、惧等情绪处于相对的平衡状态之中。心理健康的人，积极情绪（高兴、喜悦、欢乐、轻松等情绪）多于消极情绪（忧愁、悲伤、苦闷、愤怒等情绪），既不狂喜也不绝望；该激动时当激动，需冷静时便冷静。

（5）健全的意志品质

意志是一种有意识、有目的的行动并克服内外困难的心理过程。意志是人意识能动性的集中体现，是个性的重要精神支柱。坚强的意志主要是指行为的自觉性、果断性、自制性及坚持性等品质。心理健康的人能够自觉地、独立地确立行动的目的，并按目的来支配、调节自己的行动，在实现目的的过程中能够依据客观情形的变化灵活地调整自己的行动方案，同时能根据活动的要求自觉调节和控制自己的行为，抑制自己不合理的欲望，能专注于某一学习或者活动，做事善始善终，坚持到底，尤其是在遇到挫折时，具有较高的承受力，能正确认识、处理和解决各种难题。

(6)独立的人格特质

心理健康教育的最终目的是使人保持人格的独立完整性,培养健全的人格。心理学研究表明,一个人的人格会对其生理健康和心理健康有显著的影响。具有健全人格的人,个性内各要素的发展协调统一;心理活动和行为方式相一致;对人诚实,胸怀坦荡,富有同情心;做事认真负责,有创造精神,自尊、自信又自重,等等。人格完整健康的主要标志是:①人格的各个结构要素都不存在明显缺陷与偏差;②具有清醒的自我意识,不产生自我同一性混乱;③以积极进取的人生观作为人格的核心,并以此有效地支配自己的行为;④有相对完整统一的心理特征。

(7)协调的行为表现

所谓行为协调,是指人的前后行为表现是一贯的、统一的,而不是反复无常的;行为的内在反应和外在行为表现一致;心理行为符合年龄特征,即具有与大多数同龄人相符的心理行为特点。行为反应适度则是指行为反应的强度与刺激的强度相协调,既不异常敏感也不异常迟钝,能对强弱不同的刺激作出适度的反应。符合心理健康的行为协调标准的人,思想与行动是统一的、协调的,思维逻辑性强,说话有条有理,行动有条不紊,做起事来按部就班。心理不健全的人,思维纷乱,思维时有矛盾,言行不一,经常说的与做的不一致,语言支离破碎,语无伦次,行为是矛盾的,做事有头无尾或三心二意,处理事情毫无秩序。

应该指出,思维灵活、行为敏捷是人的良好的心理品质,它与行为不协调是两件事。行为敏捷是受思维灵活所支配的,思维灵活与行为敏捷是统一的、协调的。行为不协调反映了思维与行为的不一致,是思维与行为失调的表现。一个人行为不协调不能由一两件事的行为表现来判断,而是应根据经常的行为表现进行全面的分析来判断。

10.1.3 心理健康的影响因素

心理学研究的一个主要目标是探究人类不同行为产生的原因,通常从先天与教养,或者说是遗传与环境这个角度对其进行解释。譬如,青少年网络成瘾问题,这种现象可能是由于他的某些生物学特征造成的,他可能从父母的任一方中秉承了易于出现沉迷行为的倾向。另一方面,也可以认为人们天生就有或者没有沉迷于某一事物的倾向,他们对网络迷恋成瘾是由于其成长的社会环境所造成的。对这一问题的回答,将直接影响解决问题的思路与方法:是致力于改变社会环境,像孟子的母亲一样,三次搬家来改变儿子的生活学习环境呢?还是设法改变这些人的特质,就像关公一般为治箭伤刮骨疗毒?这就需要你能分辨出是先天还是教养在成长过程中所起到的作用。

影响心理健康的因素有很多,总体上可以分为内在因素和环境因素。

10.1.3.1 内在因素

从本源上来说,个体的生理因素是影响其心理健康的最重要的因素。生理因素包括个体的身体素质、内分泌腺体活动、生理病变等,母体怀孕期间的情绪、药物、营养等因素,分娩过程中出现的早产、难产、窒息等异常现象。

一些生理疾病的发作会影响心理健康。这种影响分为两种情况,一是生理病变直接影响了神经系统或者是内分泌系统，进而影响心理健康；二是生理疾病使个体经受了很大的精神和心理折磨，从而出现一系列心理问题。

青春期的性发育也是影响人心理健康的一个不可忽视的因素。性发育给青少年带来较强的性生理和性心理的冲击。例如，女子的月经和男子的遗精，常常给性心理懵懂的青少年产生羞耻感、罪恶感，从而出现焦虑、烦恼甚至恐慌的心理；这些同时又给他们带来了探知性生理和性心理知识的好奇心。

研究证明，母亲怀孕时期的情绪、用药情况、分娩状况会对儿童的后天心理健康有很大的影响。当母体产生一定的情绪活动时，自主神经系统激活内分泌系统，使其分泌的激素直接注入血液，这些激素通过脐带传送给胎儿，使胎儿也产生相应的情绪特征。追踪研究发现，如果母亲在怀孕期间的情绪长时间处于高度紊乱状态，其胎儿出生后适应环境比较困难，一般出现多动、贪吃、哭闹和不安等现象，这是因为母亲的高度情绪混乱导致胎儿的自主活动水平过高，而且这种影响是长期的。另外有研究证明，母亲在妊娠期的用药情况也会对儿童的情绪和智力产生影响；早产儿和分娩时缺氧的婴儿更有可能在情绪和智力方面出现问题。

在影响个体心理健康的诸多内部因素中还有一个重要的方面，即主观因素。人的理想、信念、世界观等主观因素对心理健康的影响主要是影响一个人所具有的一定的个性品质。具有适合的人生观、价值观的人，能够正确地看待挫折、打击、磨难等问题，在千变万化的现代社会生活中保持健康的心理状态。

10.1.3.2 环境因素

洛克认为，人生来就是一张白板，后天影响就是画笔，在白板上画上什么东西，白板就会向你展示出什么样子。这就是著名的“白板说”。该理论着重于环境对个体发展的显著作用。个体生活的周围的所有都应该算作是他的环境。环境包括自然环境和社会环境。对人的心理产生巨大影响的主要是社会环境，尤其是其中的社会文化因素，也就是个体所处的社会关系和文化教育背景，涉及社会制度、经济状况、生产水平、风俗习惯、伦理道德以及所受到的教育等等。这些因素极大地影响着心理现象的产生、发展和变化的方向。可以说一个人的个性、心理品质、行为方式等都是这些因素刻画的结果。个体需要对多变的环境因素做出多面的适度反应，否则容易出现心理障碍，甚至是心理疾病或精神问题。

我们从以下几个方面来谈环境因素对个体心理健康的影响。

(1)家庭教育因素

对人的心理健康影响最大的环境因素是家庭。这一论断在精神分析领域尤为看重。家庭所提供的早期教育为个体一生的发展埋下了伏笔。对早期教育的研究表明，那些在家庭教育方式单调、贫乏环境中成长的儿童，其心理发育将受到严重阻碍，并且会抑制他们的潜能发展。

家庭环境中父母对子女的态度与教育是最为关键的影响因素。心理学家埃里克森(E. Erikson)指出，如果个体没有得到父母的关怀，而经常遭受忽视、冷漠、抛弃、敌视或者虐待，他们长大后则会不信任他人，缺乏安全感，不能自信地对待所处的环境，时常感受到持续不断的焦虑，并且很可能产生神经症的精神防御症状，他们将用这种方式去应对所看到的世界。另外，家庭正常结构的破坏，如父母不合或离异、继父(母)虐待以及亲人死亡等,常常会使一个人失去良好的家庭教育和家庭温暖,备受精神磨难,从而造成心理创伤。反之,如果父母能在儿童早期与之建立良好的关系,尤其是得到母爱就会使儿童感受到自己是受重视的,就会发展自己的价值感,生活中的挫折与磨难就不会轻易毁坏其建立起来的心理世界,为以后的发展奠定良好的基础。

需要特别指出的是,父母与儿女是个关系概念,也是个角色概念。一定程度上说,父母与子女一同诞生在一个家庭中。父母在养育儿女、教育其成长的过程中每天都会像其子女一样面临着新的情况,认识到要对子女施加影响只是第一步,对其进行教育还要注意方法与技巧。只有这样,父母才会和子女一同成长,这样的关系和角色才会具有连续性与和谐性,从这种家庭中走出来的子女才会真正心理健康。

(2)学校教育影响

学校因素对个体的影响是对家庭教育的影响的延伸,确切地说是教育的延伸。单从个体一生的发展阶段来看,学校在塑造人的过程中扮演了极为重要的角色。相对家庭教育,学校教育更像是专业教育:专门的场所,专门的管理机构,专门的时间,专门的施教者,专门的考察方式。学校对学生心理素质的影响途径应该包括所有的事件总和,其中较为突出的有两个方面:人际关系和教育理念。

师生关系、同学关系等人际关系对个体的心理健康有重要影响。老师对学生的态度可以直接影响到学生对学习的态度。作为一名教师,要关心学生,出现的问题要及时地进行引导,好的心理素质要鼓励其发展下去。同学关系中有个比较引人注目的焦点,即"小群体"现象。研究证明,学生在校期间受其同伴的影响显著,到了本科生阶段,有60%的知识基本上是从同学中获得的,尤其是从其所在的"小群体"中学习得来的,只有10%左右的知识是从老师那里学来的。"小群体"中的成员,兴趣比较接近,性格有相同点,相处时间长,在某些方面优秀的个体就成为其他成员的榜样,这样的影响个体更愿意主动接受,所以影响力大,而且影响深远。在学校阶段出现心理问题的学生,有很多是因为学校里的人际关系不和谐。

教育理念在个体心理健康发展中也起到重要作用。正确的教育理念会促进学生潜能的发挥、保护学生个性,使之心理健康发展。不可否认,当前学校教育中存在着一些较为严重的问题,其中最为突出的就是片面追求升学率,增加学生负担,加剧竞争气氛,造成学生的紧张和压抑,严重影响了学生的心理健康。学生学习压力过大的报道随处可见。我国心理学工作者调查发现在每天花费3小时完成学校规定的课后作业的学生中,有心理健康问题的占总人数的17.68%。再有,一些不合理的教育措施与方法也严重影响着学生的身心,如有的教师有体罚学生的习惯。这些手段容易使学生感到极大的委屈、愤恨、沮丧,由此导致心理失调。

(3)社会环境作用

社会环境的变化,科学技术的高速发展,物质文明的不断提高,给人们的生活带来了许多新内容,在所难免地影响到了人们的心理健康。社会环境对人们心理健康的影响主要表现在社会形态和社会文化方面。社会形态主要是指社会存在方式,如社会的结构、类型等,构成了人类社会生活的基本框架。社会文化狭义上包括社会的意识形态及与之相适应的文化制度和组织机构。人们身处社会这个大环境中，其生活方式、角色适应、思想观点、态度、情感等都要受到它的制约。随着社会竞争意识的提升，生活节奏的加快，人们的心理压力也逐渐加大。据统计，心理障碍发生率发达国家比第三世界国家高，先进地区比落后地区高，城市比农村高。

(4)日常生活事件

日常生活事件是指人们在日常生活中遇到的各种各样的社会生活变化，它也是影响身体和心理健康的重要因素。严格说来，日常生活事件的作用也不外乎家庭与社会这些环境因素通过个体的内在因素起作用。之所以将之作为一个单独的维度来分析，我们的着眼点放到日常生活中的"变化"上来。变化是对心理健康的连续性品质的一个最重要的挑战。

心理学上所说的压力通常有三个含义：一是客观存在的具有威胁性的刺激，我们称之为压力源；二是指个体对压力事件的反应，我们称之为压力反应；三是由威胁性刺激带来的一种被压迫的主观感受，我们称之为压力感。当压力成为持续的感受时，我们就叫它为生活压力。压力源的存在并不必然导致个体对其产生压力感。能否产生压力感关键在于个体是如何认识评估这个生活事件。生活变化了，事件出现了，这个时候的个体如果确信这个生活事件对他个人的安全有威胁，自己又没有把握处理这个事件时，就会产生压力感。如灾难性事件的发生、生活的大幅度变化(如亲人的去世、职务的升迁、重要的考试等)、日常事件的困扰(人际关系裂痕、工作进展不顺利等)、心理冲突(如趋避冲突、双趋冲突、双避冲突、多重趋避冲突)等等。面对这些生活中出现的额外变化，如果个体心理承受能力不强，心理韧性不够，就有可能出现心理问题。

小资料——你目前的心理是否健康?

测试指导语：

当前越来越多的人意识到心理健康是人生适应各种挑战的精神支柱，是一生保持良好生活质量的精神保障。你目前的心理是否健康呢？做了以下测试就知道了。请在20分钟内完成所有试题，根据个人实际情况选择。

1)有人想请你帮忙，比如替他上夜班，而你不愿意，这时你是否会直接拒绝？

A. 基本上是这样　　B. 经常是这种情况

C. 偶尔几次会这样　　D. 基本不会这样

2)当你被别人占了便宜时，如有人插队在你前面，你是否会不高兴？

A. 基本上是这样　　B. 经常是这种情况

C. 偶尔几次会这样　　D. 基本不会这样

3)你对最亲近的朋友或亲人是否感到满意？

A. 基本上是这样　　B. 经常是这种情况

C. 偶尔几次会这样　　D. 基本不会这样

4)你在办公室或家中做日常事务时，是否希望获得他人的认可或称赞？

A. 基本上是这样　　B. 经常是这种情况

C. 偶尔几次会这样　　D. 基本不会这样

5)在去重要场合前,如面试或参加晚会,你是否需要借助药物帮你镇静?

A. 基本上是这样　　B. 经常是这种情况

C. 偶尔几次会这样　　D. 基本不会这样

6)和朋友一起吃饭,当你有自己的主意时,你是否能使其他人都赞同你?

A. 基本上是这样　　B. 经常是这种情况

C. 偶尔几次会这样　　D. 基本不会这样

7)发生了一件令你不快的事,比如你的朋友欺骗了你,你是否当时很生气,发火后却感到很后悔?

A. 基本上是这样　　B. 经常是这种情况

C. 偶尔几次会这样　　D. 基本不会这样

8)在团体活动中,你是否会不知如何与人相处,只能一个人独处?

A. 基本上是这样　　B. 经常是这种情况

C. 偶尔几次会这样　　D. 基本不会这样

9)在一个陌生的场合中,比如在人数众多的晚会或求职面试中,你是否会感到忐忑不安,害怕失败或出丑?

A. 基本上是这样　　B. 经常是这种情况

C. 偶尔几次会这样　　D. 基本不会这样

10)在需要你做出决定时,如买衣服或选择假日去哪里玩,你是否会很犹豫?

A. 基本上是这样　　B. 经常是这种情况

C. 偶尔几次会这样　　D. 基本不会这样

11)你的感觉是否比较敏感,经常感知到一些别人无法察觉的东西?

A. 基本上是这样　　B. 经常是这种情况

C. 偶尔几次会这样　　D. 基本不会这样

12)你是否觉得自己的能力高人一筹?

A. 基本上是这样　　B. 经常是这种情况

C. 偶尔几次会这样　　D. 基本不会这样

13)你是否曾经对生活绝望,有过自杀的念头?

A. 基本上是这样　　B. 经常是这种情况

C. 偶尔几次会这样　　D. 基本不会这样

14)你对自己的一些坏习惯,如吸烟或嗜吃,是否感到不满意?

A. 基本上是这样　　B. 经常是这种情况

C. 偶尔几次会这样　　D. 基本不会这样

15)你和伴侣间的情感是否和谐?

A. 基本上是这样　　B. 经常是这种情况

C. 偶尔几次会这样　　D. 基本不会这样

16)当你被封闭在一个比较狭小的空间里时,你是否会感到恐惧压抑,甚至无法动弹?

A. 基本上是这样　　B. 经常是这种情况

C. 偶尔几次会这样　　　　D. 基本不会这样

17)你上床后是否很久才能入睡,或早上总是醒得太早?

A. 基本上是这样　　　　B. 经常是这种情况

C. 偶尔几次会这样　　　　D. 基本不会这样

18)你走出门后,是否总因担心门没锁好或煤气没关闭而折回去查看?

A. 基本上是这样　　　　B. 经常是这种情况

C. 偶尔几次会这样　　　　D. 基本不会这样

19)你是否很在意干净与否,总是怕弄脏了别的东西,或怕别的东西弄脏了你?

A. 基本上是这样　　　　B. 经常是这种情况

C. 偶尔几次会这样　　　　D. 基本不会这样

测试结果

参考答案:第1,2,3题选A或B,第6题选B或C,第11、12、13题选D。余下的题目选C或D。

1-10题,用于测试你是否对自己有自信。如果和参考答案不相符,则说明你的自信心不够。

第14,15,16,18题用于检测心理是否健康。如果和答案有出入,表示你有一点心理障碍。

第11,12,13,17,19题用于测试心理是否健康。如果和答案不符,表示你的心理障碍极其严重。

(资料来源:邢群麟.世界上最经典的1500道心理测试题[M].修订版.北京:中国言实出版社,2006)

10.2 人的全程发展

假设你怀中正抱着一个刚刚出生的婴儿,那么请你预测一下,这个孩子在1岁时会是什么样子的呢?在5岁呢?15岁、50岁甚至70岁又会是什么样子的呢?你的预测肯定会是一般性和特殊性的综合结果——这个孩子肯定会学会一种语言,但可能会当然也可能不会成为一位作家。另外,你的预测肯定会对遗传因素和环境因素都有所考虑——如果小孩的父母都是才华横溢的音乐家,那么你可能会预测这个小孩将来也会显示出音乐才能;如果这个小孩在良好的环境中接受教育,你也许会预计说,这个小孩将来的成就会超过父母;如果这个小孩在成长的过程中正常的需要没有得到满足,他的身心会发生什么样的变化,是否会出现一系列的心理问题……

本节将纵向地考察人生全程的身心发展情况,这些探讨将有助于深化我们对个体的心理健康的认识。

10.2.1 童年期前的发展与心理健康

个体的生命是从母亲受孕开始的。胎儿期对于个体的发展有源头性的影响。

我们把胎儿期的发展问题归并到婴幼儿阶段。受孕也称怀孕，由来自母亲的卵细胞和来自父亲的精细胞结合而成受精卵，受精卵即为一个新生命的开始。在受精过程中不但决定了个体的性别，而且也决定了他的身心基本特征。这也就是个体行为的遗传基础。从受精卵开始到出生，新生命在母体子宫里的时间大约为280天。在这个过程中按照发展的顺序可以分成三个阶段，即胚芽期、胚胎期与胎儿期。

胎儿期影响心理健康的主要因素是孕妇的营养和孕妇的心理健康状况以及烟酒、药物和放射线等。这个时候的胎儿心理健康问题主要是孕妇的自我调节，包括身体和心理两个方面。

小资料——心理学在说些什么：妈妈心情差，宝宝问题多

刚刚出生的婴儿也会患心理疾病，孕妇心情不好直接影响胎儿的心理健康。首都儿科研究所专家门诊部儿童保健服务中心的专家研究发现，孕妇的心理行为会直接影响胎儿，心理不健康孕妇出生的婴儿容易烦躁，爱哭闹，不好好吃东西，睡眠也不好，而且长大后还可能发生学习困难以及出现各种心理问题。

情绪是一种复杂的心理现象，而孕妇的情绪是否稳定，对胎儿的身心健康影响很大。据统计，妇女孕期抑郁的发生率在15%左右。有关资料报道，在战争或动乱时期出生的孩子，神经系统出现畸形者占6.5%。大量临床调查发现，在妊娠7周至10周内孕妇情绪过度不安，可能导致胎儿口唇畸变，出现腭裂或唇裂，在妊娠后期，孕妇精神状态的突然改变，诸如惊吓、恐惧、忧愁，严重的心理刺激或其他原因引起的精神过度紧张，会造成胎儿死亡。

（资料来源：宝宝成长网）

婴儿期一般是指从出生到一周岁这个阶段。胎儿出生以后身体迅速成长，1周岁的婴儿体重平均是其出生时的三倍，其身高平均是其出生时的一倍半。3周岁以后，身高和体重增长减缓。婴幼儿期影响个体心理发展的因素就要复杂得多。一定程度上说，青少年乃至成年后的许多心理问题究其根源都来自这一时期，所以民间有“三岁看老”的说法。这个时期的个体面临三次重大的转折：从母体内环境到母体外环境的过渡；乳儿期到婴儿期的更替；婴儿期到幼儿期的转化。

现代心理学研究发现，这个时期的婴儿，除了身体和动作迅速发展外，认知能力也得到了一定的发展。新生儿的味觉、嗅觉和触觉都有了显著的提高；出生后几天就出现学习的兴趣和习惯化的能力。例如，新生儿会主动地搜索信息而不是被动地等待人们或事件引起他们的动作和心理活动，他们会主动地注意物体的运动、黑白对比的呈现、强弱节奏和高低不同的声音。这个时期的个体心理发展水平比较低，他们以哭的形式来要求所需要的乳汁和爱抚，如果这种需要和愿望得不到满足便会产生生理饥饿和心理挫折，从而给他们的心灵留下阴影。

第二个转折期对人生的意义更为重大。这个时期的个体在动作上出现了一个大飞跃。一岁后儿童渐次学会了人类典型的动作方式，并且能够把一些动作有机地联系起来。另外，其语言也有了巨大的变化，经历人类语言发展的第一个关键期,这是个体思维发展的第一种形式,标志着儿童智力发展的质的飞跃。这个时期的儿童自我意识开始萌芽,独立性也逐渐得到发展,社会性交往、道德意识和道德行为也初步发展。如果这个时期的个体缺乏足够的和健康的环境刺激和教育,就有可能出现语言缺陷和智力落后,出现交往困难等心理发展滞后现象。

在第三个重大转折期,个体出现具体形象思维,开始能凭借事物的具体形象或表象进行思维活动,这就大大增加了儿童思维的广度和深度。这个时候的个体自我意识有了明显的变化。3 岁的儿童已经不再轻信对他的评价,他们有了自己的评价标准,即出现所谓的"第一反抗期"。这个时候游戏活动也发生了很大的变化,逐渐在儿童的生活中占据了主导地位,而且其形式也从简单的娱乐性游戏、表演游戏、活动性游戏过渡到创造性游戏。这些活动对个体的智力开发和个性塑造提供了良好的基础和条件。这个时期儿童的游戏如果得不到适当的满足,或者游戏组织得不科学,就有可能影响个体的个性发展。

童年期是儿童心理发展的又一个重要关口。这个时期的个体主要特点是:活动方式发生了根本变化,学校的正规学习活动取代了游戏成为主题;个体从此有了一定的社会义务,这种义务深刻地影响着儿童的兴趣、活动和发展方向。正规的学习活动为个体带来了大量的间接性和直接性的知识和经验,为个体认知能力的提高创造了极好的条件。学习习惯以及相应的作息生活习惯开始养成;个体的书面语言发展迅速,这个时期是儿童书面语言发展的关键期;其思维的形式在正规的学习促进下从形象思维为主到逻辑思维渐渐增多。有研究证明,童年期是自我意识处于客观化的时期,是获得社会自我的时期,在这个时期个体显著地受社会文化的影响,是学习角色的最重要时期,他们在自我概念、自我评价、自我体验等方面都有了进一步的发展。如果在这一阶段中的教育引导欠佳,学生容易形成心理发展的一些特殊矛盾,如生理发育与心理发展不同步、心理过程发展不协调、人格心理结构发展不完整(容易出现胆小、软弱、自卑、自私等情形);容易出现学习障碍;个体的学习成败经验与其自信心的发展有莫大的关联,如果个体失败经历较多,其自信心就会明显衰退;心理学研究还发现,小学阶段的品德发展也存在一个关键时期,这个年龄在小学三年级左右。如果这个时候不能为其创造良好的教育环境,其品德容易出现不健康的发展倾向。

10.2.2 青年期的发展与心理健康

青年期是指 11、12 岁到 25 岁这一时期。在现代发展心理学中所指的青年期有其特殊意义。

青年期的个体身体出现了重大改变,这些开始于性生理的成熟时期,即青春期。青春期的时间长度为 2～3 年,女生约在 11～14 岁之间,男生约在 12～15 之间。有研究表明这个时间有提前出现的趋势。

青年期的心理发展对于个体的一生来说是关键中的关键,这个时期的心理发展有一个主题,即自我统合(ego identity)。自我统合是一种个人自我一致的心理感受,因此其意义可以解释为自我统合感。青年期开始后,由于身心两个方面都产生了很大的变化,个人开始对"自我"进行一系列的思考。自己想做什么,能做什么,父母希望自己做什么,能不能做成这些,都是个体要问自己的。如果通过思考和生活实践,个体能够达到一种自我统合历程中的统合状态,那么我们说个体出现了统合形成(identity formation)。对于缺乏生活经验的青年人来说,这个状态并不容易达到,因为年龄、经验、家庭背景、能力等方面的不同,达到的这个状态又有不同的水平。统合水平较低的青年人容易出现心理上的危机感,即统合危机(identity crisis)。统合危机是青年人心理上最容易出现的问题,由此可能引发一些心理和行为问题,如适应不良、犯罪、攻击等,需要及时有效地化解。

10.2.3 成年以后的发展与心理健康

一般来说,20～40 岁为成年期,40～65 岁为中年期。在成年期身体的变化在持续进行,但是速度放慢下来,让人不容易觉察。中年以后,力量、协调性、体能逐渐下降,动作开始变慢。这个阶段生理上最显著的改变是停经期,指女性月经停止的时期,本词的另一个广义说法是更年期,这种说法在含义上也包括男性。成年尤其是中年以后,在视觉、听觉等感官上的功能会下降,生育和性功能逐渐衰退。

成年后的心理健康问题有四个方面需要我们关注。

10.2.3.1 健康问题

身体健康是这个时期心理问题的重要影响因素。大多数成年人身体健康,但是不可忽视的是,由于较大的生活和工作压力以及对健康问题的忽视,成年人尤其是中年人罹患疾病甚至意外猝死的情况经常发生。中年人最常见的慢性疾病有气喘、支气管炎、糖尿病、关节炎,视力、听力不佳和循环、消化、呼吸系统功能不协调等。老年人的健康忧患就更多,其中又以癌症、高血压和心脏病最为致命。身体的健康程度是心理健康最重要的保障。

10.2.3.2 终生学习问题

成年以后继续求学的动机往往来自实际的需要。有些人希望能赶上本领域的新发展,有些人为了爬上事业的新阶梯,或为不同的工作做准备,更有人是为了将年轻时耽误的时光追回来。此外,也有人仅仅是为了养活自己或者是赚取足够的经济收入来养家糊口。在即将退休或者是已经离开工作岗位的人群中,有些人的学习是为了拓展自己的知识面,使闲暇时间过得更有意义。成熟个体的学习主动性更强,可以有目的和有计划地选择学习内容和方式,而不必像青少年时期那样在外界的压力下学习。

10.2.3.3 社会人际关系问题

成年以后个体面临各个方面的社会关系,家庭关系、工作关系是整个生活的重要组成部分。成年人的家庭关系主要体现在婚姻关系和亲子关系上。心理学工作者对 175 对夫妻进行的婚姻满意度的研究支持了在婚姻关系的不同时期存在不同的满意度的现象。从结婚初期到老年期,婚姻满意度呈现一个倒“U”型趋势。进入中年后期和老年,子女逐渐成家立业,亲子关系由当初的紧张、对立变成平静相处,父母开始明白他们失去了对子女的全盘控制。工作关系中最重要的是领导—下属之间的关系和同事之间的关系,管理心理学对这两个领域的研究渐多。

10.2.3.4 面对死亡问题

死亡这个话题并不是只有患有疾病的人才会担心。实际上，随着年龄的增加，身体功能的衰退，尤其是当个体明显感受到自己的生命在走向衰竭的时候，人们就会意识到死亡的接近。这个时候的个体会倾向于回顾自己的一生，寻找生命的终极意义。

10.3 常见的心理问题

我们界定了心理健康的含义与标准，简单了解了人生全程的发展，接下去就要探究一下常见的心理问题有哪些。狭义的理解，心理问题就是指个体心理出现的消极的、对日常生活有不好影响的心理疾病，这里的心理疾病又是心理问题、心理障碍和精神疾病的统称，也就是说，心理问题包含在心理疾病的范畴内。心理疾病范畴下的心理问题就更加狭隘，从一个潜在发展的角度看，心理问题是心理障碍和精神疾病的初级阶段。广义的理解，心理问题是有关心理方面的问题，就是心理健康问题，不仅包括心理不健康的情况，而且还包括心理健康的状况。或者可以这样说，既然心理健康是个连续的相对的概念，那么心理健康就没有一个绝对的界限。在人的一生中，心理发展这一条直线上所有的点的集合，都是心理问题。本节要讲的心理问题就是狭义理解中的心理问题。

心理问题有很多种，每一种又有不同的程度。在这里我们以青年学生为参照群体来说明常见的心理问题。

10.3.1 常见的心理问题

任何形式的心理问题都会最终表现在行动上。所以，出现心理问题的个体行为会有多多少少的异常。

10.3.1.1 情绪问题

一个人长期处于消极的或者说负性情绪状态中，就会出现情绪问题，甚至情绪障碍。情绪障碍是人的主要心理障碍之一。按照对人的危害严重程度，情绪障碍可以分成轻度情绪障碍和重度情绪障碍两大类。对于青年学生来说，轻度情绪障碍主要有心境恶劣、情感容易激怒、情绪不稳定、寂寞等。重度情绪障碍主要指神经症，包括焦虑症、恐怖症、抑郁症等。不同的情绪障碍有不同的调适方法。

本章开篇中的案例就是大学生入学后由于适应不良而出现的轻度情绪问题，可以从以下几个方面入手进行调适：①了解自己并肯定自己；②维持自我价值感，树立自信心；③积极与他人建立亲密关系；④培养独立谋生的意愿和能力；⑤制订计划，改善情况。

焦虑症是以突如其来和反复出现莫名恐惧和焦虑不安为特点的一种神经症，是没有明确对象和具体内容的恐惧。这种症状有两种表现形式，一是反复出现惊恐发作；二是慢性持续的焦虑状态，一般还伴有自主神经功能障碍。焦虑症发作起来会出现紧张、恐惧，伴有心悸、胸闷、呼吸急促、出汗、口干等自主神经症状和运动性不安。焦虑症患者往往体验到一种莫名其妙的恐惧和烦躁不安，对未来有不祥预感,同时伴有一些躯体不适感。

抑郁症又称神经性抑郁症,是对所经历的事件产生抑郁反应,其抑郁程度与经历不符,但没有精神病状。绝大多数抑郁症患者得病的原因是一定的心理应激,往往涉及以下三个因素:①生活中的挫折引起的心境改变,如悲伤、失望、无助等强烈持久的负性情绪;②自尊心受到伤害,动摇了对自己的信心,有较强的自卑感;③性格中有较强的依赖性,不开朗,胆小怕事,厌世悲观。抑郁症患者常常带有焦虑、躯体不适和睡眠障碍,感到心情压抑、消沉、郁闷、孤寂,面部表情阴郁,面色苍白,整日无精打采,对生活失去信心,遇事总往坏处想,对日常生活、娱乐、学习、人际关系等失去兴趣,对前途悲观失望,思维迟钝。部分患者有轻生念头。抑郁症患者情绪低落,无昼夜节律变化。患者对自己的病症的自制力良好,往往会主动求医和寻求他人帮助。

恐怖症是对某一特定的物体、活动或者是处境产生的持续的和不必要的恐惧,而不得不采取回避行为的一种特定的神经症。这种症状与正常人对真实的威胁产生的恐惧不同,当事人也可以意识到这种恐惧是不必要的,但是不能控制住自己。恐怖症有三种症状表现:社交恐怖、处境恐怖、物体恐怖。其中社交恐怖症是青年学生中较常见的。社交恐怖症表现为对社交情景的恐惧。患者在大庭广众面前害怕被人注视,担心当众出丑,故在人际交往时出现害羞、胆怯、局促不安、尴尬、笨拙,严重者还会出现面红耳赤、出汗、心慌、震颤、呕吐、眩晕等。病情较轻者,害怕会见生人,较重者可能因恐怖而回避朋友,与社会隔绝而仅与家人保持接触,无法坚持正常的学习。

10-1 抑郁者眼中的世界真的是灰色的吗?

小资料——治疗抑郁:情绪的宣泄

由于压抑的能量纠结于心,导致抑郁,所以,抑郁的治疗最重要的步骤就是将纠结于心的能量宣泄出来,进行外向训练。

最佳的宣泄法是倾诉,找一个值得信赖的人将心中的想法与苦闷都讲出来,可以使抑郁得到缓解。在倾诉中,宣泄治疗与支持治疗同时起作用。

大声朗读也是一种很好的宣泄方法。这种方法比较适合于当代的大学生。大声朗读,把心灵打开,文字变成声音,将心与口统一,口成为心灵的一扇窗户,每一次响亮的声音意味着一种勇气、一种气概、一次直抒胸臆的宣泄,既能起到积极的作用,又是一种文雅的方式。

单纯的宣泄法简单易行。大声叫喊、摔东西(当然,最好是摔一些不怕摔的东西)、打游戏等,都是很好的方法。

运动是最值得提倡的一种好方法。当你感到抑郁时,去跑步,打篮球或踢足球,甚至去跳跳迪斯科,都是可以操作的。这样你在宣泄情绪的同时也活动了身体。

当然,在运用宣泄法的同时,心理学还有很多有效的方法,比如认知疗法、森田疗法等,在心理咨询中经常被用到。

10.3.1.2 人格问题

人格问题主要说的是人格障碍。人格障碍又称病态人格(psychopathic

personality)，是从童年期或少年期开始发展起来的一种人格发展的内在不协调，是在没有认知过程障碍或智力障碍的情况下出现的一种情绪反应、动机和行为活动的异常。这种人的人格的某些特点过分突出，影响了本人或周围人的生活的和谐，因而引起别人的注目。人格障碍因为没有明确的"发病""病情波动"和医药治疗方法，所以一般不作为疾病。但又因为某些原来人格正常的精神病或器质性脑病患者可以出现人格障碍的症状，或某些人格障碍者的表现很像精神病，所以人格障碍成为精神医学的内容之一。

关于人格和人格障碍的分型也有很多分歧意见，最古老的希波克拉底分为四种气质，荣格将之分为内向和外向性格两型。世界卫生组织的ICD-10(1992)将人格障碍分为8种类型，即偏执型、分裂样型、社交不良型、情绪不稳型、表演型、强迫型、焦虑型和依赖型。现将主要的几种介绍如下。

(1)偏执型人格障碍

主要特点是敏感多疑，容易与人产生对立。这种人格实际中并不少见，但其发生率很难调查，据国外文献报道，男性多于女性。主要表现是对别人有一种普遍的、无法理解的多疑倾向，认为别人总是在贬低或威胁自己，对自己不公平、不信任或不忠实，因而自己也不相信别人，而且容易因为觉得自己吃了亏而激怒。因为多疑，所以不易与别人建立良好的人际关系，包括自己的家人在内。

王某，男，24岁，现在一家房地产公司工作。父母性格暴躁，并经常吵架，动辄打骂孩子，他自幼性格急躁、主观、敏感、好猜疑，不愿意接受别人的意见。自从本科毕业参加工作后，他的这些特点更加突出，思想狭隘，固执己见，好嫉妒，经常与人发生冲突，几乎与公司里的所有同事都吵过架。他自己实际工作能力很差却自我感觉良好，反说上级和同事都不信任他，是有意为难他……

故事主人公就属于偏执型人格，其人格障碍起源于幼年经历。

(2)分裂样型人格障碍

主要特点是孤独、冷漠，即使在家庭之中也是如此，与别人没有什么亲密的关系，因而很少有谈得来的好朋友，即使对异性朋友或性生活，也是淡淡的。喜欢单独行动，缺乏热烈的情绪表现。没有明确的生活目标，也不能掌握熟练的谋生技巧。因为对恋爱也缺乏热情，男性常独身，女性则可能被动出嫁。

(3)社交不良型人格障碍

社交不良型人格障碍亦称为反社会型或悖德型人格障碍，是人格障碍中最令人注目的一个类型。其主要特征是不断出现违法乱纪或犯罪行为，但不等于有意的犯罪，而主要是由于在人格发展过程中未能养成公德心，因而不能遵纪守法之故。其发生率我国尚未见统计数字。在美国，男性有3%、女性有1%有这种人格障碍，在押犯人的发生率甚至可高达75%。

这种人虽然从小就常有撒谎、逃学、小偷小摸、打架等不良行为，但在初次接触时其外表却常不令人讨嫌，甚至有讨人喜欢的外貌和表情，对异性尤其如此。对自己的违法乱纪行为并不感到焦虑或内疚，常认为这是"无心的"，或者是"理所当然的反应"。没有幻觉、妄想和思维障碍。

(4)情绪不稳型人格障碍

在ICD-10中,此型又分为两个亚型,即冲动型和边缘型。我国分类仅列出冲动型,而美国分类仅列出边缘型。冲动型人格障碍又称为攻击型或暴发型人格,其主要特征是行为冲动,常不顾引起的后果,实际上也会引起严重或较严重的后果。这种行为如果受到劝阻时甚至会产生攻击行为或自我攻击(自伤)行为。常伴有情绪不稳,喜怒无常。对生活缺乏安排和打算,做事也常凭感情冲动,因而易受挫折或不易成功,但不易接受教训。不容易建立较稳定的人际关系,因此不大有较持久的好友。

(5)表演型人格障碍

这种性格的特征是情绪表达带有高度夸张色彩,引人注意,就像在舞台上表演一样。一件不很特别的事也可以被描绘或表示得有声有色,非常投入。暗示性很强,很容易受别人或环境的影响。感情表达虽然很热烈,但不持久,肤浅易变。喜欢别人注意自己,围着自己转,因此比较注意打扮,有时言行还表现一定的挑逗性。受到小小的挫折就会大喊大叫。常为了追求一时感情的满足而不惜牺牲或不择手段。以上表现很像癔症的某些特征,所以表演型性格又称为歇斯底里性格,也称为幼稚型性格。

(6)强迫型人格障碍

这种人格的特征是要求一切都有条不紊、十全十美,要求自己和别人都遵守各种规则,甚至各种细节,因此行动很拘谨,效率很低。这种性格一般在青少年期形成。有各种具体表现,有人过分疑虑和谨慎;有人对各种规则、条目过分关注;有人为人追求完全,因而不能按时完成任务(例如要他订一个计划,由于追求完美,反复修改,因而到了期限也不能完成);有人自觉性过强,谨小慎微,过分看重工作,因而影响了自己的业务和社交;有人过分迂腐,拘泥于社会习俗,在特殊情况下也不能灵活变通;有人非常刻板和固执;有人不但自己刻板,而且要求别人也按自己的方式行事,因而损害了人际关系。总而言之,强迫型人格者常因追求细节而失落了“大节”,例如为了打听清楚乘飞机的手续而误了起飞时间。强迫型人格并不少见,据美国资料,发生率为一般人口的1%,在精神科门诊对象中则可高达3%~10%。

人格障碍的发生存在交互作用,有时同一个人可以有一种以上的人格障碍表现,如强迫型人格障碍和偏执型人格障碍经常相伴发作。

10.3.1.3　人际交往问题

人的根本属性在于其社会性,社会性的根本依托在于人际交往,人际交往的世界是精彩的世界,可是很多人对这个精彩的世界感到或多或少的无奈。青年学生中存在着一些人际交往问题,自我中心、嫉妒、自卑、孤僻等种种心理障碍将许多人困在人际交往的这片无边无际的泥沼之中,于是,他们焦虑、痛苦、无助、失望。总体看来,青年学生的人际交往有以下几个方面的问题:

(1)不敢交往

这种情况在每个人身上都有不同程度的表现,即担心和恐惧面对他人,尤其是陌生人。人际交往中常见的恐惧心理包括害羞、紧张、焦虑和自卑。

(2)不愿交往

不愿交往主要表现在以下几个方面:①缺乏自信。青年学生尤其是大学生在进入大学之后不再是以前的"天之骄子",周围的同龄人都和自己一样优秀,甚至更加优秀,以前的那种优越感丧失,自信心不足。②缺少信任。有些同学常常以自我为中心,对其他人不信任,缺乏与同学基本的合作精神,觉得其他人都不可靠。③缺乏宽容。在学校生活中有的同学缺乏对他人的宽容,无论大事小事都斤斤计较,动不动就要伤害到其他人。

(3)不懂交往

不懂交往的人有去交往的愿望,但是欠缺具体的交往技巧,所以不能有效地交往,和他人不能建立良好的人际关系。这种情况常常表现在:①不了解交往的基本常识和技巧。在交往过程中太死板,木讷,不善言谈,心里的想法表达不出或者是表达的方式不正确。有时候因为表达的方法不对使他人厌烦。②不懂得人际交往的原则。有时候在交往中不注意分寸把握,比如开玩笑不注意场合或者没有顾及当事人的感受,不经意间可能会伤害到他人的自尊心。③不知道一些交往习俗。正所谓入乡随俗,有些地方有特别的风俗习惯,这个时候要对这些不同的习俗进行了解,才能在交往中不会触及一些禁忌。

人际交往中容易出现的心理问题往往有下面这些:

(1)自我中心心理

自我中心的人,为人处世总是以自己的需要和兴趣为中心,只关心自己的利益和得失,而不关心他人的感受。他们总是从自己的经验出发来解释世界,并且盲目地坚持自己的意见,顽固,从不轻易改变自己的态度。很少关心别人,唯我独尊,自尊心过分强烈。

(2)自卑心理

自卑心理是一种因个人自认为不如人而产生的一种轻视自己的不良心理。平常的表现是忧郁、悲观、孤僻。社交自卑感是自卑心理的典型代表,它是指个体在社会交往中的自卑心理,它容易使人孤立、离群、丧失信心。通常社交自卑感严重的人,大多性格内向、感情脆弱、多愁善感,常常觉得自己处处不如别人,总是感到别人看不起自己,又怕受到别人的伤害,所以处事多回避,处处退缩,不愿抛头露面,害怕当众出丑。

(3)孤独心理

这是一种经常处于或受到孤立而很少与人接触而产生的孤单、无依靠的心理。长期的孤独心理会使人心情郁闷、精神抑郁、性格古怪,严重影响人的身心健康。

(4)嫉妒心理

处在社会生活中,人总会自觉不自觉地与别人进行比较。当发现自己的才能、地位、名誉、机遇等不如别人时,便会产生一种羞愧、埋怨、愤怒甚至是仇恨的复杂心理,即嫉妒心理。嫉妒是一种普遍的情绪,它源于人类的竞争,其本身具有一定的生物学意义。

(5)猜疑心理

猜疑心理是由主观推测而产生的一种复杂的不良心理。猜疑心理重的人常常疑心重重,总觉得别人在背后议论自己,看不起自己,算计自己。这种人不但在社交中不信任他人,而且还会产生心理疾病,比如强迫症。

10.3.1.4　性心理问题

青少年的生理变化使他们渴望了解人体解剖以及性器官的构造特点和功能，所以需要进行与之相应的性心理知识的传授和性道德意识的启蒙，引导其形成健康的性心理，如果这一方面的工作没有做好，青年学生可能会面临性心理问题的困扰。

性心理障碍又称性变态或性行为倒错，是指性行为明显偏离正常的一组心理障碍，表现为对性对象的歪曲和满足性欲冲动的方式违背了社会道德和社会习俗，甚至违反法律。青年学生最常见的性心理障碍是同性恋和恋物癖。

(1)同性恋

同性恋是指成熟的个体在正常的社会生活条件下对同性存在着持续的性爱倾向，伴有或不伴有同性间的性行为。同性恋是一种性取向或指向，具有同性恋取向的成员对与自己性别相同的同性产生爱情、性欲或恋慕，具有这种性取向的人称为同性恋者。同性恋有时候也可以用来描述同性性行为，即同性成员间发生的性行为，而不管参与者的性取向如何。对于同性恋的定性，目前各国存在着较大的差距，国内学术界也有不同的看法。但是目前大多数人还是将之视为一种性对象倒错的性变态，需要进行一定的干预和治疗。

(2)恋物癖

恋物癖指通过收集和接触异性穿戴的物品来引起性兴奋与性满足，以男性多见。患者不是对异性产生直接爱恋，而是对异性使用的非生命的物品产生强烈的兴趣，必须占有它们方心满意足。由于所恋物品多半是与异性身体接触的东西，如内衣裤等，所以患者往往采用非正常手段(如偷盗)而获得。

10.3.2　正确看待心理问题

如果人们对心理问题的重视程度可以达到或接近对待生理疾病的程度，这个问题就没有必要谈下去。从生理学角度出发作一个类比。我们知道，痛觉是有机体受到伤害性刺激所产生的感觉，它有重要的生物学意义。痛觉是有机体内部的警戒系统，能引起防御性反应，具有保护作用。那我们就从这一点来说心理问题的地位和作用，心理问题其实也是个体的心理系统受到伤害性刺激后所产生的反应，它也有重要的生物学意义。心理问题是个体心理的警戒系统，能起防御性作用，具有保护作用。通俗一点说，如果个体的心理出现了问题，我们就可以下结论说，你的心理系统受到了威胁，需要采取措施将这种威胁解除。意识到这一点，个体就应该做到：

10.3.2.1　平常心看待心理问题

这里指的平常心有两层含义：①从个体角度出发，出现心理问题是正常的，更可以说，如果出现了心理问题说明个体的心理防御机制还是有能力的，能起作用的。每一个人都会遇到心理上的困惑和问题，出现心理问题是正常现象。②从社会角度来说，应真实地反映社会中存在的心理问题的状况，不可为了强调心理健康教育的重要性而夸大其词，危言耸听。

10.3.2.2　积极应对心理问题

以平常心看待心理问题是积极应对心理问题的第一步，积极应对心理问题是以平常心看待这一问题的延伸。积极应对心理问题不仅仅指问题出现之后，而且还包括在问题没有出现之前的预防教育问题。在积极应对心理问题这个主题下，提高个体的心理素质似乎显得更为重要。

对待心理问题的态度关系到心理问题的解决，在心理健康教育中这是个需要特别关注和思考的话题。

小资料——十种正常的异常心理现象

精神正常并不意味着没有一点问题，关键是这些症状的产生背景、持续时间、严重程度以及对个体和环境的不良影响如何。正常人也可能出现短暂的异常现象，时间短，程度轻，尚未达到精神疾病的标准，下面这些症状就属于此类：

疲劳感：通常有相应的原因，持续时间较短，不伴有明显的睡眠和情绪改变，经过良好的休息和适当的娱乐即可消除。

焦虑反应：焦虑反应是人们适应某种特定环境的一种反应方式，但正常的焦虑反应常有其现实原因（现实性焦虑），如面临高考，但可随着事过境迁而很快缓解。

类似歇斯底里现象：多见于妇女儿童，如女性和丈夫吵架尽情发泄、大喊大叫、撕衣毁物、痛打小孩，甚至威胁自杀。儿童可有白日梦、幻想性谎言表现，把自己构想的内容当现实。这是由于中枢神经系统发育不充分、不成熟所致。

强迫现象：有些脑力劳动者，特别是办事认真的人反复思考一些自己都意识到没有必要的事，如是不是得罪某个人、反复检查门是否锁好等，但持续时间不长，不影响正常生活和工作。

恐怖感：站在很高但很安全的地方时仍会出现恐怖感，有时也想往下跳，甚至想到跳下去是什么情景，这种想法如果很快得到纠正不再继续思考，属正常现象。

疑病现象：很多人都将轻微的不适现象看成严重疾病，反复多次检查，特别是当亲友、邻居、同事因某病英年早逝和意外死亡后容易出现。但检查如排除相关疾病后能按医生的劝告，属正常现象。

偏执和自我牵挂：任何人都有自我牵挂倾向，如走进办公室时，人们停止谈话，这时往往会怀疑人们在议论自己。这种现象通常是一时的，而且经过片刻的疑虑之后就会省悟过来，其性质和内容与当时的处境联系紧密。

错觉：正常人在光线暗淡、恐惧紧张及期待等心理状态下可出现错觉，但经反复验证后可迅速纠正。成语“草木皆兵”“杯弓蛇影”等均是典型的例子。

幻觉：正常人在迫切期待的情况下，可听到“叩门声”“呼唤声”。经过确认后，自己意识到是幻觉现象，医学人士称之为心因性幻觉。正常人在睡前和醒前偶有幻觉，不能视为病态。

自笑、自言自语：有些人在独处时自言自语甚至边说边笑，但有客观原因，能选择场合，能自我控制，属正常现象。

（资料来源：光明网）

10.4 心理健康教育

10.4.1 心理卫生与心理健康教育

心理健康教育问题是由心理卫生的兴起而正式开始得到研究和关注的。心理卫生又称精神卫生，是探讨人类如何维护和保持心理健康的原则和措施的一门学问。具体说来，心理卫生就是指以积极的、有效的心理活动，平稳的、正常的心理状态，对当前发展着的社会和自然环境作出良好的适应，是关于保护和增进人的心理健康的心理学原则、方法及措施。

由此看来，心理卫生也是进行心理健康教育的手段和方法。

现代医学认为，人类的健康应包括身体健康和心理健康，那么，讲究卫生之道，就应当是生理卫生与心理卫生两者并重。在日常生活中，人们追求健康，注重生理卫生，却常常忽视心理卫生。事实上，心理卫生是运用心理学和心理卫生理论、方法和技术来贯彻"预防为主"的卫生方针，它对于保护人的身心健康，预防各种心理障碍和精神疾患，培养完善健全的人格等具有重要意义。每一个人从其出生到整个个体的发展过程中都不能不讲究心理卫生。正如德国心理卫生学家赫希特(K. Hecht)所认为的：讲究心理卫生就是要注意加强脑力和创造能力的系统锻炼，注意社会条件的最佳化，消除劳动和空闲时的单调无味，防止提出过高或偏低的要求，避免神经系统的超负荷，其目的在于教会人们处理好和适应日常生活中的各种矛盾与挫折，从而无损于健康。由于现代社会生活的节奏日益加快，给人们造成了不同程度的心理压力。所以，讲究心理卫生，提高人的应激能力，以培养和维护健全的人格，提高人们的心身健康水平，就日益显得重要。目前，心理卫生问题已经成了一个全球性的问题。心理卫生的重要性越来越受到全世界的公认和各阶层人士的关注。以心理卫生问题为研究主体的心理卫生学在这种背景下逐渐发展起来了。心理卫生学的诞生是社会发展到今天的必然结果，心理卫生学必将在广泛的领域内发挥作用。

小资料——心理卫生的由来

心理卫生是一门既古老又年轻的学问。然而，真正把心理卫生作为一门学科来对待和研究，则是19世纪中叶到20世纪初的事情。一般认为，对现代心理卫生运动的兴起直接做出贡献的是美国保险系统职员比尔斯(C. Beers)。1908年，他的自传体著作《发现自身的心理》一书出版，此书得到心理学大师詹姆斯的赞赏和著名精神病学家梅耶(A. Meyer)的支持，他们认为比尔斯所倡导的就是心理卫生。1908年比尔斯发起组建了世界上第一个心理卫生管理机构——康涅狄克州心理卫生协会。第二年2月，在芝加哥成立了美国心理卫生委员会，比尔斯任顾问。1917年，美国心理卫生委员会创办了《心理卫生》杂志，采用了多种形式宣传普及心理卫生知识。1951年，美国学校咨询协会创立。1930年5月，在美国华盛顿召开了第一届国际心理卫生大会，参加的国家达到 53 个，其中包括中国。大会对心理卫生方面的工作提出了具体要求，并提出心理卫生工作者的宗旨，成立了“国际心理卫生委员会”。1948 年，在伦敦召开的第三届国际心理卫生大会上成立了另一个重要的国际心理机构——世界心理卫生联合会。在心理卫生运动的影响下，50 年代社区心理学产生。1978 年，在苏联召开了一次国际性的会议，此会议的一个重要成就就是起草了一份至今仍具有重大影响的宣言——阿玛阿塔宣言（Alma-Ata Declaration），这是一份对心理健康工作具有重大影响的国际性文件，这份文件对社区的心理健康问题提出了具体的要求及实施的措施。从此以后，心理健康就成为社会每一个成员关心的重大问题。

10.4.2 心理健康教育的含义与作用

从现在的心理学发展情况来看，心理健康教育还是属于学校教育的一个方面，是一个出不了学校的狭窄领域。心理健康教育是教育者运用多种途径和手段，从受教育者（就是指学生）的实际心理状况出发，有计划、有目的地对其心理素质的各个方面进行积极的教育和辅导，进而培养其良好的心理素质，调节心理功能，开发心理潜能，促进学生整体素质提高的教育。

心理健康教育具有三级功能，初级功能：防治心理障碍；中级功能：完善心理调节；高级功能：促进心理发展。其中，初级功能又称为障碍性心理健康教育，中级和高级功能又称为发展性心理健康教育。

10.4.3 心理健康教育的任务和目标

心理健康教育的任务主要有以下两个方面：①面对全社会开展预防性和发展性的心理健康教育。要使个体不断正确认识自我，增强调控自我、承受挫折、适应环境的能力；培养个体健全的人格和良好的个性心理品质，努力提高每个人的心理素质和心理健康水平。这是开展心理健康教育的基础和工作重点，也可以说是主要任务。②面向少数有心理困扰和心理障碍的个体，开展补救性和矫治性的心理咨询与辅导，要使他们尽快摆脱障碍，调节自我，恢复和提高心理健康水平，增强发展自我的能力。对于极少数有严重心理疾患的个体，能够及时识别，并转介到专业心理治疗机构，同时予以密切配合，以尽快治愈疾患，帮助其重返健康生活。

心理健康教育的目标有总体目标和具体目标之分，前者是开展心理健康教育的一般性目标，具有广泛的意义，因此它也是一个根本的目标，适用于所有社会成员。而具体目标可以是针对某个年龄阶段的个体，也可以是某个心理健康教育活动等的目标。心理健康教育的总目标可以归结为：普及心理知识、增强心理素质、塑造完美人格。

10.4.4 心理健康教育的意义

心理健康受到重视的程度是与社会的发达程度相关联的。一般来说，社会发展的程度越高，人们所承受的社会压力越大，人们的心理健康问题越突出。目前，心理健康教育日益为人们所重视，正是社会发展的必然结果，反映了社会发展对教育提出的必然要求。心理健康教育的意义在于：

10.4.4.1 关注心理健康状况是社会发展的必然结果

首先，随着社会的进步，人类物质生活水平逐渐提高，在基本的生存和温饱问题得到解决之后，心理问题便显示出来。其次，伴随着医学科学的进步，人类卫生习惯和生活条件的改善，各种生理疾病对于生命的威胁不再像过去那样严峻，而心理状况对于生命质量的影响则日益突出。最后，在急剧变化、发展迅速的现代社会，对于人的心理素质提出了比过去高得多的要求，人们普遍承受着比以往沉重得多的心理压力，各种心理障碍和心理疾病的出现也比过去频繁得多，并呈现出不断增长的趋势，对于个人幸福和社会发展形成了明显的威胁。

10.4.4.2 开展心理健康教育是社会对学校和家庭的要求

很长的时期内，人们对于心理健康的追求主要局限在医学范畴，也就是说主要在于对心理疾病的治疗方面。但耗费大量精力、财力、时间在少数已经出现严重心理障碍和心理疾病的患者身上，常常事倍功半，而对于大多数人的心理健康却没有顾及。这种状况近年来开始出现改变，许多心理咨询、心理治疗专家越来越认识到，与其如此，不如将注意的焦点转移到教会大多数社会成员如何预防心理障碍的产生、如何调适心理冲突等方面。也就是说，从以治疗为主转移到以预防为主，而预防的主要渠道便是教育。

10.4.4.3 心理健康教育与学生各个方面的发展都有着密切的关系

开展心理健康教育的意义不仅在于帮助学生解决学习困难、改善人际关系、提高思想认识，而且为他们的个性发展打下长久而全面的基础。心理健康教育既有相对的独立性，是学校各个方面的工作无法替代的，又与学校各方面工作存在广泛的交叉和渗透关系，只是孤立地依靠专门的心理健康教育措施，无法达到预期的目的。只有充分理解心理健康对于学生个性发展的全面基础性作用，才能正确认识和积极开展心理健康教育工作。

10.4.5 心理健康教育的内容和原则

10.4.5.1 心理健康教育的内容

当前，我国心理健康教育水平还处于比较初级的阶段。对于心理健康教育的内容不同的学者会提出不同的看法。根据心理健康教育的目标，一般认为，心理健康教育的内容可分为三个层次。

第一个层次是心理健康维护。它面向全部个体，以提高个体基本素质为教育内容。对于学校心理健康教育来说，具体包括：①智能训练，即帮助学生对智力的本质建立科学认识，并且针对智力的不同成分，如注意力、观察力、记忆力等设计不同的训练活动等；②学习心理指导，即帮助学生对学习活动的本质建立科学认识，培养学生形成健康积极的学习态度、学习动机，训练学生养成良好的学习习惯，掌握科学的学习方法等；③情感教育，即教会学生把握和表达自己的情绪情感，学会有效控制、调节和合理宣泄自己的消极情感，体察与理解别人的情绪情感，并进行相关技巧的训练，如敏感性训练、自我表达训练、放松训练等；④人际关系指导，即围绕亲子、师生、同伴三大人际关系，指导学生正确认识各类关系的本质，并学会处理人际互动中各种问题的技巧与原则，包括冲突解决、合作与竞争、学会拒绝，以及尊重、支持社会交往等；⑤健全人格的培养，即关于个体面对社会生存压力应具备的健康人格品质，如独立性、进取心、耐挫能力等；⑥自我心理修养指导，通过训练和教导帮助学生科学地认识自己，并在自身的发展变化中，始终做到能较好地认识自己，如认识自己的优势和不足，培养自信、建立良好的自我形象等；⑦性心理教育，即关于性生理和性心理知识的传授与分析，帮助学生建立正确的性别观念和性别认同，指导学生认识和掌握与异性交往的知识及技巧，如异性同学交往指导、早恋心理调适等。

第二个层次是心理行为问题矫正。这是面向少数具有心理、行为问题的学生而开展的心理咨询、行为矫正训练的教育内容，多属矫治范畴。具体包括：①学习适应问题，主要指围绕学习活动而产生的心理行为问题，如考试焦虑、学习困难、注意力不集中、学校恐怖症、厌学等；②情绪问题，主要指影响学生正常生活、学习与健康成长的负性情绪问题，如抑郁、恐惧、焦虑、紧张、忧虑等；③常见行为问题，主要指学生在生活、学习中表现出来的不良行为特征，如多动、说谎、打架、胆怯等；④身心疾患，主要指因心理困扰而形成的躯体症状与反应，如神经衰弱、失眠、疑心症、神经性强迫症、癔症等；⑤性行为问题，主要指由于性心理障碍而产生的各种性变态行为，这一问题在中小学生中出现的比例较小。

第三个层次是心理潜能和创造力开发。心理学研究表明，中小学时期是心理潜能开发的最佳期。因此，心理潜能的开发与创造力的培养也是学校心理健康教育的重要内容。它主要包括对学生进行判断、推理、逻辑思维、直觉思维、发散思维及创造思维等各种能力的训练和培养。同时，还包括对学生自我激励能力的训练等，以提高学生的自主意识与能动性。

此外，还应注意根据学生不同年龄阶段的特点和发展需要，在小学、初中、高中三个不同阶段中侧重选择不同的内容开展学校心理健康教育。例如，小学阶段通常以适应学校生活与学习、养成良好行为习惯为主要内容；初中则以青春期教育、代际关系调适、情绪调控、自信心培养、学习能力提高、人格塑造等为主要内容；高中通常又围绕学习能力提高、考试焦虑调适、升学就业辅导、人格培养、人生观教育等为主要内容。同时，还应考虑上述各阶段心理健康教育内容之间的衔接与系统性，以期形成学校心理健康教育的科学体系，体现循序渐进的特点。

10.4.5.2 心理健康教育的原则

（1）教育性原则

教育性原则是指教育者进行心理健康教育的过程中根据具体情况，进行积极中肯的分析，始终注意培养个体积极进取的精神，帮助其树立正确的人生观、价值观和世界观。

（2）全体性原则

全体性原则是指心理健康教育要面向所有个体，社会成员都是心理健康教育的对象和参与者。对于学校心理健康教育工作来说，学校心理健康教育设施、计划、组织活动都要着眼于全体学生的发展，考虑到绝大多数学生的共同需要和普遍存在的问题，以绝大多数直至全体学生的心理健康水平和心理素质的提高为学校心理健康教育的基本立足点和最终目标。

(3)差异性原则

差异性是心理学研究的基础。差异性原则是指心理健康教育要关注和重视个体的个别差异，在学校心理健康教育中，要根据不同学生的不同需要，开展形式多样的、针对性强的心理健康教育活动，以提高学生的心理健康水平。从这个角度说，差异性原则也就是针对性原则。

(4)主体性原则

主体性原则是指心理健康教育要以发展的个体为主体，所有工作要以个体为出发点。学校心理健康教育的主体性原则，就是要使学生的主体地位得到实实在在的体现，把教师的科学教育与辅导和学生的积极主动参与真正有机结合起来。

(5)整体性原则

整体性原则包括两个方面的内容，一是指心理健康教育过程中，教育者要运用系统论的观点指导教育工作，注意受教育者心理活动的有机联系和整体性，对其心理问题作全面考察和系统分析，也就是将其问题作一个横向的全面把握；二是关注个体发展的全过程，尤其关注个体从小到大的成长经历，将其发展作一个纵向的全面把握。

(6)保密性原则

保密性原则是指心理健康教育过程中，教育者有责任对被教育者的个人情况以及谈话内容等予以保密，被教育者的名誉和隐私权应受到道义上的维护和法律上的保障。

10.4.6 心理健康教育的途径与方法

学校心理健康教育工作所采取的主要方法与途径包括以下几种：

10.4.6.1 心理辅导

心理辅导主要是指以一定的学生群体为单位，教师与学生共同就某一个问题展开讨论和研究。心理辅导的开展分为三个阶段：一是调查分析准备阶段。在这个阶段，教师要注意学生的发展资料，并通过日常观察、家庭访问和心理测量等手段来分析全体学生的基本心理发展状态并找出个别学生的问题所在，基本确立团体辅导和个别辅导的内容。二是根据辅导内容设计出切实可行的辅导方案。三是开展辅导后的调查跟踪，继续进行个别辅导或者咨询。

心理辅导不仅要使人开心，更要使人成长。这里的成长，就是通过辅导过程，使受辅导者自己想通了，认清问题的本质，知道该怎么做。所以，使人开心只是心理辅导的前奏曲，而使人成长才是心理辅导的主旋律。心理辅导力图使个人将不愉快的经历当作自我成长的良机，它竭力使人们积极地看待个人所经受的挫折与磨难，从危机中看到生机，从困难中看到希望。从这层意义上讲，心理咨询也在于帮助人学会辩证地看待生活中的忧愁烦恼。但这一切不是靠劝导得来的，而是靠启发领悟获得的。用马斯洛的话来讲，心理辅导就是要使人获得“顶峰体验”(peak experience)，这便是心理辅导所追求的境界。

学校心理辅导可以通过以下两个方面进行：

第一是心理辅导课程，它是促进学生心理健康发展的系列专题活动，包括开设心理学课、心理卫生课、心理健康教育课或举办有关的知识讲座、心理训练、案例分析、专题辨析、角色扮演、情景设置、心理游戏等活动。它以一定的心理学理论和技术为指导，以活动为中介，以个体经验为载体，向学生传授、普及心理健康的知识和技能，树立心理健康的意识，同时创造一种情景、氛围，为学生正确认识自己、有效调控自己的心理和行为、充分挖掘自身的内在潜力提供经验。活动课程形式上以学生活动为主，内容选取上充分考虑学生的实际需要，活动组织上以教学班为单位，活动的目的、内容、方法、程序是有计划、系统安排设计的。这种途径有利于学生发挥其积极性，在活动中也可以对学生的认知、情感、态度、行为等方面有目的地施加积极的影响。但是，如何考虑每个学生的具体情况，则是要认真解决的。

第二是学科教学渗透。心理健康教育具有长期性和广泛性，不限于心理辅导活动课程，而应该渗透到学校的一切教育活动中去。可以说，学校的一切工作都具有深刻的心理健康教育意义。但要注意的是，心理辅导必须有自身的目标和内容，不要被其他活动所代替而丧失自己的特色。

小资料——团体辅导

团体心理辅导是心理辅导的主要形式之一，是相对于个体辅导或个体咨询而言的，在港台地区又称之为“小组辅导”或“团体咨商”。顾名思义，团体辅导是一种在团体情景下协助个体开发心里潜能或解决心理障碍的一种心理辅导方式。它通常包括一两名辅导者和多名团体成员，由几次或十几次团体聚会或活动组成。在团体活动中，领导者根据团体成员问题的相似性，通过团体内的人际互动，引导成员共同探讨大家关心的问题，彼此启发反馈，相互支持鼓励，增进成员对自己的了解和接纳，增进成员对他人心理的认识，促进成员调整和改善与他人的人际关系，学习新的良好行为方式，提高成员的社会适应性，促进成员的人格成长。

团体辅导有以下特点：①感染力强，影响广泛。多向沟通、多个影响源，成员之间相互学习模仿、相互支持，集思广益。②效率高、省时省力。③辅导效果容易巩固。提供一种新的生活经验，成员经历了难以突破的瓶颈学会做新的决定，这样的知识容易巩固，而且容易迁移。④适用于人际关系不良的个体。

参加团体心理辅导需要遵循以下团体规范：①保守秘密，尊重每位成员的隐私，不把团体活动中了解到的信息外传。②坦率真诚地与其他成员进行交流，不掩饰自己的真实情感。③按时参加每次团体活动，不迟到、不缺席，参加团体活动时，注意力集中。④尊重他人，仔细倾听，不随意打断他人发言。⑤广泛交流，避免只与自己喜欢的团体成员沟通。

参加团体心理辅导的成员一般应具备以下三个条件：①自愿报名参加，并怀有改变自我和发展自我的愿望。②愿意与他人交流，并具有与人交流的能力。③能坚持参加团体活动，并遵守各项团体规范。需要强调指出的是，性格极端内向、害羞、孤僻、自我封闭者和有严重心理障碍者不宜参加团体心理辅导。

10.4.6.2 心理咨询

心理咨询是学校心理健康教育的重要形式。现在社会上的心理健康教育工作也以心理咨询为主。通过心理咨询提高学生的心理健康水平是一种有效的、不可替代的方式和途径。心理咨询可视为一种人际关系，在这种关系中，一方是心理咨询者，他们是受过专门训练的人员，另一方是来访者，又叫当事人，是有心理困扰而寻求帮助的人。心理咨询的定义可以从以下三个方面来把握：首先，心理咨询是一种人际交往活动，具有互动性；其次，心理咨询是一种助人活动，咨询者是专业的助人者，来访者是受助者，前者为后者提供心理上的帮助；再次，心理咨询是在一定理论和方法指导下的活动，咨询者必须接受严格的心理咨询理论学习和实践训练，在咨询中有意识地应用理论和方法帮助来访者，必要时也要让来访者及其家属与相关人员了解所用的理论和方法，以便取得他们的认可与合作。

心理咨询中要用到很多种心理学理论、方法和技巧，常用的有精神分析法、认知领悟疗法、沟通分析法、行为疗法、来访者中心疗法、理性情绪疗法等。

一个典型的心理辅导咨询工作室见彩图 10－1 所示。

10.4.6.3 心理治疗

心理治疗就是用心理学的原理和方法，采用治疗者与被治疗者之间的互动关系和反应，矫正被治疗者的心理行为问题。心理咨询和心理治疗有许多相似之处，尤其在实践中往往难以区分。心理咨询和心理治疗以及处于两者边缘的心理咨询学和心理治疗学之间的主要联系和区别见表 10－1 所示。

表 10－1 心理咨询和心理治疗的联系和区别

学科领域	心理咨询学	心理咨询学和心理治疗学	心理治疗学
服务人员	心理咨询师	心理咨询师或心理治疗师	心理治疗师
服务对象	来访者	来访者或患者	患者
问题	发展性问题	神经症、性变态等心理症状	人格障碍
问题的本质	不成熟、缺乏知识和适应技能	非人格化心理症状	人格化心理症状
问题意识	能意识到自己的问题	能意识到自己的问题	不能意识到自己的问题
体验	烦恼、苦闷、焦虑、紧张	痛苦	不痛苦
自控能力	能控制	想控制，但不能	不想控制，也不能
服务时间	1 次或几次，不用住院	几次或者几十次，甚至更长，可以住院	几次或者几十次，甚至更长，可以住院
预后效果	最好	比较好	比较差

（资料来源：杨宏飞．心理咨询原理[M]．杭州：浙江大学出版社，2020）

10.4.6.4 心理评估

心理评估是以心理学的手段和方法对个体或群体的心理状况进行鉴定、分类与诊断的过程。通过心理评估可以了解到个体的心理活动以及健康情况。心理评估是学校心理健康教育的基础。

10-2 行为疗法之系统脱敏法

心理评估的方法很多,常用的方法有观测法、谈话法、问卷法、个案分析法和心理测量法。心理测量法在现在的心理健康教育中的运用越来越多,常用的心理测验有智力测验、人格测验、学习诊断测验以及心理健康测验等。

本章小结

心理健康是指个体在自身与环境条件允许的范围内所能达到的一种最佳的心理功能状态。心理健康有七个方面的标准,这些标准为评价个体的心理是否健康提供了重要依据。影响心理健康的因素包括内在因素与环境因素两个方面,后者又包括家庭教育、学校教育、社会环境等多种形式。目前常见的心理问题主要包括行为问题、情绪问题、性心理问题以及人际适应问题等方面。这些心理问题引起了人们对于心理健康教育的普遍关注。心理健康教育是教育者运用多种途径和手段,从受教育者(就是指学生)心理实际出发,有计划、有目的地对其心理素质的各个方面进行积极的教育和辅导,进而培养其良好的心理素质,调节心理功能,开发心理潜能,促进学生整体素质提高的教育。按照心理健康教育的原则、方法和途径正确开展心理健康教育活动对社会、学校和家庭都具有重要的意义。

练习题

一、选择题

1. 下列哪项不属于心理健康的标准? ( )

A. 正常的认知能力　　B. 和谐的人际关系

C. 优良的道德品质　　D. 独立的人格特质

2. 从本源上说,影响个体心理健康最重要的因素是 ( )

A. 生理因素　　B. 家庭教育因素

C. 学校教育影响　　D. 社会环境因素

3. 关于童年期,下列描述错误的是 ( )

A. 学习习惯及作息生活习惯开始养成

B. 自我意识开始萌芽,独立性得到发展

C. 思维形式从形象思维为主到逻辑思维渐渐增多

D. 如果在这一阶段引导教育欠佳,很容易形成心理发展的特殊矛盾

4.“敏感多疑，容易与人产生对立”属于哪一种人格障碍？（　　）

A. 偏执型人格障碍　　B. 分裂样型人格障碍

C. 社交不良型人格障碍　　D. 表演型人格障碍

5. 下列选项中，哪项不属于情绪障碍？（　　）

A. 抑郁　　B. 焦虑

C. 恐怖　　D. 偏执

二、判断题

1. 环境因素是影响心理健康的唯一因素。（　　）

2. 婴儿往往通过哭的形式要求所需要的乳汁和爱抚，如果这种需求得不到满足，便会产生生理饥饿和心理挫折，给心灵留下阴影。（　　）

3. 统合危机是青年人心理上最容易出现的问题。（　　）

4. 狂躁症患者要求一切有条不紊、十全十美，要求自己和别人遵守各种规则，甚至细节。（　　）

5. 学校心理辅导可以从心理辅导课程和学科教学渗透两个方面进行。（　　）

三、论述题

1. 请举例说明主观因素对心理健康的影响。

2. 如何克服自卑心理？

10-3 练习题参考答案

参考文献

艾伦. 逻辑陷阱[M]. 杨振华,译. 太原:希望出版社,2004.

巴特莱特. 记忆:一个实验的与社会的心理学研究[M]. 黎炜,译. 杭州:浙江教育出版社,1998.

达尔文. 物种起源[M]. 王敬超,译. 北京:京华出版社,2000.

达马西奥. 笛卡尔的错误:情绪、推理和大脑[M]. 殷云露,译. 北京:北京联合出版公司,2018.

戴斯,纳格利尔里,柯尔比. 认知过程的评估:智力的 PASS 理论[M]. 杨艳云,谭和平,译. 上海:华东师范大学出版社,2004.

傅小兰. 情绪心理学[M]. 上海:华东师范大学出版社,2016.

格里格,津巴多. 心理学与生活:第 16 版[M]. 王垒,王甦,等译. 北京:人民邮电出版社,2003.

海德. 希腊神话故事[M]. 李芷轩,译. 北京:中国对外翻译出版公司,2007.

吉尔福特. 创造性才能:它们的性质、用途与培养[M]. 施良方,沈剑平,唐晓杰,译. 北京:人民教育出版社,1991.

加德纳. 多元智能[M]. 沈致隆,译. 北京:新华出版社,1999.

加德纳. 引人入胜的数学趣题[M]. 林自新,译. 上海:上海科技教育出版社,1999.

克瑞尔. 心理调适实用途径[M]. 张清芳,等译. 北京:北京大学出版社,2004.

李伯黍,燕国材. 教育心理学[M]. 上海:华东师范大学出版社,1993.

李新旺. 生理心理学[M]. 3 版. 北京:科学出版社,2017.

李焰. 压力管理实务[M]. 北京:机械工业出版社,2006.

连山. 超级自控力[M]. 北京:中国华侨出版社,2019.

林崇德. 智力发展与数学学习[M]. 2 版. 北京:中国轻工业出版社,2021.

吕后超,李敏. 闪光灯记忆的理论模型[J]. 心理学动态,2000,8(3):23-28.

马斯洛. 马斯洛人本哲学[M]. 成明,编译. 北京:九州出版社,2003.

迈尔斯. 社会心理学:第 8 版[M]. 侯玉波,乐国安,张智勇,等译. 北京:人民邮电出版社,2006.

彭聃龄. 普通心理学[M]. 5 版. 北京:北京师范大学出版社,2018.

齐建芳. 加德纳论多元智能[M]. 西安:陕西师范大学出版社,2007.

沈政,林庶芝. 生理心理学[M]. 3 版. 北京:北京大学出版社,2016.

汪凯,何金彩. 生理心理学[M]. 北京:北京科学技术出版社,2017.

王甦,汪安圣. 认知心理学[M]. 北京:北京大学出版社,1992.

王晓钧,张玮. 情绪智力:中国理论发展及应用研究[M]. 北京:高等教育出版社,2016.

王重鸣. 心理学研究方法[M]. 2版. 北京:人民教育出版社,2001.

西蒙诺维兹,皮尔斯. 人格的发展[M]. 唐蕴玉,译. 上海:上海社会科学院出版社,2006.

希尔贝克,吉列尔. 西方哲学史:从古希腊到当下[M]. 童世骏,郁振华,刘进,译. 上海:上海译文出版社,2016.

邢群麟. 世界上最经典的1500道心理测试题[M]. 修订版. 北京:中国言实出版社,2006.

徐光兴. 临床心理学:心理咨询的理论与技术[M]. 2版. 上海:上海教育出版社,2009.

徐世勇. 压力管理[M]. 北京:企业管理出版社,2004.

杨宏飞. 心理咨询原理[M]. 杭州:浙江大学出版社,2020.

杨治良. 记忆心理学[M]. 3版. 上海:华东师范大学出版社,2012.

叶浩生. 西方心理学的历史与体系[M]. 2版. 北京:人民教育出版社,2012.

叶奕乾. 现代人格心理学[M]. 2版. 上海:上海教育出版社,2011.

张春兴. 现代心理学:现代人研究自身问题的科学[M]. 上海:上海人民出版社,2004.

张志杰,黄希庭. 自传体记忆的研究[J]. 心理科学,2003,26(1):34-36.

郑日昌,蔡永红,周益群. 心理测量学[M]. 北京:人民教育出版社,1999.

郑晓边. 心理变态与健康[M]. 修订版. 合肥:安徽人民出版社,2001.

朱滢. 实验心理学[M]. 4版. 北京:北京大学出版社,2016.

Ackerman P L, Hambrick D Z. A primer on assessing intelligence in laboratory studies[J]. Intelligence:A Multidisciplinary Journal,2020,80:101440.

Alhelou H H, Hamedani-Golshan M E, Njenda T C, et al. A survey on power system blackout and cascading events: Research motivations and challenges [J]. Energies,2019,12(4):682-710.

Allen R J, Ueno T. Multiple high-reward items can be prioritized in working memory but with greater vulnerability to interference [J]. Attention, Perception, & Psychophysics,2018,80(7):1731-1743.

Anglim J, Horwood S, Smillie L D, et al. Predicting psychological and subjective well-being from personality: A Meta-analysis [J]. Psychological Bulletin, 2020,146(4):279-323.

Battams S. Public mental health policy, mental health promotion, and interventions which focus on the social determinants of mental health[J]. Frontiers in Public Health,2016,4:285-288.

Chen C, Crivelli C, Garrod O G B, et al. Distinct facial expressions represent pain and pleasure across cultures[J]. Proceedings of the National Academy of Sciences,2018,115(43):E10013-E10021.

Chen C, Wu M, Wu T. Discussion on the teaching and learning innovation of higher-order thinking[C]//International Conference on Innovative Technologies and Learning. Springer, Cham, 2018: 609 - 615.

Chen H, Wyble B. The neglected contribution of memory encoding in spatial cueing: A new theory of costs and benefits[J]. Psychological Review, 2018, 125(6): 936 - 968.

Clements C C, Zoltowski A R, Yankowitz L D, et al. Evaluation of the social motivation hypothesis of autism a systematic review and Meta-analysis [J]. JAMA Psychiatry, 2018, 75(8): 797 - 808.

David A C K, Anthony R A Jr. Motivation to learn: An overview of contemporary theories [J]. Medical Education, 2016, 50(10): 997 - 1014.

DeBettencourt M T, Keene P A, Awh E, et al. Real-time triggering reveals concurrent lapses of attention and working memory[J]. Nature Human Behaviour, 2019, 3(8): 808 - 816.

Del-Pino-Casado R, Frías-Osuna A, Palomino-Moral P A. Subjective burden and cultural motives for caregiving in informal caregivers of older people [J]. Journal of Nursing Scholarship, 2011, 43(3): 282 - 291.

Demetriou A, Spanoudis G. Growing minds: A developmental theory of intelligence, brain, and education[M]. London: Routledge, 2018.

Diamond A. Executive functions[J]. Annual Review of Psychology, 2013, 64: 135.

Ding R, Han Q, Li R, et al. Unconscious versus conscious thought in creative science problem finding: Unconscious thought showed no advantage! [J]. Consciousness and Cognition, 2019, 71: 109 - 113.

Dubois J, Eberhardt F, Paul L K, et al. Personality beyond taxonomy[J]. Nature Human Behaviour, 2020, 4(11): 1110 - 1117.

Ellis D M, Ball B H, Kimpton N, et al. The role of working memory capacity in analytic and multiply-constrained problem-solving in demanding situations [J]. Quarterly Journal of Experimental Psychology, 2020, 73(6): 920 - 928.

Eysenck H. The structure and measurement of intelligence[M]. London: Routledge, 2019.

Falck S. The psychology of intelligence[M]. London: Routledge, 2020.

Gero A, Shekh-Abed A, Hazzan O. Interrelations between systems thinking and abstract thinking: The case of high-school electronics students[J]. European Journal of Engineering Education, 2021, 46(5): 735 - 749.

Gerson S A, Woodward A L. The goal trumps the means: Highlighting goals is more beneficial than highlighting means in means—end training[J]. Infancy, 2013, 18(2): 289 - 302.

Gillison F, Rouse P, Standage M, et al. A Meta-analysis of techniques to promote motivation for health behaviour change from a self-determination theory perspective [J]. Health Psychology Review, 2019, 13(1): 110 - 130.

Golding C. Discerning student thinking: a practical theoretical framework for recognizing or informally assessing different ways of thinking[J]. Teaching in Higher Education, 2019, 24(4): 478 - 492.

Hamblin-Frohman Z, Becker S I. Attending object features interferes with visual working memory regardless of eye-movements[J]. Journal of Experimental Psychology: Human Perception and Performance, 2019, 45(8): 1049 - 1061.

Harmon-Jones E, Gable P A. On the role of asymmetric frontal cortical activity in approach and withdrawal motivation: An updated review of the evidence [J]. Psychophysiology, 2018, 55(1): e12879.

Hess U, Hareli S. The social nature of emotion expression: What emotions can tell us about the world[M]. Springer, 2019.

Hoff K A, Song Q, Einarsdóttir S, et al. Developmental structure of personality and interests: A four-wave, 8-year longitudinal study[J]. Journal of Personality and Social Psychology, 2020, 118(5): 1044 - 1064.

Jia S. Motivation and satisfaction of Chinese and U. S. tourists in restaurants: A cross-cultural text mining of online reviews [J]. Tourism Management, 2020, 78: 104071.

Kajić I, Schröder T, Stewart T C, et al. The semantic pointer theory of emotion: Integrating physiology, appraisal, and construction [J]. Cognitive Systems Research, 2019, 58: 35 - 53.

Kamiński J, Rutishauser U. Between persistently active and activity-silent frameworks: Novel vistas on the cellular basis of working memory[J]. Annals of the New York Academy of Sciences, 2020, 1464(1): 64 - 75.

Keltner D, Sauter D, Tracy J, et al. Emotional expression: Advances in basic emotion theory[J]. Journal of Nonverbal Behavior, 2019, 43(2): 133 - 160.

Kotera Y, Ting S H, Neary S. Mental health of Malaysian university students: UK comparison, and relationship between negative mental health attitudes, self-compassion, and resilience[J]. Higher Education, 2021, 81(2): 403 - 419.

Kruglanski A W, Gigerenzer G. Intuitive and deliberate judgments are based on common principles [J]. Psychological Review, 2011, 118, 97 - 109.

Krumm G, Filippetti V A, Gutierrez M. The contribution of executive functions to creativity in children: What is the role of crystallized and fluid intelligence? [J]. Thinking Skills and Creativity, 2018, 29: 185 - 195.

Kuncoro K S, Junaedi I. Analysis of problem solving on project based learning with resource based learning approach computer-aided program[J]. Journal of Physics: Conference Series. IOP Publishing, 2018, 983(1): 012150.

Lai J, Ma S, Wang Y, et al. Factors associated with mental health outcomes among health care workers exposed to coronavirus disease 2019[J]. JAMA Network Open, 2020, 3(3): e203976 - e203976.

Liang D. Integrated mental health services in China: Challenges and planning for the future [J]. Health Policy and Planning, 2018, 33(1): 107 - 122.

Lin Li, Chan H-W. The associations between happiness motives and well-being in China: The mediating role of psychological need satisfaction and frustration [J]. Frontiers in Psychology, 2020, 11: 2198.

Mallett R, Lewis-Peacock J A. Behavioral decoding of working memory items inside and outside the focus of attention [J]. Annals of the New York Academy of Sciences, 2018, 1424(1): 256 - 267.

Miller E K, Lundqvist M, Bastos A M. Working memory 2.0 [J]. Neuron, 2018, 100(2): 463 - 475.

Mohebi A. Dissociable dopamine dynamics for learning and motivation [J]. Nature, 2019, 570(7759): 65 - 70.

Murray H A. Explorations in personality [M]. Oxford: Oxford University Press, 1938.

Myers N E, Stokes M G, Nobre A C. Prioritizing information during working memory: Beyond sustained internal attention [J]. Trends in cognitive sciences, 2017, 21(6): 449 - 461.

Nasso S, Vanderhasselt M, Demeyer I, et al. Autonomic regulation in response to stress: The influence of anticipatory emotion regulation strategies and trait rumination [J]. Emotion (Washington, D. C.), 2019, 19(3): 443 - 454.

Sanchez-Roige S, Gray J C, MacKillop J, et al. The genetics of human personality [J]. Genes, Brain and Behavior, 2018, 17(3): e12439.

Sari R K, Sutiadiningsih A, Zaini H, et al. Factors affecting cognitive intelligence theory [J]. Journal of Critical Reviews, 2020, 7(17): 402 - 410.

Schubert A L, Hagemann D, Löffler C, et al. Disentangling the effects of processing speed on the association between age differences and fluid intelligence [J]. Journal of Intelligence, 2019, 8(1): 1.

Schueler J, Baumann N, ChasiotisA, et al. Implicit motives and basic psychological needs [J]. Journal of Personality, 2019, 87(1): 37 - 55.

Schunk D H. Motivation and social cognitive theory [J]. Contemporary Educational Psychology, 2020, 60: 101832.

Sreenivasan G. Emotion and virtue [M]. Princeton: Princeton University Press, 2020.

Sternberg R J. A theory of adaptive intelligence and its relation to general intelligence [J]. Journal of Intelligence, 2019, 7(4): 23.

Tamilmani K. The battle of brain vs. heart: A literature review and Meta-analysis of "Hedonic Motivation" use in UTAUT2 [J]. International Journal of Information Management, 2019, 46: 222 - 235.

Teychenne M. Do we need physical activity guidelines for mental health: What does the evidence tell us? [J]. Mental Health and Physical Activity, 2020, 18: 100315.

Thielmann I, Spadaro G, Balliet D. Personality and prosocial behavior: A theoretical framework and Meta-analysis[J]. Psychological Bulletin, 2020, 146(1): 30 – 90.

Vallejo M A, Vallejo-Slocker L, Fernández-Abascal E G, et al. Determining factors for stress perception assessed with the perceived stress scale (PSS-4) in Spanish and other European samples[J]. Frontiers in Psychology, 2018, 9: 37.

Vlassova A, Donkin C, Pearson J. Unconscious information changes decision accuracy but not confidence[J]. Proceedings of the National Academy of Sciences, 2014, 111(45): 16214 – 16218.

Vos T, Allen C, Arora M, et al. Global, regional, and national incidence, prevalence, and years lived with disability for 310 diseases and injuries, 1990—2015: A systematic analysis for the Global Burden of Disease Study 2015[J]. The Lancet, 2016, 388(10053): 1545 – 1602.

Wahlbeck K. Public mental health: The time is ripe for translation of evidence into practice[J]. World Psychiatry, 2015, 14(1): 36 – 42.

Wang C, Pan R, Wan X, et al. Immediate psychological responses and associated factors during the initial stage of the 2019 coronavirus disease (COVID-19) epidemic among the general population in China[J]. International Journal of Environmental Research and Public Health, 2020, 17(5): 1729.

Watanabe M, Cheng K, Murayama Y, el al. Attention but not awareness modulates the BOLD signal in the human V1 during binocular suppression [J]. Science, 2011, 334(6057): 829 – 831.

Whiteford H A, Degenhardt L, Rehm J, et al. Global burden of disease attributable to mental and substance use disorders: findings from the Global Burden of Disease Study 2010[J]. The Lancet, 2013, 382(9904): 1575 – 1586.

Zajda J. Current research of theories and models of intelligence[J]. Curriculum and Teaching, 2019, 34(1): 87 – 108.

Zimmermann K S, Richardson R, Baker K D. Maturational changes in prefrontal and amygdala circuits in adolescence: Implications for understanding fear inhibition during a vulnerable period of development[J]. Brain Sciences, 2019, 9(3): 65.